건국전쟁

이 전쟁에서 이겼기에 오늘의 대한민국이 있다
해방공간 3년의 피 흘린 정치

李英石

조갑제닷컴

차 례

책을 내면서

국토가 남과 북으로 쪼개진 분단체제는 일제 36년의 두 배인 72년을 훌쩍 넘어섰다. 8·15가 강요한 분단체제는 전쟁을 불렀다. 해방 정국 3년, 수많은 죽음을 부른 전쟁이 있었고 그 3년 후 더 많은 죽음과 파괴를 가져온 전쟁이 있었다. 그 전쟁은 끝난 것도 아니다. 해방! 광복! 이런 말이 어울리기라도 한가?

이 글은 해방 정국 3년의 전쟁 이야기다. 북조선은 정치활동의 자유를 봉쇄했다. 그래서 북쪽은 '10일 간의 해방'이라고 말하기도 한다. 기독교와 지식인의 전쟁이 있었지만 막강한 소련군의 소비에트화에 밀려 지하로 잠행하다 소멸되었다. 건국전쟁은 남한에서만 있었다.

우파 청년은 자유민주주의를 지향하는 전사(戰士)였고, 좌파 청년들은 프롤레타리아 혁명을 내걸고 싸운 계급혁명의 전위(前衛)였다. 좌파였건 우파였건 그들은 자신의 신념을 위해 건국전쟁에 몸을 불살랐다. 수많은 청년단체가 연합하고 갈라지고 충돌하면서, 죽이고 죽임당하는 전쟁을 한 것이다. 몇 명이 죽었는지 기록이 없다. 1000명 단위의 목숨들이 이 전장에서 산화했다.

후세대는 이들 전사의 죽음의 의미는커녕 이 전쟁을 기억조차 하지 않는다. 지금 한국은 세계 어느 나라에서도 볼 수 없는 기이한 괴물(怪物)의 모습이다.

대한민국이 20세기 마지막 50년에 이룬 현대화는 한민족 반만년 역사를 넘어 세계사의 금자탑이라고 말한다. 대한민국의 성취는 세계가 찬양한다. 그런데 정작 대한민국에선 찬양도, 기념도, 기억도 없다는 것 역시 기이한 일이다. 세계 어떤 나라가 자랑스러운 자기 나라 역사를 왜곡하고, 헐뜯고, 자학(自虐)하는가? 한국 이외에 그런 나라가 있다는 걸 나는 알지 못한다.

　　건국전쟁은 한국의 미래를 놓고 펼치는 미국과 소련의 대결, 좌우로 갈라진 세력의 부딪힘이다. 청년들은 죽이고 죽임 당하는 전쟁을 했다. 분단(分斷)이, 애국심이, 신념이, 염원이, 그들의 목숨을 지푸라기처럼 버리게 만들었다. 애국심, 용기, 참을성 등 그들이 보여준 어느 것 하나에도 나는 미치지 못하는 경지라는 생각을 했다.

　　그들은 일본 신민(臣民)으로 태어나 천황(天皇)에 충성하는 일본 국민으로 교육받으며 자랐다. 그런데 조상(祖上)의 나라가 일본이 아니었다는 것을 알게 되면서 조상이 지켜온 가치를 이어갈 자기 나라를 그리며, 아직은 '이름조차 없는 나라'에 대한 애국심에 목숨을 걸었다.

　　배고픔을, 외로움을, 죽창에 찔리는 고통을 참고 또 참는 놀라운 인내도 보여주었다. 그들은 증오만치 사랑도 알았고, 동지애도 있었고, 어떤 상황에서도 비겁함을 보이지 않았다. 나는 이 글을 쓰면서 상대적으로 작은 내 모습도 확인해야 했고, 그들의 역사에 눈물도 흘렸다. 그런데….

좌파 단체의 청년들은 볼셰비키(Bolsheviki)의 전위(前衛)로, 혹은 빨치산으로 죽었다. 그 지도부는 미 제국주의의 간첩이었다는 죄목으로 김일성의 칼날에 고문(拷問)당하며 삶을 마감했다. 우파 단체의 수많은 젊음들도 자유의 전사로, 혹은 북녘 땅 게릴라로 볼셰비키의 칼날에 목숨을 잃기도 했다. 하지만 더 많은 청년들은 자유한국의 '건국세대'로 역사에 남았다.

대한민국을 건국한 이들 세대가 근대(近代) 이전에 멈춰있던 후진의 땅에 민주제의 탑을 세우고, 수천 년 이어져온 가난이라는 유산을 풍요로 바꾼 세대가 될 수 있었던 힘의 원천은 무엇일까? 그것은 건국전쟁에서 다져진 애국심이고, 참을성이고, 부지런함이고, 간절한 소망에 헌신(獻身)한 결과다.

이들 선배 세대가 지키고, 가꾸고, 물려준 가치(價値)를 진보라는 이름으로 업신여기지 않기를 바라며 이 글을 맺는다.

2018년 겨울

李英石

제1부

격랑(激浪) 정국,
세상이 소용돌이치다

1장

좌·우 전쟁을 점화한
조선인민공화국

일장기(日章旗)가 내려지던 날

1945년 8월 10일 평안남도 지사 후루카와 가네히데(古川兼秀)가 廉東鎮(염동진)을 관저로 초대했다. 조촐한 주안상을 마련한 자리였다. 술이 몇 순배 돈 뒤 지사가 어렵게 본론을 얘기했다.

"염 선생! 우리 일본은 지난 8일 연합국에 포츠담선언을 수락하기로 통보했습니다. 전쟁은 곧 끝날 것입니다. 그래서 종전(終戰)에 대비하는 문제를 의논드리고자 합니다."

포츠담선언은 일본에 강제로 병합 당한 조선을 일본에서 분리하고, 적절한 시기에 독립시킨다는 연합국의 선언이다. 후루카와는 조선에 대한 연합국의 포츠담 합의를 전하면서 종전 후에 닥칠 행정 공백, 연합군의 진주 등 문제에 대해 얘기를 했다. 행정 책임을 조선인에게 맡기는 것도 고려한다고 지사는 말했다.

"염 선생, 우리가 걱정하는 것은 조선 사람들의 '한풀이 보복'입니다. 종전 후 귀국하는 우리 일본인들에게 약탈이나 폭행 같은 사태가 일어날지도 모른다는 것이 큰 걱정입니다. 염 선생은 어떻게 생각하십니까?"

"…"

"염 선생, 일본인에 대한 조선인의 감정을 모르는 바는 아니지만 이

제 조선도 독립을 이루게 된 마당인데 어제의 감정에 얽매이기보다는…."

"그래요. 독립이라는 기쁨으로 억눌렸던 날의 한(恨)을 넘어설 수도 있겠지요. 더욱이 독립의 준비만도 벅찬 일이지요. 그렇지만 사람들이 어디 이성적으로만 행동합니까?"

"그래서 부탁인데, 염 선생이 행정책임을 맡아주었으면 합니다."

"지사님, 나는 평양 사람들에게 널리 알려진 인물이 아닙니다. 사람들을 설득하자면 명망(名望) 있는 분이 나서야 합니다. 내 생각으로는 曺晩植(조만식) 선생이 널리 알려진 분이지요. 그분에게 협조를 요청하십시오, 신앙도 두터운 분이니 보복 같은 것은 원치 않을 것입니다."

같은 시간, 서울에선 조선총독부 엔도 류사쿠(遠藤柳作) 정무총감이 동아일보 사장 宋鎭禹(송진우)를 만나고 있었다. 꼭 같은 형식으로 자기 사저(私邸)에 초청했고, 꼭 같은 얘기를 했다. 송진우는 이 제안을 거절했다.

"나는 행정을 인수할 자격도 없고 준비도 되어있지 않습니다. 미군이 진주하면 치안은 미군이 책임지겠지요. 엔도 총감께서도 중국에 대한민국 임시정부가 있다는 것을 알고 있지 않습니까? 행정권 인수는 한국 임시정부가 받아야 한다고 나는 생각합니다."

"미군 최전방 부대는 지금 사이판에 있습니다."

엔도는 미군이 멀리 있어서 조선에 상륙하기까지 3~4주가 걸린다면서, 그 기간의 행정 공백으로 일어날 혼란을 우려했다. 행정 공백, 특히 치안 공백은 혼란을 부른다. 있어선 안 될 일이다. 임정(臨政)은 일본이 인정하는 정부도 아니고, 서울에 있는 것도 아니라는 점을 지

왼쪽부터 송진우, 여운형.

적하면서 송진우가 나서줄 것을 요구했다. 그런데 이 고지식한 샌님은 엔도의 요청을 끝내 받지 않는 우매(愚昧)를 저질렀다.

일본이 패전에 대비하는 8월 10일의 교섭은 서울과 평양 모두 실패했지만, 평양은 조만식이라는 적절한 대안을 제시하고 협력했다. 미군의 진주, 그리고 중국에 있는 임시정부의 환국을 기다리자는 서울에서의 송진우의 제안은 비현실적이어서 받을 수 있는 것이 아니었다.

8월 14일, 엔도는 조선중앙일보 사장을 지낸 呂運亨(여운형)에게 15일 새벽 정무총감 관저로 들어오라는 전갈을 했다. 향리인 경기도 양주에 은거해 있던 여운형은 종전을 직감했다. 그는 서울로 올라와 그의 비밀 지하조직인 건국동맹의 洪增植(홍증식), 鄭栢(정백), 李如星(이여성), 그리고 동생 呂運弘(여운홍)을 불러 엔도의 부름을 종전 통보로 보고 대책을 숙의했다.

8월 15일 새벽, 서울 필동 태화정 정무총감 관저에서 엔도와 여운형이 마주 앉았다. 엔도는 송진우에게 했던 말을 여운형에게 되풀이했다.

"우리 일본은 전쟁에서 패배했소. 오늘 정오 천황 폐하께서 종전을 알리는 방송을 하실 것이오. … 미·소 양군이 조선에 진주하게 되면 일본군은 물러갈 것인데, 그 공백 기간의 치안이 문제입니다. 지난날의 감정이나 오해로 불상사를 일으키고 피를 흘리는 일이 없도록 선생께서 치안을 맡아주기 바랍니다. 이것은 총독 각하의 뜻이기도 합니다."

다소곳이 듣고 있는 여운형을 향해 미·소 분할 점령도 알려주었다.

"미군에 앞서 소련군이 먼저 경성(京城)에 진주하게 될 것이라는 소식입니다. 한강을 경계선으로 그 이북은 소련, 이남은 미군이 들어온다고 합니다."

그러면서 이런 말도 덧붙였다.

"…지난날 우리 일본과 조선 두 민족이 합쳐졌던 것에 대해서 어느 편의 잘잘못을 이런 시기에 새삼스레 말하는 것은 적절하지 않다고 생각합니다. 이제 나누어지는 마당에 서로 좋은 마음으로 헤어지기를 바랄 뿐이지요."

여운형은 두말없이 치안을 맡아달라는 부탁을 받아들였다. 그리고 참모회의에서 미리 정한 제안을 했다.

① 정치범과 경제사범의 즉각 석방

② 향후 3개월의 배급식량 보장

③ 치안유지와 건국을 위한 정치운동에 간섭하지 말 것

④ 학생과 청년들의 조직 활동에 간섭하지 말 것

⑤ 노동자와 농민을 조직하고 동원하는 데 간섭하지 말 것

엔도가 이를 받아들여 교섭은 이뤄졌다.

평양의 후루카와는 염동진의 권유대로 조만식에게 부탁했다. 시골로 요양 나가 있던 조만식은 급하게 달려온 측근들로부터 염동진의 서신을 받아 이 제안을 들었다. 그는 평양으로 돌아와 후루카와 지사의

제안을 받아들였다. 이런 경로로 서울엔 여운형의 건국준비위원회, 평양엔 조만식의 건국준비위원회가 발족했다.

해방 이튿날인 8월 16일 오후 1시, 서울 휘문중학교 운동장에서 여운형을 위원장, 安在鴻(안재홍)을 부위원장으로 하는 건국준비위원회가 출범식을 가졌다. 여운형은 조선총독부에서 행정권을 넘겨받았다고 밝히고, 건국준비위원회를 임시 과도정부로 믿고 온 조선 인민이 협조해줄 것을 당부했다.

오후 3시 30분, 안재홍은 경성방송(현 KBS)을 통해 건국준비위원회 출범을 알리고, 국민의 협조를 당부하는 연설을 했다. 그는 이 방송 연설에서 일본인의 안전을 당부하면서 이렇게 말했다.

"국민 여러분께서는 각별히 유의하여 일본 거주민의 감정을 자극하지 않도록 하십시오. 40년간의 총독 통치는 과거의 일이 되었습니다. 조선과 일본 두 민족의 정치 행태가 어떻게 변천하더라도, 두 나라 국민은 같은 아시아 민족으로서 엮어져 있는 국제 조건 아래서 자주·호양(自主·互讓)으로 각자의 사명을 수행해야 할 운명에 놓여 있다는 것을 바르게 인식하지 않으면 안 됩니다. 일본에 있는 500만의 조선 동포가 일본에서 꼭 같이 수난의 생활을 하고 있다는 것을 생각할 때, 조선에 있는 일백 수십만 일본 주민들의 생명과 재산을 안전하게 지켜주는 것이 필요하다는 사실을 국민 여러분께서는 잘 이해해 주실 것을 의심치 않습니다."

여운형은 공산당 경력을 지닌 이른바 좌익이다. 조선일보 부사장을 지낸 안재홍은 우파로 분류된다. 그러나 안재홍은 우파이긴 해도 우파 본류가 아니다. 이래서 안재홍이 여운형에게 말했다.

"몽양(夢陽: 여운형의 아호), 건준은 좌우 합동이라야 해요."

"그래야지요. 그 역할을 민세(民世: 안재홍의 아호)가 맡고 있지 않소?"

"아니요, 나는 우파 민족진영을 대표하는 인물이 아니오. 몽양이 고하(古下: 송진우의 아호)를 찾아가 협조를 부탁하시오."

"고하가 내 말을 듣겠소?"

그러나 우파도 참여했다는 구색을 갖추기 위해 민세가 필요하다. 민세의 권고를 묵살할 수 없다. 고하 송진우는 공산당을 반대하는 민족진영의 중심인물이다. 두 사람은 면식은 있지만 내왕이 없던 서먹서먹한 사이였다. 8월 17일 아침, 여운형이 송진우를 찾아갔다.

"웬일로 몽양이 내 집을 다 찾아오셨소?"

"엔도 정무총감의 요청을 받아들여 민세와 상의해서 어제 건국준비위원회를 조직했소. 고하도 여기 참여하도록 청하기 위해서 왔소. 그대가 보기에 나의 출발점이 맘에 들지 않더라도, 국가의 큰일이니 우리가 함께 나서서 대중의 신망을 두텁게 해서 건국 준비를 순조롭게 해야 하지 않겠소?"

"몽양! 몽양은 중경(重慶)에 우리 임시정부가 있다는 사실을 잊었소? 우리는 임정의 귀국을 기다려 그분들과 의논해서 모든 일을 처리할 작정이오."

"임시정부에 뭐가 있다고 임시정부, 임시정부 하는 거요. 간판만 걸어놓고 있다고 해서 그것을 우리의 정부라고 할 수 있겠소?"

"그게 무슨 소리요. 몽양도 임시정부에 참여했던 사람 아니오? 어찌 그런 말로 임시정부를 폄하한단 말이오?"

"폄하가 아니오. 나는 사실을 사실대로 말하고 있을 뿐이요. 임시정부는 간판뿐이라는 것, 고하도 잘 알지 않소?"

"그게 무슨 소리요? 중경 임시정부는 연합국의 승인을 받았고, 예하에 10만의 독립군을 거느리고 있다고 들었소. 임정은 미군과 함께 환국할 것이고, 그때 행정권도 인수해야 하지 않겠소?"

"국제적 승인이라니, 고하가 뭘 잘못 알고 있구려. 일본군을 피해 낙양(洛陽)으로, 중경으로 쫓겨 다닌 유랑정부가 무슨 수로 승인을 받고 군대를 갖겠소? 10만 군대는커녕 1000명 독립군도 없다고 알고 있소."

한동안 침묵이 흘렀다. 여운형이 다시 말을 이었다.

"어쨌거나 임정은 지금 여기 없지 않소? 미군도 멀리 있고…. 이 나라를 무정부 상태로 방치할 수 없는 일 아니겠소? 서로 다소의 견해 차이가 있다고 해도, 건국이라는 국가적 대사를 위해서 허심탄회(虛心坦懷)한 태도로 서로 합심 협력한다면 일을 잘해 나갈 수 있지 않겠소?"

"몽양, 내 분명히 말해두겠소. 지금은 몽양이 나설 때가 아니니 자중자애(自重自愛)하시오!"

자중자애라는 말에 모욕감을 느낀 몽양의 얼굴이 벌겋게 달아올랐다.

"후회할 날이 있을 거요. 두고 보시오."

몽양이 자리를 일어서면서 한 말이다, 고하 역시 잘 가라는 인사도 안 했다.

건준은 창설 일주일 지난 8월 22일, 간부진 편성을 마쳤다. 간부의 절반을 공산당이 차지했다. 우익 진영 인물은 李奎甲(이규갑: 재정부장), 李容卨(이용설: 후생부장), 金俊淵(김준연: 기획부장) 단 셋이었다.

김일성, 박헌영, 허헌이 1948년 4월 평양의 남북연석회의장 정원에서 환담하는 모습(왼쪽부터).

"몽양! 이 나라가 몽양의 나라요, 아니면 朴憲永(박헌영)의 나라요? 독립정부를 세울 준비를 한다는 건준 간부진이 공산당 일색이니, 이래 가지고서야 국민의 지지를 받을 수 있겠소?"

"민세, 고정하시고 들어보세요. 내 민세 말대로 고하를 찾아갔지만 고하가 일언지하에 거절했다는 것, 내가 민세한테 말하지 않았소. 싫다는 사람을 끌어넣을 수는 없지 않소? 이규갑, 이용설, 김준연도 간신히 설득했소."

그러나 안재홍은 '공산주의자 일색이 된 건준에서 내가 할 일은 없다'면서 8월 31일 부위원장직에서 물러났다. 그리고 9월 3일, 2차 개편을 했다.

안재홍이 물러난 부위원장 자리에는 공산주의 이론가이자 변호사 許憲(허헌)이 앉았다. 우파 세 사람도 이 개편에서 빠졌다. 세 사람은 건준 간부직을 승인한 일이 애초부터 없었다면서 발을 뺐기 때문이다. 2차 개편으로 건준은 좌파 일색의 조직이 되었다.

1945년 9월 1일, 미국 비행기(B24) 한 대가 서울 상공을 비행하면서 삐라를 뿌렸다. 맨 앞에는 「To the People of Korea」라는 제하에 하지의 사인이 든 영문, 중간에는 「朝鮮半島民に告ぐ」(조선반도민에게 알린다)라는 제목의 일어(日語), 그리고 맨 끝에 「한국민(韓國民)에게 고(告)함」이라는 제목의 한글로 된 글이 담긴 삐라였다. 삐라의 내용은 미군이 불원(不遠) 한국에 와서 한국의 재건 및 질서 있는 정치를 실시코자 하니, 그 기간 동안 질서를 지키라는 당부였다.

북한에 진주한 소련군 총사령관 명의의 포고문도 같은 날 서울에 뿌려졌다. "다년간 일제의 질곡(桎梏) 아래 있던 조선이 대원수(大元帥) 스탈린 동무가 지도하는 소련군에 의해 해방되었다. 이 순간부터 조선 일대의 모든 권력은 자유스러운 조선민족에게 있다. 전 세계 민족해방 만세! 자유조선 만세! 스탈린 동무 만세!"라는 내용이다.

해방이 될 당시 미국은 한국에 대한 프로그램이 없었다. 그러나 소련은 '소비에트화(化)'라는 목표가 분명했다. 그런 두 나라의 다름이 이 삐라에서도 보인다. 미군의 삐라는 지극히 사무적이다. 반면 소련의 삐라는 달콤하다. 그러나 실제로는 결코 달콤하지 않았다.

건국준비위원회를 정부라 할 수 없으니…

2차 개편 직후 박헌영이 거주하는 홍증식의 집에 공산당의 책략가(策略家)로 불리는 李舟河(이주하)와 조직의 귀재(鬼才)라는 金

三龍(김삼룡)이 박헌영을 찾아왔다. 이주하가 말했다.

"우리가 건준을 장악했습니다만 다음 단계 공작이 필요합니다."

"…"

"이제 곧 미군이 들어오지 않습니까? 그들은 필시 저들의 주구(走狗) 노릇을 할 우익계 인물들이 독립정부를 준비할 위원회를 주도하도록 할 것입니다. 그러니까 미군이 들어와 우익계와 접촉하기 전에 우리가 먼저 정부를 조직해놓으면 어떻겠습니까?"

박헌영이 "그건 묘안이긴 한데…"라면서도, 그렇지만 정부를 조직하자면 대표성을 확보해야 하는데 짧은 기간에 인민대표대회를 열 수 없는 것이 문제라고 했다.

당 조직을 책임 맡고 있는 김삼룡이 그건 어려운 일이 아니라면서 이주하와 둘이서 검토한 대안(代案), 이른바 편법 인민대표대회 구상을 내놓았다. 박헌영은 간부회의를 소집해 의견을 조율했다. 모두 찬성했다. 그러나 정부 구성은 공산당이 독단으로 할 수 없는 일이다.

그로부터 며칠 지난 8월 말, 박헌영은 건준 부위원장 허헌이 입원해 있는 혜화동의 경성의전 부속병원(現 서울대병원)으로 갔다. 여운형과 鄭柏(정백)도 연락을 받고 와 있어 좌파 진영 4자회담이 되었다. 미군 진주가 임박해 있는 시기여서 주제는 미군이 들어온 후의 대책회의가 되었다. 이런저런 정세분석과 의견이 오간 뒤 박헌영이 말했다.

"동지들도 아시지만 서울에는 미국 유학파들도 많소. 미군이 들어오면 이들 유학파들과 손잡고 독립정부 수립을 의논하지 않겠소?"

여운형이 그 말을 받았다.

"나도 그 점을 골똘히 생각하고 있소. 건국준비위원회를 정부라고 할

수는 없고, 뭔가 새로운 방안이 있어야겠다는 생각을 하고 있소만…."

세 사람의 분분한 논의를 듣고 있던 허헌이 침대에서 몸을 일으키며 말했다.

"복잡하게 생각하지 말고 단순화 합시다. 미군이 친미파(親美派)와 손잡고 정권 수립을 본격화하기 전에, 우리 쪽에서 먼저 정부를 조직하면 될 것 아니오."

허헌은 공산당과 가깝지만 법률을 공부한 사람이다. 그래서 정치적 책략과는 거리가 먼 이미지다. 그가 이주하의 구상을 제 의견으로 내놓았다. 여운형도 별 경계심 없이 "그런 방법도 있었구먼!"이라며 찬동했다. 이리하여 정부를 세우는 제2단계 전략이 만들어졌다.

1945년 9월 6일 오후 4시, 경기고등여학교 강당에서 전국 인민대표자대회가 열렸다. 전국 각 지역과 단체들을 대표한다는 800명이 인민대표로 참석했다고 발표했다.

대회는 공산당이 준비한대로 조선인민공화국 수립을 선포했다. 대회는 55명의 인민위원회 상임위원, 그리고 20명의 후보위원과 12명의 고문단을 선임했다. 55명의 상임위원은 국회 기능을 하는 인민위원회

상설회의체였다.

상임위원엔 李承晩(이승만), 허헌, 金九(김구), 金奎植(김규식), 金日成(김일성), 李觀述(이관술), 金性洙(김성수), 金元鳳(김원봉), 李容卨(이용설), 洪南杓(홍남표), 申翼熙(신익희) 등 55명, 후보위원은 崔昌益(최창익) 등 20명이다.

정부 구성은 인민대표회의 상임위에 위임하는 결의도 했다. 상임위원회는 정부 구성을 상임위 위원장으로 선임된 여운형과 부위원장 허헌에 일임했다. 그리고 닷새가 지난 9월 14일, 이승만을 주석으로 한 내각을 발표했다.

[주석: 이승만

부주석: 여운형, 국무총리: 허헌

내무부장: 김구, 외교부장: 김규식, 군사부장: 김원봉, 재정부장: 조만식, 보안부장: 崔龍達(최용달), 사법부장: 金炳魯(김병로), 문교부장: 김성수, 선전부장: 이관술, 경제부장: 河弼源(하필원), 농림부장: 康基德(강기덕), 보건부장: 李萬珪(이만규), 교통부장: 홍남표, 체신부장: 신익희, 노동부장: 李胄相(이주상), 서기장: 李康國(이강국), 법제국장: 崔益翰(최익한), 기획국장: 정백]

조선인민공화국 정부와 상임위원회는 좌·우파가 망라되고 해외의 독립지사들도 포함되었지만, 상임위원 55명 중 38명이 좌파로 분류되었다. 거기에다 해외 인사들이나 우파는 당사자의 수락이 유보된 일방적 선임이었다. 인공(人共)을 주도한 박헌영은 조선공산당 책임비서라는 직책을 고려해 인민위원회와 내각에 들지 않았고, 김일성은 당시까지는 북한의 실력자로 부상하지 않은 때여서인지 인민위원회 상임위원엔 들었으나 내각엔 빠졌다.

9월 14일 인민공화국 주석과 국무위원 등 조각(組閣)을 발표하던 날, 건준 위원장 여운형은 건준의 해산을 선언하고 건준이 관리 감독하던 치안 및 행정기관과 조직을 인공이 인수한다고 발표했다. 다음날인 9월 15일엔 학생과 청년단체를 선두로 한 좌파 단체들이 합동해 조선인민공화국 수립을 알리고 지지하는 대규모 시민대회를 열었다. 서울운동장에서 환영대회를 한 뒤 서울 시가지를 행진했다. 주최측은 15만 인민이 참가했다고 발표했다.

좌파 신문, 그리고 경성중앙방송이 인민공화국 수립 소식을 뉴스로 전했다. 인민공화국 수립은 삽시간에 전국에 전달되었고, 지방에서도 인민위원회가 간판을 내걸었다. 대부분의 백성들은 정치에 어두웠다. 그들은 이제 우리 정부가 섰다고 인식했다. 대통령에 이승만이 추대되었다는 데 대해 백성들은 환호했다. 정부를 미리 세운다는 공산당의 책략은 성공적인 것으로 보였다.

건준이 부른 치안 혼란

해방에서 불과 4주 사이 건국준비위원회를 거쳐 조선인민공화국 수립으로 나아간 눈부신 질주(疾走)였다. 그렇지만 이것은 신문과 라디오가 전하는 정치일 뿐이다. 나라의 기본이라고 할 사회질서가 혼란의 늪으로 빠져가고 있었다.

해방 이튿날인 8월 18일, 조선총독부는 여운형에게 위촉했던 행정권 이양을 취소했다. 조선총독부 니시히로 다다오(西廣忠雄) 경무국장이 건준 사무실을 찾아 총독의 명령을 전했다. 그는 "우후죽순처럼 생겨난 단체들이 저마다 치안대를 자처하며 약탈을 일삼고 있다"면서 "혼란방지가 아니라 혼란을 조장하는 건준을 용인할 수 없다"고 건준의 해산을 단호하게 요구했다. 조선주둔군사령부도 「내선(內鮮) 관민에 고함」이라는 제목의 전단(傳單)과 함께, 「정치운동 취체(取締)요령」이라는 포고문을 발표했다.

[정전(停戰)은 시작되었지만 지금 바로 연합군이 진주해오는 것은 아니다. 조선이 독립한다 해도 조선총독부와 조선군이 내지(內地: 일본 본토를 말함)로 철수하기까지는 법률과 행정 모두 현재대로다. 조선인 가운데 조선이 독립한 것으로 생각하고 교통, 통신, 학교, 공장 등을 접수하려는 자가 있는데, 이는 큰 오해이니 내선(內鮮: 조선을 가리킴) 관민(官民)은 이에 응해서는 안 된다. 만일 강행하려는 자가 있으면 군헌(軍憲)에 신고하라. 내선인(內鮮人)은 장래에도 맹우(盟友)가 될 것이니 서로 믿고, 데마(거짓선동)에 날뛰며 서로 노려보거나 항쟁해서는 안 된다.]

조선군사령부 대변인은 경성방송을 통해 "불법행위가 있으면 조선군은 때와 장소를 가리지 않고 단호히 무력을 행사할 것"을 공표했다. 총독은 20일엔 경성사관구 사령관을 경성경비사령관으로 임명하고, 서울 서쪽에 있던 120사단의 2개 연대 병력을 서울 요소에 배치해 일본인 보호에 투입했다. 왜 총독은 불과 사흘 만에 행정권 이양이라는 중대한 정책을 되돌렸을까?

건준의 가장 중요한 직무는 치안이다. 치안을 맡자면 조선총독부 경찰을 인수해야 했다. 그런데 여운형은 그렇게 하지 않았다. 여운형은 YMCA 유도사범 張權(장권)을 비롯한 여러 사람들에게 치안대 조직을 맡기고, 지방도 지역 건준이 그 지방에 맞는 치안대를 조직해 치안을 담당하도록 했다.

중앙의 경우 장권은 서울시내 전문학교와 중학교 체육교사들의 협조를 받아 학생들로 학도대를 편성했다. 8월 16일, 휘문중학 교정에서 열린 건국준비위원회의 첫 대회에 장권의 치안대가 2천 명 학생들을 동원, 대회에 참가했다. 이들은 대회 후 「건국학도대」라는 완장을 팔에 두르고 거리에 나섰다. 그러나 치안대는 학도대만이 아니었다. 건국청년회, 학병동맹, 국군준비대 등 단체들이 우후죽순처럼 등장해 치안을 맡겠다고 나서 혼란을 조장했다.

치안의 난맥에다 총독의 행정권 이양 취소에 당황한 여운형은 전·현직 간부직 경찰 7명으로 치안대를 편성, 총독부 경찰 인수에 나섰으나 이미 늦었다. 우선 조선인 경찰들은 경기도 경찰부 회의실에서 모임을 갖고 경기도 경찰부 崔燕(최연) 경시(警視)를 대장으로 하는 조선경찰대를 조직, 건준의 치안대와 관계없이 미군이 진주할 때까지 중립을 지키며 치안 업무를 계속하기로 결의했다.

말단 순사들이 중심이 된 조선인 경찰보안대도 생겨났다. 이래서 경찰만 해도 총독부 경찰관서, 건준의 경위대, 최연 경시의 조선경찰대, 순사들의 모임인 경찰보안대 등으로 갈려 갈등을 빚었다.

민간인 치안 단체들 역시 경쟁 관계였다. 가장 심각한 것은 이들의 무장 경쟁이었다. 이들은 무장을 위해 경찰관서 접수를 경쟁했다. 무장 다음은 일본인의 건물, 사무실, 상점, 공장, 신문사 등의 접수 경쟁이었다. 무력해진 일본인들은 이들의 압력에 굴복해 건물이나 사업체를 내주는 서류에 도장을 찍어주거나, 인감과 금고 열쇠를 넘겨주기도 했다.

치안 단체들의 무장 경쟁은 일본군 군수창고까지 노렸다. 일본군의 무기에 눈을 돌린 무장 경쟁에 불을 붙인 것은 경성의 '어깨패' 500여 명을 주력으로 한 金斗漢(김두한)의 건국준비위원회 감찰대였다. 감찰대는 종로 화신백화점 맞은편 해군 무관부를 겨냥했다. 해군 무관부는 정문 앞에 바리게이트를 치고, 5대의 기관총으로 경계태세를 갖추고 있었다.

8월 22일 정오, 감찰대 500명은 질서 캠페인 플래카드를 들고 거리 행진에 나섰다. 그러다 무관부 앞을 지나면서 기습해 보초를 제압하고 기관총을 장악했다. 그런 뒤 김두한은 무관부 지휘관과 담판할 것을 제의했다. 사령관 보좌관이라는 해군 무관부 대좌(大佐)가 김두한을 만났다.

"우리는 치안 업무를 맡고 있다. 치안을 맡고 있는 경찰도 감찰하고 일본인 주민도 우리가 보호한다. 이런 일을 수행하기 위해 무장이 필요하다. 우리가 지금 취한 행동이 좋은 것은 아니지만, 우리의 목적은 올바른 것이라는 걸 이해해주기 바란다."

이런 요지의 설명을 했다.

대좌는 잠깐 생각하더니 김두한의 제안을 수락하고 그들의 군수창고를 열었다. 군복 옷감, 군화, 그리고 권총과 소총 30정을 내주었다. 군복 옷감으로 제복을 만들어 입었다. 그러나 간부급만 권총으로 무장하고, 일반 대원에게는 무기를 지급하지 않았다.

10개의 지부와 3000명의 단원을 확보한 오정방의 조선건설 치안본부 역시 뒤질 수 없다며 일본군 무장해제에 나섰다. 이들은 서울 근교 수색에 있는 일본군 창고 수비대의 무장해제를 단행하여 각종 무기와 군복, 군화, 군량미 등을 확보했다. 이들은 여세를 몰아 용산에 있는 일본군 무장해제에 나섰다가 일본군의 발포로 김성지 등 대원이 사살당하는 실패를 겪기도 했다.

작은 치안단체들은 무장을 위해 경찰서 접수를 경쟁했다. 이래서 총독의 포고령도, 건준의 시책도, 저마다 제 길을 가는 혼돈 속에서 곧 떠날 일본인의 재산을 노리는 것 등 온갖 불법이 생겨나기 시작했다.

일본당국 집계에 의하면, 8월 16일부터 23일까지의 첫 일주일 사이에도 경찰서 습격을 포함해 건물이나 상점 등의 점거 접수 요구는 149건에 이르렀다. 그리고 더 교활해지고 더 교묘해진 불법이 창궐하면서 혼란을 부채질하고 있었다.

미군 경성 입성

미군은 9월 8일 인천에 상륙, 9일 서울에 들어왔다. 미군은 조선총독부로부터 행정권 인수를 완료할 때까지 치안 유지와 행정기관을 조선총독부 체제 그대로 유지한다고 발표하고, 경찰과 총독부 행정관리는 직무에 복귀하라는 훈령을 내렸다. 미군은 정당이나 단체

인천을 거쳐 서울에 들어온 미군이 중앙청에서 일장기를 내리고 있다. 1945. 9. 9

가 치안이나 행정업무에 나서거나 간섭하는 것을 금한다는 포고령도
발표했다.

　이런 변화에도 아랑곳 않고 학병동맹은 미군이 상륙한 9월 8일에
국군준비대와 함께 가두행진을 하고, 오후엔 행동대를 편성하여 종로
경찰서를 접수했다. 다음날인 9일도 10시를 기해 서울시내 경찰서 접

수에 나섰다가, 성북서에선 경찰의 발포로 이인주, 안기창 두 학생이 숨졌다.

9일 저녁 미군은 총독부 경찰본부로부터 이 사실을 보고받자마자 미군 헌병 100여 명으로 종로경찰서를 포위, 학병 동맹원들의 무장을 해제한 뒤 종로경찰서를 총독부 경찰에 넘겨주었다. 미군은 성북서에도 나가 두 학생의 죽음에 항의하던 학도대를 축출하고, 학도대의 무장을 회수했다. 9월 10일 새벽엔 조선학도 대원 10여 명이 트럭을 징발해 치안을 위해 출동했다가 용산 지구에서 경찰의 발포로 동양의전 학생 신성문이 총탄에 맞아 현장에서 숨지고, 다른 학생들은 용산경찰서에 억류되기도 했다.

미군 사령관 존 하지(John Reed Hodge) 중장은 9월 12일, 남한 내각 정당과 사회단체 대표 1200명을 경성 부민관에 초청하여 "한국의 어떤 정당이나 단체도 정부로 승인할 의사가 없다"는 미군정(美軍政) 정책을 분명히 했다. 중앙과 지방의 행정기구를 접수한 여운형의 인민공화국도 정부로 인정하지 않는다면서 행정기구에서 떠날 것을 명령했다.

인공(人共)은 미군정의 정책에 저항했다. 인민공화국 부주석으로 주석 자리를 대행하고 있던 여운형은 "인민공화국은 13개 도(道), 25개 시(市), 175개 군(郡)에 인민위원회 조직을 마쳤다"면서, 이듬해 3월에 전국인민대표자회의를 열어 총선거를 실시할 것이라고 발표했다. 미군정의 지침을 무시하고 새 정부 수립 업무를 주도해나가겠다는 선언이었다.

10월 10일엔 미군정 장관 아치발드 아놀드(Archibald V. Arnold)

광복 기념 및 서울 진주 미군 환영식에서 아놀드 미 군정장관과 함께 자리한 이승만. 1945. 10. 20

소장이 기자회견을 통해 남한엔 미군정만이 정부의 권능을 가진다면서 인공 '비토'를 다시 확인했다. 인공이 1946년 3월에 강행하겠다는 총선거 계획도 사기(詐欺)로 규정하면서, 불법 활동은 포고령에 의해 다스릴 것이라고 경고했다.

인공 서기장 이강국은 인공이 미군 상륙 이전에 이루어진 것임을 강조했다. 그는 "인민공화국 수립은 기정사실이며, 신국가가 건설될 때까지 인민의 총의(總意)를 모으는 것은 국제헌장의 정신이며 규정"이라고 주장하는 성명을 통해 미군정에 맞섰다. 인민공화국은 신문과 라디오 외에도 삐라로 공세를 강화했다.

「노동자 농민 및 조선의 시민 대중 제군(諸君)! 우리는 8월 15일과 같은 환희와 감격을 느끼며 우리의 대표로 조직될 인민위원회를 절대

지지하자. 조선혁명 만세! 쏘비에트동맹의 붉은 군대 만세! 민주주의 연합군 환영 만세!」

「시민 제군! 우리 조선인민공화국 중앙인민위원의 부서는 결정되어 우리 정부는 성립하였다. 우리의 전 역량을 바쳐 우리의 나라를 사수하자! 조선인민공화국 만세! 〈조선공산당〉」

「조선인민공화국 중앙위원 절대 지지… 반동적 대지주, 대자본가의 음모를 분쇄하자! 국가의 전 기관은 즉시 인민공화국의 손으로! 조선 완전해방 만세! 〈조선해방청년동맹〉」

그랬지만 인공을 반대한 것은 미군정만이 아니다. 한민당 등 우파 단체, 그리고 임정 지지단체들도 삐라로 맞섰다.

「그렇다! 불세출의 정치적 야심가이며 전형적 영웅주의의 권화인 여운형 일파의 위조지폐인 인민공화국이야말로 8월 15일 이후의 우리 민족진영을 분열시킨 원흉이며, 건국 촉성운동을 멸렬화(滅裂化)시킨 장본인이다. 〈대한청년의열단〉」

「반동적 언론기관을 분쇄하자. 타도 인민공화국! 타살 반동적 언론인! 대한민국 임시정부 절대지지. 〈대한청년의열단〉」

이런 삐라 전쟁이 말하듯 인공은 좌·우파 대립의 중심 쟁점이기도 했다. 미군정은 인공의 정부 참칭(僭稱)을 문제 삼았지만 해산을 위한 적극적인 조치는 취하지 않았다. 왜 그토록 미온적이었을까?

2장

좌파 전위부대의
이승만 포위작전

이승만에게 일어난 기적

해방이 되었지만 해외 독립운동 지사들의 환국(還國)은 소식이 감감했다. 종전이 되던 때 미국의 한반도 정책은 정해져 있지 않았다. 미국 대통령 프랭클린 루스벨트(Franklin Delano Roosevelt)는 한국을 10~20년의 준비기간이 있어야 독립이 가능한 미개한 지역으로 보았다. 그로인해 종전이 되었을 때 한국에 대한 국제공약은 무척 애매한 상태였다.

한반도의 분단도 미국으로선 정치적인 것이었기보다 군사적인 편의에서 그어진 선이었다. 종전 직전 소련 주재 미국 대사 애버럴 해리먼(Averell Harriman)은 한반도 전역에서 더 나아가, 가능하면 만주까지 점령지를 확대할 것을 트루먼(Harry Shippe Truman) 대통령에게 건의했다. 국무장관 제임스 번즈(James F. Byrnes)도 한반도 전역의 점령을 제시했다. 그러나 합동참모본부는 군 병력이 없다고 했다. 현재로선 부산 지역을 점령할 병력밖에 없다는 것이 합참의 주장이었다.

육군차관보 존 매클로이와 찰스 본스틸 3세, 그리고 국방성 일반참모 딘 러스크 대령이 절충안으로 38선을 제시했다. 한반도의 수도인 서울을 중요시해 서울을 포함하는 38도선을 미·소 분할 점령선으로

이승만이 33년간의 해외 망명생활을 끝내고 환국한 소식을 〈매일신문〉이 호외로 보도했다.
1945. 10. 16

제시한 것이다. 백악관은 이 절충안을 채택했다.

한반도를 분할한 38도선은 미·소 양국의 충돌 방지 외에 다른 무
슨 목적에 쓰이는 것이며, 얼마동안 계속될지를 아무도 몰랐다. 조선
주둔군 사령관 하지는 미국의 점령 목적이 질병과 무질서, 불안을 방
지하기 위한 것이라는 훈령을 가지고 있었다. 미군이 한반도에 상륙할
무렵 미국은 소련과 협의해 단시일 안에 4대국 신탁통치 체제를 세우
고, 미군은 철수한다는 구상이었다.

그러나 미국 정책 결정자들은 신탁통치 계획과 한국 임시정부 수립
문제에서 의견이 갈렸다. 국무성은 소련과 합의하는 신탁통치 계획을
실현시키기를 원했으며, 그러기 위해 이승만의 반소(反蘇) 성향을 경
계했다.

그러나 현지 정세는 달랐다. 남한 정세를 살펴본 하지 사령관은 신

탁통치 계획을 수정해 남한에 보수적인 임시정부를 세울 것을 국무성에 건의했다.

전쟁은 끝나 해방을 맞았지만 이승만은 귀국이 쉽지 않았다. 전쟁 중 연결되어 있던 OSS(미 전략정보국)의 도움으로 여행증명서는 받았으나 교통편을 찾을 수 없었다. 국무성이 이승만의 귀국을 막았다. 그의 반소 노선이 한국의 전후 처리에 방해가 된다는 것이 국무성의 판단이었다. 이승만은 10월 1일자 메모에서 "한국을 소련의 영향권 아래 두기로 한 국무부의 친공분자(親共分子)들이 귀국을 방해한다"고 썼다.

그런데 이승만에게 기적 같은 일이 일어났다. 10월 초, 미군 장교가 찾아와 귀국을 재촉했다. 그 사연을 펜실베이니아대학 李庭植(이정식) 교수는 이렇게 썼다.

[9월 8일, 인천에 상륙한 미군 사령관 하지 중장은 한국에서 태어나 한국말을 잘하는 해군 중령 윌리엄스를 특별보좌관으로 임명했다. 윌리엄스는 하지의 명령에 따라 군용기로 대구, 부산, 대전, 광주 등지를 돌며 민심의 동향을 탐문했다.

한국인들은 이렇게 말했다.

"이승만 박사가 미국에 있다는데 왜 모셔오지 않는가?"

"왜 우리 대통령 이승만 박사를 빨리 데려오지 않는가?"

당시 한국인들은 이승만을 가장 위대한 독립영웅으로 인식하고 있었다. 그들은 해방과 독립을 동일시해 해방이 곧 독립이고, 독립된 새 나라의 대통령은 이승만이라고 생각했다. 더욱이 9월 14일 건국

준비위원회가 선포한 조선인민공화국도 이승만을 주석으로 추대하고 있었다.

1945년 9월 13일자 하지 사령부 일일보고서는 "대부분의 한국 사람들은 이승만을 '한국의 쑨원(孫文)'으로 여기고 있다"고 썼다. 쑨원은 중국 근대화를 선도해 중국의 아버지(國父)로 추앙받는 지도자였다. 하지는 이승만을 귀국시키는 것이 남한의 정치적 혼란을 정리하는 데 필요하다고 판단했다.

하지는 이승만을 귀국시킬 것을 건의하는 전문(電文)을 보냈고, 미 합참본부는 하지의 건의를 즉각 수용했다.

이래서 워싱턴 정보처 윌리엄 칸트니 대령은 매사추세츠가에 자리해 있던 구미(歐美)위원부 사무실로 부하 장교를 보내 이승만의 귀국 길을 열어주었다. 이승만은 10월 16일, 미 군용기 편으로 서울에 돌아왔다. 34년 만의 환국(還國)이다.]

공산당도 최고의 경의 표시

이승만의 환국을 좌·우파는 물론 온 국민이 반겼다. 특히 눈길을 끈 것은 공산당의 환영이다. 조선공산당 책임비서 박헌영은 이런 환영 성명을 발표했다.

"우리 인민공화국의 주석 이승만 박사가 귀국하셨다. 그는 민중이 존경하고 우러러보는 분(敬仰의 的), 전국은 환호에 넘치고 있다. 위대한 지도자에게 충심의 감사와 만강(滿腔)의 환영을 바친다."

공산당은 홍남표, 崔容達(최용달), 이강국 등 간부들로 이승만 박사 환영준비위원회도 구성했다. 1945년 10월 21일, 좌우 정파가 합동한 미군 환영대회가 서울에서 열렸다. 미군과 이승만을 환영하는 대회였다. 대회에서 미군 사령관 하지는 이승만을 민중에 직접 소개하면서 '위대한 독립투사'라고 극찬했다.

그러나 이승만은 답사에서 소련의 야욕을 맹렬하게 비판했다. "우리는 하지 장군이 말한 대로 미군이 자유를 사랑하는 사람들을 해방시키기 위해 온 것인지, 아니면 한국이 분단되고 그 한쪽은 또 다른 주인 아래서 노예 신세가 될 것인지 알기를 원한다"고 말해 소련과의 협상을 기본으로 하고 있던 미국을 긴장시켰다.

국내 좌·우파 모두 이승만을 끌어당기려 했다. 한민당은 총재 자리를 비워두고 있었고, 인민공화국은 주석으로 추대해놓고 있었다. 공산당은 이승만의 반공 사상, 반공 행적을 잘 알고 있었다. 그런데도 왜 이승만을 민족의 영웅으로 추앙하며 환영했을까?

좌파 천하의 남한

남한은 좌파들의 세상이었다. 정당과 사회단체만이 아니라 관공서, 학원, 산업체 등 남한의 모든 분야를 공산당이 지배하거나 영향력을 행사하고 있었다. 여운형이 치안과 행정권을 맡는 건준을 주도한 것은 해방 정국의 물살을 왼쪽으로 돌리는 데 결정적인 역할을 했다. 8월 16일 좌파가 주도하는 건준 발족에 이어, 17일에는 보안대와 치안대 및 건국부녀동맹이 생겨났다. 또 조선공산주의청년동맹(18일)과 국군준비대(30일), 그리고 학병동맹(9월 1일)도 잇달아 조직되었다.

처음 단체들이 출범하던 때는 이념 단체가 아니었다. 그랬는데 공산당은 모든 조직에 세포를 투입해 공산당 성향의 조직으로 만들었다. 건준만 해도 조직부장 정백, 선전부장 趙東祐(조동우), 무경부장 權泰錫(권태석), 학도대장 張權(장권) 등이 모두 공산당 간부이거나 세포였다. 이래서 전국 치안단체들은 대원들이 의식했건 안했건 좌파의 전위 조직이 되었다.

건국학도대의 경우도 처음엔 경성제대의 徐壬壽(서임수)와 朴亨一(박형일), 보성전문(고려대)의 徐泰源(서태원), 연전(연세대)의 盧錫瓚(노석찬), 법전(서울법대)의 金鍾日(김종일), 치전(齒專)의 鮮于良國(선우양국), 유학생 대표 朴容萬(박용만) 등이 조선학도대의 중심 지도부였다. 우파 성향이었던 이들은 '학생은 정치색을 떠나 대동단결하여 치안유지에 노력할 것'을 지도노선으로 정하고, 학교와 관청, 공장 등 중요 시설 보호에 주력하기로 했다.

그러나 공산당 지도부에 연결되어 있던 좌파 학생들이 학도대에 침투해 주도권을 장악했다. 이들은 "정치 색채를 떠난 학생운동이란 공허한 것"이라고 주장했다. 이들은 9월 26일에 긴급 간부회의를 소집, 공산당 계열의 張錫斗(장석두)를 대장으로 선출했다. 잇달아 인민공화국 지지 등 좌익 진영의 전위대가 될 것을 다짐하는 새 강령도 통과시켰다. 결국 애초 주역이던 그룹은 공산당에 밀려 탈퇴했다.

학병동맹은 처음부터 좌익 주도로 탄생했다. 태평양전쟁 말기에 소집되어 입대했던 한국인 학생 7000명 가운데 일찍 귀향한 약 1000여

학생들이 9월 1일 학병동맹을 결성했다. 주동자 王益權(왕익권), 李春榮(이춘영), 朴晉東(박진동) 등은 모두 공산당 세포였다. 이들은 "강제 징병제도로 사선(死線)을 넘었던 '동무'들이 굳게 단결해 제국주의 세력을 구축(驅逐)하는 투쟁에 나선다"는 선언문을 통해 좌파 색깔을 분명히 했다.

동무라는 호칭은 소련군이 북에 진주하면서 발표한 포고문에서 '대원수(大元帥) 스탈린 동무'라는 호칭을 붙이면서 공산당이 누구에게나 이름 다음에 붙이는 존칭이 되었다. 해방 후 동무가 좌익들이 노소(老少)를 가리지 않고 부르는 전용어가 되자 "애, 어른 구분도 없다"는 비난이 있었다. 하지만 공산당은 이에 개의치 않았다. 그래서 동무는 좌파 용어가 되고, 우파는 동무라는 말을 일상용어에서 지워버렸다.

공산당은 좌파 정당과 단체들이 연대(連帶)하는 이른바 연합전선 전술도 재빨리 수행했다. 1945년 11월 5일 노동조합전국평의회에 이어 전국청년단체총동맹(11월 29일), 전국농민조합총연맹(12월 8일), 전국부녀총동맹(12월 22일), 조선문학가동맹(12월 8일) 등이 좌파의 국민전선이라고 할 대표적 연합체다.

노동 현장 역시 공산당의 조선노동총동맹이 지도하는 좌익의 독무대였다. 1945년 11월 초 집계를 보면, 공산당이 조직한 금속·철도·교통·토건·어업·전기·통신·섬유·식료·출판·목재·화학·광업·조선(造船) 등 16개의 산업별 노동조합 지부의 총수가 1194개에 달하고 있었다.

단기간에 이런 광범한 노조가 가능했던 것은 1920년대의 조선청년총동맹과 조선노농총동맹이 지하에 잠복한 일종의 애국운동으로 이어져온 것, 그리고 당시 한국 기업의 90%가 일본인 소유여서 건국준비위원회를 장악한 공산당이 이들 일본인 소유 기업을 접수해 자치위원회로 경영권을 행사한 데 힘입어 이루어졌다.

전평은 이들 노동단체의 연합체이자 지휘부였다. 남북 150만 노동자 가운데 50만의 남조선 조직 노동자를 대표한다는 조선노동조합전국평의회(약칭 전평) 대회엔 단위조직 노조 505명의 대의원이 참가했다고 발표했다. 전평은 위원장에 공산당 핵심 간부이기도 한 許成澤(허성택)을 선출했다. 대회는 집행부 선거에서 명예의장으로 중국 공산당 서기 마오쩌둥(毛澤東), 그리고 조선의 남북공산당 책임비서 박헌영과 북쪽의 김일성을 명예의장으로 추대하기도 했다.

이들은 결의문에서 ①조선공산당을 지지하고 조선 무산계급의 영수 박헌영 동지에게 감사 메시지를 보낼 것 ②박헌영 동지의 민족통일전선 노선을 절대 지지할 것 ③연합군의 노동계급과 사령관에 대하여 감사의 메시지를 보낼 것을 결의했다.

공산당은 농민조합 결성도 선도했다. 1945년 12월 8일, 전국적인 농민조합 연합체로서 남북한 지역 대표 576명이 참석하여 전국농민조합총연맹을 결성하였다. 전국농민조합총연맹은 13개 도(道)에 도 연맹, 군(郡) 단위에 188개 지부, 면(面) 단위에 1745개 지부를 두고, 조합원 약 330만 명으로 구성되었다고 공산당은 주장했다. 1940년대는 70%가 농민이던 시절이다. 특히 남한은 농업 인구가 80%를 차지했다. 농민조합총연맹 결성은 공산당이 벽촌도 포함하는 전국으로 조직을 넓힌 것을 확인시켰다.

대중매체인 라디오와 신문도 좌파가 압도했다. 조선의 중앙방송이 장덕수.

라 할 경성방송과, 가장 많은 독자를 가
진 총독부 기관지 매일신보를 건준이 접
수했다. 건준 산하 치안단체로 출범한
좌파 일색의 단체들도 일본인 소유 인쇄
소 등을 접수해 신문을 창간했다. 8월
29일 인민신문, 9월 8일 조선인민보, 9월 12일 노동자신보, 10월 4일
혁명신문, 10월 8일 인민해방보, 10월 9일 공산당기관지 해방일보, 10
월 14일 자유신문, 11월 1일 전국노동자신문 등이 모두 좌파였다.

좌파는 문화예술계도 선점했다. 9월 17일 문학가동맹, 9월 22일 프
로미술가동맹과 프로음악가동맹에 이어, 26일엔 프로예술가동맹을
결성했다. 10월 30일엔 조선좌익서적출판협의회가 발족해 공산당 서
적들을 쏟아내기 시작했다.

일제하에선 금서(禁書)였던 『자본론』 『유물사관』 『스탈린 전집』 등 공
산당 서적들이 학원가를 휩쓸었다. 좌파 정치단체의 삐라와 신문이 거
리를 뒤덮고, 서점가를 공산당 열풍이 휩쓸면서 여론의 물굽이는 왼
쪽으로 쏠려갔다.

민족진영으로 불리던 우파의 사랑방 정치도 좌파의 질주에 놀랐다.
김성수, 張德秀(장덕수), 송진우, 趙炳玉(조병옥) 등 우파 지도부는 좌
파의 전국 규모 조직에 자극받아 여러 갈래로 추진하던 정당 운동을
한국민주당으로 통합했다. 미군의 진주에 대비한 연합국 환영준비위
원회, 그리고 잇달아 환국할 것으로 기대되는 중경 임시정부를 위한

국민대회 준비위원회 등으로 인공에 맞섰다. 하지만 대중조직이 없는 유지(有志) 서클에 머물러 있었다.

이승만도 이런 좌파 천하를 실감하면서, 인민공화국 말고는 다른 선택의 길이 없다는 사실을 알게 되리라는 것이 공산당의 계산이었다.

이승만을 찾아온 박헌영

좌·우파는 이승만을 제 편으로 끌어당기는 전쟁에 나섰다, 인민공화국이 좌우 투쟁의 중심 쟁점이 되었다.

「조선인민공화국을 선포한 인민위원은 3000만 조선민족을 대표한다. 조선인민공화국은 조선 인민의 정부이다. 소련, 미국, 중경, 연안에서 활동하는 모든 인물과 요소를 총망라하고 조선의 총 민의에 기초한 나라! 조선인민공화국을 절대 지지하자. 조선건국동맹」

「총독부로부터 치안유지 의뢰를 받은 여운형이 마치 독립정부 수립의 전권(全權)이나 받은 듯이 건국준비위원회를 만들고 방송국을 점령하여 국가건설에 착수할 뜻을 공포하였을 뿐 아니라, 경찰서·재판소·은행까지 접수하려다 실패했다. 그들이 또 반역적인 인민대표대회라는 것을 열어 조선인민공화국이라는 것을 조직하고, 국내는 물론 해외의 임시정부 요인들까지 인민위원 운운하여 민심을 현혹시킨 죄는 만사(萬死)에 해당한다. 한국민주당」

인공을 둘러싼 좌·우파의 이 삐라 전쟁이 해방 정국 초기 좌·우파

전선을 상징한다.

좌파는 이승만의 인민공화국 주석 수락에 초점을 맞춰 힘을 집중했다. 이승만이 주석에 취임하면 인공은 사실상 정부 기능을 수행할 수 있다는 것이 공산당의 판단이었다. 인민공화국 부주석 여운형과 허헌 등 수뇌부가 이승만을 찾아가 주석을 맡아줄 것을 간청했다.

박헌영 등 공산당도 정파 통합을 명분으로 이승만에 매달렸다. 이승만은 우파가 마련해놓은 한국민주당 총재 자리도, 좌파가 마련해둔 인민공화국 주석 자리도 받지 않았다.

이승만은 귀국 첫 연설에서 "우리 민족은 뭉치면 살고 흩어지면 죽는다"고 말하면서, 우후죽순처럼 난립한 정당들의 대동단결을 당부했다. 이승만은 정부를 세우기 위해서는 연합국의 동의를 얻을 수 있어야 하고, 그러기 위해선 한목소리를 내는 민족통일전선의 결성이 필요하다고 역설했다.

이승만은 10월 25일에 한민당과 국민당, 건국동맹, 조선공산당 등 좌·우익을 망라한 50여 정당·사회단체 대표 200여 명이 참석한 가운데 독립촉성중앙협의회를 결성했다. 50여 정당 단체라지만 이승만이 특히 주력한 것은 박헌영 공산당의 협력이었다. 그로부터 나흘 뒤인 10월 29일, 공산당 책임비서 박헌영이 이승만을 방문했다. 그 대화 핵심을 요약하면 이랬다.

[이승만: 귀당도 독립촉성중앙협의회를 동포들의 뜻을 모으는 통일된 기관으로 인정하고 여기 힘을 합쳐 나갈 수 있겠소?

박헌영: 그 원칙에는 찬성합니다. 그러나 통일을 하자면 원칙을 내

세워 하지 않으면 안 된다고 생각합니다. 민족반역자와 친일파 처단이 필요합니다.

이: 성스러운 건국사업에 친일파를 제외하자는 원칙은 시인하지만 지금은 처단할 기구도 없고, 또 바쁜 때이니 그들을 처단할 수 없지 않소?

박: 우리도 지금 당장 처단하자는 것은 아닙니다. 협의회에서 친일파만 제외하면 우리들은 얼마든지 선생님과 함께 손을 잡겠습니다.]

첫 면담은 이런 타진(打診)의 선에서 끝났다.

공산당은 청년들을 이승만 설득에 동원했다. 11월 6일, 좌파의 청년단체 대표자회의는 이승만 박사 환영간담회를 명월관에서 열고 이승만을 기다렸다. 전평도 긴급 동의로 6일 오후 2시부터 있을 예정인 이승만 박사와 청년단체 대표자 회견에 4명의 대표를 선정했다. 이승만은 간담회에 나오지 않고, 오후 4시경 尹致瑛(윤치영) 비서를 보내 다른 일로 나가지 못한다는 통보를 했다.

청년단체 대표자 회의는 대표 3명을 뽑아 돈암장으로 보냈다. 그렇지만 이 박사가 출타 중이어서 만나지 못했다. 이들은 저녁까지 기다리다 밤 11시 다시 대표단 100여 명을 뽑아 돈암장을 방문하도록 했다. 이들 대표단은 이 박사가 이미 잠자리에 들어 만날 수 없다고 하자 결의문을 전달하고 물러갔다. 결의문은 이런 내용이었다.

[인민공화국을 절대 지지한다. 그 이유는 (가)인민의 절대 다수가 지지한다. (나)38선 이북과 이남을 통하여 각 도(道) 각 군·면(郡·面)에

까지 하부조직이 되어있는 통일된 전국조직이다. (다)해내외(海內外) 각계 각층의 진정한 혁명투사로서 구성된 정부이다. (라)인민의 기본요구를 실현할 수 있는 진보적 민주주의 정부이다.

그러므로 이승만 박사는 인민공화국 주석에 취임하여 진정한 민족 통일전선을 완성하기를 요망한다. 만약 이상의 요망이 실현되지 않으면 우리는 이 박사를 지도자로 지지할 수 없을 뿐 아니라, 민족 통일 전선 분열의 최고 책임자로 규정한다. 또 중경 대한임시정부 요인의 귀국을 환영하며, 이 선배들의 성풍혈우(腥風血雨)의 투쟁에 감사드린다. 그러나 이 선배 요인들도 인민공화국에 참가함으로써 민족의 지도자가 될 것이다.]

3장

인공(人共)과 임정(臨政)의
통합정부 수립 협상

우파의 두 차례 작은 도전

1945년 11월 20일, 서울 천도교 대강당에서 조선인민공화국이 전국 인민대표자대회를 열었다. 이승만의 인민공화국 주석 취임을 확보해 인민공화국을 과도정부로 기정사실화하기 위한 대회였다. 대회 개회를 선언하려던 순간 한 무리의 청년들이 단상으로 뛰어들었다.

이들은 "인민대표대회는 사기극이다. 조선인민공화국을 즉시 해체하라!" "우리는 중경 임시정부를 지지한다!"는 구호를 외치며 삐라를 뿌렸다. 청년들은 대의원에 위해(危害)를 가하지는 않았지만 마이크를 내동댕이치는 등 단상을 난장판으로 만들었다.

좌파 천하, 그래서 좌파의 행사에 우파의 실력 저지 같은 건 상상도 하지 않았던지라 경비가 소홀해 속수무책으로 당했다. 미군 헌병이 출동하여 청년들을 모두 연행해 평정을 회복했다. 하지만 대회는 유회(流會)되었다.

좌파 천하의 서울에서 백주(白晝)에 좌파 집회를 폭력으로 방해하고 나선 청년들은 민주혁신청년회, 그리고 건국청년회라는 두 우파 청년단체였다. 민주혁신청년회 회장은 한민당 소속 당원이기도 한 柳珍山(유진산)이다. 유진산은 해방 정국 우파 청년운동의 1번 주자였다. 그는 공산당의 선전에 대항하는 선무공작(宣撫工作)을 겨냥한 홍국회

훗날 야당 대표가 된 유진산이 청와대를 방문하여 박정희 대통령과 회담하는 모습. 1970. 8. 29

(興國會)를 조직했다가, 공산당에 맞서는 전투부대 성격의 청년조직을 결성한다. 그는 경위를 이렇게 말했다.

"당시 종로국민학교 자리에 한국민주당 본부가 있었는데 골목마다 붙어있는 삐라는 거의 모두 좌파의 것이었다. 해방 초기 서울은 공산 당 천하야⋯. 나는 청년운동을 해야 한다고 판단하고 金山(김산), 咸相 勳(함상훈), 黃鶴鳳(황학봉) 등과 함께 비밀결사 흥국회를 조직했다."

1974년 월간지 신동아(新東亞) 인터뷰에서 말한 그의 청년운동 회 고다. 흥국회 멤버들은 도쿄(東京) 유학시절 함께 독립운동 단체를 만 들었던 와세다(早稻田)대학 동문들이다. 좌우를 넘어서서 독립을 위해 합동하자는 것이 이 단체의 슬로건이었다.

흥국회는 두 달 남짓 활동했다. 보성고보 동문인 공산당의 이강국과도 만나 담판하지만, 좌우 전쟁의 격랑 속에서 그런 항해가 가능할 리 없었다. 그래서 방향을 바꾼다.

1945년 10월 하순, 유진산은 임시정부 특파사무국의 白昌燮(백창섭)과 白時英(백시영)을 만난다. 광복군인 백창섭은 해방 전 귀국해 국내에서 비밀활동을 하고 있었다. 그러다 해방이 되자 임시정부 특파사무국을 열어 활동하고 있었다. 그 경위는 이랬다.

1944년 11월, 광복군 제2지대 소속인 백창섭은 임시정부 내무부장 신익희의 부름을 받았다. 중국 임시수도인 중경에서였다. "머지않아 미군이 조선에 상륙작전을 펴게 될 것이다. 이때 상륙지점에 대한 정보와 교란전 수행 등 우리 광복군이 할 일이 많다. 미군 당국의 요청도 있었다. 백 동지는 본국으로 잠입해 미군 상륙작전 때 도울 채비를 하라"는 특명이었다.

백창섭은 11월 22일 중경을 떠나 천신만고 끝에 이듬해인 1945년 4월 14일, 쪽배로 압록강을 건너 국내 잠입에 성공했다. 그는 한국의용단이란 이름으로 미군 상륙 때 작전을 도울 청년들을 모으고 있었다. 평양에서 해방의 날을 맞은 그는 바로 서울로 와 조병옥을 찾았다. 그리고 한국 의용단 진척 상황을 얘기했다.

"의용단은 미군의 상륙작전을 돕기 위한 조직인데, 전쟁이 끝났으니 무슨 일을 해야 할지 모르겠습니다."

"해방이 되었으니 임시정부가 들어올 것 아닌가? 임시정부를 맞이할 준비를 하게."

조병옥은 서울 계동에 집을 하나 마련해주었다. 그는 이 집에 「대한민국 임시정부 특파사무국」이라는 간판을 걸었다. 특파사무국은 임시정부가 귀국할 때 임정 사무실과 임정 요인들의 숙소 마련 등의 일을 당면 사업으로 했다. 특파사무국 개설이 알려지면서 동지들이 하나둘 모여들었다.

우파 전투대로 바뀐 임정 특파사무국

신의주 YMCA 총무를 지낸 백시영이 찾아왔다. 평북 용암포 출신의 백시영은 한국의용단을 조직할 무렵 많은 도움을 준 동지였다. 백창섭은 백시영에게 특파사무국 재정 책임자를 맡아주도록 간청해 붙잡아 앉혔다.

함경남도 영흥 출신의 趙英珍(조영진)도 합류했다. 해방이 되자 함흥 치안대를 조직해 활동했던 그는 소련 군정이 실시되고 공산당 천하로 바뀌면서 끝내 공산당과 충돌했다. 그들은 공산당에 쫓기는 몸이 되어 12명의 치안대 중심 멤버들이 함께 월남했다.

원산에서 활동하던 金星(김성)의 양호단(養虎團)도 대원들을 거느리고 월남해 특파사무국에 합류했다. 임정의 지시로 국내에 잠입해 게릴라를 모집하던 朴文(박문), 柳益培(유익배), 鄭熙燮(정희섭), 安秉星(안병성) 등도 특파사무국에 합류했다.

월남 청년들이 특파사무국에 몰리면서 계동 집은 초만원이 되었다. 마침 부호 金興培(김흥배: 한국외국어대 설립자)가 종로구 권농동에 있는 큰 저택을 특파사무국에 내놓았다. 이 집은 군복 제조도 하던 노구치(野口)방직의 여공 숙소였다. 그래서 월남 청년들의 숙소를 겸

해야 했던 특파사무국으로서는 안성맞춤의 저택이었다. 특파사무국은 이 집을 호림장(虎林莊)으로 명명했다. 임정 특파사무국의 사무실 호림장은 북에서 38선을 넘어온 북한 지역 우익계 청년들로 식구가 불어나고 있었다.

유진산이 임정 특파사무국을 알게 된 것은 중국 구강(九江)에서 한인동지회를 조직해 활동하던 때의 동지 李寅(이인)을 만나서다. 이인은 해방 후 金佐鎭(김좌진)의 독립군 부대 시절 동지였던 김성의 양호단에 합류해 활동하다, 공산당에 쫓겨 남하해 임정 특파사무국에 동참해 있다고 했다. 특파사무국엔 양호단 외에도 월남한 청년들이 속속 모여들고 있다는 소식도 전했다. 유진산은 이인을 통해 백시영을 만났다. 의례적인 얘기들이 오간 뒤 본론을 꺼냈다.

"북에서 공산당에 쫓겨 온 많은 청년들이 특파사무국에 합류해 있다고 들었습니다. 이들은 언제 돌아올는지 날짜도 정해지지 않은 임정의 귀국을 기다리면서 무위도식(無爲徒食)하고 있는 실정 아닙니까?"

이인으로부터 일제시대 유진산의 농민운동과 항일 활동 경력은 들었지만 해방 정국에선 무엇을 하는지 알지 못했다. 그런 사람으로부터 불쑥 당돌하다고 할 질문을 받고 보니 순간 당혹스러웠다.

"우리 사무국 젊은이들은 임정 요인들이 귀국하면 경호를 비롯한 여러 가지 일을 떠맡을 청년들이오만…."

"임정 요인 경호가 중요하다고 생각합니다. 그러나 임정 요인들이 언제 귀국할지 확실한 예정이 없지 않습니까? 그런데 많은 젊은이들이 그날만 기다리며 하는 일 없이 지낸다는 것은 무의미한 노릇 아니겠습니까? 임정이 환국하면 경호요원으로 조직을 재구성하더라도, 지금은 지금대로 그들이 유익한 일을 하도록 지도하는 방도를 강구해볼 수도 있지 않겠나 하는 생각에서 말하는 것입니다."

임정 특파사무국 사람들은 광복군으로 훈련받은 사람들이다. 명령에 따라 행동하는 것을 훈련받았을 뿐, 조직이니 정치투쟁 같은 것엔 백지나 다름없었다. 뭔가 일은 해야 한다는 생각들이었지만, 무슨 일을 해야 하는지 엄두를 내지 못해 임정의 귀국만 기다리면서 그 준비를 한다며 날을 보내던 그들이다.

"이를테면 어떤 일 말인가요?"

"지금 이남 땅에는 공산주의자들이 조선인민공화국이라는 것을 선포해놓고 있습니다. 미군정에서 이를 불법단체로 규정하고 해산령을 내리기는 했지만, 저들은 이에 아랑곳 않고 공화국 선포를 기정사실로 하고 있습니다. 그것만이 아니지요. 좌파는 이른바 연합전선이라는 이름으로 각종 외곽단체를 확대하고 있습니다. 장차 임정이 돌아오면 공산당의 저항에 부딪쳐 많은 어려움을 겪게 될 것이라고 나는 생각합니다."

"…"

"그래서 말인데… 지금 특파사무국에 소속되어 있는 이북 청년들을 주축으로 하여 저들 공산당의 각종 조직과 단체에 대항할 수 있는 강력한 조직을 만들어 활용하는 것이 어떨는지요?"

눈이 번쩍 뜨이는 제안이었다.

"선생의 의견에 전적으로 동감입니다. 내 돌아가서 다른 분들과 상의하여 조만간 다시 뵙도록 하겠습니다."

백시영은 사무국에 돌아와 유진산의 제안을 전했다. 이규갑, 조영진, 朴文(박문), 유익배 등 특파사무국 중심 멤버들이 모두 전적으로 찬성했다. 이렇게 해서 조직된 단체가 대한혁신청년회(약칭 혁청)이다. 1945년 10월 30일, 유진산을 회장으로 한 우익 청년단 대한혁신청년회는 이런 경위로 공산당에 저항하다 쫓겨 38선을 넘어온 월남 청년들을 주축으로 결성되었다.

서기장은 백시영, 조직부장은 평양에서 활동한 반일 비밀 결사체 대동단의 朴玄永(박현영), 훈련부장 조영진, 동원부장 한철민 등 특파사무국 멤버들이 혁청의 중심부에 포진했다. 공산당 청년부대에 힘으로 맞설 전투부대다.

건국청년회는 건준 시절의 건국 치안대다. 미군정의 치안단체 해산령에 순응해 치안대를 청년회로 명칭을 바꿨다. 회장 吳正邦(오정방)은 총독부 시절 경무부 촉탁을 지낸 인물로 재력이 있고 인맥이 넓었기 때문에 창단 3개월에 36개 지부, 3만 회원을 확보했다고 한다. 그러나 사상이나 이념 같은 건 없었기에 단체는 무색(無色), 그래서 내부엔 좌·우파가 섞여 있었다. 이런 단체에 유진산이 접근해 우파로 돌렸다. 그리고 내부의 우파들이 혁청의 인민대표대회 기습에 동참한 것이다.

이후 국군준비대가 인민대표대회 습격에 대한 보복으로 건국청년회의 수송동 본부를 습격해 교전이 벌어졌다. 국군준비대는 미군 출동에 대비해 단기전으로 철수하면서 건청 간부인 이영, 김민수, 정호태 등 5명을 납치했다. 그러다가 3일 만에 돌려보냈는데, 정호태는 고문으로 끝내 사망했다. 이 사건 후 건청 내부의 좌·우파가 대립해 노선투쟁을 펼치다 우파는 대한독립청년단으로, 오정방은 조선청년당을 조직하면서 사라졌다.

유회 거듭하는 북한 실정 보고회

혁청의 대공(對共) 투쟁은 학원으로 이어진다. 1945년 9월 후반부터 이북에서 공산당에 쫓겨난 난민이 옹진반도를 통해 서울로 들어왔다.

"소련군이 시계도 뺏고 부녀자 겁탈도 한다. 호박을 수박과 구분 못해 생으로 먹기도 한다. 붉은 군대는 시커먼 빵을 들고 다니며 먹는 무지한 자들이다."

잇달아 학원가에서도 소련을 비난하는 소리가 나오더니 북한 실정을 알리는 이북 실정 보고 강연회를 시도했다.

「공산주의 세상은 지상낙원이라고 했는데, 해방 100일도 안 돼 학생들의 저항운동이 있었다. 해방군이라는 소련 군대가 학생들에게 무차별 총격을 가했다.」

북한 실정 보고대회를 알리는 삐라다. 좌파의 대응도 민첩했다.

「연합국을 중상하는 악질 데마(거짓선동)를 분쇄하자.」

삐라만이 아니었다. 월남한 학생들의 보고 강연회마저 봉쇄했다. 조직도 없고 수에서 압도적으로 밀리는 우파 학생들은 강연회는 물론, 작은 토론 모임조차 학교에선 불가능했다. 유학생동맹이 이북 실정을 알리는 보고대회와 인공 반대운동에 나섰다.

유학생동맹은 조선유학생대가 그 모체다. 일본의 패전을 예상하며 태동하던 조선유학생회는 해방되던 날 유학생대회를 열고 조선유학생대를 창설했다. 그러나 내부의 좌·우파 투쟁으로 기능을 못했다. 10월 들어 유학생대의 우파들이 따로 유학생동맹을 조직하고 박용만을 위원장으로 선출했다. 공산당에 맞선 우파 학생조직이다.

유학생동맹이 맨 먼저 한 일은 인민공화국 반대였다. 유학생동맹은 인민공화국을 공산당의 집권 음모이며 소련의 위성국으로 전락하는 길이라고 규탄하고, 인공 해산을 요구하는 삐라 3만 장을 제작하여 회원들이 서울 거리에 나가 배포했다.

공산당은 테러로 맞섰다. 공산당의 이른바 청년전위대가 유학생동맹 본부를 습격, 본부에 있던 10여 명을 납치해 그들 아지트로 끌고 가서 모진 고문을 가했다. 한밤중 金萬權(김만권)이 재래식 변소의 구멍을 통해 탈출, 구조를 요청해 경찰이 출동하여 학생들을 구출했다. 학생들은 모두 심하게 고문을 당해 거의 빈사상태였다고 한다.

유학생동맹은 좌파의 테러 위협을 무릅쓰고 신의주 학생사건 등 이북에서 일어난 학생들의 저항운동을 보고하는 강연회를 시도했지만 번번이 실패했다. 11월 23일, 휘문중학교 대강당서 강행한 전국 남녀학생대회도 사회자 이흥섭이 개회를 선언하자 "대회라는 미명 아래 무슨 수작을 하느냐?"며 좌파 학생들이 들고 일어났다. "집어 치워! 거짓말이다." "해방군을 모욕하는 반동을 몰아내자!"면서 소란을 부려 대회 진행을 방해해 유회되었다. 이때 유학생동맹을 거들고 나선 것이 대한혁신청년회다.

1945년 12월 16일, 유학생동맹이 휘문중학교 대강당에서 전국 남녀 학생대회를 열었다. 신의주 학생사건 진상보고를 위한 모임이다. 혁청은 이 대회 경비에 나섰다. 혁청은 대원을 두 패로 갈랐다. 백시영이 지휘하는 100명은 대회장 안을 맡았다. 대회를 방해하는 자는 즉시 끌어내는 것이 이들의 담당이다. 바깥 경비는 조영진 부대 50여 명이 포진했다. 대회가 시작되면 바깥에서 몰려올 이른바 공산당 돌격부대의 진입을 막기 위한 외곽 경비진이었다.

공산당도 예상대로 대회를 쑥대밭으로 만들기로 작정했다. 소련군에 대한 이른바 은혜 갚기(報恩), 그리고 인민대표자대회 방해에 대한 보복이라는 두 가지 의미가 부여된 공격이다. 공산당 돌격대 1진은 일반 시민 참가자로 위장해 대회장 곳곳에 미리 자리를 잡았다. 바깥에는 주력부대가 대기했다. 대회장 바깥에 대기한 주력부대는 아오키(靑木)라는 일본 이름으로 불리는 金性元(김성원)의 패거리였다. 김두한에 버금가는 주먹 세계의 우두머리 아오키 부대는 종로3가 단성사 일대를 지배한 '어깨패'였다.

대회가 시작되자 안에 들어와 있던 청년들이 "해방군인 위대한 붉은 군대를 모욕하지 말라!" "반동들의 거짓말이다!"고 고함을 지르며 난동을 시작했다. 미리 대기해 있던 혁청 대원들이 난동자를 몽둥이로 갈기며 끌어내기 시작했다. 학교 바깥에 대기하던 주력부대가 함성을 지르며 돌진해 왔다. 방어부대는 함흥에서 목숨을 걸고 좌파와 충돌했던 조영진 부대였다.

"우리는 함흥에서 죽었을 몸이다. 이 자리에서 죽은들 억울할 것도 없다. 한 놈도 대회장에 들여놓지 말라!"

조영진의 고함과 함께 싸움이 시작되었다. 김성원이 이끌고 있는 좌익 행동대가 수에서 더 많았다. 그러나 조영진 부대는 필사적이었다.

양쪽 모두 각목과 쇠파이프로 사정없이 내리쳤다. 피가 튀는 처절한 싸움이었다. 결투가 아니라 전쟁이었다.

전쟁을 막은 건 미군 헌병이었다. 무장한 미군이 공포를 쏘며 현장으로 다가왔다. 싸우던 청년들은 좌우를 가리지 않고 미군을 피해 도망쳤다. 이래서 대회장 안 난동부대는 바깥 주력부대 지원을 받지 못해 제압당하고, 대회를 마칠 수 있었다.

어깨와 광복군 전사(戰士)의 담판

그날 저녁 나절 특파사무국에 의외의 방문자가 있었다. 아오키가 보낸 청년이다. 청년이 말했다.

"아오키 형님께서 혁신청년단 대표와 담판을 하겠다고 전하라 하셨습니다. 시간은 내일 저녁 7시, 장소는 명월관 별실입니다. 대표는 두 사람으로 하되, 조영진 선생은 꼭 참석해 주십사 하셨습니다."

"단 둘이라고?"

"예 그렇습니다. 우리 쪽도 둘 이외 누구도 근처에 얼씬거리지 않게 한다는 것입니다. 아오키 형님이 '사나이로서의 약속'이라고 하셨습니다."

혁청이 특파사무실에서 긴급회의를 가졌다. 의견이 분분했다.

"음모가 있을지도 모른다. 그들도 둘만 나오겠다고 했지만 주먹 패거리 약속을 어떻게 믿느냐?"

"만나봤자 얻을 것도 없지 않은가?"

그런 의견도 있었다. 조영진은 음모가 있다 해도 두려울 것 없다고 했다. 나가지 않는 것이 비겁하다는 의견이 우세했다. 유진산 회장 허락도 받아 그날 현장을 지휘한 조영진과 백시영이 나가기로 결정했다.

이튿날 명월관으로 갔다. 종업원이 별실로 안내했다. 방안에는 주안상을 준비하고 김성원이 먼저 와 기다리고 있었다. 김성원은 제 바로 아래 부두목인 宋基重(송기중)을 대동하고 있었다. 둘이 들어서자 김성원이 일어나 손을 내밀었다. 수인사가 끝나고 김성원이 먼저 말문을 열었다.

"어제 조 선생의 활약을 눈으로 보고, 부담 없이 술이나 한잔 하면서 허심탄회하게 이야기를 나눠볼 생각으로 이렇게 모셨습니다. 저의 초대를 받아주셔서 감사합니다."

"여러 가지로 바쁘실 텐데 귀한 자리를 마련해주셔서 고맙습니다."

답례로 고맙다는 인사는 했지만 아오키의 진의를 헤아릴 수 없어 뒷말을 찾지 못했다. 아오키가 직설적으로 어제의 일을 화제로 올렸다.

"아실는지 모르겠지만 나도 종로 바닥을 주름잡던 사람이고, 내 부하들도 일당백(一當百)의 실력을 갖춘 청년들이오. 그런데 조 선생이나 조 선생 부하들의 용맹은 이 아오키가 봐도 대단한 것이었소. 그런데 한 가지 이해가 가지 않는 것은, 왜 혁청에서 인민대표들의 회의를 방해했느냐 하는 점이오."

"김 선생, 그 질문에 대답하기 전에 우리 쪽에서 먼저 알고 싶은 것이 있소."

"무슨 얘긴지 말씀해보시오."

"김 선생은 왜 공산주의자들을 돕고 있소? 김 선생은 공산주의가 노리는 것이 무엇인지나 알고 그들의 전위대 노릇을 하는 것이오?"

"무엇을 노리다니요. 공산주의야말로 이 땅의 헐벗고 굶주리는 백성들이 고루 잘살게 하겠다는 주의 아니오?"

"이제 알 것 같구려. 나는 '아오키는 협객이다' 그런 말을 듣고 있소. 정의의 편에 서서 약자를 돕는 사람을 협객이라 하지 않소? 김 선생이 아무 근거 없이 공산당의 앞잡이가 되어 이 나라 백성을 구렁텅이로 몰고 가려하지는 않았을 것 아니겠소? 그런데 김 선생은 누구한테서 어떤 교육을 받았는지 모르지만 공산당을 잘못 알고 있는 거요."

"공산주의가 이 나라 백성을 구렁텅이로 몰고 가려 한다는 것은 무슨 근거로 하는 말이오?"

조영진은 북에 진주한 소련군과, 소련군에 조종되는 공산당에 대해 긴 얘기를 했다.

"김 선생, 우리는 36년 나라를 빼앗긴 설움을 뼈에 사무치도록 느끼며 살아오지 않았소? 그런데 공산주의자들은 이 나라를 소련의 속국으로 만들려고 혈안이 되어 있소. 김 선생은 북조선에서 민중의 절대적 신임을 받고 있는 분이 조만식 선생이라는 말은 들었을 것이오. 그 조 선생님이 해방 직후 북조선 건국준비위원회를 맡아 지도를 하고 있었소. 그런데 지금 조 선생은 감금되어 있소. 북한 땅은 지금 서른세 살짜리 소련군 앞잡이가 김일성이라는 이름으로 권력을 잡고 북조선을 좌지우지하고 있소. … 소련 놈들이 왜 그자를 김일성 장군이라 선전하며 소위 지도자로 내세웠겠소. 바로 저들 맘대로 북조선을 조종해 소련의 속국으로 만들기 위한 것 아니겠소? 이래도 김 선생은 공산당을 구세주처럼 떠받들 생각이오?"

한참동안 침묵이 흘렀다. 김성원이 반박할 말을 찾지 못하고 있는 듯했다.

"북쪽은 소련 놈들이 점령하고 있어 그렇다 쳐도, 남조선에서 공산당이 하는 일은 인민 대중의 살 길을 열어주자는 것 아닙니까?"

김성원이 그렇게 반문했지만 백시영의 논리를 반박할 만한 지식은 없었다.

"남한에 있는 이들 중에는 공산주의의 이상향(理想鄕)을 꿈꾸는 분들도 있겠지요. 그러나 우리가 만주에서 당하고 북한에서 겪은 공산주의나 소련은 결코 공산당이 선전하는 그런 것과는 거리가 멀었소."

백시영이 만주에서 그가 겪고 본 공산당에 대한 얘기도 했다.

"이런저런 일을 다 제쳐두고라도 하나만 봅시다. 공산주의자들도 중국에 우리 임시정부가 있는 것은 모를 리 없지 않소. 그런데도 인민공화국을 선포하여 임시정부가 들어오기 전에 무주공산(無主空山)이 된 이 나라의 통치권을 차지하려고 한 것을 보면, 그들이 노리는 것이 무엇인지 알 수 있지 않소? 더욱이 인공에서는 임정이 환국한 이 마당에도 인공을 해체할 생각도 안 하고, 인민대표자대회니 뭐니 하며 임정과 정면으로 한판 붙자는 태도를 취하고 있으니 어찌 우리 혁청이 저지하지 않고 두고 볼 수 있었겠소."

김성원은 더는 반박을 안 했다. 그리고 술잔을 기울였다. 말없이 잔이 오간 뒤 김성원이 입을 열었다.

"참으로 면목이 없습니다. 그동안 앞뒤 분간도 못하고 공산당에 놀아난 내 자신이 부끄럽습니다. 이제부터는 공산당과 손을 끊고 새로운 갈을 걷겠습니다."

조영진과 백시영이 놀라 눈이 휘둥그레졌다.

그날 조영진도 함흥에서 그가 일으켰던 공산당과의 충돌을 얘기했다. 그랬지만 이리 쉽게 그가 마음을 바꾸고, 즉석에서 심경을 털어놓는다는 것은 상상조차 하지 않았던 일이었다. 김성원도 둘의 얘기를 듣고 거기 설득되어 돌아선 것만은 아니었다. 김성원을 돌아서게 만든 것은 바로 전날 있었던 한판 승부였다.

미군 헌병들의 출동으로 양쪽 다 허겁지겁 도망쳐 승패가 가려진 것은 아니지만, 김성원은 쓰디쓴 패배라는 자괴감을 가졌다. 김성원의 아이들, 일 대 일로 맞서면 부하들 중의 어느 누구든 상대쪽 가장 잘 싸우는 자일지라도 눌러 이길 수 있는 실력이라고 자부했다. 실제로도 그런 주먹들이었다. 그런데 어제는 달랐다. 상대쪽 개개인의 싸움 실력은 별것 아닌 것 같은데, 힘을 합쳐 대적해오는 무서운 기세 속에는 뭐라고 형언할 수 없는 힘이 있었다. 그 기세, 그 응집력은 김성원의 부하한테서도, 여러 싸움의 상대방한테서도 본 적이 없는 불가사의한 힘이었다. 대체 그 무서운 기세는 어디서 나온 것일까…?

내가 왜 싸우는가? 공산당 간부들이 인민 대중을 위한 중요 임무라면서 내게 직책을 주고 부하들을 이끌 자금도 자원한다. 그래서 싸운다. 내가 대적한 상대는 어떤 사람들인가? 반동들의 앞잡이라면 그들도 돈을 받고 그 일을 맡고 나섰을 것인데, 두려움 없이 온몸을 던져 맞서는 그 기세는 돈의 힘이 아니다. 그들은 목숨을 걸고 있었다. 그런데 이들이 진짜 이 나라 백성에게 해를 끼치는 무리들인가? 대체 그들은 무슨 일을 하고자 하며, 그 일이 우리들 인민에게 어떻게 해가 되는지를 내가 알고 그들과 싸운 것인가?

김성원은 그런 생각 끝에 상대를 만나 얘기를 들어봐야겠다는 마음을 먹었다. 그리고 얘기를 들으면서, 그들의 힘은 돈이 아니라 신념이라는 것을 알았다. 인민에게 해를 끼치는 것이 아니라, 나라의 독립을 위해 한 목숨 바친다는 결의를 보았다. 그래서 그는 고개를 떨어뜨렸다.

조영진은 놀람 속에서도 애써 냉정을 유지하며, 그래도 아직은 전적으로 믿을 수 없다는 생각을 했다. 그러면서 김성원의 다짐을 확인하는 질문을 던졌다.

"김 선생의 현명한 결단에 감격했습니다. 더구나 바로 어제 사생결단으로 맞섰던 상대방에게 이런 말씀을 하는 것은 보통 사람으로서는 흉내도 낼 수 없는 도량이라고 봅니다. … 그런데 김 선생, 공산주의자들은 자본가, 지주(地主)를 제일의 적이라고 말하고 있습니다. 그렇지만 조직을 이탈한 자에 대해서는 그보다 더한 배신자로 규정해 무자비한 보복을 가한다는 사실을 알고 있소?"

"잘 알고 있습니다. 우리 주먹 세계에서도 그런 불문율이 있습니다."

"그들은 김 선생뿐만 아니라 김 선생 부하들에 대해서도 수단 방법을 가리지 않고 보복하려 들 텐데 그래도 저들과 손을 끊을 수 있겠습니까?"

"예, 그 점도 생각하고 있습니다."

잠시 침묵이 흘렀다. 말없이 술잔을 비웠다. 한참 후 김성원이 조영진을 똑바로 쳐다보며 말했다.

"앞으로는 조 선생과 손잡고 공산당을 때려잡을 작정입니다. 그들의 보복을 두려워하지도 않을 것이고, 앉아서 기다리지도 않겠소."

조영진이 김성원의 손을 잡았다.

"김 선생의 말을 믿고, 이 시간 이후에는 목숨이 끝나는 날까지 김 선생을 동지로 믿고 생사고락을 함께 하겠습니다."

"내 진심을 믿어주어 고맙소. 사나이 대장부로서 앞으로 어떤 일이 닥칠지라도 조 선생의 신의를 저버리는 일이 없을 것을 맹세합니다."

조영진을 쳐다보는 김성원의 눈에 이슬이 맺혔다.

"김 선생, 고맙습니다. 김 선생이 연장자시니 지금부터는 제가 형님으로 모시겠습니다."

"고맙소. 그리고 내가 잘못을 깨닫도록 중요한 말씀을 해주신 백 선생께 감사를 드립니다."

백시영이 뭐라고 말하려는데 김성원이 말을 이었다.

"사실 지금까지 제 생활은 제대로 된 것이 아니지요. 그러다가 해방이 되고 우연한 인연으로 정치에 발을 들여놓기는 했지만, 이것이 잘하는 일인지 어떤지도 잘 모른 채 시키는 대로 여기저기 다니며 주먹을 휘둘렀을 뿐입니다. 그런데 어제 혁청의 일치단결된 모습을 보고 내가 살아온 세계와 다른 무엇을 느끼게 되었습니다. 그래서 두 분을 뵙고 말씀을 듣고자 했던 것입니다. 이제 조영진 같은 훌륭한 아우님까지 얻게 되었으니 건국에 도움이 되는 일이라면 미력이나마 온몸을 바쳐 돕겠습니다."

조영진의 손을 잡은 김성원의 눈에서 눈물이 방울졌다. 조영진도 충혈된 눈에서 눈물이 흘렀다.

"공산당은 소련의 앞잡이들입니다. 이 나라를 소련의 속국으로 만들 수는 없지요. 우리 힘을 합쳐 공산당을 때려 부숩시다."

네 사람은 어느새 백년지기(百年知己)가 되어 밤이 깊어지기까지 술잔을 나누며 결의를 다지고, 정을 키웠다.

박헌영의 마지막 돈암장 방문

11월 16일 밤, 박헌영이 이강국, 이현상과 함께 이승만을 찾았다. 이승만은 인공 주석 취임을 간청하는 이들에게 독립촉성협의회 이외는 어떤 자리도 모두 사양하고 있다는 사실을 상기시켰다. 독립정부를 세우기 위해 모두가 정파를 초월해야 한다고 이승만은 말했다. 그러면서 이런 이야기도 했다.

"박 동지! 다른 것은 당신 하자는 대로 할 터이니 석 달만이라도 합작을 해서 민족의 단결을 과시해봅시다. 그래야 정부를 세울 수 있어요. 정부가 선 뒤엔 무슨 당을 해도 좋으니…"

박헌영은 인민공화국은 정파가 아니라고 했다. "민심이 인민공화국을 지지하고 있습니다. 인민공화국은 정파를 망라했고 공화국을 승인 받는 것이 독립의 길입니다"고 주장했다. 새벽 2시까지 담론은 계속되었다.

박헌영이 다녀간 다음날, 이승만은 공산당도 뭉치는 데 동의했다고 말했다. 그러면서 나도 임정의 한 사람으로 인공 주석은 수락할 수 없음을 분명히 했다고 밝혔다. 인공측은 이승만의 주석 취임 거부가 유감이라는 짤막한 성명으로 반응했다.

그로부터 다시 며칠 지나 김철수의 주선으로 박헌영이 이승만의 돈암장을 찾았다. 김철수가 박헌영을 안내했다. 그 방엔 장덕수와 백남훈, 안재홍, 손재기 등 우파측 독촉 집행부 구성을 담당할 전형위원들이 먼저 와 대기하고 있었다. 잠시 후 이승만이 방으로 들어왔다. 독촉의 집행부 구성을 위한 자리였다. 박헌영이 김철수를 향해 "반동분자들이 모이는데 안 나오려고 했는데…"라고 중얼거리며 자리를 일어서 나갔다고 한다.

12월 5일, 공산당은 발길을 돌렸다. 박헌영은 이승만이 인공 주석에 취임하지 않으면 민족통일 실패의 최고책임자로 규정될 것이라는 공개 성명을 냈다. 잇달아 공산당은 독립촉성중앙협의회 탈퇴를 선언하고, 정당 통합운동 실패의 책임을 이승만에게 씌우는 성명을 냈다. 공산 당은 또한 이승만이 민족반역자 및 친일파의 수령이라고 비난하는 성명을 당 중앙위원회 이름으로 발표했다.

이승만은 12월 17일 방송연설에서 공산당에 대해 이렇게 언급했다.

"이론상으로 공산주의는 그럴듯합니다. 이 주의가 민주주의와 같이 세계 대중에게 복리를 줄 만한 주의가 된다면 아무도 막지 못할 것입니다. 그러나 공산주의를 선전하는 자들은 아름다운 이상(理想)이라는 양(羊)의 가죽을 쓰고, 세계 정복을 꿈꾸는 소련의 앞잡이 노릇을 하고 있습니다. 그들은 세계 사람들에게 각각 그들의 정부를 파괴해 크렘린의 독재 아래 넣도록 권장하고 있는 것이나 다를 바 없습니다.

당신의 동생이라도 공산주의 훈련을 받았다면, 그 동생은 소련을 자신의 조국이라고 부르며 정부를 뒤엎고 동포를 소련에 넘겨주려 할 것입니다. 그리 되면 당신의 나라는 소련의 위성국이 되고 맙니다. … 그리고 그 이후엔 당신의 동생은 집 없는 거지가 되고, 가족은 노예가 될 것입니다. 그때 잘못을 깨달아도 아무런 소용이 없을 것입니다."

12월 20일에도 이승만은 「공산당에 대한 나의 입장」이라는 성명을 통해 공산주의자들을 파괴자, 민족주의자들을 건설자로 규정하였다.

"언제든지 어디서든지 건설자와 파괴자는 협동이 못되는 법이다. 건설자가 변경되든지 파괴자가 회개하든지 해서, 같은 목적을 가지기 전에는 완전한 합동은 못된다."

서울운동장에서 열린 임시정부 환국 환영식에서 나란히 앉아 담소를 나누는 이승만(왼쪽)과 김구.
1945. 12. 19

　그러면서 이렇게 호소하였다.

　"이 큰 문제를 우리 손으로 해결치 못하면 종시는 다른 해방국들과 같이 나라가 두 절분(切分)으로 나뉘어져서 동족상쟁의 화(禍)를 면치 못하고, 따라서 우리가 결국은 다시 남의 노예 노릇을 면하기 어려울 것이다. 그러니 우리는 경향 각처에 모든 애국 애족하는 동포의 합심 합력으로 단순한 민주정체하(民主政體下)에서 국가를 건설하야, 만년 무궁한 자유 복락(福樂)의 기초를 세우기로 결심하자."

　이승만과 갈라선 공산당은 김구에게 눈을 돌렸다. 11월 23일에 임시정부 1진 15명을 이끌고 귀국한 김구는 이승만의 독립촉성중앙협의회에도 참여해 있었고, 이승만도 임시정부 임시 사무실을 방문하기도 했다. 그렇지만 현실 진단에서조차 거리감이 보였다. 이승만은 미군정을 현실로 수용한 반면, 김구는 임정이 행정권을 넘겨받아 독립정부를 세울 임시정부 기능을 수행하리라는 희망을 버리지 않았다.

박헌영과 여운형 등 인민공화국 사람들은 이 틈을 비집고 들었다. 먼저 전국 청년단체대표자회의는 이승만의 인공 주석 취임 운동이 실패하자 11월 16일 다시 모여 조선청년총동맹 결성준비위를 발족했다. 그 대표단이 죽첨장(竹添莊)으로 김구를 방문한 데 이어, 12월 6일엔 명월관에서 청총(靑總) 서울연맹 주관으로 임정 요인 환영회도 베풀었다. 잇달아 제기한 것이 조선인민공화국과 임시정부의 합동이다. 김구는 "소련이 나를 반공주의자로 아는 마당에 내가 공산당 지도자가 될 수 있나?"라고 말하면서도 협상에 동의했다.

공산당 등 좌파 계열은 인공과 임정이 각료를 5 대 5, 대등하게 배분하는 임시정부를 제의했다. 박헌영은 "인공의 인민위원회는 38선 이남 7도, 12시, 145군, 75읍, 그리고 1657면에 걸쳐 인민위원회 구성을 끝낸 잠재적 정부다. 이에 비하면 임정은 내실이 없는 유랑 정부로 정국을 이끌어 갈 능력도 없는 것 아니냐?"면서 5 대 5는 임정에 대한 인공의 최대 예우라고 했다.

임정 부주석 김규식, 국무위원인 김약산, 조소앙 등 임정 대표단은 공산당과의 연립정권에 동의했다. 이래서 인공과 임정이 각료 인선 등의 논의를 진행할 즈음, 새로운 사태가 이 교섭을 날려버렸다.

4장

소련연방 편입 발언의
회오리

임정 요인을 중국으로 추방하려던 하지

모스크바에서 열린 미·영·소 3개국 외상(外相)회의는 1945년 12월 27일, 한국을 독립이 아니라 신탁통치하기로 결정한 합의사항을 발표했다. "한국인은 자치능력이 없다. 미·소 두 나라가 공동으로 다스리면서 한국인이 자치능력을 길러 스스로 체제를 결정하도록 하자"는 것이 신탁통치안(案)이다. 신탁통치안은 해방이 바로 독립이라고 생각했던 한국인에겐 놀라움이었다. 온 국민이 하나가 되어 반대했다.

반대에 앞장선 것은 김구의 임시정부다. 김구는 "차제에 미군정과 기관을 점령하여 정부를 즉각 수립하고 독립을 선포해버려야 합니다"는 말로 임정의 국무회의를 시작했다. 임정은 탁치 반대 국민총동원위원회를 결성한다는 성명을 발표했다. 이 성명에는 상인들에게는 철시(撤市)를, 한국인 관리들에게는 파업을 지령했다. 철시를 받아들인 상인은 소수였다. 하지만 관리들 대부분이 파업하거나 태업에 나서는 바람에 미군정의 행정기능이 일시 마비되었다.

다음날인 12월 29일에 임정 주도로 열린 전국 반탁 국민투쟁위원회는 외국 군대의 철수를 주장하고, "탁치 순응자는 부역자로 처단하자"는 등 9대 행동강령도 발표했다. 당면 정책에선 임정이 중심이 되

대한독립협회 명의의 신탁통치 반대 격문. 이승만은 1946년 1월 7일 돈암장에서 윤치영(尹致暎)을 통해 "신탁통치는 우리 민족에 대한 치욕"이라며 "우리 땅은 우리 손으로 광복해야 한다"고 말했다.

어 국내 각계각층 대표들로 비상정치회의를 열어 과도 정권을 수립한 뒤, 다시 국민대표대회를 소집하여 헌법을 제정하고 정식 정권을 수립한다는 정책방향을 제시했다. 30일엔 서울운동장에서 국민대회를 열고 시가행진도 했다.

이승만도 신탁통치에 반대했다. 그러나 30일 담화를 통해 이렇게 반대운동의 절제(節制)를 당부했다.

"미국정부에 대하여 오해가 없어야 할 것이니 이는 우리가 군사력을 두려워하거나 친미주의를 의미하는 것이 아니라, 미군이 우리를 해방한 은인이고 우리 독립을 찬성하는 고로 … 특히 미군정은 신탁문제 발생 이후 본국 정부에 한국 내 여론을 전하고 반대 입장을 밝혔다. 독립의 친우를 모르고 원수로 몰아대는 일은 도리어 독립을 저해하는 것이다."

같은 시간 하지가 조병옥 경무부장에게 물었다.

"치프 조, 당신은 임정의 포고문이라는 걸 보았소?"

"예, 보았지요."

"그럼 이것도 좀 보시오."

[임정 요인 33인은 미군정의 법과 질서유지에 복종하겠다는 서약을 했음에도 불구하고, 신탁통치 반대운동을 빙자하여 미군정을 접수하고 미군 철수를 주장하고 있으니 … 그런 획책의 여파로 공공의 안녕과 질서유지가 어려워 오늘밤 영시를 기해 이들을 모두 인천의 포로수용소에 수용했다가 중국으로 추방하기로 결정했습니다. 한국 시민들의 이해를 바랍니다.]

"이게 무엇입니까?"

"오늘 밤 내가 방송할 원고요."

"이건 안 됩니다. 임정을 추방한다는 것은 미군정에 협조하는 민심마저 이탈시키는 결과를 초래하게 될 것이고, 미군정의 실패를 자초하게 될 것이니 방송을 중지하십시오. 내가 김구 주석과 협상하겠습니다."

조병옥 경무부장의 중재안을 하지가 받아들였다. 조병옥이 김구를 찾아갔다.

"임정이 미군정에 협조하겠다고 서약한 이상 미군정 접수 운동은 포기하는 것이 합당한 것 아니겠습니까? 지금 북쪽은 소련군 치하에서 공산화가 진행되고 있는데, 이러다간 한반도 전역이 공산주의 철제(鐵蹄: 쇠발굽)에 휩쓸려들지도 모를 형편입니다. 미군정의 단계를 통과하지 않고는 자유 독립을 완수하기는 어렵다는 현실을 받아들여야 합니다."

김구가 "그럼 찬탁하란 말이요?"라고 물었다. 조병옥은 찬탁이 아니라 미군정을 거부하는 과격한 반대운동을 자제하라는 것이라고 설득했다. "서약을 어겼다는 이유로 추방한다면 어쩔 작정입니까?"라는 말까지 하곤 하지를 만나도록 주선하겠다고 설득했다.

김구도 결국 한발 물러섰다. 그리고 이틀 뒤 하지와 만난 김구는 반탁운동은 하되, 질서 파괴 행위는 안 한다는 것을 서약해 고비를 넘겼다.

신탁 바람이 만든 우파 학생조직

좌파가 독점했던 학생조직에서 우파 학생연맹이 태동한 것은 신탁통치안이 그 동력이 되었다. 1945년 12월 28일 오후 2시 신탁통치안 뉴스가 신문 호외로 뿌려지던 날, 보성전문 李哲承(이철승)은 명동에서 이 신문 삐라를 주워 읽었다. 보성전문학생회 준비 멤버였던 그는 학생회 준비위원들에게 신탁통치 뉴스를 전하며, 시골에 가지 아니한 학생들은 29일 한청(韓靑)빌딩에 모이도록 연락하자고 제의했다.

12월 29일, 한청빌딩에 70여 명의 보성전문 학생들이 모였다. 그들은 다른 학교와도 연락해 전국 학생들이 신탁통치를 반대하고, 완전한 독립을 요구하는 투쟁에 나서자는 결의를 했다. 12월 30일, 임정이 주관한 반탁 군중대회가 서울운동장에서 열렸다. 이 대회엔 서울의 중학교와 전문 및 대학생 수천 명이 참가했다. 여기서 반탁학생회가 태동할 기반이 마련되었다.

12월 30일의 서울운동장 군중대회에는 좌파 학생들도 참가했다. 그러나 1월 2일, 공산당이 "신탁통치는 연합국이 통치하는 것이 아니라 한국의 정당 사회단체 대표들이 구성하는 임시정부가 정식으로 독립하는 일을 하도록 돕는 연합국 후견제(後見制)이다"는 설명과 함께 지지를 선언했다. 이래서 신탁통치를 놓고 학생조직도 좌·우파로 갈렸다.

해가 바뀐 1946년 1월 7일에 서울의 대학, 전문 및 중학교 학생 대표들이 모여 ①민족자결, 신탁통치 반대 ②즉시 자주독립 ③민족진영의 대동단결 ④미군정 협력 ⑤친일파 소탕을 결의하고, 이를 실현하는 투쟁에 나서기 위해 반탁 전국학생총연맹을 결성했다. 처음으로 좌파가 빠진 우파 성향 학생들만의 모임이었다. 위원장 이철승(보성전문), 부위원장 李東元(이동원: 연희전문), 金德淳(김덕순: 세브란스의전), 그리고 각 부에 중학생부도 마련해 대학에서 중학교까지의 우파 학생 조직이 탄생한 것이다.

공산당도 첫 반응은 반대였다. 그러나 공산당 책임비서 박헌영은 찬반을 밝히지 않았다. 박헌영은 서울 주재 소련영사관을 찾아가 지침을 받으려 했으나, 영사관측은 본국으로부터 훈령을 받지 못하였다고 했다. 박헌영은 12월 28일 밤 38선을 넘어 평양으로 갔다. 김일성도 어쩔 줄 몰라 하였다.

모스크바에 갔던 북한 주둔 소련군 민정사령관 안드레이 로마넨코(Andrei Alekseevich Romanenko)가 평양으로 돌아온 것은 12월 말이다. 로마넨코가 전한 모스크바의 지침은 신탁통치를 결의한 모스크바 협정을 지지하라는 것이었다. 박헌영은 1946년 1월 1일 밤 평양을 출발, 2일 새벽 서울에 도착했다. 그는 2일 낮 김일성과 보조를 맞춰 조선공산당 이름으로 신탁통치 지지 성명을 발표하였다.

"모스크바 3상회의 결정을 검토한 결과, 이번 결정은 세계 민주주의 발전에 한 걸음의 진보라는 결론을 얻었다. 우리는 지지한다."

1947년 1월 3일, 좌파는 서울운동장 집회를 예정대로 강행했다. 당초 신탁통치 반대 대회였던 각본을 찬성 대회로 돌리는 조직력을 과시했다. 좌파는 반탁이라는 열화 같은 불길에도 꿈쩍도 않고 찬탁의 논리를 펼쳐나갔다. 박헌영은 1월 5일, 좌파신문 12개사 기자 및 몇 외신 기자들과 만나 이런 투로 찬탁의 논리를 제시했다.

"왜 찬탁인가?"

"신탁통치 결정은 식민지화 의도가 없다는 것을 말한다. 지금 세계 문제는 미·영·소 3국의 지도를 받는 것이 바람직하다. 세계평화를 유지하는 길은 3개국의 국제적 협력을 근간으로 하고 다른 나라들이 이를 따르는 것이 세계의 추세다. 조선도 이에 순응하는 것이 독립의 길이다."

"조선은 소비에트화 하지 않는가?"

"아직은 소비에트화 할 단계가 아니라고 본다."

"임정과 인공의 합작은 가능하다고 보는가?"

"정당 자격이라면 가능하지만 임정의 자격으로는 불가능하다는 것이 조선공산당의 공식 입장이다."

"임정이 주도하는 반탁운동을 어떻게 보는가?"

"김구 씨는 국제정세의 흐름이나 신탁통치의 본질은 설명하지 않고,

'3상결정 절대지지(三相決定絕對支持)' - 반탁을 주장하다 공산당 지령을 받고 갑자기 친탁으로 입장을 바꾼 좌익들의 군중대회.

신탁통치가 마치 일본의 보호통치와 같은 것으로 민중을 혼동하게 하고 있다."

"군중의 계속되는 반탁 데모에 대해…?"

"미군정이 데모를 방치하는 것은 납득할 수 없다. 3상회의에 동참한 미국이 반탁데모를 저지하지 않는 이유를 상식으로는 납득하기 어렵다."

"미군정에 대한 공산당의 견해는?"

"미군정은 반민주 행위엔 관대하고, 진정한 민주적 행위엔 호감을 보이지 않고 있다. 증거를 열거하자면 각 지방의 인민위원회와 농민조합의 활동은 억압하고, 불법 단체들이 주관하는 반탁데모는 도리어 감싸고 있다. 현재 남조선에는 합법적이고 민주적인 활동을 하다가 구속되어 있는 인민위원회와 농민조합 간부들이 300여 명에 이르는데,

이는 아직도 이 나라를 움직이고 있는 친일파 관리들의 반민주적인 증오심에서 온 결과라고 본다."

공산당이 소련의 지시를 받아들여 찬성으로 돌아서면서 좌우는 확연하게 갈라섰다. 좌파의 찬탁은 민심을 거스르는 것, 역풍에 마주치고 있었다. 소수파로 밀려있던 우파는 반탁 열풍을 타기 시작했다.

우익 주도의 반탁, 좌익 주도의 찬탁 정국은 좌우 중간에서 어정쩡한 태도를 보이던 김구의 중경 임시정부를 오른쪽으로 몰았다. 김구는 이승만과 함께 반탁운동의 선봉에 섰다. 이승만·김구 연합전선이 형성되면서 우파는 찬탁으로 돌아선 공산주의자들에 대한 선제공격에 나섰다.

그러나 공산당이 주도하는 남한 좌파 연합전선은 반탁의 불길에도 꿈쩍도 않고 찬탁운동을 펼쳐나갔다. 그리고 바로 이 탁치 정국이 좌우 대립을 열전으로 몰아갔다.

학병동맹, 우파 학생 데모대에 총격

탁치 정국을 뒤흔든 한 사건은 박헌영의 소련연방 편입 발언이었다. 박헌영의 1월 5일 회견이 있었던 일주일 후인 12일, 샌프란시스코방송은 NYT 보도를 인용하여 "조선은 5~10년 후 소련연방에 편입되기를 희망한다"는 공산당 책임비서 박헌영의 발언을 보도했다. 경성중앙방송과 동아·조선 등 우파 신문들도 "조선은 소련 한 나라에만 신탁통치 받기를 원하며, 몇십 년 뒤에는 소련의 한 공화국이 되기를 희망한다"고 한 박헌영의 외신기자 인터뷰를 보도했다.

탁치 정국이 발칵 뒤집혔다. 한민당을 비롯한 40여 정당 사회단체들이 박헌영의 발언은 소련을 종주국으로 하는 공산당의 매국성이 드러났다고 비난했다. 공산당은 이를 부인하는 성명을 냈다. 좌파 신문도 해명에 나섰다.

[지난 5일 박 대표의 내국기자 12명, 외신기자 7명과 회견석상에서 현 단계는 봉건적 잔재를 청소하고 민주주의 혁명단계 과정에 있으므로 사회주의 조선이 언제 건설될지 모르나, 10년 혹은 20년 후에 건설된다하더라도 조선은 자립한다고 말했다. 소련연방 참가 희망 피력은 없었던 것임을 재확인하며, 미국 성조지 기자 콘웰의 언명(言明)은 사실이 아니다. 1월 5일 회견 참석 12사(社) 기자 일동.]

그러나 이 해명도 10년, 20년 후 사회주의 조선이 건설되면 조선의 소련연방 편입을 희망한다고 말했다는 외신보도를 뒤집지 못했다. 반탁학련이 1월 18일, 이른바 소련연방 편입론을 규탄하는 실력행사에 나섰다. 정동교회에서 찬탁 성토대회를 가진 뒤, 연방제 편입 발언을 해명 보도한 신문을 겨냥했다. 데모대는 맨 먼저 을지로 입구 인민일보로 가 윤전기에 모래를 끼얹고 기물을 파괴했다. 이어 인사동 입구에 자리해 있던 여운형의 인민당과 근처 인민위원회까지 습격했다.

데모대가 임정 사무소인 죽첨장으로 방향을 돌려 광화문에 이르렀을 때 총격을 받았다. 양정중학 李世光(이세광)과 연희전문 咸永焄(함영훈)이 총탄에 맞아 쓰러졌다. 경찰이 출동하고 데모대는 뿔뿔이 흩어졌다. 그 와중에서도 동원부장 김동훈 등 학생회 간부들이 경찰과 미군의 도움을 받아 40여 명의 부상학생들을 인근의 미군병원, 백병원, 세브란스병원에 입원시켰다.

2명이 사망하고 이화여대의 이금순, 세브란스의전의 박상국, 양정고의 이길준 등은 중상이었다. 7명이 납치당한 것도 확인했다. 데모대에 총격을 가한 것은 학병동맹과 국군준비대 학생들이었다.

19일 새벽 3시, 반탁학련이 삼청동 학병동맹 본부를 습격했지만 반격에 무너졌다. 학병동맹은 1월 20일을 학병의 날로 정하고 학병에 끌려갔던 1주년 기념식을 하게 되어 있어 지방에서도 올라와 집결해 있었고, 무기까지 갖춰 반탁학련은 대등한 싸움조차 할 수 없었다.

20일 낮에 경찰이 총격 조사를 위해 학병동맹으로 출동하여 朴泰潤(박태윤)과 李昌雨(이창우)를 검거하고, 현금 1만 6000원과 다이너마이트 8개, 도화선 4척도 압수했다. 취조에서 학병동맹 본부에 더 많은 무기가 숨겨져 있으며, 어떤 거사 계획도 있는 것을 탐지하여 학병동맹으로 재출동했다. 학병동맹측도 총격으로 방어해 총격전이 벌어졌다.

경찰은 본부를 점령하고 119명의 학병동맹원을 체포했다. 총격전에서 朴晉東(박진동)과 金錫翼(김석익), 李達三(이달삼) 등 3명이 죽었다. 좌파는 경찰의 총격을 크게 문제 삼았다. 23일엔 조선신문기자회, 학병사건 진상조사위원회, 조선청년총동맹 등이 진상조사에 나섰다.

그래서였을까. 경찰은 반탁학련의 이철승과 咸鍾賓(함종빈), 徐泰源(서태원) 등 간부들도 체포, 수감했다. 이 중엔 한민당 수석총무 김성수의 딸 김상현, 이승만의 비서인 윤치영의 딸 윤성선도 포함되어 있었다. 학련의 폭력데모가 사건의 원인이니 양쪽을 모두 입건하라는 장택상 경찰청장의 지시에 따른 조치였다고 했다.

쌀가게와 아오키부대

아오키 김성원이 전향해 혁청에 참가한 뒤의 어느 날, 회장 유진산이 아오키를 불렀다.

"김 동지가 큰일을 하나 해야겠소."

"…"

"지금 미곡상들이 쌀을 팔지 않아 쌀값이 뛰고, 그나마 사기도 어렵게 되자 공산당이 시민을 선동하며 대대적인 공세를 펴고 있어. 이대로 가다간 폭동이 일어날 위험도 있어요. 이 사태를 막아야겠어. … 김 동지는 미곡상들이 문을 열도록 설득하시오. 애국심에 호소하고, 그래도 안 되면 완력도 필요하겠지만 폭력은 되도록 삼가시오."

값이 오를 것을 기다리며 물건을 사재는 이른바 매점매석(買占賣惜)이라는 용어는 있었지만 아예 점포의 문까지 닫아거는 일이 일어난 적은 없었다. 그런데 임정 주석 김구의 지시로 역사상 일찍이 보지도 상상하지도 못했던 공무원 태업이 일어나고, 상가도 철시했던 반탁투쟁의 여진이 미곡상의 철시를 불렀다. 쌀값이 오늘과 내일이 다르게 뛰자, 미곡상들이 어디까지 갈지 모를 쌀값의 뜀박질에 놀라 일제히 문을 닫은 것이다.

쌀값이 치솟다가 그나마 사기도 어렵게 되자 민심이 흉흉해졌다. 공산당은 지주(地主) 미곡상, 그리고 군정을 싸잡아 비난 공세를 높였다. 북쪽처럼 지주의 토지를 몰수해 농민에게 주는 조선인민공화국의 개혁만이 살 길이라는 대대적 선전공세를 폈다. 유진산은 김성원에게 이 사태 해결에 나서라고 지시한 것이다.

당시 남한에는 인구의 4분의 3이 몰려 있었다. 수백만 귀환동포가 남한에만 몰렸고, 거기 100만 월남 난민까지 보태져 미국의 원조식량은 이들 난민과 공무원 배급용으로도 빠듯했다.

김성원은 부하들을 이끌고 행동을 개시했다. 미곡상 문을 요란하게 두드리고 흔들어댔다. 주인들이 나와 보니 우락부락한 젊은이들이 몰려와 문을 두드리고 있다. 열지 않으면 문을 부술 기세다. 서울의 싸전들이 문을 열기 시작했다. 값을 크게 올리지도 못했다. 김성원은 애국심에 호소도 하고, 은근히 협박도 했다. 대드는 미곡상에선 난폭한 행동도 있었다고 했다.

친일파로 유명한 한 씨 집을 습격해 창고에 있던 300석 쌀을 시중에 풀기까지 했다. 군정과 쌀가게 매점매석을 함께 비난하던 공산당이 태도를 돌변했다. '혁청 어깨패들이 쌀가게를 돌며 폭행하고 협박했다. 무슨 권리로 혁청이 쌀가게 주인들을 협박하는가?' 공산당 간부들이 일부 미곡상 대표와 함께 군정청으로 가 아놀드 군정장관 면담을 요청했다.

"지금 대한혁신청년회라는 단체가 어깨패를 동원해 미곡상을 습격하여 강제로 곡식을 팔도록 협박하고 있다. 이들 혁청 어깨패들은 가게를 열라고 강요하다가, 주인이 말을 듣지 않으려고 하면 참혹한 폭행을 하고 있다. 또 쌀값도 저희 멋대로 정해 그 가격으로 팔라고 강요하고 있다. 이런 불법적 난동이 일어나고 있는데도 경찰은 방관한다. 미군정이 뒤에서 사주한 것 아닌가?"

공산당의 항의였다. 아놀드가 대노해 혁신청년회 어깨들을 모조리 잡아들이라고 명령했다. 이날 한밤중인 밤 12시, 미군 헌병 1개 소대 병력이 권농동 혁청 숙소인 호림장을 급습했다. 잠자고 있던 대원들이 몽땅 체포되었다. 미군은 체포한 대원들을 한국 경찰에 인도했다.

잡혀온 젊은이들은 쌀가게 협박이라니 그런 일이 있었다는 사실조차 모른다고 했다. 경찰은 미곡상을 불렀다. 그런데 체포된 호림장 대원들을 미곡상은 처음 보는 얼굴이라고 했다. 그도 그럴 것이 김성원 부대는 호림장에 기숙하지 않는 서울 청년들이다. 결국 미군정은 유진산 회장에게 책임을 물었다. 유 회장은 사실을 인정하고 김성원을 대동하고 경찰에 출두했다.

"말이 거칠었던 적은 간혹 있었을지 모른다. 그렇지만 폭력을 행사한 일은 없다. 폭력은 절대로 안 된다. 애국심에 호소하라는 것이 회장 지시였다. 그 지시를 우리는 지켰다."

김성원의 진술이었다. 위법으로 다스릴 만한 범법이 안 보인다. 미곡상 문을 열게 한 것은 미군정에서 보면 도리어 고마운 일이다. 그러나 당시는 공산당과 인민위원회 천하였다. 아무 일도 없었던 것으로 하면 공산당의 거센 압력에 부딪칠 것이다.

결국 경찰은 소문이 좋지 않았던 부잣집이라는 이유 하나로 한 씨집 곡간의 쌀을 시중에 내놓게 강요한 것에 불법성이 보인다는 점을 유죄로 규정, 회장 유진산과 김성원을 군사재판에 회부했다. 서울은 좌파 천하였다. 이승만의 귀환에 우파가 힘을 얻었지만, 청년 조직은 이제 막 시작한 출발선에 머물러 있었다. 당시의 혁청은 공산당에 포위된 고독한 우파 청년단체였다.

5장

평양의 항일 결사체
대동단(大同團) 이야기

행사 방해 정도로 공산당의 적수(敵手)라니…

공산당이 이승만의 인공 주석 취임을 압박하고 있던 무렵의 어느 날, 吳東鎭(오동진)이 유진산을 찾아왔다. 오동진, 서린동 일대는 모두 오동진의 땅이기도 했던 장안의 갑부다. 이 갑부는 독립운동 자금줄이기도 해 유진산과도 친분이 있었다. 오동진은 유진산에게 염동진 선생을 만나라고 했다.

"건국운동을 하는데 손잡고 가야 할 훌륭한 선배이십니다. 염 선생님께 내가 유 선생을 천거했소. 염 선생도 기꺼이 만나겠다고 하십니다."

그 며칠 지나 유진산이 염동진을 만났다.

"선생은 청년운동에 심혈을 기울이고 있다고 듣고 있소만, 모두가 정치에 뜻을 두고 파당(派黨)을 갖고 있는데 어째서 청년운동을 선택하셨소?"

인사가 끝나고 마주 앉아 던진 첫 마디가 의외의 질문, 초면에 무례하다고 할 정도의 물음이었다. 유진산은 염동진을 잘 알지 못했다. 오동진은 염 선생을 만나보라면서 이렇게 말했다.

"그분은 실내에서도 선글라스를 끼고 있습니다. 만주에서 활동하던 중 고문으로 눈을 다쳐 시력을 잃어가고 있는 분입니다. 그래서 안경을 벗을 수 없습니다. 그 점은 양해하십시오."

독립운동을 했고 시력을 잃을 정도의 고문을 당했다면 비밀결사체의 핵심 인물? 아무튼 미련하거나 지독한 독종, 둘 중 하나다. 이 사람한테서 뭔가 자백을 받아내야 하는데 말을 않고 버텼거나, 모르는 것을 물으니 미련스럽게 모른다면서 횡설수설하다 모진 고문을 당한 것, 둘 중 하나일 것이라고 생각했다. 그런데 만나본 첫 인상은 바위덩이였다. 차갑고 단단하고 사람을 압도하는 뭔가가 풍겼다. 고문에 굴복하지 않고 버틴 사람, 그것이 첫 인상이었다.

"저도 정치에 뜻이 없는 것은 아니지만… 그러나 정치에 뜻을 둔 사람도 많고, 독립운동에 몸 바친 선배들도 많고…. 그런데 지금은 정치보다 청년운동이 더 중요하다는 생각을 하고 있습니다."

유진산은 해방 후 서울이 좌익 천하로 변해간 일을 상기시키곤 이렇게 말했다.

"처음엔 좌익을 공략대상으로 해 일을 시작했는데, 하다 보니 선무공작만으론 한계가 있고… 그래서 청년단 결성으로 방향을 잡게 되었지요."

"선생의 판단에 기본적으로는 나도 동감입니다."

그리고 잠시 침묵하더니 말을 이었다.

"헌데 듣자하니 선생은 수하 청년들을 동원하여 인민대표자대회를 쑥대밭으로 만들어버렸다더군요. 그러나 나 같으면 그런 미온적인 방법은 쓰지 않았을 거요."

"네? 그게 미온적인 방법이었다고요?"

"그렇소. 애당초 그런 대회가 입안되지도 못하게 하는 방법을 생각하는 것이 더 낫지 않을까요. 일단 대회가 결정되고 나서 이를 저지하려면 엄청난 노력과 희생이 따르지 않습니까? 그것은 시간과 인력과 자금의 낭비요. 더욱이 상대는 대회를 못한다 해도 또 다른 선전효과를 거두지 않겠소?"

또 의외의 이야기였다. 애당초 입안되지도 못하게 한다, 그게 무슨 뜻인가? 그런 생각을 하는데 염동진이 말을 이었다.

"선생이 공산주의자들의 생리를 얼마만큼 알고 있는지는 잘 모르겠지만, 저들의 궁극적인 목표는 이 나라를 소련의 위성국으로 만드는 것이지요. 소련 연방에 편입되어야 한다는 주장까지 나오고 있지 않소? 저들은 정권 경쟁의 대상이 아니라 이 나라 명운(命運)을 유지하느냐, 저들에게 주권을 유린당하느냐 하는 것, 목숨을 건 투쟁의 대상이라는 점을 알아야 할 거요."

"…"

"저들의 실체가 이럴진대, 선생은 저들이 계획해놓은 행사나 소극적으로 방해하지만, 그것으로 저들을 저지할 수 있겠소? 대회 방해 같은 집단 충돌로 애꿎은 양쪽 청년들이나 다치게 할 것이 아니라, 그런 행사를 구상하는 우두머리들을 아예 제거하는 쪽으로 방향을 돌리는 것이 낫지 않겠소?"

공산당의 폭력에 얻어맞고 밀리기만 하던 우파가 좌파에 맞서서 결투를 한, 우파 청년단체의 도전이다. 공산당의 가장 중요한 집회라고 할 인민대표자대회를 일단 한 차례 유회시켰고, 우파 학생집회를 난장판 만들려던 좌파 청년동맹의 습격을 막아낸 최초의 승리다. 그런데 이 사람은 그것을 미온적이라고 한다. 염동진이 다시 이야기를 계속했다.

"선생은 국내와 일본에만 있었기 때문에 공산주의자들 내면의 진상을 체험해보지 못했을 거요. 1920년대 조선공산당 만주총국에는 살부회(殺父會)라는 비밀조직도 있었소."

살부회, 당을 위해 필요할 때는 아비도 죽일 수 있다는 공산당 나름의 이념조직이다. 조직 확대, 자금조달, 테러 등 공작을 하다 상대 혹은 회원 중의 누군가가 반대하거나 돌아서게 되어 비밀이 새어나갈 우려가 있을 때는, 상대가 아버지일지라도 조직과 비밀유지를 위해 죽여 없애야 한다는 뜻을 결의하고 다짐한 이름의 모임이다. 만주에선 이 조직에서 실제로 제 아비를 동료를 시켜 죽이게 한 자도 있었다는 얘기가 동포 사회에 전해지기도 했다. 염동진은 그 살부회를 비롯한 만주의 실화를 얘기했다.

"이런 공산주의자가 우리들의 상대지요. 저들의 정치행사를 막는 것도 수단의 하나이긴 하지만, 좀 더 적극적인 방법도 병행해야 한다는 생각을 나는 갖고 있소."

유진산은 공산당 조직들이 세력에서 우파를 압도하고 있는 것이 현실적인 난관이라는 것을 설명했다. 염동진도 그 점을 수긍했고, 그래서 우파 청년조직의 어려움도 이해했다. 그러면서 이렇게 말했다.

"아니, 그렇기 때문에 공산당은 폭력조직이고 그들이 무서워하는 것도 폭력뿐이지요."

"…"

"저들은 계급혁명을 내세워 천륜도 저버리는 흉포(凶暴)하고 간악한 무리들이라는 것을 명심해야지요. 우리가 36년간 나라를 빼앗겼던 것도 치욕인데, 공산주의자들은 이 나라를 영구히 소련의 위성국으로 바쳐 저들의 영달을 획책하고 있소. 도저히 용서할 수 없는 일이오.

나는 어떤 일이 있어도 저들 공산당의 앞잡이들을 잡아 응징하고야 말겠소. 그렇게 해서 다시는 어느 누구도 이 나라를 그릇된 믿음으로 남의 나라에 예속시키는 일을 획책하지 못하도록 할 계획이오. 어떻소? 선생도 뜻은 나와 같은 줄로 알고 있소만…. 같이 손을 잡고 이 나라를 위해 일해 보지 않겠소?"

목소리는 낮지만 소리치는 것보다 더한 결의가 실린 말이었다. 그의 목소리는 싸늘하게 다가와 가슴을 두드렸다. 논리 정연했다. 그렇지만 '좋소' 라고 말하기엔 뭔가 과격하다는 느낌도 들었다. 유진산이 물었다.

"그러니까 테러를 통해 공산주의자들을 타도하겠다는 말씀 아닙니까?"

"그렇소. 공산주의자들은 그런 적극적인 방법이 아니면 다른 어떤 방법으로도 다스릴 수가 없는 족속들이오."

테러, 폭력이고 죽이는 것도 포함한다. 동의하고 행동을 같이 하기엔 너무도 중요한 문제다.

"우리가 해야 할 일은 공산당 타도만이 아닙니다. 공산당을 물리치고 조국을 재건하는 것이 우리가 해야 할 일이라고 나는 생각하고 있습니다. 그래서 어느 시기엔가는 정치에도 참여할 뜻을 가지고 있습니다. 그런데 테러에 나선다면 그 일로 과업을 끝내야 하지 않겠습니까?"

"나와 손잡고 일하자는 제의가 선생을 꼭 테러에 끌어들이겠다는 얘기는 아니오. 그 분야는 어디까지나 내가 전담할 작정이오. 다만 앞으로 일을 해나가면서 상호간 긴밀히 유대를 맺고 있다가 필요할 때 협력하자는 것이지요. 우리의 근본목적이 일치하고 있는 만큼, 서로 도울 일이 있지 않겠소?"

비로소 유진산은 이 사람의 진의를 읽었다.

"이 나라가 공산주의자들의 손에 들어가는 것을 막겠다는 우리의 목적이 일치하는데 무엇을 주저하겠습니까? 선생의 제안을 흔쾌히 받아들이겠습니다. 혁청이 지금 하고 있는 방식의 일도 필요하다는 것을 이해하리라 믿습니다. 선생의 지도와 도움은 큰 힘이 될 것입니다."

염동진이 손을 내밀었다. 그러면서 말했다.

"고맙소. 건국을 위해 우리 생사고락을 같이 합시다."

일본 관동군에 침투한 조선인 스파이

염동진, 남한의 우파 청년단체의 투쟁을 지휘해 정치 흐름을 바꿔가는 주역의 한 사람이다. 평양 출신, 본명은 염운택, 중국 이름은 야오춘쩌(堯春澤), 그리고 중국 남의사(籃衣社)의 스파이로 만주를 점령한 일본의 관동군에 침투해 활동하던 때의 이름이 염동진이다. 1902년생인 그는 1921년 서울 선린상업학교를 졸업했다. 그러다 1934년 남경중앙군관학교 낙양분교에 그 이름이 올라있다.

그는 베일에 가려진 인물이다. 그가 중국의 중앙군관학교를 나왔다는 것도 작가 이영신이 현대사 추적과정에서 발견한 일본의 극비문서에 의해 확인되었다. 일본의 검찰과 경찰 간부진에 배포되던 문서에 '김구 일당의 애국단원 검거'에 관한 기록이 있었다. 이 기록에 1935년 12월 10일 검거된 애국단원 엄창복(嚴昌福)의 취조를 통해 얻은 정보를 토대로 내사를 진행, 군관학교의 한인반 92명의 명단을 확보해 이

를 수록하고 있다. 이 명단에 염운택의 이름
도 올라있다.

선린상고를 졸업하고 남경군관학교에 오
기까지, 즉 1921년에서 1934년까지의 13년
은 기록이 없다. 미군 CIC 위테커 소령은 본
부에 보낸 보고서에서 "염동진은 영어, 독
일어, 중국어, 일본어 등 4개 외국어를 한다. 그는 영어가 유창한데도
미군과 만날 때면 통역을 통해 대화한다. 그만치 그는 제 모습을 쉽게
드러내지 않는다"고 썼다. 염동진을 측근에서 보좌했던 백관옥은 의
문의 13년이 유럽 유학과 만주에서 활동한 시기라고 했다.

염동진은 신익희와 가깝다. 선린상고를 나온 뒤 그는 상해(上海)로
가 신익희를 만났다.

"우리가 일본에 나라를 빼앗긴 것은 우물 안 개구리로 살아 세계정
세에 어둡고 실력이 없었기 때문이다. 청년들은 미국이나 유럽에 유학
해 실력을 길러야 한다."

당시 신학문을 한 지식인들은 항일운동을 하겠다는 젊은이들에게
유학을 권했다. 염운택도 신익희한테서 유럽이나 미국으로 가라는 권
고를 받고 거기 따랐다고 백관옥은 말했다. 그는 영국에서 공부하고,
러시아를 거쳐 만주에 들어와 김좌진의 항일군에 참여했다. 그는 만
주에서 항일 군사조직이 괴멸되자 중국 중앙군관학교 낙양분교에 들
어갔다. 군관학교를 나온 후 그는 야오춘쩌라는 중국인 이름으로 남

경 헌병사령부 우편물 검사처에 들어갔다.

그는 얼마 후 남의사 요원이 된다. 남의사는 장제스(蔣介石) 총통 측근들이 조직한 첩보공작 기구다. 일본과 전쟁하면서 중국 공산당과도 전쟁해야 했던 장 총통에게는 그를 보위할 정보공작기구가 필요했다. 이래서 극비로 조직된 정보기구가 남의사다. 남의사는 중국 중요 기관에 근무하는 자들 중 반공사상이 투철한 엘리트들을 요원으로 차출했다. 야오춘쩌도 이 때 요원으로 선택되었다.

남의사 요원들은 중국의 각급 기관에 배속되어 활동했다. 야오도 헌병사령부를 떠나 군사위원회 조사통계국에 배속되었다. 이 조사통계국 역시 정보 수집, 분석, 판단, 양동(陽動)작전도 담당했던 첩보조직이다. 그리고 얼마 후 그는 염동진이라는 조선인 이름으로 다시 변성명하고 만주로 밀파된다. 남의사 비밀요원이면서 한국인 염동진이라는 이름으로 관동군에 접근하는 침투공작이다. 그는 만주로 이주한 한인 염동진으로 관동군의 요원이 되는 데 성공한다.

염동진이 관동군에서 활동한 내용은 알려진 것이 없다. 그는 직무 중 알게 된 사실을 발설하지 않는 정보요원의 기본수칙을 지켜 남의사 요원으로 활동한 내용을 발설하지 않았다. 후일 염동진을 기록한 사람들은 그가 관동군에 체포되고, 고문에 꺾여 관동군 첩자로도 활동하다가 고문 후유증으로 시력을 잃어가자 귀가하도록 허락되어 평양으로 돌아왔다고 기록하고 있다. 아주 잘못된 기록이다.

해방 후 미군에 협조하던 시기 그와 접촉했던 미군 정보국의 위테커 소령은 "염동진은 중국정부 비밀요원으로 만주에서 활동 중 1939년 연말 중국 공산군에 체포되어 고문을 당했으며, 그 고문으로 시력에 심각한 손상을 입었다"고 기록하고 있다.

미군 기록에 근거하면, 관동군 요원이 된 염동진은 그가 활용했던 조선인 첩자의 배신으로 중공군 보안조직에 일본군 스파이로 지목되어 잡혔다. 그는 공산군에게 관동군에 침투한 남의사 요원이라는 신분은 밝힐 수 없었다. 그는 관동군 첩자가 아니라 한국 임시정부 요원이라고 주장했지만, 그 말을 받아줄 공산군이 아니었다.

난폭한 고문에 몸이 망가졌다. 그는 고문을 견디며, 관동군에 위장 침투한 것을 확인해줄 사람은 한국 임시정부 내무차장 신익희라는 주장을 굽히지 않았다. 당시 중국에 있던 한인 공산당원들은 모두 중국 공산당에 소속되어 있었고, 청년층은 팔로군에 참여해 있었다. 팔로군 보안대가 신익희에게 염동진을 확인하는 일은 그리 어렵지 않았을 것으로 짐작된다.

그는 신익희의 증언으로 관동군 소속 첩보요원이라는 혐의에서 벗어나 죽음을 면했다. 팔로군 보안부대는 고문으로 거의 빈사상태인 염동진을 한밤에 시내로 싣고 가 길에 버렸다. 일본 관동군은 고문으로 만신창이가 된 염동진을 일본군 병원에 입원 치료하게 했다.

망가진 몸이 회복되어 다시 관동군 첩보부대에 복귀했으나 손상된 시력이 점점 더 나빠져 갔다. 의료진은 시력을 유지하기 위해서는 햇볕에 노출되지 않을 것과 절대안정이 필요하다는 진단을 내렸다. 이 진단에 따라 관동군은 1944년 그가 고향에 돌아가 정양하도록 조치한 것이다. 관동군 첩보부대는 그를 특별하게 우대했다. 이것은 그가 관동군에 침투한 남의사 스파이라는 사실을 일본군이 까맣게 몰랐다는 증거다.

평양의 항일 아지트

1940년대 평양에는 반일지사(反日志士)들의 두 군데 모임장소가 있었다. 하나는 평양 세 장로(三長老)의 한 사람인 오윤선의 사랑방이다. 여기엔 조만식과 金東元(김동원) 두 장로를 비롯해 기독교계 지도자들이 모였다. 다른 한 곳은 영명사(永明寺)다. 이 절의 주지는 박고봉이라는 스님이었다. 고봉 역시 알려진 경력이 없다. 3·1운동 후 임시정부를 구성하던 때 평양대표였다는 것, 독립운동을 하다 옥고를 치렀다는 것 정도가 알려져 있는 그의 이력이다. 겉으론 절간이었지만 속은 항일 아지트였다.

이 절간은 종교나 사상을 가리지 않아 다양한 성품의 사람들이 한자리에 모여 담소하고 정보도 교환했다. 白基煥(백기환), 朴承模(박승모), 李根春(이근춘), 高昌義(고창의), 李昌海(이창해) 등 민족주의 진영과 金裕昌(김유창), 吳卿淑(오경숙), 魏信成(위신성) 등 사회주의 진영 인물들이 이 절에서 함께 어울렸다. 염동진도 이곳을 찾는 단골 멤버였다. 박고봉과 염동진은 서로의 과거를 속속들이 아는 친한 사이였다.

1944년 8월 어느 날이었다. 해거름 무렵 고봉이 일어서려는 염동진의 소매를 붙잡았다. 남으라는 신호였다. 모두 돌아가고 둘이 되자 고봉이 입을 열었다.

"염 공! 이제 때가 된 것 같소. 더 이상 허송세월하고 있어서는 안 될 것 같아. 염 공이 발 벗고 나서시오."

"앞으로 일본이 얼마나 더 버틸 것 같습니까?"

"글쎄, 길면 1년은 버틸지도 몰라. 왜인들은 본토가 초토화되는 일이 있더라도 최후까지 싸운다고 떠들고 있으니 말이오."

염동진은 깊은 생각에 빠졌고, 박고봉이 말을 이었다.

"몽양도 그렇게 보는 모양이오. 그러기에 서둘러 건국동맹을 조직하고 나선 것 아니겠소?"

1944년 여름 일본 군부는 승전을 발표하고 있었지만 거짓 발표라는 것이 눈에 선했다. 그해 6월 마리아나 해전에서 일본의 항공·해군이 무너졌다. 제공권과 제해권도 상실했다. 7월엔 사이판에 미군이 상륙, 일본 본토 앞에 바짝 다가섰다. 한국의 유지들은 단파방송으로 연합군 방송을 들었고, 이 뉴스는 소문(口傳)으로 널리 전파되고 있었다.

여운형은 1944년 8월 10일 서울 경운동 홍우현의 집에서 趙東祜(조동우), 金振宇(김진우), 李錫玖(이석구), 黃雲(황운) 등 사회주의 계열 인사들로 건국동맹이라는 비밀결사를 조직했다. 박고봉은 여운형의 건국동맹에 평양 대표로 참가한 김유창으로부터 이 소식을 들었다. 여운형의 건국동맹에 대항할 우파 조직이 필요하다는 것이 박고봉의 생각이었다.

"몽양은 사회주의자요. 그 사람이 임시정부에 참여했다가 임정에 등을 돌리게 된 것은 임정에서 공산당이 소수였기 때문이지 않소? 그런 사람이 일본 패전 후 권력을 잡을 욕심으로 건국동맹을 만들었으니 보통 일이 아니오."

"스님의 뜻은 알겠습니다만 여기 평양은 지방도시 아닙니까? 조직체를 갖는다 해도 얼마만큼 힘을 쓸 수 있을지 그것이 걱정입니다."

"조직을 어디서 결성하든 조직체의 행동반경을 그 지역으로 한정할 건 없지요. 염 공은 조선 사람이면서 중국에 건너가 독립운동도 하고, 중국정부의 중요 직책도 수행하지 않았소?"

염동진은 눈을 감고 깊은 생각에 잠겨 있었다. 박고봉이 이야기를 이어나갔다.

"염 공은 누구보다도 공산당의 정체를 잘 알지 않소? 만주 지역 공산당은 마적떼들이 하던 악랄한 수법을 거리낌 없이 자행하던 것을 보지 않았소? 건국동맹을 조직한 여운형이 공산당과 손을 잡고 권력을 장악한 사태를 상상해보시오. 나라 꼴이 어떻겠소?"

염동진이 입을 열었다

"잘 알겠습니다. 공산당이 해방된 이 나라를 장악하게 둘 수는 없지요."

비밀결사의 이름은 대동단(大同團)으로 했다. 다음날부터 대동단 단원 포섭을 시작했다. 영명사의 빈객(賓客) 중 믿을 수 있는 사람들도 입단시켰다. 비밀이 새면 죽음, 단원 포섭은 극비사항이다. 염동진이 혼자 이 일을 감당했다. 고봉한테도 알리지 않았고, 고봉도 알려고도 하지 않았다. 고봉은 이따금 적임자를 소개할 뿐 그를 단원으로 받아들였는지도 확인하지 않았다.

중학생도 포섭 대상에 포함되었다. 당시의 중학교는 5년제로 요즘의 중·고 통합학교다. 평균 수명 50세, 10대 때 결혼도 했다. 중학교도 전국을 통틀어 250개교, 전국 중학 이상 출신자 3만 명, 그러니까 중학교 졸업생이면 한국 사회의 오피니언 리더였다.

白寬玉(백관옥), 대한제국 평양경비사령관을 지낸 白樂興(백낙흥)의 손자다. 그가 독립운동에 투신한 것은 1944년 가을이다 그는 친구인 선우봉과 함께 고봉 스님을 찾아갔다.

"우리가 일본군에 징발되어 만주나 남양군도의 전쟁터에 갔더라면 목숨이 어찌되었을지 모르는 일 아닙니까? 그때 죽은 목숨으로 치고 나라를 위해 일하겠습니다."

"그 일이 목숨을 거는 일이라도…?"

"물론입니다. 국가를 위한 일인데 목숨을 아끼겠습니까."

고봉은 고개를 끄덕이더니 눈을 감고 생각에 잠겼다가 한참 후 입을 열었다.

"그럼 둘 다 날 따라와."

그들이 당도한 곳은 안흥리 어느 양옥이었다. 넓은 정원, 잔디가 깔려있고 정원수도 잘 가꾸어져 있었다. 기품 있는 한국인 주부가 대문을 열어주고 안내하지 않았다면 유럽계 외국인 집을 방문한 것으로 착각할 정도였다. 응접실로 안내되어 얼마 지나 이 집 주인이 들어왔다. 후리후리한 키에 건장한 체구, 특이한 것은 저녁 시간이고 실내인데도 검은 색안경을 끼고 있는 것이었다.

"자네들, 인사 올리게. 염동진 선생이시네."

백관옥과 선우봉은 큰 절을 올렸다.

"어떤 젊은이들이오? 스님."

스님은 둘을 소개했다. 선우봉은 부잣집 외동아들이다. 도쿄에서 와세다대학에 다니다 학병으로 끌려갈 형편이 되자 외아들을 걱정하는 부모의 성화로 학업을 중단하고 고향으로 돌아와 있었다. 백관옥은 중학교를 졸업하고 집안일을 거들고 있었다.

스님이 간략하게 둘의 신상을 설명했다. 그 며칠 후 백관옥과 선우봉은 대동단에 정식으로 입단했다. 그들에게 주어진 과제는 믿을 만한 동료의 포섭, 그런 일에 열중하고 있던 어느 날 갑자기 해방이 찾아왔다.

6장

해방정국 암살 1호

승려가 살인을 결심하게 만든 '한마디 말'

소련군은 점령군이었다. 상점에서 군표를 내놓고 마음대로 물건을 가져가고, 길거리에서 시계도 빼앗아 갔다. 부녀자 겁탈도 일어났다. 영명사의 화제는 단연 소련 병사의 행패 소식이었다.

"소련군 사령관을 처치해버리면 정신을 차릴까?"

염동진이 이런 말을 했다. 고봉이 펄쩍 뛰었다.

"염 공, 소련은 폴란드를 독일과 반씩 쪼개 가진 적도 있소. 그들의 영토 야욕은 염 공도 잘 알고 있지 않소. 그런 소련이 북한에 들어왔는데 사령관을 암살하면 어떤 사태가 벌어질 것 같소? 내 짐작으론 조선놈들 잘 걸려들었다면서 군정이 아니라 아예 소련에 병합하려 들지도 모르지."

박고봉이 염동진을 집으로 찾아왔다.

"어젯밤 玄俊赫(현준혁)의 방송을 들었소?"

"현준혁의 방송이라니요. 뭐라고 했습니까?"

"도저히 더 이상 묵과할 수 없는 놈이오. 그놈은 소련군이 평양에 진주해온 8월 25일에도 망언을 늘어놓더니…"

1945년 8월 25일, 소련군 사령부의 평양 진주를 환영하면서 현준혁은 방송을 통해 이렇게 말했다.

[…위대한 소련의 붉은 군대는 우리를 일제의 압박에서 해방시키려고만 피를 흘리며 싸운 것은 아닙니다. 그들이 일제가 패망한 오늘에도 붉은 군대를 이끌고 이 땅에 들어온 것은 조선 역사를 두고 무산자 계급을 압박하고 착취해오기만 한 양반 지주계급을 소탕하고, 한 걸음 더 나아가 조선을 소련의 위성국화하는 데 있는 것입니다. 따라서 우리는 소련 군정에 협조함으로써 군정의 목적이 성공적으로 이루어지도록 해야 할 것입니다. 조선처럼 역사적으로 외침만 당해 온 약소민족은 소련과 같은 강한 나라의 연방이 됨으로써 비로소 민족의 명맥을 유지할 수 있다는 것을 깨달아야 할 줄로 압니다. …]

이 방송 때 박고봉은 흥분했었다.

"아무리 우리 역사가 외침으로 얼룩져 있고 일제 36년의 질곡(桎梏)을 겪었다지만, 명색이 이 나라 지식인이 제 나라를 소련의 위성국으로 만들겠다는 발상을 공개적으로 내뱉다니 이건 광기(狂氣)야."

"현준혁은 공산주의자 아닙니까. 공산주의자에게 국가란 별 의미를 갖지 않습니다. 무산자 혁명, 프롤레타리아 독재 아닙니까? 그들에게 중요한 것은 국가가 아니라 계급이지요."

염동진은 이렇게 말하면서도 놀라움은 컸다. 공산당 평안남도 도책(道責) 정도가 국가체제를 완전히 바꾸는 구상을 감히 공개적으로 말한다. 해방 정국의 먹구름을 예고하는 사태였다. 분노한 것은 둘만이 아니었다. 다음 날 열혈청년들이 영명사로 와 현준혁을 성토했다.

"공산주의자는 조국도 없는 것입니까? 어찌 감히 소련연방의 일원이 되자는 말을 방송합니까? 이런 놈은 독을 퍼뜨리기 전에 제거해야 합니다."

이러는 학생들을 고봉이 타일렀다.

"옳은 말이야. 나 역시 감정은 자네들하고 같아. 그렇지만 지금은 그 자가 권력이고 힘이야…."

그렇게 차분했던 고봉이다. 그가 흥분하고 있다.

"대체 뭐라고 지껄였기에 이렇게 분해하십니까?"

현준혁이 방송하게 된 것은 소련군의 실종 사태 때문이었다. 당시 북에선 소련군 탓에 이른 저녁부터 문을 걸어 잠그고 부녀자는 외출을 삼갔다. 그런데 8월 말 이후 외출했던 병사가 행방불명되는 일이 일어났다. 소련군은 군기병을 풀어 행방불명된 병사의 행적을 추적했으나 어떤 단서도 잡지 못했다. 이 사태 탓에 방송에 나선 평안도 인민 정치위원회 부위원장 현준혁은 민주주의 혁명 이론을 역설한 뒤끝에 이런 말을 덧붙였다.

[위대한 붉은 군대는 반 세기 동안 일제 식민지 통치하에 놓여있던 우리 조선과 조선인민을 해방시키기 위해 숱한 피를 흘렸습니다. …그들이 우리를 위해서 흘린 피에 비하면 오늘 우리 부녀자들이 당하는 일은 비극이라고 할 수도 없습니다. 이것도 독립과 혁명 과정에 겪는 시련이니만큼 인내로 참을 수밖에 없습니다. 그것이 위대한 붉은 군대에 대한 보답입니다.]

"그 말씀을 하시려고 이렇게 새벽길을 달려오셨습니까?"

"그렇소. 나는 중대한 결심을 하느라 어젯밤 한숨도 눈을 붙이지 못했소."

"중대 결심이라니요?"

"염 공, 현준혁이를 처치해버리시오."

"아니 스님은 지난번 방송을 듣고 학생들이 몰려와 제거해야 한다고 했을 때는 말리시더니, 이제 와서 나더러 제거하라는 겁니까? 소련의 위성국이 되어야 한다고 했던 것보다 부녀자 겁탈쯤은 참으라고 한 말이 더 중대한 문제라는 것입니까?"

"그렇소. 염 공, 생각해보시오. 외침으로 시달려온 이 나라가, 소련과 같은 강대국의 위성국이 되면 나라가 안정되고 번영할 것이라는 발언은 역사인식의 문제요. 계급을 중시하는 공산주의자이기도 하고… 그러나 부녀자 겁탈 문제는 인륜(人倫)의 문제요. 나라의 안정을 명분으로 인륜을 짓밟는다면 그런 나라는 존속할 가치조차 없지 않소?"

염동진은 깊은 생각에 잠긴 듯 입을 굳게 다물었다. 박고봉도 일어서서 말없이 나갔다. 염동진은 마치 돌부처가 된 듯 그 자리에 꼼짝 않고 앉아 있었다.

다음날 염동진은 백관옥 팀 3인을 불러 현준혁 제거를 명령했다.

"선생님 제거라니요, 현준혁을 암살하라는 말씀입니까?"

"그래."

이들에겐 마른하늘에 날벼락이다. 살인이라니, 상상해본 적이 없다. 머뭇거리는 백관옥에게 염동진이 말했다.

"자신이 없거든 그만두게. 단, 이런 지령이 있었다는 것도 잊어버리게."

"아닙니다. 자신이 없어서가 아니라 다만…."

"다만 뭔가?"

"현준혁은 우리 동포 아닙니까? 꼭 제거해야 하는지 그 이유를 모르겠습니다."

"설명을 하자면 길어. 백 동지도 사상적인 무장을 해둬야 할 테니 지금부터 내가 하는 말을 잘 들어두게."

현준혁, 1906년생, 평양 출신이다. 비단으로 유명한 개천의 비단공장 집 아들로 부유하게 자랐다. 연희전문을 졸업하고 경성제대 철학과에 편입했다. 대한민국 헌법 기초를 담당했던 헌법학자 유진오와, 자유당 온건파를 이끌었던 4대 국회 부의장 이재학이 동기생이다.

현준혁은 경성제대 졸업 후 대구사범 교사가 되었다. 그런데 1932년 독서회 사건으로 구속되었다. 현준혁은 대구사범 안에 독서회를 만들었다. 그는 독립만 고취한 것이 아니라 마르크스 레닌주의, 소련 공산당사 등 공산주의 사상교육을 했다. 경찰은 교사 현준혁, 그리고 수십 명 학생들을 체포했다. 경찰은 이들 중 현준혁과 25명의 학생을 기소했다. 1932년 11월 10일자 조선중앙일보가 이 사건을 한 차례 보도했다.

'학생에게 적화를 선전한 적색 3대 결사체 사건은 오는 14일 열려, 현준혁 외 25인에 대한 사실심리가 열린다.'

현준혁은 공산주의 단체에 참여한 일이 없다. 그런데 법정에서 공산주의 이론을 바탕으로 자신의 정당성을 주장했다. 그의 이론은 재판관을 압도했다. 그의 법정 진술은 공사주의자나 동조자만이 아니라, 당시 지식인의 마음을 흔들었다. 그는 단번에 유명인이 되었다. 현준혁은 2년 간 감옥살이를 했다.

「박헌영 선생이시여! 어디 계시나이까?」

박헌영이 현준혁을 찾은 것은 1939년이다. 1926년 조선공산당 1차당 사건으로 감옥에 갇혔던 박헌영은 미치광이를 가장해 가석방 된 뒤, 모스크바로 가 모스크바공산대학에서 2년간 공산주의 교육을 받고 1932년 귀국했다. 그는 귀국 즉시 공산당 재건에 나섰지만, 이것 역시 조직하자마자 적발되었다. 경성콤그룹 재건사건이다.

그는 6년형을 선고받았다. 1939년 출옥한 박헌영은 일제의 눈을 피해 잠적했다. 박헌영은 변장하고 잠행하면서 공산당 동지들을 규합했다. 대구사범 독서회 사건의 현준혁을 찾은 것도 이 때다. 둘은 의기투합하는 동지가 되었다. 1945년 8월 16일, 서울 중심가에 색다른 벽보가 나붙었다.

「위대한 지도자 박헌영 선생이시여! 어디에 계시나이까? 어서 나오셔서 이 민족을 이끌어 주소서. 박헌영 선생 만세!」

전주의 한 벽돌공장에서 벽돌공으로 위장해 있던 박헌영은 해방된 그날 전주에서 트럭을 타고 서울로 올라와, 명륜동 金海均(김해균)의 집에 거처를 정했다. 그는 이곳에서 현준혁을 포함해 잠행하며 접촉했던 공산당 동지들과 회합했다. 해방된 조선은 공산주의 혁명을 해야 한다. 혁명을 하자면 농민, 노동자 등 무산대중과 지식인의 광범한 지지와 조직화가 필요하다.

그러자면 이들 프롤레타리아가 믿고 따를 지도자가 있어야 한다. 박헌영은 그런 지도자다. 그런데 민중은 박헌영의 이름 석 자도 모른다.

현준혁.

어떻게 박헌영을 띄울 것인가? 그 방책이 이 벽보였다. 대체 박헌영이 누구인가? 대중의 관심을 끌어내고, 신비스런 인물 박헌영으로 민중에 데뷔시킨다는 것이 이 전략이었다. 이 전략을 짜낸 장본인이 현준혁이다. 박헌영이 대중 앞에 모습을 드러낸 것은 8월 18일이다.

현준혁은 8월 17일에 평양으로 갔다. 외신이 전하는 바에 의하면, 조선은 38도선을 경계로 해서 미국과 소련 두 나라가 분리해 점령한다. 따라서 38선 이북은 소련 점령지역이 된다. 이 지역 공산당 재건이 중요하다. 박헌영은 이 중요한 과제를 현준혁에게 맡긴 것이다.

평양에 도착한 현준혁은 서문거리에 있는 변호사 河義淳(하의순)을 찾아갔다. 그는 박헌영이 써준 신임장을 제시했다. 하의순은 공산당 당원명부에도 모임에도 모습을 드러내지 않지만, 공산주의 운동을 하다 체포된 사람들의 변론을 맡았던 비밀당원이다. 그는 해방 다음날 출옥한 金鎔範(김용범)·朴正愛(박정애) 부부, 그리고 宋昌濂(송창겸), 김유창, 한재덕, 장종식 등과 함께 공산당 재건에 관해 논의하고 있던 참이었다.

현준혁이 가진 박헌영의 신임장엔 현준혁을 중심으로 북한 지역 공산당을 재건하라는 지시가 담겨 있었다. 박헌영은 코민테른도 승인한 조선공산당 지도자다. 지도자의 말은 절대 명령이다. 그게 공산당의 규칙이다. 이들은 간도 지역 공산당 간부 출신인 張時雨(장시우)도 포섭하여 8월 19일, 조선공산당 평양남도 당부를 결성했다. 현준혁이 위원장이었다.

당 사무실은 양촌(洋村)에 마련했다. 서양인 마을을 일컫는 양촌은 미국과 유럽의 선교사들이 살던 마을 이름이다. 천주교와 달리 신사(神社) 참배를 거부하고 일제에 맞섰던 기독교 선교사들이 본국으로 떠난 뒤, 이 마을은 한국인 집사 한 가구가 살면서 관리하고 있었다. 현준혁은 공산주의 혁명을 이루면 종교는 아편, 선교사들은 돌아오지 못할 것이라는 판단 아래 이 마을의 한 집을 공산당 당부로 접수했다.

공산당 창당을 끝낸 현준혁은 숭실전문학교를 접수하고, 여기 청년 조직인 적위대(赤衛隊) 간판을 걸었다. 기독교 학교였던 숭실전문학교도 폐교당했다. 그랬지만 재단 이사회가 명맥을 유지하고 있었고, 해방이 되었으니 학교를 재건할 수 있어야 한다. 그런데 현준혁은 미션 스쿨 역시 공산당은 용납하지 않는다는 데서 숭실교 재건의 꿈은 아랑곳하지 않았다. 아니 의도적으로 이를 짓밟기 위해 학교를 접수했다. 적위대는 가난한 집안의 젊은이들을 중심으로 조직했다. 그 무렵 평양거리엔 벽보가 나붙었다

「이제 새 세상이 되었다. / 가난해서 배우지 못하고 서러움을 당하던 젊은이들이여! / 모두 조선공산당의 붉은 깃발 아래로 모여라. / 붉은 깃발 아래 모여서 진정한 무산자 계급을 위한 국가를 건설하자.」

위대한 지도자 박헌영을 부르던 벽보에 이어 나붙은 서울 거리의 벽보였다. 그 벽보가 평양 거리에도 나붙었다. 현준혁이 적위대원을 모

집하는 벽보였다. 벽보에 이끌리듯 젊은이들이 모여들었다. 불과 사흘 만에 적위대 편성도 끝냈다. 전광석화(電光石火)라고 할 눈부시게 빠른 전열 정비였다. 이론만이 아니라 실천력도 겸비한 현준혁이었다.

적위대 대원에겐 제복을 입혔다. 일본군 군수창고에서 광목을 가져와 군복 색깔로 물을 들여 급조한 제복이다. 대원은 무장도 했다. 일본인의 생명과 재산을 보호해준다는 명목으로 평양주둔 일본군 제97 연대에서 얻어온 소총이다.

현준혁의 다음 행보는 조만식이 장악하고 있는 평양 건국준비위원회 접수였다. 그는 어렵지 않게 조만식의 건국준비위원회를 인민정치위원회로 바꿨다. 조만식을 위원장으로 했지만 부위원장 현준혁이 실권자였다.

건국을 방해하는 자는 제거해야

염동진은 현준혁에 대한 설명 후 그의 방송연설을 상기시키면서 말했다.

"공산당에게 국가는 소중한 것이 아니다. 그들에게 중요한 것은 계급이다. 그래서 이 나라가 소련연방에 편입하기를 원한다. 우리는 건국해야 한다. 건국을 방해하는 자는 제거해야 한다."

백관옥이 말했다.

"하지만 선생님! 현준혁이를 없앤다고 공산당이 없어지겠습니까? 제2, 제3의 현준혁이가 나타나지 않는다고 누가 보장하겠습니까?"

"그 말은 옳아. 평양에만도 공산주의자들이 많이 있어. 그러나 소련의 위성국 운운하는 소리에 대한 엄중한 경고가 필요해. 그를 제거하는 것은 공산당과 소련에 보내는 경고야.”

현준혁 암살은 쉬운 일이 아니었다. 그는 적위대 본부가 있는 숭실전문학교에서 숙식을 하고 있었다. 인민정치위원회 부위원장실 역시 부속실에 언제나 무장한 적위대원이 지키고 있었다. 방법은 거리의 저격뿐이었다.

염동진은 대동단 대원 일부로 현준혁 감시팀을 편성했다. 이들은 현준혁의 움직임을 뒤쫓아 보고하도록 했다. 암살조 3인은 염동진의 응접실에 대기했다. 그러기를 며칠, 감시팀 하나에서 현준혁이 조만식과 함께 트럭을 타고 인민정치위원회를 떠났다는 보고가 왔다. 30분쯤 지나 제2보가 날아들었다.

“현준혁이 조만식 선생과 함께 트럭을 타고 소련군사령부로 들어갔습니다.”

철도호텔 감시조의 보고였다.

“호위병은 몇 명이나 데리고 있나?”

“트럭에는 운전수 말고는 아무도 없습니다.”

기회였다. 절호의 기회가 온 것이다. 염동진이 지도를 펼쳤다. 그러더니 로터리를 가리켰다. 시청 앞 로터리가 가장 좋은 장소다. 로터리를 돌 때는 속력을 늦춘다.

세 사람은 아지트에서 나와 전차로 평양역을 향했다. 평양역에서 내리는 사람은 그들 셋뿐이었다. 역 앞 거리도 한산했다. 평양역 거리는 서울의 명동 같은 번화가는 아니었지만 그래도 한산하지 않은 도심의 거리였다. 그런데 역 앞 철도호텔이 소련군사령부로 쓰이면서 사람들이 이 거리를 멀리 했다.

셋은 철도호텔을 향해 천천히 걸었다. 결행의 시간에 다가섰다. 가슴이 두방망이질했다. 백관옥은 허리의 권총을 다시 확인했다. 평양시청 앞 로터리를 왼쪽으로 돌아 60미터쯤 가면 철도호텔이다. 셋은 로터리에서 걸음을 멈췄다. 로터리에선 호텔이 한 눈에 들어온다. 여기가 결행 장소다. 세 사람은 다시 호텔 동정을 살폈다.

출입문엔 소련 병사 둘이 따발총을 메고 서 있고, 그 옆으로 트럭한 대가 정차해 있었다. 조만식과 현준혁이 타고 온 트럭이다. 호텔 역시 드나드는 사람이 없어 한가롭기만 했다.

셋은 로터리를 중심으로 거리를 두고 각각 자리를 잡았다. 트럭이철도호텔을 떠나 로터리를 돌게 되면 마주칠 첫 지점에 백관옥이 자리를 잡았다. 그 다음 지점은 선우봉, 그리고 세 번째 지점에 박진양이 자리잡았다.

거리를 두고 떨어져 자리를 잡은 건 제1지점이 실패하면 제2지점, 제3지점에서 저격하기로 한 계획에 따른 포진이었다. 얼마나 시간이흘렀을까. 셋 모두 극도의 긴장으로 시간의 흐름을 잊었다.

백관옥이 철도호텔을 나서는 사람을 발견했다. 조만식이 먼저 나오고 있었다. 조만식은 반석에 칩거하고 있을 때부터 머리에 종기가 나고약을 붙이고 붕대로 머리를 감고 있어 한 눈에 알아볼 수 있었다. 조만식에 이어 현준혁이 나오고 있었다. 두 사람이 차에 오르고 트럭은 로터리를 향해 서서히 움직이기 시작했다.

제1지점의 백관옥은 긴장으로 숨이 막히는 듯했다. 선우봉과 박진양 쪽을 보았다. 둘 다 트럭의 움직임에 눈을 맞추고 있었다. 트럭은 목탄차 특유의 소리, 탈탈거리며 달려오고 있었다. 그래도 시속 20km를 넘는 속도다.

백관옥은 달려오는 트럭을 주시하면서 윗옷 안주머니에 손을 넣었다. 아직 여름인데 섬뜩할 정도의 차가움을 느꼈다. 저도 모르게 어금니를 깨물었다. 운전대를 살폈다. 운전수 옆자리 중앙에 조만식이 앉아있고 현준혁이 왼쪽 창가에 앉아 있었다. 그는 권총을 빼들었다.

트럭이 로터리에 이르자 속력을 늦췄다. 그 순간 백관옥은 사뿐히 트럭에 뛰어올라 창틀을 잡으면서 동시에 권총을 현준혁의 가슴팍에 들이댔다. 현준혁은 돌연한 사태에 두 눈만 커다랗게 떴을 뿐 입을 벌렸으나 말이 되어 나오지 않았다.

탕! 백관옥이 방아쇠를 당겼다. 현준혁이 흑! 소리와 함께 들릴까 말까한 비명을 지르며 앞으로 고꾸라졌다. 끼익! 운전수가 브레이크를 밟았다. 트럭이 멈춰 섰다.

백관옥은 안을 다시 살폈다. 조만식과 운전수는 넋을 잃은 듯 입을 벌린 채 있었고, 현준혁은 움직임이 없었다. '성공이다!' 백관옥은 마음속으로 외치며 골목길로 내달렸다. 트럭을 주시하며 총격을 지켜본 선우봉과 박진양도 동시에 서로 다른 골목으로 내달았다.

미세스 로마넨코와 미세스 염

현준혁 암살 나흘째 되던 새벽 2시, 염동진이 고함소리에 놀라 잠을 깼다. 눈을 떠보니 가슴팍에 총을 겨누고 "일어나, 이놈아!"라고 소리치고 있었다. 그는 상반신을 일으켰다. 모두 다섯 명이 그를 둘러싸고 서 있었다.

"당신들 뭣 하는 사람들이요?"

"이 새끼, 잔말 말고 일어나기나 해."

그중 한 명이 멱살을 잡고 침대에서 끌어내렸다. 잠을 깬 아내 최성률이 소리쳤다.

"이게 무슨 무례한 짓들이요. 수갑을 가진 걸로 보아 강도는 아닌 것 같은데 대체 정체가 뭐요?"

그러자 또 다른 한 명이 "우리는 특무경무국에서 나온 수사관들이다"고 했다. 그들은 염동진을 살인범으로 체포한다고 했다. 염동진은 서평양경찰서에 수감되었다. 최성률은 날이 밝자 암자로 가 고봉에게 말했다.

"오늘 새벽 바깥양반이 특무경무국에 잡혀갔습니다. …세 젊은이들 걱정이 되어 달려왔습니다."

남편이 살인범으로 잡혀갔는데 젊은이들 걱정을 하며 달려온 부인의 침착함에 놀랐다.

"젊은이들 문제는 내가 알아서 조치할 터이니 부인께서는 염 공 석방 문제를 연구해보시지요. 물론 저도 백방으로 손을 써보겠습니다만…."

"여기 오면서 바깥양반 석방 문제는 제 나름으로 궁리한 것이 있습니다."

최성률이 돌아가자 박고봉은 세 명이 숨어 지내는 골방으로 갔다.

"지난밤에 염 선생이 잡혀갔어."

"잡혀간 데가 어딥니까? 우리가 거기를 기습해서 구출해내야 하지 않겠습니까?"

"용기는 가상치만 될 일이 아니다. 자네들은 오늘밤 이남으로 피신해라. 이것은 염 동지의 명령이다."

백관옥이 항변했다.

"우리는 대동단에 입단할 때 염 선생님과 생사를 같이 하기로 맹세했습니다. 선생님이 체포당하고 생사를 알 길이 없는데, 우리만 살겠다고 도망가라는 말입니까? 그리 못합니다."

"도망치라는 게 아닐세. 보다 더 큰일을 위해서 준비하고 있으라는 것이야."

이 말엔 박진양이 대꾸하고 나섰다.

"염 선생님의 운명이 어찌 될지 모르는 판국에 무슨 큰일을 할 수 있다는 겁니까?"

"염 동지가 개죽음이라도 당하도록 그냥 둘 줄로 아나? 염 동지에 대해서는 손을 쓸 방책이 다 있으니 염려하지 말고 지시에 따르게."

박고봉은 주머니에서 백 원짜리 석장을 내놓았다.

"지금 내 주머니에 있는 돈은 이게 전부일세. 이거면 셋이 서울 갈 노자는 될 게야. 서울에 도착하거든 어디 묵고 있는지 기별하게. 그러면 돈을 더 보내주고, 염 동지와 선이 닿도록 조치하겠네."

집으로 돌아온 최성률은 결혼반지를 싸들고 로마넨코 부인을 찾아갔다. 소련군 민정사령관 로마넨코는 평남지사 관저를 접수해 숙소로 쓰고 있었다. 로마넨코는 조선인의 민원을 일단 경청하는 자세를 보이고 있었다. 부인도 한국 민원인들을 부드럽게 대한다는 소문이었다.

최성률은 비서에게 남편이 불법적으로 연행된 사실을 호소하기 위해 찾아온 것이라고 얘기했다. 학교 교사라는 신분을 고려한 것인지 쉽게 만나 주었다. 로마넨코 부인이 미간을 찌푸리며 물었다.

"남편이 불법적으로 연행 당했다는 게 무슨 소린가요?"

최성률은 남편이 잡혀가던 상황을 간략하게 설명하고 덧붙였다.

"나치 이상으로 혹독했던 일본 경찰도 법원의 영장 없이 연행하는 만행은 저지르지 않았습니다. 그런데 해방군인 소련군정 아래서 한밤중 강도처럼 들어와 잡아가는 일이 일어났습니다. 제 남편은 독립운동을 하다 고문을 당해 거의 실명 상태와 다름없는 장애인입니다. 무슨 혐의로 잡아간 것인지 모르겠습니다만, 제 남편이 죄를 저지른 일은 결코 없습니다. 무슨 연유인지 알고 싶고 석방을 부탁드립니다."

로마넨코 부인은 독립운동을 하다 고문으로 실명 상태라는 데 연민을 느낀 듯했다.

"부인은 교사시고 남편도 독립운동을 하신 분인데, 그런 분을 함부로 연행했다니 이해하기 어렵군요. 뭔가 잘못된 것 같군요. 즉시 알아보고 조치를 취하도록 권고하겠습니다."

"청을 들어주시니 뭐라고 감사를 표해야 할지 모르겠습니다."

그러면서 싸들고 간 금반지를 부인 앞에 내 놓았다.

"이 금반지는 보잘 것 없지만 결혼 때 남편이 선물한 것입니다. 이것을 부인께 정표로 드리려고 합니다. 사양하지 않기를 바랍니다."

"결혼반지를 다른 사람에게 선물하다니요. 이 선물은 받을 수 없습니다."

"아닙니다. 그것은 부인께서 조선의 관습을 몰라서 그렇습니다. 조선 사람은 존경하는 분에게 선물할 때는 자기가 가지고 있는 것 중에서 가장 소중한 것을 정표로 주는 관습이 있습니다. 저는 불교신자입니다. 부처님께서는 오다가다 옷깃만 스쳐도 전생의 인연이라 하셨습니다. 고귀하신 부인께 어려운 부탁까지 드리게 되었으니 얼마나 큰 인연이겠습니까? 그래서 제가 소중히 여기는 것을 부인께 드리는 것입니다. 제 마음을 헤아려주시기 바랍니다."

최성률의 성심과 열정이 로마넨코 부인의 마음을 움직인 것 같았다. 그녀가 말했다.

"조선에 부인과 같이 교양 높은 분이 있다는 걸 알게 되어 기쁩니다. 남편 문제는 성의를 다해 선처하도록 힘쓰겠습니다. 앞으로 우리 좋은 친구가 되기를 원합니다."

서평양경찰서장 송창렴이 벽보 한 장을 들고 특무경무국장실을 찾았다. 염동진이 대동단원들을 시켜 써 붙인 벽보다. 벽보를 읽고 난 경무국장 김영범의 얼굴이 굳어졌다.

"이 벽보 어디서 났나?"

"거리에 나붙어 있기에 한 장 뜯어 가지고 왔습니다."

"한 장만 가져왔다고?"

"예."

"뭐가 예야!"

김용범이 소리를 질렀다.

"이걸 좀 읽어 봐. 이건 우리가 현준혁을 암살한 걸로 되어 있잖아."

"그래서 저도 이상하다 생각했습니다. 의견이 달라 논쟁한 일은 있지만 없애자는 말은 입도 뻥긋 한적 없지 않습니까?"

"이 벽보 경찰을 동원해서 모두 떼도록 하시오."

송창렴이 나가려는데 오경숙이 들어왔다. 그도 문제의 벽보를 한 장 들고 있었다.

"자넨 어떻게 왔나?"

그러나 분위기가 무거워 벽보만 펼친 채 엉거주춤 서 있었다.

"오 동무! 임자도 한 장만 떼어 왔나?"

"예, 마음이 조급해서 우선 한 장만 떼어 왔습니다."

"이런 머저리들!"

그러는데 또 문이 열리더니 이번에는 대위 계급장을 단 소련군 장교가 들어섰다. 통역인 한국계 소련군 사병을 동반하고 있었다. 김용범이 자리에서 벌떡 일어섰다.

"다와리치 김, 당신이 새벽에 염동진이란 사람 체포해 왔소?"

소련군 대위의 입에서 염동진의 이름이 튀어나오자 셋 모두 놀랐다. 김용범이 체포를 지시했고, 송창렴은 취조 지휘 책임자. 오경숙은 체포팀을 선발해 보낸 사찰과장이었다. 셋 모두 진의를 알지 못해 선뜻 대답을 못했다.

"체포했소, 안 했소?"

대위가 재차 다그쳤다.

"체포해왔습니다, 소모로프 동지!"

"누구한테 품신해서 결재를 받았소?"

"그 사람은 현준혁 동지 암살의 배후 인물입니다. 그래서 품신하지 않고 독자적인 판단으로 체포했습니다."

"그럼 동무는 염동진이라는 사람의 혐의에 대해 증거를 가지고 있는 모양인데, 그 증거를 제시하시오."

"소모로프 대위 동지. 염동진 체포는 어떤 동지의 제보가 있었기 때문입니다. 그 동지가 도주의 우려가 있으니 지체 말고 잡아두라 해서 새벽에 기습을 해서 잡아온 것입니다."

"내 질문은 증거가 있느냐 없느냐, 그거요."

"증거는 아직 없습니다만…."

"증거도 없는데 잡아넣어요? 당장 풀어주시오."

이래서 염동진은 석방되었다.

제2부

좌우항쟁(左右抗爭),
피로 얼룩지다

7장

조선공산당 전위대장 김두한,
우파 전사(戰士)가 되다

어깨들로 구성된 조선청년 정신대(挺身隊)

1945년 11월 말, 염동진은 38선을 넘었다. 그는 친척 이봉수의 집에 거처를 정하고 서울 정세를 수소문했다. 먼저 남하한 백관옥과 선우봉을 불러 그들이 조사한 것도 들었다. 그리고 얼마 지난 어느 날이다. 그는 두 청년에게 느닷없는 지령을 내렸다. 김두한을 납치하라는 지령이었다.

김두한! 청산리 전투의 영웅 김좌진의 아들이다. 그렇지만 해방 전엔 종로를 거점으로 서울의 주먹세계를 재패해 있던 젊은이다. 그런데 염동진이 잡아오라고 명령하던 때 김두한은 공산당 산하 조선청년 전위대 대장이었다. 대체 누가 왜 김두한에게 공산당의 돌격대라고 할 청년 전위대장 자리를 준 것일까, 염동진은 왜 그런 김두한을 납치해 오라고 명령한 것인가?

영화 「장군의 아들」로 김두한은 요즘 세대의 많은 젊은이도 아는 한국인이다. 그렇지만 영화는 역사에 무지하거나, 의도적으로 역사를 비튼 한국의 극작가·소설가들의 위선자적 모습을 보여주는 표본의 하나다.

김두한이 주먹세계의 사내였던 건 맞지만, 종로의 어깨패 두목이 아니었다. 해방 공간 3년, 자유의 전사(戰士)로 피를 흘린 김두한의 전쟁

1962년 3·1절 행사장에서 당시의 박정희 최고회의 의장과 나란히 선 '장군의 아들' 김두한.

이 장군의 아들로 살다간 진면목(眞面目)이다.

김두한은 종로서 유치장에서 해방을 맞이했고, 그래서 해방 나흘이 지난 19일 건국치안대에 의해 석방되었다. 그런데 석방되면서 바로 치안대 감찰대장이라는 직책이 주어졌고, 그는 저녁나절 400명 정예부대를 거느리고 치안대 감찰업무에 나섰다. 단 2~3시간에 400명의 청년부대를 동원할 수 있는 실력은 어디서 나온 것일까?

김두한에게 징용영장이 떨어진 것은 1944년이다. 김두한 부류의 어깨패 전원에 징용영장이 발부되었다. 패전에 대비해 조선의 어깨패들을 정리하기로 한 일본의 특별한 조치로 풀이된다. 그들이 가기로 된 곳은 중국 해남도다. 김두한은 종로 뒷골목 어깨패 우두머리였지만, 일본의 패전을 소문으로 들어 알고 있었다.

"해남도 가는 길에 미군 잠수함 공격을 받아 물귀신이 되겠구나. 개

죽음 할 수는 없지. 어떻게 한다?"

김두한은 죽음의 징용을 면할 방책에 골몰했다. 며칠 후 김두한은 종각 뒤에 있던 '부병오'라는 빵집에 서울의 어깨패 우두머리급 회의를 소집했다. 김두한은 징용영장 문제를 의논하기 위해 모인 자리라는 설명을 하고 이렇게 말했다.

"우리는 불행한 운명을 타고난 가련한 인생들이다. 태어날 때부터 불우했기 때문에 자라면서 사회의 어두운 뒷골목 인생이 되었다. 길거리 잡초 같은 존재지만 우리끼리는 의리를 지키며 살아오고 있다. 그런데 이번에 우리 모두 징용영장이라는 굴레를 쓰게 되었다. 이 굴레를 어떻게 벗어던지나 하는 것이 지금 우리의 문제다. 이 문제를 해결하면 우리는 천명을 다하는 날까지 살아남을 수 있을 것이지만, 그렇지 못하면 태평양 물고기 밥이 될 운명이다.

만주로 도망치느냐, 그것은 불가능하다. 산 속으로 도망치는 것도 안 된다. 한두 달이면 몰라도, 반년이 될지 1년이 될지 모르지 않는가? 나는 궁리 끝에 모험을 해보기로 했다. 그런데 이 모험에는 너희들의 절대적인 협조가 필요하다."

모두 숨소리도 죽이고 듣고 있었다. 김두한의 진지한 말투로 보아 무엇인가 중대한 계획을 세운 것 같은데, 그게 무엇인지 묻지도 못했다. 그만치 그들 모두 목숨이 달린 문제였다. 김두한이 말을 이었다.

"나는 경무국장을 찾아가 담판 할 작정이다. 담판 내용은 내가 여기서 말할 수 없다. 다만 우리가 바다 건너로 가지 않고, 조선 안에서 징용을 마치도록 하는 결판을 낼 작정이라는 것만 말해둔다. 그런 까닭에 너희들 전부의 협조가 필요하다. 너희들이 나한테 모든 권한을 위임하느냐, 안 하느냐 하는 것이 중요하다. 그런 이야기다!"

징용영장을 받고 어떻게 피하나 고민은 했지만 다른 방도를 찾는다는 것은 생각도 못했던 그들이다. 딴소리를 할 이유가 없었다. 누가 먼저랄 것도 없이 모두가 박수를 쳤다.

그로부터 며칠 후, 김두한은 흰 양복에 검정색 와이셔츠에다 흰 넥타이를 맨 차림으로 나섰다. 주머니엔 「대한제국 독립군 총사령(大韓帝國獨立軍總司令) 백야(白冶) 김좌진(金佐鎭)」이라고 한자로 쓴 엽서 절반 크기의 명함을 넣고 있었다.

그는 총독부 청사 2층 경무국장실이라고 쓰인 문을 열고 안으로 들어갔다. 경무국장 부속실이다. 일을 보던 경찰관들의 시선이 이 색다른 차림의 김두한에게 쏠렸다. 김두한은 그들 중 가장 높아 모이는 경시보 계급장을 단 경관 앞으로 다가갔다.

"실례합니다."

경시보가 벌떡 일어섰다. 차림새로 보아 특수기관 요인으로 판단한 것일까?

"어떻게 오셨습니까?"

"경무국장 계십니까?"

"예, 계십니다만…."

김두한은 안주머니에서 예의 그 명함을 꺼냈다.

"이 명함을 경무국장께 전해주시오."

엽서 크기의 명함을 받아 든 경시보는 놀라움으로 얼굴색이 변했다. 그는 명함과 김두한을 번갈아 쳐다보며 무슨 말을 하려다 말고 경무국장실로 들어갔다. 그는 1분도 안 돼 나오더니 김두한을 국장실로 안내했다.

작은 키에 카이젤 수염을 기른 니시히로 국장이다. 그가 명함을 들여다보고 있다가 김두한이 들어서자 몸을 일으켰다. 김두한이 정중하게 고개를 숙인 뒤 일본말로 인사를 했다.

"나는 독립군 총사령 김좌진 장군의 2세인 김두한이요."

니시히로가 자리에 앉으면서 물었다.

"무슨 일로 나를 찾아왔어?"

"나는 일본어를 할 줄 모릅니다. 통역을 부탁합니다."

니시히로가 바로 통역을 불러왔다. 통역이 김두한 옆에 앉았다. 김두한이 조선어로 이야기를 시작했다. 그는 규슈(九州) 탄광의 폭발사고를 보도한 신문을 펼쳐놓고 폭발사고는 조선인 광부의 실수고 잘못이지만, 과학 상식이 없는 무지한 조선인 농투성이를 교육도 없이 탄광에 투입한 당국의 실책이기도 하다는 요지의 얘기를 장황하게 설명했다.

"각하, 제 아버지가 조선 독립을 위해 일본군과 싸우기는 했습니다. 그렇지만 태평양전쟁이 한창 벌어지고 있는 지금, 우리 조선인도 일본에 협력하여 전쟁에서 일본이 이기게 해야겠다는 것을 자각하게 되었습니다."

니시히로 국장은 이 대목에서 등받이에 기대고 있던 상체를 일으켰다. 규슈 탄광 사고에서 갑자기 조선인의 전쟁 수행 결의로 비약하는 김두한에게, 그 이유를 진지하게 들어보겠다는 그런 몸짓이었다.

"제가 일본이 왜 이기지 않으면 안 된다고 생각하게 되었느냐 하면, 지금 전쟁은 황인종 대 백인종의 전쟁이라는 것을 깨달았기 때문입니다. 만약 백인종이 이 전쟁에서 이기게 되면, 우리 황인종들은 견디기 어려운 핍박을 받게 될 것입니다."

"암, 그렇고말고!"

니시히로가 처음으로 반응한 말이다.

"그런데 말입니다, 각하! 많은 부하들을 거느리고 있는 저로서는 각하께서 제 조건을 들어주지 않으시면, 그 아이들은 물론 저도 일본에 충성하기가 어렵지 않나 하는 생각에서 그 고충을 말씀드리려 하는 것입니다."

"응, 그래! 그 고충이라는 것이 무엇인가?"

김두한은 여기서 힘을 얻었다.

"각하! 경성 시내에는 제 부하가 1000명쯤 됩니다. 일본에도 저희와 같은 무리가 있는 줄 압니다만, 제 부하들은 협객(俠客)입니다."

협객? 용기 있는 자, 약한 자를 돕는 의로운 사나이다. 김두한이 '조선의 도야마 미쓰루(頭山滿)'를 자처한 셈이다. 니시히로는 김두한의 무리를 일본 협객에 비유한 말에 냉소했겠지만, 김두한이 일본 우익의 거물인 도야마를 숭배하는 한국청년이라는 판단을 내린 것 같았다. 도야마 흉내를 낸 엽서 크기의 명함이 효력을 발휘한 순간이었다.

"각하, 제 부하들 중 500명에게 징용영장이 나왔습니다. …각하! 정신상태가 제대로 되지 아니한 놈들을 끌고 가 봐야 제2의 규슈 탄광 사고 같은 사고나 저지를 뿐입니다. 그런 사고가 탄광에서 일어났기 망정이지, 군함이나 부대 안에서 발생했다고 가정해보십시오. 전쟁에 도움이 되기는커녕 골칫거리가 될 것입니다. 그래서 이들에게 태평양 전쟁의 목표를 설명하고, 황민정신으로 무장시키는 것이 선행되어야 한다고 생각합니다. 이들에게 정신교육을 시키는 기간을 주고, 그 기간 징용을 연기해주셨으면 합니다."

협객은 무엇인가? 제 편에는 충성하지만 반대편엔 목숨을 걸고 덤비는 사나이들이다. 경우에 따라서는 일종의 인간 폭탄일 수도 있다.

"나는 조선의 1000명 폭탄을 거느리고 있습니다. 그 폭탄을 순화하지 않으면 일본군에 반역하는 폭탄이 될 수도 있습니다!"

김두한의 흥정이었다. 패전의 날, 뒷골목 어깨들은 조선 거주 일본인에게 난폭 행동을 할 위험인물이다. 이들을 격리할 필요가 있다. 그 격리 수단이 징용이 아니었을까? 그런데 이런 위험인물들이 전쟁터에서 반일 폭동에 나서면 그것은 더 치명적인 손상을 입힐 수도 있다.

일제 36년 동안 일제를 향해 이처럼 멋진 흥정을 한 지식인도, 독립운동가도 없다. 학교 하나 제대로 다닌 적도 없는 김두한이, 아버지가 독립군 총사령이었다는 긍지 하나로 총독부와 흥정했다. 해남도 징용은 격리이지 일이 있어서 보내는 것이 아닐지 모른다는 일본의 속셈을 읽고 거기 맞춰 흥정했다면, 그 지혜는 놀랍다.

니시히로 경무국장 역시 대단한 인물이다. 하찮은 깡패의 말을 참을성 있게 들어주었다. 놀라운 인내다. 니시히로는 한동안 침묵하다 결단을 내렸다.

니시히로가 보안과장 야기노부를 불렀다. 경기도 경찰부장 오카도 불렀다. 오카가 경무국장에게 경례를 올리자 니시히로는 답례 대신 김두한이 가져온 명함을 건네주며 턱으로 김두한을 가리켰다. 조선의 도야마 숭배자라는 의미였을까?

"오카 군, 이 청년이 그 명함 주인의 2세 김두한이라네."

그러곤 김두한의 제안을 설명하고, 구체적인 방법을 논의하라고 했다.

그로부터 며칠 뒤 경운동 시천교 정문에 경성특별지원청년단이라는 간판이 내걸렸다. 징용영장을 받은 뒷골목 어깨들이 청년단에 입단했다. 그날 오후엔 경기도 경찰부 연병장에서 청년단 발대식이 열렸다.

일본 경찰은 징용에 참가하는 것이 조선 청년의 자발적인 지원이라는 선전효과를 기대했다. 경찰간부들도 이 발대식에 참석했다. 경찰악대도 나와 이들의 시가행진 앞줄에서 행진곡을 연주했다. 저녁엔 니시히로 국장이 보낸 술과 안주로 주연까지 베풀었다.

단장 김두한은 단원들에게 무단이탈, 외출을 삼가고 규율을 지키라는 다짐을 되풀이 강조했다. 단원들에게는 하루 7홉의 쌀이 배급되었다. 조선총독부의 특별한 배려였다. 단원들은 국민학교 학생과 마찬가지였다. 일본어, 그리고 천황에 충성하는 신민(臣民)교육을 받았다.

당초 경성의 500명으로 출범했던 청년단이다. 그런데 전국 각 도시 어깨패들이 자원해 몰려들어 3000여 명으로 늘어났다. 이래서 경성특별지원청년단을 반도의용정신대(半島義勇挺身隊)로 이름을 바꾸었다. 그리고 교육이 끝난 뒤 해남도 대신 능곡 철도 공사장에 투입했다.

1945년 6월 23일, 朴春琴(박춘금)의 대의당(大義黨)이 경성 시공관에서 이른바 성전완수(聖戰完遂) 결의대회를 했다. 대회가 시작되고 얼마 지나지 않아 폭탄이 터졌다. 폭탄은 무대에서 좀 떨어진 곳에서 폭발해 사상자는 없었다. 폭탄을 터드린 것은 조선인 학생들이었다. 이들은 모든 것이 서툴러 곧바로 체포되었다.

그런데 취조를 통해 폭탄으로 사용한 다이너마이트를 김두한에게서 제공받았다고 자백했다. 김두한의 정신대가 투입된 능곡 공사는 야산을 허물어 철로를 트는 작업이어서 다이너마이트를 사용하고 있었다. 어느 날 김두한을 아는 학생이 찾아와 고기잡이에 쓸 것이라며 다이너마이트를 달라고 했다. 김두한은 별 생각 없이 이들의 청을 들어주었다. 이래서 김두한도 구속되었다.

김두한은 종로서에서 혹독한 고문을 받고 검찰에 송치되었다. 그는 검찰 심문에서 다이너마이트는 고기잡이를 하겠다고 해서 준 것이지, 테러에 사용할 것이라는 사실은 몰랐다고 진술했다. 경찰조서엔 폭탄 투척을 지시한 이 사건의 주범임을 자백한 것으로 되어 있는데, 김두한은 엉뚱한 소리를 한다. 검사가 왜 경찰에선 자백해놓고 여기선 뒤집느냐고 추궁했다. 김두한은 경찰에서도 고기잡이에 쓰겠다고 해서 준 것이라고 진술했다면서 이렇게 말했다.

"나는 글(일본어를 가리킴)을 모르기 때문에 내가 진술한 대로 쓴 것으로 알고 손도장을 찍었습니다."

검사가 조서를 작성한 경찰관을 불렀다. 김두한이 그 경찰관에게 "내가 언제 폭탄 투척을 지시했다고 했느냐?"면서 따졌다. 경관은 대답을 못했다. 그러자 검사가 경관에게 심문을 다시 하고 정확한 조서를 작성하라고 지시, 김두한은 종로경찰서 유치장으로 되돌아왔다. 그리고 종로서 유치장에서 해방을 맞이했다.

박헌영이 김두한을 포섭한 배경

김두한은 8월 19일 건준 치안대에 의해 풀려났다. 그를 풀어준 치안대원이 김두한을 치안대 본부로 안내했다. 치안대에선 반도정신대를 하던 청년들을 다시 모아 치안을 담당하라고 했다. 김두한이 반도정신대를 소집했다.

"우리는 반도정신대를 만들었기에 살아남았다. 이제 우리의 새나라 건설을 위해 신명을 바치자!"

이래서 다시 모인 반도정신대다. 400명은 2시간 안에 연락이 닿은 대원들이다. 전국에 걸쳐 3000명이다. 김두한의 감찰대는 일본군 부대를 습격해 무장한 1호이기도 하다. 그의 부대는 숫자에서, 단결력에서, 전투력에서 서울의 다른 단체들을 압도했다. 여기에 주목한 것이 박헌영의 공산당이었다.

박헌영은 감찰대에 침투해 있는 세포에게 김두한을 데려오라고 지령했다. 9월의 어느 날, 감찰대 대원 한 명이 박헌영의 초대를 전했다. 공산당 책임비서 박헌영은 해방 정국에 화려하게 등장한 지도자다. 김두한은 더할 수 없는 영광으로 이 초대를 받아들였다.

김두한이 박헌영의 초대를 전한 대원의 안내로 박헌영의 집을 찾았다. 김두한이 도착했다는 보고를 받자 박헌영이 방문 밖에 나와 맞이했다.

"이렇게 찾아주어 고맙소. 우리 조선 인민의 영웅을 진심으로 환영하오."

박헌영이 손을 내밀었다. 김두한은 그 손을 맞잡으며 말했다.

"나는 무식해서 이럴 때 뭐라고 해야 하는지 잘 모릅니다."

그러면서 절을 했다. 박헌영이 김두한을 방으로 안내했다. 방안에는 공산당 간부들이 먼저 와 있었다. 김두한이 들어서자 일제히 일어서서 박수로 환영했다. 박헌영은 김두한을 제 옆자리에 앉히고 김두한의 술잔에 술을 따르며 말했다.

"김 동지! 이 땅에 가난한 사람도 없고 부자도 없는 그런 나라를 건설하는 것이 공산당의 꿈이고 목표요. 이 일을 해내자면 김 동지 같이 인민의 절대적인 신임을 받고 힘을 가진 청년이 필요해."

맞은편에 앉아 있던 김삼룡도 한마디 거들었다.

"우리가 인민공화국을 세우고 나면 김 동지 같은 분이 인민군 대장을 맡아야 할 것이오."

김두한은 우쭐해졌다. 그는 말에 취하고, 술에 취했다.

"여러분도 잘 아시겠지만 내 아버지 김좌진 장군은 독립운동을 하시다가 돌아가셨습니다. 여러분이 나라를 위해 나를 필요로 한다는데, 그 아들인 내가 어찌 마다할 수 있겠습니까? 이제부터 나도 여러분의 동지가 되어 가난한 사람도 없고 부자도 없는, 그런 나라를 세우는 일에 몸을 바치겠습니다."

만장의 박수가 김두한을 더욱 으쓱하게 만들었다

인공 수립이 선포된 얼마 후, 김두한 부대의 간부진은 파고다공원 근처 일식집 미요시에 모였다. 건국준비위원회 감찰대를 조선청년 전위대로 바꾸는 대회다. 공산당 지도부 몇 사람, 그리고 김두한과 절친한 만담가 申不出(신불출)도 나왔다. 조선청년 전위대 총대장 김두한, 행동대장 丁鎭龍(정진용)으로 새 진용이 짜졌다. 공산당에서 각본을 짜고, 신불출이 이를 사전에 김두한에게 통보해 김두한도 동의한 새 지도부다. 김두한의 전위대 첫 업무의 하나가 부잣집 순례였다.

"김 동지, 우리나라의 부자들은 성전(聖戰) 완수를 내건 일본에 전쟁 헌금을 하고 비행기 헌납도 하지 않았소? 그랬으면 과오를 씻는 뜻에서라도 독립정부 수립을 위해 애쓰고 있는 우리 공산당에 자금을 지원하는 성의를 보여야 하거늘, 마치 남의 집 불구경하듯 하고 있으니….”

박헌영의 말인지, 혹은 신불출의 말인지는 불확실하다. 부자의 헌금이 필요하다는 얘기였다. 지령 아닌, 그러나 실제론 지령이었다.

김두한은 부자들의 친일 사례 수집을 부하에게 지시했다. 부자들한테 독립운동 자금을 받아내기 위한 준비다. 며칠 뒤, 그는 행동에 나섰다. 1번 과녁은 화신백화점 朴興植(박흥식) 사장이었다. 김두한은 부하들을 거느리고 화신백화점으로 박흥식을 찾아갔다. 그는 사장실을 밀치고 들어가, 다짜고짜 일본도를 빼들고 박흥식이 앉아있는 책상을 내리쳤다.

“친일파 박흥식은 들어라. 당신은 일본이 전쟁에서 이겨야 한다고 아첨하며 비행기를 두 대나 바쳤어. 죄를 생각하면 당장 요절을 낼 것이로되, 그래도 조선 사람이고 살아남기 위해 친일한 것으로 보고 지켜보고 있었어. 그런데….”

박흥식은 사색이 되었다. 비행기 헌납은 자진해 바친 것이 아니라 강요당한 충성이다. 살아남고 사업을 유지하고 번성하려면 권력과 가까워야 한다. 조선 부자들의 친일은 생존수단이다. 박흥식은 그런 사정을 얘기했다. 김두한이 말했다.

“당신 말이 사실이라면 당장 건국운동에 쓸 자금을 내놓아. 그렇지 않으면 당신 목도 이 책상 꼴이 될 것이다.”

김두한은 이런 식으로 장안의 기업인 거부들한테서 자금을 뜯어내 박헌영에게 바쳤다. 염동진은 김두한의 이런 행적을 오동진으로부터 들었던 것 같다.

한낮의 김두한 납치

"김두한인가 하는 놈, 당장 잡아서 내 앞에 데려와."

그들은 잘못 들었다고 생각했다. 장안 어깨패의 두목 중의 두목이다. 조선청년 전위대 대장, 수많은 부하를 거느리고 있다. 무슨 수로 둘이서 김두한을 잡아온단 말인가?

"선생님, 김두한은 부하들이 몇 명인지도 모릅니다. 저희 둘이서 어떻게 그들을 물리치고 김두한이를 잡아옵니까?"

백관옥이 볼멘소리로 말했다.

"백 군, 평양에서 나올 때 가져온 권총은 가지고 있지?"

염동진이 말하는 권총이란 현준혁 암살지령 때 받은 권총이다. 백관옥은 권총을 찾아 가지고 남하했다. 선우봉과 박진양도 권총을 가지고 내려왔다. 그들은 그 권총 덕분에 적위대의 검문에 걸리면 경찰 수사관 행세를 하고, 경찰에 걸리면 적위대 대원으로 위장해 38선 접경지까지 내려왔다.

"예 가지고 있습니다."

"그럼 됐지 뭐가 또 필요해?"

"선생님, 김두한이를 없애버려도 된다, 그 말씀입니까?"

"아니야 그건 안 돼. 손끝 하나 다치게 하지 말고 데려와."

백관옥과 선우봉은 기가 막혔다.

"선생님, 김두한이 어떤 인물입니까? 싸움꾼이고 부하도 수백 명이라고 합니다. 그런 자를 어떻게 죽이지 않고 납치해 옵니까? 도저히 불가능한 일입니다."

"어려울 것 없어. 둘이서 충분히 해낼 수 있는 일이야."

염동진은 둘의 항변을 즉석에서 물리쳤다. 어려울 것이라는 생각 같은 건 일고(一顧)의 가치도 없는 양 거침이 없었다. 검은 안경 탓에 표정도 볼 수 없다. 더는 이의를 제기할 수 없었다. 둘이 서로 얼굴만 쳐다보고 있는데 다시 지시가 떨어졌다.

"이틀 안이야! 무슨 일이 있어도 데려와야 해. 그놈을 잡거든 오동진 선생 집으로 데려와."

여관으로 돌아온 둘은 김두한을 납치할 묘책을 밤을 새며 숙의했다.

다음날 낮 12시, 조선공산당 전위대에 말쑥하게 정장을 한 두 젊은이가 나타났다. 둘이 정문으로 다가가자 파수를 섰던 청년이 앞을 가로막았다.

"야, 너희들은 뭣 하는 놈들이야?"

말투가 처음부터 거칠었다. 선우봉이 한발 앞으로 다가섰다.

"수고하십니다, 동무. 우리는 평양 적위대에서 온 사람들입니다. 김두한 동지한테 연락할 일이 있어서요."

파수병이 고개를 갸웃했다.

"적위대라고, 대체 적위대라는 게 뭐요?"

선우봉은 빙그레 미소를 지으며 한발 더 다가섰다.

"동무는 적위대가 무엇인지도 모르시오? 우리 적위대는 조선공산당 직속 무장부대로, 여기 전위대하고 성격이 비슷합니다."

그제야 파수를 보던 젊은이가 알 듯 모를 듯한 얼굴로 말했다.

"그래요? 평양에서는 전위대라 하지 않고 적위대라 하는 모양이지. 그럼 들어가 보시오."

"대장실이 어디요?"

"저 계단으로 올라가면 2층 맨 구석에 팻말이 있소."

둘은 2층으로 올라갔다. 대장실이라는 팻말이 있었다. 백관옥이 노크를 했다.

"누구야!"

두 사람은 문을 열고 안으로 들어섰다. 소파에 앉아있던 사나이가 들어서는 두 사람을 노려봤다. 바로 곁에는 젊고 아리따운 아가씨가 있었다.

"너희들은 누구야?"

선우봉이 한발 앞으로 다가섰다.

"동지가 전위대 대장이신 김두한 동무십니까?"

"그래, 내가 김두한이다."

이번에는 백관옥이 나섰다. 백관옥이 선우봉을 가리키며 말했다.

"이 동지는 북조선 적위대 대장이신 선우봉 동지입니다. 박헌영 동지의 부름을 받고 상경한 김에 김두한 동지와 상의할 일이 있어서 여기 찾아온 것입니다."

"아아, 그래요. 이리 앉으시지요."

김두한은 자세를 바로하면서 자리를 권했다. 선우봉이 자리에 다가서면서 말했다.

"사안이 중대한 만큼 은밀히 의논했으면 합니다."

그때서야 김두한은 옆에 있는 아가씨를 의식했다.

"넌 옆방에 가서 내가 부를 때까지 기다려."

여인은 얼른 방을 나갔다. 김두한이 먼저 입을 열었다.

"그래 내게 무엇을 상의하자는 거요?"

"예 다름이 아니라…."

선우봉은 이렇게 서두를 떼며 서류를 꺼내는 것처럼 안주머니에 손을 넣어 권총을 빼 김두한의 코앞에 들이댔다. 동시에 백관옥이 김두한의 등 뒤에서 역시 권총을 들이댔다. 김두한이 놀라 소리쳤다.

"너희들 뭣 하는 놈들이야. 강도야 뭐야?"

김두한의 목소리가 컸기 때문에 부하들이 달려왔다. 그들은 방안의 광경을 보고 일시 얼어붙은 듯 멈춰 섰다. 부하 한 명이 공격 자세를 취했다. 백관옥이 소리쳤다.

"움직이지 마. 움직이는 놈은 가차 없이 쏘아버리겠다."

그 뒤를 선우봉이 받았다.

"우리는 여섯 발씩 총알을 장전해 있다. 한 발짝만 움직이면 네놈들 두목이 먼저 황천으로 간다."

이 말은 효과가 있었다. 두목의 생명이 위태롭다. 두목이 뭐라고 하기 전엔 함부로 나설 수 없었다. 백관옥이 말했다.

"김 선생! 우리는 당신을 해치려는 게 아니오. 우리가 하자는 대로 고분고분 따라 주기만 하면 목숨을 보장할 테니 안심해도 좋소."

김두한에게 여유를 주면 안 된다.

"자! 앞장서시오."

김두한은 일어날 생각을 안 했다. 잠시 침묵하더니 물었다.

"날 어디로 끌고 간다는 거야?"

"목숨은 보장한다고 했어. 가 보면 알아."

백관옥이 권총으로 어깨 아래죽지를 찌르면서 일어서기를 재촉했다.

김두한이 천천히 일어섰다.

"앞장서 나가!"

백관옥이 조용히, 그러나 싸늘하게 명령했다. 역시 김두한이었다. 그가 얼어붙은 자세로 서 있는 부하들을 둘러보더니 말했다.

"너희들, 이놈들 얼굴을 똑똑히 봐두어. 내게 무슨 일이 생기면 반드시 복수를 해야 한다, 알겠나!"

이렇게 말하곤 뚜벅뚜벅 걸어 나갔다. 백관옥은 김두한의 머리를 겨눈 채 뒤를 바짝 따랐다. 선우봉은 백관옥과 등을 대고 뒤따라오는 부하들을 겨냥했다. 그들은 계단을 내려갔다. 그 사이 수십 명으로 불어난 부하들이 조심스럽게 따라오고 있었다.

틈만 보이면 달려들 자세들이다. 백관옥과 선우봉은 한 치의 틈도 보여선 안 된다는 것을 알고 있었다. 목숨을 건 도박이다.

이윽고 바깥 도로로 나왔다. 백관옥은 대기시켜 둔 택시에 김두한을 눈짓으로 오르게 하고 뒤따라 올랐다. 선우봉도 따라 나온 부하들을 다시 한 번 둘러본 뒤, 백관옥과 거의 동시에 반대편 문을 열고 차에 올랐다.

부하들은 행동하지 못했다. 택시 운전수도 겁먹은 얼굴, 놀라 손을 후들후들 떨었다. 살기등등한 두 젊은이의 얼굴을 바로보지도 못하고 차를 몰았다.

애비 죽인 원수도 모르는 놈이 공산당을 해?

서린동 갑부 오동진! 몸매도 얼굴도 준수한 데다 40대 초반이다. 장안의 기생들이 오동진과 밤을 같이하고 그의 사랑을 받는다면, 그 밤 이후 바로 죽어도 여한이 없겠다고 한다는 소문의 주인공이다. 그는 돈을 벌 줄도 쓸 줄도 알았다. 기생이라고, 천민이라고 깔보지 않았다. 권력 앞에도 비굴하지 않고 언제나 바르고 당당한 신사였다.

그를 더욱 유명하게 한 것은 도야먀의 조카사위라는 점이다. 도야마 미쓰루, 대동아공영권의 창시자이자 일본제국 제1주의자이고, 일본 수상도 그를 찾아 인사 올리는 일본의 스승(國士)이다. 관직엔 오르지 않고 일본 낭인(浪人)들의 단체인 겐요사(玄洋社)를 이끌고 있었다.

겐요사는 메이지유신(明治維新) 후 사무라이들이 만든 단체로, 대륙 진출의 길잡이이기도 했다. 16세 때 겐요사에 가입한 그는 30대 초에 겐요사의 맹주가 된다. 그를 더욱 유명하게 한 것은 이토 히로부미(伊藤博文)를 찾아가 담판한 사건이다. 30대의 낭인이 일본 수상을 지낸 원로한테 "러시아와의 전쟁을 주저한다면 제거되어야 할 지도자다"고 들이댔다고 한다. 이래서 도야마의 명성은 일본을 넘어 동양 3국에도 퍼져있었다.

오동진이 어떤 경로로 도야마의 조카딸을 아내로 맞이했는지는 모른다. 도야마는 오동진을 조카사위로 인정했고, 조선에 나오면 오동진을 찾았다. 이래서 조선총독부 정무총감, 경무국장, 그리고 조선주둔군 사령관도 오동진을 가볍게 보지 않았다.

오동진의 회사는 마대를 만들어 관동군과 만주국에 납품했다. 독점사업이어서 엄청난 부를 축적할 수 있었다. 오동진은 대동아전쟁에 비행기 2대를 헌납했다. 세상이 다 알던 친일 갑부다. 그런데 그가 염동진을 알았다. 그냥 아는 정도가 아니고 가슴을 열고 대화하는 사이, 오동진은 염동진을 존경하는 선배로 깍듯이 모셨고, 염동진도 오동진을 신뢰할 수 있는 동지로 존중했다. 혹독한 총독 치하에 살면서 한국의 지식인과 유지들은 친일을 하고, 그러면서 독립운동도 하고 독립지사를 돕는 이중생활을 했다. 갑부들 역시 일본제국에 전투기를 헌납하면서 다른 경로로 독립운동에 자금을 댔다.

백관옥과 선우봉은 오동진의 한옥 앞에서 차를 세웠다. 김두한은 그때서야 이들 둘의 정체를 짐작했다. 오동진이 나를 백주에 납치한다? 김두한은 오동진의 복수라고 생각했다. 박흥식에 이어 두 번째로 김두한이 찾은 친일 갑부가 오동진이었다. 김두한은 부하들을 거느리고 이 집을 찾았다. 부하들이 오동진의 어깨를 잡고 김두한 앞에 무릎을 꿇도록 했다.

"오동진 선생! 당신은 내가 누군지 알겠지?"

"김두한이 네가 나한테 이러면 안 되지. 네 애비를 내가 알아. 그런데 네놈이 이런 행패를 부려?"

"뭐? 친일파 주제에 네가 감히 내 아버지를 안다고 개나발을 불어!"

김두한이 일어나 주먹으로 오동진을 갈기면서 소리쳤다. 오동진의 코에서 피가 흘렀다. 그러면서도 오동진 역시 물러서지 않았다.

"이놈! 네 애비한테 물어봐. 나한테서 독립운동 자금으로 얼마나 받아갔는지?"

그러는 오동진의 눈도 분노로 이글거렸다.

"이놈이 죽고 싶어 환장을 했나, 돌아가신 아버지한테 뭘 물어보라는 거야? 누구 약을 올려도 분수가 있지."

김두한의 손이 또 파르르 떨렸다.

"나는 네놈이 왜놈들한테 비행기를 바쳤다는 소리는 들었어도, 우리 아버지나 독립운동가한테 돈을 바쳤다는 얘기는 들은 적이 없다.
이 친일파 놈아!"

"일본에 비행기를 헌납한 것도 사실이지만 독립운동에 자금을 댄 것
도 사실이다. 네 애비는 한두 번이 아니라 여러 차례 돈을 받아갔다."

오동진의 말은 거짓이 아니었다. 오동진만이 아니라 조선의 부자들
은 돈을 뜯기기도 했고, 자진해 은밀하게 자금을 대기도 했다. 오동진
은 자진해 돈을 바친 민족의식이 있는 조선의 갑부였다.

그렇지만 뒷골목 세계에서만 살아온 김두한이 그런 세상을 알 리
없었다. 김두한은 완력으로 오동진에게 거액의 어음을 쓰게 해 뺏어
공산당에 바쳤다. '이놈이 복수를 하는구나?' 김두한은 그런 판단을
내렸다. 그들은 김두한을 사랑채로 데려갔다.

"선생님, 김두한이를 잡아왔습니다."

"이리 끌고 들어와."

백관옥이 김두한의 등을 떠밀었다. 김두한이 뒤를 돌아보며 소리쳤다.

"이 우라질 자식아, 여기까지 왔는데 도망이라도 칠 것 같으냐?"

그러면서 방으로 성큼성큼 걸어 들어갔다. 그런데 방안이 그가 생
각했던 것과 달랐다. 상석 보료 위에는 검은 색안경을 낀 낯선 사람이
앉아 있고, 주인 오동진은 아래쪽에 앉아 있었다. 오동진이 상석을 내
주고 물러나 있다. '지체 높은 사람? 아니면 검사?' 그런 생각을 하는
데 백관옥이 호통을 쳤다.

"뭘 하고 있어? 어서 꿇어앉지 않고…."

그 소리와 동시에 색안경의 말이 떨어졌다.

"앉게."

김두한이 엉거주춤 무릎자세로 앉았다.

"자네가 김두한인가?"

"그렇소."

"자네는 자네 어른이 김좌진 장군이라는 사실을 알고 있나?"

"그럼 제 아버지를 모르는 놈도 있소?"

김두한은 같잖다는 듯 퉁명스레 되받았다. 그러자 염동진이 방안이 쩌렁 울리는 목소리로 소리쳤다.

"네 이놈! 네놈이 막돼먹어도 분수가 있지, 그래 이놈! 김좌진 장군의 아들이 공산당 앞잡이 노릇을 하고 있어? 이 고얀 놈!"

김두한은 어안이 벙벙해졌다.

일본 경찰에 끌려가 고문당할 때나 듣던 이놈, 저놈이다. 그런데 이 낯선 남자가 대뜸 이놈, 저놈 하며 호통을 친다. 김두한의 배포면 맞장 뜨고 나올 사태였다. 그런데 이상하게도 김두한의 기가 한풀 꺾여 있었다.

"여보시오, 공산당이 뭐가 나쁘단 말이오? 공산주의 나라가 되면 부자도 없고 가난한 자도 없는 평등한 세상이 되는데, 그게 무엇이 나쁘단 말이오?"

김두한은 박헌영 등 공산당 지도부로부터 들은 공산주의 선전을 복창하면서 항변했다.

"한심한 놈!"

그러고는 잠시 침묵하더니 이야기를 이어나갔다.

"세상에 이리 불효막심하고 우둔한 놈은 처음 본다. 이놈, 김좌진 장군을 암살한 자가 공산주의자였거늘, 네 이놈 아무리 막돼먹기로 제

애비 죽인 원수도 모르고 공산당을 해? 네놈이 공산주의를 알기나 해? 원수들 편에 서서 그 앞잡이 노릇을 하다니, 네놈이 사람이냐?"

"뭐라고요?"

김두한은 어떻게 대답할지 말을 잃었다. 어린 시절 어른들한테서 아버지가 암살자의 총에 돌아가셨다는 이야기를 들은 적은 있다. 그렇지만 누가 암살했다는 얘기는 듣지 못했다. 그런데 이 낯선 남자가 공산주의자가 암살했다고 말한다.

"여보시오! 당신이 누구신데 우리 아버지를 공산주의자가 암살했다는 것을 어떻게 안단 말이오?"

염동진이 대답하기 전에 오동진이 입을 열었다.

"김 군! 자네 이 어른이 뉘신 줄 아나? 이분은 김좌진 장군의 북로군정서에서 독립군 중대장으로 활약하신 염동진 선생이시네."

"아버지 밑에서 중대장을… 그게 사실입니까?"

염동진이 낮은 음성으로 돌아왔다.

"내가 만주에서 활동하지 않았다면 김좌진 장군이 공산주의자에게 암살당한 사실을 어떻게 알겠나?"

김두한은 더는 따지지 못했다. 그리고 울음을 터뜨렸다. 그는 서럽게 울었다. 한참을 울고 난 그가 말했다.

"그런데 선생님, 아버지를 암살한 공산당 놈은 어떤 놈입니까?"

"그놈은 박상범이라고 하는 자야."

"그놈 아직도 살아 있습니까?"

"그건 나도 모르네."

"…"

"자네 어른을 암살한 공산당을 잡기 위해 뒤를 쫓았지. 그런데 자네 선친이 암살당하고 1년 뒤 만주사변이 일어나 일본이 만주를 완전히 장악했어. 우리도 쫓기는 몸이 되어 더는 그들을 추적할 수 없었다네."

"선생님 용서하십시오. 저는 제 아버지가 공산당에 암살당했다는 사실은 모르고 있었습니다. 그런 사실도 모르고 공산당을 했으니 지하에 계신 아버지를 무슨 낯으로 대하겠습니까?"

"자네가 모르는 것도 무리가 아니지. 자네가 아주 어렸을 때의 일이고…. 그리고 한 가지 분명하게 해두겠는데, 공산주의는 자네가 들은 것 같은 그런 평등한 세상을 만드는 것이 아니야. 인민이니 프롤레타리아니 하는 것 다 허황된 선전이야…. 지금까지 나는 평양에서 그 자들이 하는 짓을 보다 못해 공산주의자에게 대항할 방도를 찾기 위해 서울로 온 것이네. 우리는 어떤 어려움이 있더라도 이곳 남쪽만은 공산당이 발을 못 붙이도록 해야 하네."

김두한이 자세를 고쳐 잡으며 염동진에게 고개를 숙였다.

"공산주의자들이 왜 자네 어른을 암살했는지 아는가? 만주에 있던 공산주의자들은 독립지사가 아니라 비적(匪賊) 떼였어. 그들이 독립운동을 빙자해 갖은 행패를 다 부렸지. 자네 선친은 더는 이들을 방치할 수 없어 왜놈에 앞서 이들을 토벌할 준비를 했는데, 이놈들이 선수를 친 것이지. 알겠는가?"

그러면서 박상범은 고려공산청년회 당원이라는 것도 설명했다.

"예, 이제 잘 알게 되었습니다. 깨우쳐 주셔서 고맙습니다."

다시 고개를 숙이는 김두한에게 염동진이 말을 이었다.

"두한아! 여기 계신 오동진 선생께서는 수차에 걸쳐 북로군정서에

활동자금을 보내주신 분이다. 나도 오 선생을 여러 차례 만나고 도움
도 받았다."

김두한의 얼굴이 다시 굳어지면서 사색이 되었다. 얼마 전 제 주먹
에 얻어맞으면서도 독립군을 도왔다고 악다구니하던 오 선생이 떠올
랐다. 김두한이 벌떡 일어나 오동진을 향해 큰절을 했다.

"선생님, 이 죽일 놈을 용서해주십시오. 아무 것도 모르고 몹쓸 짓
을 했습니다."

오동진이 미소 띤 얼굴로 김두한을 지그시 바라보며 말했다.

"괜찮네. 모르고 한 일이니 괘념치 말게. 앞으로 잘 하면 되는 것
아니겠나?"

한동안 침묵이 흘렀다. 깊은 상념, 저마다 감회에 젖은 모습이었다.

김두한이 벌떡 일어서더니 염동진을 향해 절을 하면서 말했다.

"그럼 전 이만 가보겠습니다."

"잠깐 있어. 중요한 얘기는 지금부터야."

그러나 김두한이 항변하듯 말했다.

"공산주의자들이 제 아버지를 해친 원수들이라는 것을 안 이상, 저
는 우물쭈물 시간을 낭비하고 있을 수 없습니다."

"그래, 지금 서둘러 가면 뭘 어쩌겠다는 거야?"

"저한테 거짓말을 하고 저를 속인 자들을 박살을 내고 말겠습니다."

김두한이 주먹세계 사나이 모습으로 돌아와 있었다. 염동진이 그런
김두한을 주저앉혔다.

"자네가 아버지의 원수를 갚는 일은 그리 서둔다고 되는 것도 아니
고, 바른 길도 아닐세. 자네가 지금 달려가 봐야 원수를 갚기는커녕

공산주의자들의 술수에 휘말려 자네만 도리어 희생될 수도 있어. …아
버지께 효도하는 길은 아버지의 뜻을 받들어 이 나라를 위해 보탬이
되는 일을 하는 거야."

"그럼 제가 어떻게 해야 합니까?"

"지금은 미군정 치하야. 공산당도 합법단체 아닌가? 공산당도 조직
이 있고 힘을 가졌어. 공산당 안에는 지략이 뛰어난 자들도 적지 않
아. 완력으로만 한다고 호락호락 당할 공산당이 아니야."

염동진은 김두한에게 돌아가 할 일을 일렀다. 공산당 전위대장 자
리마저 당장 내놓는 것도 아니었다. 조직과 직책은 당분간 그대로 유
지하라는 지시였다. 김두한이 일어섰다.

"선생님, 내일 또 찾아뵙겠습니다."

미·소공동위원회가 열리다

1946년 1월 15일, 미·소공위 예비회담이 열리면서 해방 정국
은 모스크바 3상회의를 지지하는 좌파가 정치적 주도권을 잡기 시작
했다. 1월 23일엔 서울운동장에서 공산당이 주관한 미·소공동위원회
대표단 환영 국민대회에 10만을 헤아리는 시민이 모였다. 미 군정장관
러치(A. L. Lerche) 소장은 미·소공동위원회에 대한 환영 바람을 타
고 남한 우파의 반탁운동을 경고하는 담화문을 발표하기도 했다.

3월 20일부터 미·소공동위원회 본회담이 덕수궁에서 열렸다. 미·소
공위는 한국인들로 임시정부를 세우는 문제가 주제였다. 임시정부 수
립 협상에 참가할 한국의 정당·사회단체의 범위가 중심 쟁점이었다. 소

덕수궁 미술관에서 열린 미·소공동위원회에 앞서 담소를 나누는 미국 대표 하지 중장(왼쪽)과 소련 대표 스티코프.

련은 3국 외상회의 결정을 지지한 정당과 사회단체를 협의대상으로 하고, 신탁통치 반대운동을 벌이고 있는 단체는 제외할 것을 주장했다.

미국은 신탁통치 반대자들을 협의 대상에서 제외하는 것은 의사 표현의 자유를 보장하는 민주주의의 기본에 어긋나는 것이라는 이유로 이를 반대했다. 어떤 정당들을 임시정부 수립 협상에 참가시킬 것인지는 어느 정당이 임시정부를 주도할 것인가를 결정짓는 문제에 연결된다. 소련 주장대로면 반탁투쟁을 벌이고 있는 우파 주류 단체들이 배제대상이 되고, 임시정부에서도 제외된다.

미국은 한반도가 소련의 위성국이 되는 것은 원치 않았다. 그렇지만 소련과 합의하는 정부라는 루스벨트의 친소(親蘇) 정책기조를 유지하고 있었기 때문에 반소(反蘇) 노선이 뚜렷한 이승만을 견제하고 좌우합작을 추구했다.

평생의 후원자였던 로버트 올리버 박사의 가족과 경무대에서. 1951. 10. 4

반면 소련은 한반도의 소비에트화가 확고한 방침이었다. 미·소공위 본회담이 열리기 직전인 3월 16일, 소련 외상 바체슬라프 몰로토프(Vyacheslav Mikhailovich Molotov)는 회담 대표인 테렌티 스티코프(Terenti Fomitch Stykov) 중장에게 보낸 훈령에서 미·소공위가 세울 조선 임시정부의 각료는 남북이 반분(半分)하고, 남조선 몫 중 절반은 좌파가 차지하게 해 좌우 비율을 3대 1로 하라는 것이었다.

이승만은 그런 소련의 정책에 대한 정보는 없었겠지만, 소련의 소비에트화 야심 탓에 미·소공위는 성공할 수 없다고 판단하고 있었다. 미·소공위 회의가 열리고 있던 때 하지는 이승만의 고문 로버트 올리버(Robert T. Oliver)에게 이런 말을 했다.

"이승만 씨는 위대한 정치가이며 한국을 이끌어갈 유일의 지도자라 할 수 있다. 그런데 계속해서 소련을 비난하기 때문에 미국이 도울 수가 없다. 소련의 협력을 얻지 못하면 한국 문제의 해결이 불가능하다는 사실을 이승만이 납득했으면 좋겠다."

올리버는 하지의 말을 전하면서 하지의 충고를 받아들이는 것이 필요하다는 자신의 견해도 덧붙였다. 그러나 이승만은 고개를 저었다. 그는 소련이 지배적 지위를 누리고 있는 동유럽 나라들이 소련의 위성국으로 변해가는 사례를 들면서 이렇게 결론 내렸다.

"공산당과 합작하려면 공산당을 만족시켜야 하는데, 공산당은 자기들이 정권을 잡기 전에는 만족하지 않는다. 공산당에 우익이 항복하기 전에는 하지를 만족시킬 수 없다. 그것은 미국의 이익도 아니고, 미국이 원하는 것도 아니다."

결국 5월 하순, 미·소공위는 아무런 합의도 만들지 못하고 막을 내렸다. 재개할 날짜도 잡지 못한 사실상의 결렬이었다.

미·소공위가 진행되던 1946년 전반기 5개월 기간 좌우 경쟁은 치열했다. 우파가 내부 의견조정에 고심하는 동안 좌파는 일사불란하게 행동했다. 미·소공위 정국에서 좌파의 활동은 눈부시다고 할 정도로 활기찼다. 그중에서도 특이한 하나는 주한미군의 활용이다.

공산당은 미녀를 주한미군에 접근시키는 작전을 썼다. 당시는 밤 11시면 통행금지이던 시기다. 미군 장교의 여인들은 공산당 간부를 오빠 등 친척으로 위장해 미군 지프를 이용해 심야활동을 하도록 도왔다. 미군 중에도 공산당원이 적지 않아 공산당원을 도왔다.

미·소공위 본회담이 열리던 기간엔 이화여전의 염매리가 통역 자격으로 소련 대표단의 동자동 숙소를 드나들었다. 조선공산당의 세포였던 그녀는 공산당과 소련 대표단 사이의 연락을 담당했다. 그녀는 좌우 충돌 사례 중 우파의 테러를 담은 사진들을 소련 대표단에 전달했다.

소련 대표단은 이 사진을 회의에서 제시해 공산당에 대한 미군정 경찰의 부당한 박해라고 비난하고, 반탁 단체를 미·소공위에서 배척해야한다는 그들의 주장을 합리화하는 데 이용하기도 했다. 좌파는 미·소공위에 전력투구했다. 우파를 맹공격하는 다음과 같은 내용의 삐라가 서울의 벽을 덮었다.

[「반탁 테러와 폭압을 박멸하라!」 젊은 청년을 꾀어 동포를 난타 학살케 하고, 습격 파괴 약탈을 시키는 반탁 테러 조직자를 즉시 처단하라. 흉악한 모략으로 인민을 속이고 반탁 테러를 옹호하며, 테러 당한 노동자와 청년을 쏘아 죽이고 대량 검거 투옥하는 조병옥, 장택상 계열의 친일 악질 경관을 즉시 숙청하라. 동포여! 전쟁을 선동하고 내란을 획책하는 반동파의 모략 선전에 속지말자!

「살인 강도단의 두목 이승만 김구를 타도하라!」 120만 시민들이여 그들은 총선거로 임정을 수립하려는 삼상(三相) 결정에 반대하는 거짓 구호로서 공위를 파괴하고, 원수의 단독정부를 세워 인민을 또다시 도탄의 구렁으로 몰아넣고, 나라를 팔아 친일파 민족 반역 도당의 권세를 누리려는 것이다. 우리 민족은 단호히 요구한다. 매국노 이승만·김구를 국외로 추방하라. 민족의 원수, 인민의 원수 민족반역자 집단 한민당이 거느리고 간 테러단 유령단체를 공위에서 쓸어내자.]

그 기간 좌파가 뿌리고 벽에 붙인 이들 삐라가 좌파의 전쟁을 말해준다.

8장

붉은 밀물과 기독교 교회,
그리고 대동단 사람들

소련군에 뺏길 돈이니 우리가 먼저…

미·소공동위원회가 열리면서 정치 흐름은 왼쪽으로 더욱 기울어져 갔다. 서울 거리에 흩날리는 우파 단체들의 반탁 삐라가 독립을 바라는 이 땅 백성의 염원을 말하고 있었지만, 미·소 두 강대국의 신탁통치 물결에 떠밀리는 한낱 종이배 꼴이었다. 더욱 기이한 건 찬탁 일색의 북쪽 땅이었다. 평양에 있는 라디오는 북에 있는 모든 정당 단체들의 찬탁 성명을 보도하고 있었다.

공산당 천하로 변해가는 북녘 땅이다. 염동진은 대동단의 일과 집안 정리가 다급하다고 느꼈다. 1946년 초, 염동진은 백관옥과 선우봉을 데리고 38선을 넘었다. 첫 검문에서 조만식 인민정치위원장의 심부름으로 서울을 다녀온다고 했더니 보안요원의 태도가 차갑게 변했다. 무슨 밀명을 띠고 간 것인지 조사해야 한다면서 본서로 연행하려 했다. 그 무렵 최고의 뇌물인 미제(美製) 다이아진이 있어 이들을 회유할 수 있었다.

북한의 권력 변동이 생각했던 것보다 훨씬 더 빠르게 진행되고 있다는 것을 알았다. 북한 정세의 변화를 살피지 않고 곧장 평양으로 가는 것은 위험한 걸음이 될 수도 있었다. 마침 상업은행 사리원 지점장인 선린상고 동기생이 떠올랐다. 그를 만나면 북조선의 변화를 들을 수 있을 것 같았다. 백관옥과 선우봉을 여관에 머물게 하고, 염동진 혼자 지점장을 찾아 나섰다.

지점장한테서 김일성 등장을 들었다. 염동진은 "요즘 뭘 하느냐?"는 지점장의 질문에 "민정사령관인 로마넨코의 정치고문역을 하고 있다"고 둘러댄 뒤, "민심의 흐름을 알고 싶다"고 했다. 여러 얘기 끝에 지점장이 고충을 털어놓았다.

고충은 소련군이 군표(軍票)로 지폐를 바꿔가는 것이라고 했다. 군표는 소련군 영내에서만 통용되는 영내 화폐. 처음 이 군표가 '붉은 지폐'로 통용되다가, 돈이 아니라는 것이 알려지면서 '붉은 딱지'라 불리면서 상인들이 거부했다. 그러자 소련 군인들이 은행에 들이닥쳐 조선은행권과 교환해 갔다. 은행지점장이 말했다.

"그동안 소련군이 군표로 빼앗아 간 돈이 자그마치 200만 원일세. 그래서 얼마 남지 않은 돈이라도 지켜야겠다는 생각으로 돈을 내 책상 밑 마루 속에 숨기고 있네만, 이것도 지켜낼 자신이 없네."

여관으로 돌아온 염동진이 지점장한테서 들은 북한의 변화를 이야기했다. 그러더니 둘에게 "오늘밤 사리원 지점장실 마루 밑의 지폐를 몽땅 갖고 서울로 돌아가라"고 지시했다. 뜻밖의 명령에 "우리더러 강도짓 하라는 말입니까?"라고 항변했지만, "어차피 소련군에 뺏길 돈이니…"라는 데서 결행을 합리화했다. 그리고 그날 한밤중 은행으로 가 지점장실 마루 밑 지폐를 마대자루에 담아 나왔다.

둘은 은행을 나온 길로 철로를 따라 남하했다. 은행에서 돈을 확보하면 곧바로 서울로 직행하라는 것이 염동진의 지시였다. 당초 서울에서 38선을 넘을 때 무슨 일을 위해 다시 평양으로 가는지는 묻지 않았다. 그런데 외출에서 돌아온 염동진이 "평양엔 위험해서 데려갈 수 없겠고…"라고 혼자 독백하는 소리를 들었을 뿐이다. 그리고 다시 남행이다.

둘은 도로를 버리고 철길을 따라 걸었다. 검문도 피하고, 철길을 따라가다 기차를 얻어 탈 수 있으면 기차를 타라는 것이 보스의 지시였다. 한동안 말이 없었다. 둘 다 착잡한 심정이었다.

대동단의 북한 탈출

염동진은 혼자 사리원을 떠나 평양 집에 닿았다. 10월 14일에 열린 공산당의 5개 도당 책임자 및 열성자 대회 소식을 아내 최성률이 전했다. 평양에서 열린 이 대회는 김성주 대위가 김일성 장군으로 변신해 그 모습을 드러내어 북한 지역 공산당 지도자로 등장한 대회였다.

아내는 일본 나라(奈良)여자고등사범학교 출신으로, 서문고등여학교에서 교사를 하고 있었다. 아내는 공산당 대회 직후 평양 기림리 공설운동장에서 대대적인 김일성 장군 환영 대회가 있었다는 것, 그리고 장군이기엔 너무 젊어 사람들이 놀라 이런저런 소문이 무성하다고 했다.

그러면서 김일성이 소련군과 함께 온 빨치산 출신이라는 사실 말고는 알려진 것이 아직은 거의 없다고 했다. 그러나 이 젊은 장군이 공산당 지도자임과 동시에 북한 인민위원회 위원장으로 권력을 장악해 가는 북한의 변화를 아는 대로 알려주었다. 현준혁이 암살돼 북한의 공산당을 통합해 이끌어 갈 지도자가 없게 된 것이, 도리어 소련이 김일성을 공산당 지도자로 만들어내는 데 알맞은 환경이 된 것인가 하는 생각이 들었다.

다음날 아침, 염동진은 대동단 단원들을 모았다. 그는 서울과 평양을 오가며 살핀 정세를 설명했다. 소련은 북한을 소련의 위성국으로 하는 공산화 작업을 시작했다. 이제 우리도 방향을 정해야 할 때다, 그래서 의견을 나누고 싶다는 것이 이야기의 핵심이었다.

"이제 우리가 조국을 위해 행동해야 할 때라고 생각됩니다. 무기를 들고 공산당 놈들을 하나씩 제거해 나갑시다."

중국 병기청에서 폭탄 제조를 지휘했던 폭약기술자 박승모가 이런 제안을 했다. 염동진이 모두 소련군정과 공산당의 감시 대상이라는 점을 상기시키면서 말했다.

"여기 평양에선 운신하기가 어렵습니다. 준비도 없고…"

"우리는 왜정 때 나라를 위해 목숨을 버리기로 했던 사람들이잖소. 지금은 덤으로 살고 있다고도 할 수 있을진대, 이 땅이 소련에 병합되는 것을 막다가 목숨을 잃은들 아까울 게 뭐가 있겠소?"

박승모가 제 주장을 굽히지 않았다. 백기현도 무장 투쟁론에 가세했다.

"백 공 말씀도 일리는 있습니다. 그러나 이 시점의 사생결단은 성급한 일이 아닌가 합니다. 전쟁 직후라 국제정세가 안정되지 않았습니다. 소련이 우리를 무자비하게 탄압해도 어느 한 나라도 관심을 보이지 않을 것입니다."

고봉이었다. 한동안 무거운 침묵이 흘렀다. 염동진이 그 침묵을 깼다.

"활동 무대를 서울로 옮길 생각입니다. 우리는 이북에 남아있을 동지들을 중심으로 각지에 비밀조직을 심어두고 모두 월남해야 할 것입니다."

월남은 예상하지 않았던 일, 모두 침묵했다. 한참 만에 염동진이 말을 이었다.

"지금 우리는 주의인물로 찍혀 감시를 받고 있습니다. 머잖아 우리들의 회합조차 어렵게 될 것입니다. 저는 서울에 본부를 둔 결사조직을 만들 작정입니다. 서울에서 훈련된 대원들을 북파(北派)하여 매국(賣國)의 중심 인물들을 제거해갈 생각입니다. 서울에서 결사대가 오면 북조선 각지 대원들이 협조하도록 조직망을 구축해두는 것이 필요합니다. 우리는 이북에 남을 동지들을 중심으로 조직망을 구축해 연결이 되도록 해놓고, 모두 월남하는 것이 좋을 것 같습니다."

다시 침묵이 흘렀다. 목사와 교사들이 월남하기 시작했다. 그러나 대동단 지도부 사람들은 항일운동을 했던 사람들이다. 그들은 감시받고 있었지만 아직 행동한 것이 없었으므로 공산당의 표적이 아니었고, 그래서 월남 같은 건 생각하지 않던 때다. 한참 후 염동진이 말했다.

"지금은 절박하지 않지만 머잖아 월남하지 않을 수 없는 상황에 몰릴 것입니다. 월남하실 수 있는 분은 결심하는 것이 좋겠습니다."

"아니, 그런 애매한 말이 어딨습니까? 우리는 동지로 생사를 같이 하기로 맹세한 사이 아닙니까? 월남하든 여기 눌러 있건 행동을 같이 해야지, '나는 월남하겠으니 너희들은 알아서 하라' 그러면 동지라 할 수 있겠습니까?"

"우리들은 생활 형편이 다르지 않습니까? 가족이 있고, 그 점을 염려해서 하는 말입니다."

설왕설래가 이어졌지만 월남하지 않을 수 없는 상황에 몰릴 것이라는 염동진의 정세 판단에 모두 동의했다.

"우리 모두 행동을 같이해야 할 것이지만 생활 여건이 다릅니다. 가족 문제도 있고…. 그래서 월남 문제만은 형편을 고려해서 각자 결정하자고 말씀드리는 것입니다."

노부모를 모시고 있는 등 사정이 안 되는 몇 사람이 있었지만, 대동단 중진들 대부분이 월남을 택했다. 준비가 제각각이어서 모두 개별적으로 월남하기로 결정했다.

은행털이가 덜미를 잡아

대동단 회합이 끝나 모두들 돌아간 뒤 뜻밖에 조중서가 찾아왔다.

"아니 조 동지, 이게 얼마만이야? 그래 용케 살아 있었구먼."

"내가 얼마나 목숨이 질긴 사람인데 죽어? 나를 태평양 한복판에 떨어뜨려 봐. 헤엄쳐서라도 살아 돌아오지."

중국에서 사선을 넘나들던 동지다.

"해방이 되었는데 돌아오지 않아 조 동지 생각을 많이 했어. 지금쯤 중경을 떠나 북경쯤에 와 있을까 그런 생각을 했지."

"맞아! 북경을 거쳐 평양에 온 지 열흘쯤 됐어. 염 동지 소식을 물었더니 서울에 간 것 같다더군. 그런데 오늘 낮 김유창이 찾아와 염 동지가 돌아왔다고 하지 않겠나? 그래서 달려왔지. 그나저나 우리 회포는 뒤로 미루고 우선 피신부터 해야겠네."

"피신이라니?"

"김유창이 나를 찾아왔어. 사리원지점 얘기를 하더군. 범인으로 지목받은 오경숙이 자네를 들먹이며 결사적으로 대질을 요구한다네. 김유창의 말이 제발 염동진을 찾아가 이남이든 어디든 당분간 피해있으라는 거야."

"난 평양을 뜰 것이지만 지금은 아니야. 할 일이 남았어."

그러는데 부인 최성률이 주안상을 들고 들어왔다. 그녀는 남편 염동진이 처한 긴박한 사정들을 설명하면서, 평양을 떠날 준비를 다 해놓았으니 당장이라도 떠나야 한다고 했다.

"잘 됐어요. 부인께서 떠날 준비를 다 해놓았다니 내가 동행할 사람을 소개해드리겠습니다. 모레 밤에 배로 떠나는 사람이 있습니다. 믿을 수 있는 사람이니 동행하십시오."

"잘 되었소. 부인이 모레 먼저 떠나시오."

아내가 뭐라고 말하려는데 염동진이 가로막았다.

"제발 내 말대로 하시오. 지금부터 내가 하려는 일은 위험이 따르는 일이오. 당신이 남아 있으면 내 운신이 그만치 어려워요. 당신이 서울로 빨리 가는 게 나를 돕는 일이오."

아내 최성률은 그러기로 하고 방을 나갔다.

"일단 우리 집으로 가세. 자네 집엔 언제 보안서원이 닥칠지 몰라. 우리 집에 가서 선후책을 의논해 보세."

염동진이 주저했지만 조중서가 끌다시피 해 제집으로 데려갔다.

다음날 염동진은 조중서의 집 뒤채로 대동단의 학생 대표들을 불렀다. 평양상업 金在康(김재강)과 金貞濟(김정제), 숭실전문 李亨浩(이형호), 진남포상공학교 金佑植(김우식)과 姜振植(강진식) 등 여러 학교

대표들이다. 염동진이 남북의 정세를 간략히 설명한 뒤 말했다.

"우리 근거지를 서울로 옮겨야겠네. 나를 따라 상경할 채비를 하게."

김재강이 즉각 반대하고 나섰다.

"모두 서울로 가면 어찌합니까? 학교에선 선생님들이, 교회에선 목사님들이 모두 이남으로 떠나고 있습니다. 모두 달아나버리면 이북은 누가 지킵니까?"

"도망가 있겠다는 건 아니야. 서울에 본부를 두고 평양에도 들락거리며 공산당과 싸워야지. 이북 땅을 버리는 건 아니야."

"그래도 저는 평양에 남겠습니다."

"여기선 감옥 가는 것 말고는 할 수 있는 일이 없어지고 있어. 공산당에 고분고분하지 않으면 살 수 없게 되어도 버틸 참인가?"

"예, 버틸 수 있을 때까지 버티며 여기서 싸우겠습니다."

"다른 동지들은 어떤가?"

"저희들도 김재강 동지와 행동을 같이 하겠습니다."

"알았네. 그대들의 애향심을 존중하네. 그럼 이제부터 동지들이 평양에서 할 일을 이야기하겠네."

염동진이 서울과 평양을 연결하는 조직망, 그리고 이북 중요 도시를 연결하는 조직망 구축에 대해 설명하고 있는데 한 학생이 숨이 턱에 닿아 달려와 가쁜 숨을 몰아쉬며 말했다.

"선생님 큰일 났습니다. 최 선생님이 보안서에 끌려갔습니다."

"우리 집사람이?"

염동진은 아찔한 현기증을 느꼈다. 내가 방심했어, 그런 자책에 잠시 말을 잊고 있는데 학생들이 웅성댔다.

"최 선생님을 구해야 돼. 우리가 결사대를 조직해서 보안서를 습격해 구출하자고…"

실제 학생들은 염동진 못잖게 최성률 선생을 존경하고 좋아했다. 마치 어머니같이 따스하면서도 말조차 조심스러워지는 엄숙함도 곁들이고 있었다. 그런 선생님이었으니 제 어머니가 잡혀간 것과 같은 충격이다. 염동진이 제동을 걸었다.

"자네들 마음은 고맙네. 그렇지만 사사로운 일에 대동단이 나설 때가 아니야. 구출작전은 꺼내지 말게."

"선생님, 이게 어찌 사사로운 일입니까? 최 선생님을 구금한 것은 대동단 요원이 구속된 것보다 더 심각한 문젭니다."

"그렇더라도 자네들이 나선다고 될 일이 아니야. 내 집사람 구출은 우리 어른들이 의논하겠네."

그렇게 타이르고 얘기를 이어갔다.

"우리가 할 일은 공산당 수뇌부를 하나씩 제거하는 일이야. 제거해서 이 나라를 위성국으로 만들려는 소련과 공산당 책동을 막아야지. 그래서 서울에서 결사대를 조직해 요원들을 보낼 것이야. 서울에서 여기 잠입했을 때 이곳 동지들의 협력이 필요하네. 동지들의 조직망을 구축하고, 공산당 기관에 위장침투(僞裝浸透)하는 동지도 확보해두어야 해."

"알겠습니다. 목숨 걸고 단의 명령을 수행하기로 한 우리들 아닙니까?"

학생 대표들과 작별했다. 재회의 날을 기약할 수 없는 이별이다. 모두 돌아간 뒤 염동진은 조중서의 사랑방에서 머리를 짰지만 아내를 구출할 방도가 떠오르지 않았다. 밤이 이슥해졌을 때 고봉이 왔다.

"낮에 김유창이 암자로 와서 사리원 보안서에서 염 공을 강도사건 주모자로 지목하고, 평양보안서에 체포를 의뢰하는 공문을 보내왔다고 알려주고 갔어."

"무슨 증거로 나를?"

"사리원 지점장이 자네가 찾아와 만난 얘기를 모두 털어 놓았다는 군."

백의사(白衣社) 출범

염동진은 아내 구출을 동지들에게 맡기고 먼저 남으로 내려올 수밖에 없었다. 서울에 닿았더니 그 사이 서울에서도 엄청난 일들이 그를 기다리고 있었다. 전혀 예상치 않았던 엄청난 사고는 아편이었다.

김두한이 일본인한테서 정보를 듣고 전매청 창고에 있던 아편을 강탈해 오동진의 집 창고에 보관하고 있었다. 조선총독부가 남긴 이른바 적산(敵産), 어쨌거나 이젠 나라의 재산인 셈이다. 그런데 공산당이 그들의 자금으로 쓰기 위해 아편을 강탈할 궁리를 하고 있다는 얘기에 놀라 먼저 손을 썼다고 김두한은 말했다.

이 아편 강탈사건은 몇 달 뒤 정보를 제공하고, 그 일부를 갖고 돌아가려던 일본인 사고오야가 체포되어 실토했다. 그 바람에 김두한이 경찰에 체포되어 재판에 회부되었다. 하지만 김두한에게서 아편을 발견하지 못한, 물증 없는 재판이어서 김두한 부대가 재판정을 뒤집어엎고 사건을 유야무야 덮게 한다. 그리고 훗날 중국으로 반출해 중국정부의 도움까지 받아 백의사의 공작금을 풍족하게 해준다.

급한 일 몇 가지를 처리한 뒤 염동진이 백관옥과 선우봉을 불렀다. 백관옥은 사리원지점에서 강탈한 돈 마대를 들고 왔다. 오동진도 거기 함께 있었다.

"이 마대가 족쇄가 되어 잠도 편히 못자고 외출도 못했습니다."

그런 백관옥의 투정에 염동진은 "고작 80만 원인데…"라면서 눈길을 오동진에게 돌렸다.

"오 선생, 집을 한 채 마련해야겠습니다. 백의사 본부로 쓸 것이니 정원이 넓고 나무가 우거진 집을 마련해주십시오. 이 돈으로 부족하면 나중에 정산하겠소."

그러면서 백관옥이 가져온 마대를 가리켰다.

"이 돈이면 충분합니다."

백의사는 대동단의 새 이름이다. 항일 독립운동에선 민족의 대동(大同)을 내걸었지만, 이제 목표는 '타도 공산당'이다. 그러니 대동이라는 이름이 맞지 않아 고친 이름이다. 그리고 며칠 지나 오동진이 궁정동 일본인 집을 구해 백의사 본부로 쓰게 해주었다.

염동진은 백의사의 궁정동 본부에서 월남해온 대동단 단원들과 오동진, 조중서 등을 만나 백의사의 활동 방향을 정했다. 궁정동 본부가 정비된 뒤 백관옥과 선우봉도 거처를 백의사로 옮겼다. 염동진은 항상 혼자 외출했고, 방문하는 사람도 혼자 오도록 해 밀실에서 얘기를 나누었다. 백의사 단원들을 받아들이는 과정이었다.

1946년 9월, 고봉이 백의사로 왔다. 평양을 고수하던 고봉도 더는 견디지 못하고 북을 탈출한 것이다. 임시정부 특파사무국의 3·1절 김일성 암살미수 사건 후 북한엔 검거 선풍이 불었다. 목사, 신부, 승려, 그리고 우익으로 분류된 지식인 등 무려 3만 명을 잡아들였다. 고봉을 비롯해 박승모, 백기환, 이근춘 등 대동단 중진들도 이 검거 선풍에 걸렸다.

그런데 곧 풀려났다. 모두 항일운동으로 옥고를 치렀던 사람들이라는 점을 참작한다고 했다. 그러나 이것은 너무 많이 잡아들여 처리가 어려웠기 때문에 일부를 잠시 풀어준 것, 이런 내막을 알고 풀려나자 은밀히 짐을 꾸려 38선을 넘었다. 통제가 강화되는 북에선 감옥에 끌려가는 것 말고는 더는 할 수 있는 일이 없을 것이라는 염동진의 예상대로 가고 있었다. 강진식, 김우식, 김제강, 김정제, 이형오 등 학생 대표들도 월남해 백의사에 합류했다.

백의사 지도부가 자리를 함께 했다. 북에서 막 내려온 고봉 일행 외에 민청의 유진산도 동석했다. 박승모가 김일성의 민주 기지론을 얘기했다.

"…소위 철도경비대라는 이름으로 병력을 양성하고 있소. 지금 북에는 열차를 털 만한 조무래기 절도단도 없는데 수만 명 철도경비대원을 훈련시키고 있어요. 이건 철도경비대란 이름의 군인이지요. 소련의 무기원조도 양이나 종류로 볼 때 무력남침을 준비하는 것 아닌가 모르겠소."

"미군이 있는 동안은 별일 없겠지만 떠나고 난 뒤가 문제 아닐까 몰라."

"내 승적(僧籍)에 있는 몸으로 이런 얘기는 뭣하지만, 공산당에게는 폭력 말고는 대항할 수단이 없어요. 게릴라전이라도 벌여야 하는 것 아닌가 생각되는데…."

그 시절 북이 어떻게 변하고 있었기에 고봉이 전쟁 말고는 길이 없다고 했을까.

열흘간의 해방

평양에 입성한 소련 제25군은 평안남도 도청에 군정사령부를, 각 시도에는 위수사령부를 설치했다. 평양과 함흥, 신의주 등 대도시에는 대좌를, 중소도시에는 중좌와 소좌를 위수사령관으로 배치했다. 지역사령관과 부장은 소련군 장교가 맡지만 부사령관은 88정찰여단 출신 조선인 빨치산들이, 각부 차장은 재소(在蘇) 고려인들이 각각 맡는다.

결정 명령 지휘책임은 소련군 장교가, 공산당 조직과 주민들의 동향 파악은 88여단의 빨치산이, 군과 주민 간의 가교 통역은 25군과 함께 입북한 재소 고려인이 맡는 구도였다. 지역 위수사령부는 도·시·군 인민위원회와 조선공산당 시·도·군당 및 행정·사법·경찰의 지휘 감독권을 갖는 무소불위(無所不爲)의 기관이었다.

88정찰여단은 스탈린의 지령에 따라 1942년 9월, 극동의 바실레프스크 근교에서 창설되었다. 중국인, 조선인, 나나이족 등 총 인원 1354명의 88여단은 중국계 저우바오중(周保中) 대좌가 여단장이다. 이 부대 한국인은 80여 명, 이들 가운데 중학 출신 5명이 장교였다.

이 계획에선 88여단의 조선인 장교들을 북한 주둔군의 각 지역 위수사령부 부사령관으로 활용하기로 되어 있었다. 제1대대장 대위 김성주를 평양시 부사령관, 제2정치부대장 대위 김책을 함흥시 부사령관,

평양에 진주한 소련군 병사들. 미군에 앞서 1945년 8월 22일 북한에 들어왔다.

제2대대장 강건을 청진시 부사령관으로 임명하라고 지시하고 있었다.

소련 국방성의 이 비밀 문건에 의하면, 1945년 8월 9일에 소련이 대일(對日) 선전포고를 한 뒤 작전 계획이 취소되어 88여단은 전쟁에 참여하지 않았다. 그리고 9월 2일, 극동의 바실레프스키 사령부로부터 88여단의 조선인 부대 80여 명에 대한 조선 진입 명령이 떨어진다. 이 명령에 따라 9월 18일에 원산항을 통해 입북, 소련군정의 지시에 따라 각 도시로 분산돼 지역 위수사령부에 배치된다.

스탈린은 88여단의 조선인 빨치산이 입북하기 전, 김성주 대위를 비밀리에 모스크바로 불렀다. 소련의 극동군총사령부 사령관 알렉산드르 바실레프스키(Aleksandr Mikhaylovich Vasilevsky) 원수의 부관이던 코바렌코 정치국 소좌는 "김일성이 입북하기 보름 전인 1945년 9월 초순, 스탈린이 김일성을 비밀리에 모스크바로 불렀다. 스탈린은 김일성과 4시간 동안 '스탈린주의'를 설파하고, 여러 질문을 통해 지도자가 될 수 있는지를 탐색했다"고 말했다. 이 면담으로 김성주는 평양 위수사령부 부사령관에서 빠지고, 조선인 빨치산 부대를 대표하는 자리가 주어짐으로써 북한 최고지도자 낙점 가능성이 열렸다.

스탈린은 9월 20일, 북조선에 민주정권을 창설하라는 지령을 내린다. 스탈린의 지시에 따라 소련군정의 정책은 군정 실시 외에 북한을 소비에트화한다는 목표가 설정되었다. 북한의 소비에트화를 위해 필요한 첫째가 공산주의자 조직, 그리고 지도자 만들기였다.

먼저 소련군정은 조선공산당 이북5도 책임자 및 열성자대회라는 것을 열어 조선공산당 북조선분국을 조직했다. 다음 단계는 지도자 부상(浮上)이다. '지도자 만들기 작전'은 소련 체제 붕괴 후 나온 니콜라이 레베데프(Nikolai Lebedev) 소장의 회고록에 이렇게 수록되어 있다.

[9월 모스크바로부터 지령이 떨어졌다. 며칠 후 수송선 편으로 원산에 조선인 부대가 도착할 것이니 그들을 열차편으로 안전하게 평양으로 수송하라는 내용이었다. 9월 22일이었던 것으로 기억한다. 소련군 대위 계급장을 단 장교가 내 방으로 찾아왔다. 그는 소련군 제복에 차양 없는 전투모를 착용하고 사병용 군화를 신고 있었다. 가슴엔 적기 훈장을 달고 있었다. 그는 약간 서툰 소련말로 자신이 김성주이고, 88 정찰여단에 근무하고 있었다고 신고했다.

그는 이어 88여단에 들어가기 전까지 한만(韓滿) 국경지대에서 빨치산 활동을 했다고 말했다. 순간 이 장교가 모스크바에서 낙점한 지도자 후보라는 것을 알았다. 김성주가 방문을 나서는 순간, 극동사령부 스티코프 중장으로부터 암호 전문이 들어왔다. 김성주를 당분간 인민들에게 노출시키지 말고 물밑에서 은밀히 정치훈련을 시키라는 내용이었다.

김성주를 민족의 영웅으로 만드는 작전에 들어갔다. 특수선동부장 코비첸코에게 김성주의 군복을 사복으로 갈아입히고, 가슴에 달고 있는 적기훈장도 떼어내라고 지시했다. 일부 북조선 인민들의 반소 감정을 고려해서였다. 사령부 첩보국과 특수선동부는 김성주의 출생지에서부터 가족사항, 학력, 성분, 중국공산당 입당과 활동사항, 빨치산 운동 등 그에 대한 신상조사를 끝냈다. 우리는 그가 만주지방에서 짧은 기간 빨치산 운동을 벌인 것은 사실이지만, 대규모 작전이나 특기할 만한 공을 세운 것에 대해서는 근거를 찾지 못했다.

우리는 진짜 항일 빨치산 운동에 공을 세운 김일성 장군에 대한 풍문이 조선 인민들에게 널리 퍼져 있고, 이 장군이 해방된 조국에 개선하기를 기다린다는 사실을 알게 되었다. 두뇌 회전이 빠른 정치사령부의 젊은 장교들은 바로 여기서 미래의 '수령 만들기 작전'을 찾아야 한다고 지도부에 건의했다. 이 아이디어는 지도부를 놀라게 했다. 훗날 스티코프 장군도 이 아이디어에 칭찬을 아끼지 않았다.

우리 붉은 군대는 김성주를 조선 인민들 속에서 전설의 영웅으로 불리던 김일성 장군으로 둔갑시켜 북조선의 위대한 수령의 계단에 오르게 했다. 이 과정에서 우리는 소련군정이 주관했던 조선신문과 라디오 평양 등을 이용했다. 김일성을 북조선의 지도자로 만드는 이 작업의 총책임자는 스티코프 중장이었다. 그 지휘 아래 제25군 군사위원 레베데프 소장, 특수선동부장 코브첸코 중좌, 로마넨코 민정담당 육

1945년 10월 14일 평양시민 환영대회에 나타난 34세의 김성주. 그는 본명 김성주를 버리고 '항일(抗日)투쟁의 영웅' 김일성 장군의 이름을 도용했다. 바로 오른쪽이 로마넨코 소련군 정치부장.

군 소장, 그의 정치 담당 보좌관 이그나치프 대좌, 첩보국 책임자 아노힌 육군소장, 극동사령부 7호 정치국 정치담당관 메크레르 중좌 등이 이 특명을 수행했다.]

소련 제2극동전선 제7호 정치국장 메크레르 중좌도 "정치장교들은 레베데프 정치사령관 방에 모여 북조선 인민에게 김일성을 '항일 빨치산 투쟁의 영웅'으로 부상시키는 방안을 논의했다"고 레베데프의 기록을 확인했다.

김성주 대위를 김일성 장군으로 둔갑시켜 북조선 인민 앞에 등장케하는 날을 10월 14일로 정했다. 소련군정은 평양의 기림리 공설운동장에서 김일성 장군 환영 평양시 군중대회를 연다는 삐라를 제작해 배포했다. 이반 치스차코프(Ivan Mikhailovich Chistyakov) 사령관의 이런 포고문도 함께였다.

「일본 통치에서 살던 고뇌의 시일을 추억하라. 담 위에 놓인 돌멩이까지도 괴로운 노력과 피땀에 대하여 말하지 않는가. 누구를 위하여 당신들은 일을 하였는가…. 이러한 노예의 과거는 돌아오지 않을 것이다. 조선 사람들이여, 기억하라! 행복은 당신들의 수중에 있다. 당신들은 자유와 행복을 찾았다. 소련 군대는 조선인이 자유롭고 창조적 노력에 착수할 모든 조건을 쥐어주었다. 이제 모든 것이 죄다 당신들에게 달렸다.」

사령관의 담화도 이렇듯 고도로 계산된 프로파간다였다. 1945년 10월 14일, 소련군정은 평양의 기림리 공설운동장에서 김일성 장군 환영 평양시 군중대회를 열었다. 붉은 군대 환영도 곁들인 이 대회에서 소련군사령관 치스차코프 대장은 김성주를 전설의 영웅 김일성 장군으로 소개했다. 김일성이 단상에 올랐다.

김일성이 연설을 시작하자 장내가 술렁댔다. 전설의 김일성 장군은 백발이 성성할 나이라야 한다. 그런데 단상에 등장한 김일성 장군은 너무 젊다. 전설의 영웅 김일성이 아니다. 그래서 장내가 술렁댔다. 소련군이 장내 술렁임을 막기 위해 공포(空砲)를 쏘기까지 했다는 말도 있다. 아무튼 군중의 동요가 컸다. 이 대회 후 김일성은 조선공산당 북조선분국 책임비서에 오른다.

소련군은 정지작업의 속도를 높였다. 북한 공산당에 행정 통제권을 주는 등 공산당을 확대하고 지원하는 북한의 소비에트화 작업이다. 소비에트화 작업 환경은 아주 열악했다. 평양은 일제 때 한국의 예루살렘으로 불리기도 했던 기독교 도시, 조선의 기독교인 중 70%가 북한에 거주하고 있었다. 한마디로 북한은 기독교 지배 지역이었다.

비밀경찰 조직을 통해 정치사찰을 강화했다. 평양에만도 17개 비밀경찰청을 설치하고, 군 경무사령부(軍警務司令部)도 설치했다. 8월 30일부터 이른바 반동분자들에 대한 검거도 시작했다.

소련군정은 김일성의 조선공산당 북조선분국, 연안파 공산주의자들의 조선신민당, 북조선 천도교 청우당, 조만식의 조선민주당 등 다당제 형태를 짜도록 지도했다. 그러나 조만식의 조선민주당까지도 88여단 출신 최용건이 부위원장, 김책이 서기장을 맡아 조민당 조직을 실질적으로 통제 조종했다. 이런 사실이 보여주듯 모든 정당은 공산당이 실권을 장악한 사실상 일당체제의 길을 갔다. 4당 모두 모스크바 3상회의가 결정한 신탁통치를 지지한 것도 그 결과였다. 1946년부터 북한은 공산주의 이외의 집회와 결사를 통제하기 시작했다.

그해 2월 8일, 소련군사령부는 평양에서 북조선 각 정당 사회단체 행정국 및 각 시도 인민위원회 대표 확대회의를 열었다. 이 대회에서 김일성은 이제 북조선만을 단위로 하는 중앙주권기구를 창설할 때라고 주장했다. 대회는 김일성의 제안을 받아들여 북조선임시인민위원회를 발족시키고, 김일성을 위원장으로 선출했다.

3월 5일, 북조선인민위원회는 무상몰수·무상분배라는 토지개혁법령을 공포하고 실행에 들어갔다. 모든 토지는 경작자의 것이 되고 경작권을 주었다. 그러나 모든 토지는 매매, 소작, 저당이 금지되어 사실상 국유화되었다. 5정보 이상의 토지는 몰수했다. 일부 대지주에게는 친일파 숙청이라는 명목으로 토지와 가옥까지 몰수했다.

모든 것을 빼앗긴 지주는 72시간 안에 고향을 떠나 인민위원회가 지정해주는 다른 군으로 옮아가야 했다. 지주와 농민의 반발을 누르기 위해 농촌 자위대를 조직했다. 농민들이 반발해 자위대 조직이 안 되는 고장엔 공장 노동자를 현지에 이주시켜 자위대를 조직했다. 토지개혁은 26일 만에 모두 끝났다.

북조선 인민위원회는 1946년 8월 10일에 산업, 교통, 운수, 체신, 은행 등을 국유화했다. 이 법령에 따라 1000개가 넘는 산업체가 몰수되고, 기술자는 의무적으로 등록하게 해 산업체에 배정했다. 국유화한 산업체를 운영할 전문 인력이 모자라게 되자 억류해 있던 일본인 중 950여 명의 기술자를 산업체에 배치했다.

정당 사회단체도 정비했다. 1946년 7월에 북조선 공산당, 조선신민당, 조선민주당, 천도교 청우당 등 4개 정당과 북조선농민동맹 등 15개 단체를 하나로 묶는 북조선민주주의민족전선(약칭 北民戰)을 조직했다. 잇달아 김일성의 조선공산당과 연안파의 조선신민당을 통합하여 조선노동당(일명 북로당)을 결성했다.

노동당 대회에서 김일성은 북한의 진보적 민주주의가 자본주의 국가의 낡은 국회식 민주주의와는 다른 인민대중의 민주주의라고 주장했다. 그는 남한은 미국 반동배들의 앞잡이인 이승만을 비롯한 반동 세력과 친일파들이 장악해 인민 대중을 도탄에 몰아넣은 '지옥'으로 규정하면서, 인민민주주의를 남한에 확산시키는 것이 노동당의 목표라고 말했다.

그해 8월엔 18세 이상의 모든 남녀에게 공민증을 발급하고, 거주와 이전의 자유를 빼앗아 주민통제를 강화했다. 또 11월에는 북조선 정부를 세우는 선거를 실시했다. 북조선임시인민위원회를 구성하기 위한 선

거였다. 위원 후보는 개인 의사에 의한 입후보를 금하고, 북민전(北民
戰)이 추천하는 후보로 제한했다. 투표는 북민전 추천 후보에 대한 투
표로 찬성은 백색함에, 반대는 흑색함에 투표지를 넣는 공개투표였다.

김일성 우상화도 시작되었다. 김일성을 유격대 지휘자로 부각시키면
서 '민족의 태양' '위대한 영도자' 등의 호칭을 붙이기 시작했다. 1946년
여름부터 '장백산 줄기줄기 피어린 자욱'으로 시작되는 「김일성 장군의
노래」가 등장했다. 해방 1주년을 맞는 1946년 8월 15일부터 한설야 등
문인들이 김일성을 민족의 태양으로 묘사하는 작품을 내놓았다.

김일성은 북조선이 남조선 혁명을 추진할 민주기지가 되어야 한다고
주장했다. 그는 북풍이 불어 남조선을 휩쓸어야 한다고 공공연히 말
했다. 이기영, 안막, 이찬 등을 중심으로 하는 북조선문학예술동맹은
소련을 세계 민주주의의 선봉, 가장 부강하고 선진적이며 가장 행복
한 나라로 찬양했다. 또 스탈린을 '인류의 태양', 김일성을 '민족의 태
양'으로 찬양하는 글을 쏟아내기 시작했다. 관공서엔 스탈린의 초상
을 걸었다.

데모 학생에 전투기서 기총소사

소련군정과 공산당에 대한 저항이 생겨났다. 저항 1호는 해
방에서 불과 1개월 후인 1945년 9월 16일에 일어난 해주 사태다. 건국
준비위원회에 소속되어 치안을 담당했던 해주보안대는 소련군정과 공
산당의 우파탄압에 항의해 16일 새벽 4시, 공산당원의 모임을 습격해
무장을 해제시켰다. 잇달아 도청을 점령하고 있던 공산당 본부를 습

격해 공산당 무장대와 교전하다 소련군의 출동으로 보안대는 전원 체포되었다.

교전에서 공산당원 5명이 총격에 의해 숨진 반면, 보안대원의 피해는 없었다. 그러나 소련군에 체포되어 모두 돌아오지 못하는 몸이 되었으며, 경찰서 굴뚝에 숨어 체포에서 벗어난 金仁湜(김인식)만이 유일한 생존자로 남아 월남해 해주 사태를 세상에 알렸다.

기독교 강세의 북조선이다. 해방 후 장로(長老) 조만식이 이끈 건준의 중심부도 기독교 사람들이다. 그래서 소련의 이른바 소비에트화 작전과 교회가 충돌했다. 교회의 저항은 헤아릴 수 없을 만치 많았다. 그 많은 비극적 사건의 대부분은 기록조차 남기지 못하고 묻혔다. 그런 많은 사건들 중 가장 희생이 컸던 두 사건만 살펴보자.

신의주 학생사건은 신의주에서 80리 거리에 있는 용암포가 발화점이다. 1945년 11월 21일, 용암포에서 시민대회가 열렸다. 공산당과 인민위원회의 정치선전 마당이었다. 그런데 평북 학생자치대의 용암포 대표는 기념사에서 공산당의 약탈 등 사례를 제시하면서, 용암포 인민위원장 李宗洽(이종흡)을 실명 거론하며 통박하는 연설을 했다. 대회는 공산당 성토장으로 변했다. 공산당원으로 구성되어 있던 무장 진압부대가 출동했다. 시민과 학생들이 매를 맞아 쓰러지고, 평안교회 홍 장로는 이들에게 맞아 현장에서 절명했다.

신의주 학생자치대 본부는 각 학교에서 2명의 대표를 선발해 조사단을 현지에 파견했다. 소련군사령부는 학생조사단의 조사를 막았으며, 공산당은 학원 대책이라는 탄압 계획을 짰다. 학생대표들은 11월 23일 신의주공업학교에서 모여 공산당 타도 데모에 나서기로 결의했다. 특이한 것은 학생들이 제시한 6개항의 반대 조항이다.

①공산당 일색 ②공산당원이 무기를 소지하고 우익 인사를 체포 구금하는 행위 ③공산당의 적산(일본인 재산) 접수 ④스탈린 사진을 걸고 경배하라는 지시 ⑤태극기를 제치고 붉은 기를 게양하는 것 ⑥반동으로 몰아 재산을 약탈하는 행위

D데이는 다음날인 11월 23일 오후 2시, 미리 학교별 타격 목표를 지정했다. ▲평안북도인민위원회→동중학교, 제1공업학교 ▲평안북도공산당본부→사범학교, 제2공업학교 ▲신의주 보안서→평안중학교, 사범학교.

오후 2시에 제1반인 동중과 제1공업학교가 평북인민위원회 담을 넘어 쳐들어가자 도 보안부장인 韓雄(한웅)이 지휘하는 공산당원이 총격으로 맞섰다. 학생들은 총격에 아랑곳 않고 돌격했다. 선두에 섰던 동중의 이정식이 총탄에 맞아 쓰러졌다. 지남선과 임춘주가 피 흘리는 정식을 들쳐 업고 강안역 철도신호소에 이르렀을 때, 소련 전투기가 기총소사(機銃掃射)를 퍼부었다. 이정식을 포함해 13명의 학생이 기총소사에 목숨을 잃었고, 수많은 학생들이 부상했다. 공산당본부를 겨냥한 제2공업과 사범학교 학생들도 공산당 본부를 거의 장악하려던 때 소련군의 사격을 받았다. 소련군은 도망하는 학생들을 하숙방까지 추격하며 총격을 가했다. 공산당 무장부대에 쫓기며 도망가다 압록강 철교에서 떨어져 죽은 학생도 있었다. 11명이 현장에서 숨지고, 100여 명이 부상했다.

제3반인 평안중학과 상업학교 학생들은 신의주 보안서까지 거리가 멀어서 가는 도중 소련 전투기의 기총소사를 맞고 해산당했다. 이 계

획에서 빠져있던 사범학교 강습생들이 시 인민위원회를 습격, 위원회를 쑥대밭으로 만들었다.

당일 학교가 확인한 사망자는 24명, 그리고 1000명이 넘는 학생들이 체포되었다. 이들 가운데 수백 명은 살아선 돌아올 수 없는 시베리아 유형이라는 소문이 나돌았다.

사건 후 소련군정의 검거 선풍이 일었다. 주(主) 타깃은 신의주 지식인들의 모임이던 우리청년회였다. 공산당은 학생 소요의 배후를 우리청년회로 몰아 검거에 나섰다. 이들은 학생 사건의 배후가 아니었던지라 아무 대비가 없었고, 그 바람에 모두 체포되어 사라졌다. 병으로 입원해 있던 趙東瀅(조동영)이 유일한 탈출자로 살아남아 서울에 우리청년회 동료 전원의 시베리아 유형 소식을 증언으로 남겼다.

함흥에선 금융조합 서기가 교장으로

함경남도 인민위원회와 공산당은 공산주의 교육에 열을 올렸다. 명령 1호는 유물사관이 출판되기 전에는 조선역사를 배우면 안 된다는 지시였다. 「유물사관을 배워두라. 인민위원회에 와서 강연을 듣고 배우라」는 벽보를 교내 곳곳에 붙였다. 그 벽보가 뜯겨 없어지자 학생들에 대한 대대적인 연행조사 등 사태가 벌어졌다.

그러더니 중학교 교장들, 그리고 우파 성향으로 보이는 교사들을 해임하고 새 교장과 교사를 보냈다. 그런데 이 교장·교사들의 이력이 교육과는 먼 사람들이었다. 가장 심한 케이스는 함남중학교였다. 함흥 금융조합 말단 서기였다가 공산당에 입당해 권세를 얻은 이씨 성을 가진 50대 남자가 교장으로 부임한 것이다.

40년 역사를 가진 이 기독교계 학교는 이른바 유산계급이 재학하는 학교로 찍혀 더 많은 핍박을 받고 있었다. 유산계급의 반동 요소 제거를 위해 공산당 열성당원을 교장으로 보낸다는 것이 당국의 설명이었다.

1946년 3·1절 기념행사에서 함남중학교는 또 찍혔다. 3·1절의 시가행진 때 소련기를 빼고 태극기를 들었다. 「적기가(赤旗歌)」와 공산당 찬가를 부르지 않고 애국가를 불렀다는 이유로 학생 50명과 교사 전원을 감금하고 폐교시켰다. 당국은 개교를 원한다면 인민위원회에서 보내는 선생으로 수업하라고 했다. 학생들은 이를 거부했다. 이윽고 함경남도 인민위원회가 함남중학교를 접수하고 이사를 왔다. 학생들이 저항했으나 소련군을 앞세운 인민위원회를 막을 수 없었다.

함흥은 공업도시다. 그런데 소련군이 기계의 일부 부품을 가져가는 바람에 공장이 멎었다. 식량사정도 나빠졌다. 학교와 사회가 다 뒤숭숭했다.

3월 11일, 함흥공업학생 200명이 일어났다. '우리의 공장 기계, 우리의 쌀은 어디로 갔는가?' '학원의 자유는 누가 짓밟는가?'라는 것이 구호였다. 이들 학생들이 거리로 나서자 함흥농고 학생도 합류해 숫자가 600명으로 늘었다. 이 사태 다음날, 인민위원회는 학교장 회의를 소집하고 여러 대책을 세웠다. 그 대책 중 하나에 3월 13일 봄 방학이 포함되었다. 각 학교 학생대표들이 3월 12일 밤에 비밀회의를 열고 방학식이 끝나면 바로 데모에 돌입하기로 결의했다.

3월 13일 낮 11시, 학생들이 교문을 박차고 거리로 쏟아져 나왔다.

미리 준비한 플래카드를 들고 있었다. 「매국도당, 공산당을 타도하자」 「쌀을 달라」 「소련군이 약탈해간 기계를 되찾자」 「학원의 자유를 유린하는 권력을 우리는 배격한다」.

명보극장 앞에서 함남중학과 영생중학이 합류해 실과(實科)여학교로 행진할 때 보안서 저지대에 마주쳤다. 학생들은 보안대를 물리쳤다. 속속 학교들이 합류했다. 함흥의 중심가인 황금정은 학생 데모대와 이에 합류한 시민으로 인산인해를 이뤘다. 데모대가 공회당을 지나 공산당 정치학교로 변한 천세관에 다가가던 때 소련군의 실탄사격에 마주쳤다. 영생중학 2년 金中哲(김중철)이 피를 흘리며 쓰러졌다. 데모대는 총 앞엔 무력했다. 흩어지는 것 말고는 달리 방책이 없었다.

학생과 시민 사망자가 얼마인지 알려지지 않았다. 보안대원 3명이 죽어 하수구에 던져지는 등 학생들의 폭력에 희생되었다고 발표했다. 학생 1600명, 시민 650명이 보안서에 연행되어 조사를 받고 있다고 신문은 보도했다.

산불이 어린 사슴을…

신탁통치 반대 열풍은 북한에선 폭풍은커녕 잠깐 바람이 일다 사라졌다. 소련군정은 1946년 2월, 기독교 리더였던 조만식을 감금하고 교회를 제압했다. 조만식을 따르던 민족진영 및 기독교 인사들, 청년들, 그리고 지주 계층까지 38선을 넘어 도망가면서 북한은 모든 정파를 찬탁 일색으로 만들었다.

소련군정과 공산당은 반대 세력을 거의 평정했다는 자신감을 갖고,

1953년 11월 대만을 방문한 이승만이 장제스에게 훈장을 달아준 후 환담하고 있다. 장제스는 이 사진에 '이승만 대통령은 오랜 동지'라고 친필로 써 선물했다.

해방 후 처음 맞는 3·1절을 이런 분위기를 확대 정착시키는 기회로 보아 대규모 대회를 기획했다. 교회엔 3·1절 특별예배 금지령을 내렸다

3·1절 기념행사에서 독립선언서는 언급조차 하지 않았다. 3·1운동의 주도세력이었던 부르주아 계급은 일제에 투항한 나약한 세력이었으므로 그 혁명 전통을 이어받은 것은 공산주의자들이라고 주장했다. 중경 임시정부는 장제스(蔣介石)의 중국공산당 타도에 동조한 반동 세력이며, 해방 후에도 모스크바 3상회의 결정을 반대함으로써 건국 사업을 방해한 반역자로 규정했다. 그들은 이승만을 타도해야 할 민족 파시스트라고도 했다.

기독교인들, 학생들, 조선민주당원들 등이 여기 저항했다. 그날 평양 사범학교, 평양제2중학교 등 평양의 11개 학교 학생 1만여 명이 북조선인민위원회 창설 반대, 신탁통치 반대, 신앙·집회·결사의 자유 보장

을 외치며 동맹 휴학에 돌입했다. 300명의 학생들이 보안국에 체포되었다. 같은 시간 평양의 장대현 교회에서도 5000여 기독교인들이 3·1절 기념예배를 본 다음, 독립선언서를 낭독하고 거리 시위에 나섰다.

평양만이 아니다. 북한 도시 지역에서 교회들이 3·1절 예배를 강행하고 데모도 벌여, 공산당과 공산당 편에 선 군중과 충돌하고 소련군에 체포되었다. 평안북도 신의주 동교회와 제2교회도 소련군의 경고를 무시하고 수천 명의 교인이 3·1절 기념예배를 강행했다. 그들은 공산정권이 주최한 기념식에 참석했던 친공(親共) 군중의 습격을 받아 부서졌다. 그리고 이 3·1절 특별예배가 교회의 마지막 저항이 되고 말았다.

소련군정과 공산당의 압제를 피해 다들 도망치기 시작했다. 조만식의 건국준비위원회에 참여했던 사람들, 우파 정당이나 사회단체의 사람들, 기독교인, 재산을 몰수당한 이른바 가진 자들, 북조선의 소비에트화에 절망한 젊은이들, 북에는 더는 희망이 없으니 너만이라도 자유의 땅으로 가라는 부모의 권유를 받은 학생들이 38선을 넘어 남으로 행렬을 이뤘다.

그들은 서울은 따스한 지역, 꿈을 펼칠 수 있는 땅이라고 믿었다. "서울에는 10만 광복군이 들어와 있다더라"는 등의 소문도 남행을 유혹했다. 모두가 이런 소문을 들은 것도 믿은 것도 아니지만, 최소한 "북한보다는 낫겠지!"라는 기대를 지니고 남행했다. 그러나 막상 서울도 그들에게 실망, 아니 실망을 넘어 절망을 안겼다.

[나는 서울에서 만나는 학교 동창생들이나 이남에서 해방을 맞은 지식인들에게 이북의 실정을 알리는 데 애를 썼으나, 거의가 그야말로

마이동풍(馬耳東風)이었다. 그뿐 아니라 돌아오는 반응은 냉소어린 익살이거나 일종의 충고였다.

그 하나는 "혁명이 착착 진행되는 이북을 등지고 무엇 때문에 이 따위 양키들의 식민지나 악질 지주, 모리배, 친일파들이 판치는 이남에 넘어왔나. 이제라도 늦지 않으니 돌아가라구"라는 것이었고, 또 하나는 "이건 자네를 위해 하는 말인데 여기서 나한테 한 말 다른 데 가서는 하지 말게"라는 것이었다.](월간조선 1986년 4월호)

평안북도 정주에서 태어나 일제 때 수재들에게도 좁은 문이라는 경성사범을 졸업한 당시 24세의 지식청년 鮮于輝(선우휘)는 "정말 나는 망연자실했다"고 했다.

["그런 게 아닌데!"라고 절규하고 싶었으나 그저 나는 놀랐고, 환멸을 느꼈고, 절망했고, 비관에 사로잡혔다. 끝내는 "이거 내가 괜히 온 것 아닌가?" 의심하기까지 했다. 안타까운 마음을 푸는 것은 술밖에 없었다. 그래서 별로 못하던 주량이 날로 늘어났다.

더욱 놀라운 일은 "나의 눈에 이남의 지식인이란 지식인은 온통 좌익 인사로 보였다." 그래도 이북 지식인은 소련 군사체제와 대두하는 공산세력에 저항하고 있는데 이남은 전혀 다른 세상, 그래서 "이런 형편으로는 이북보다 이남이 더 빨리 공산화되는 것 아닌가?" 하는 의구심마저 생기는 것이었다.]

조선일보 주필을 지낸 소설가이자 저널리스트인 선우휘다. 그는 좌파 천하의 서울에 전율했다고 이렇게 술회한 것이다. 선우휘의 절망은 선우휘만의 느낌이 아니었다. 조민당 간부들도 그런 사람들이다. 북한의 소련군은 조만식에게 조선민주당 창당을 권고하고, 그러나 곧장 공산당의 위성정당으로 환골탈태시켰다. 이래서 우파일 수밖에 없는 조만식의 사람들은 구속을 피해 서울로 도망왔다.

그런데 서울의 공산당들, 박헌영과 허헌, 여운형, 백남운, 김원봉 등이 남한 제1의 정치세력을 자부하면서 활개치고 있는 모습에 아연실색했다. 그래도 이들은 한민당이라는 우당(友黨)을 만날 수 있어 작은 위안이 되었다.

그렇지만 그런 우군을 찾을 수도 볼 수도 없었던 청년들은 모두 선우휘와 같은 절망감을 경험했다. 월남 청년들 눈에 비친 남한 땅은 북쪽에서 그리던 희망의 땅이 아니었다. 더구나 선우휘의 탄식처럼 남한은 그들의 권토중래(捲土重來)를 받쳐줄 반공 기지이기는커녕, 지평이 안 보이는 혼돈의 땅이었다. 자유의 엑소더스를 한 文鳳濟(문봉제) 역시 그랬던 사람의 한 명이다. 그러나 문봉제는 좀 더 적극적인 길을 택했다.

[해방 후 처음 맞는 3·1절 기념행사가 서울운동장 축구장에서 열린다기에 월남한 동지들과 함께 나가 보았더니 좌익 진영이 야구장에서 개최한 모임보다 초라하기 짝이 없었다. 인파는 기억이 안 나지만 우리 축구장엔 어느 학교에서 나온 악대가 하나뿐이었는데, 좌익 주최 회장에는 경성전기 악대를 비롯해 3~4개가 나와 기세를 돋우었다고 했다.

이것은 단순한 외형상의 비교라 하더라도 이승만, 김구, 김규식 세 영수가 연사로 나와 '좋은 말씀'을 하였지만 꼭 하나 했어야 할 말을 하지 않았다.

"어느 분도 38 이북의 비참한 실정을 고발하는 말은 없었다. 이미 북조선에 진주한 소련군이 수풍댐과 평양, 진남포, 함흥, 청진 등 공업도시의 큰 공장 기계들을 전리품으로 뜯어가고 … 그뿐 아니라 조선의 전통, 자유, 인권, 이런 것마저 유린하고 있는데…."

내가 하늘처럼 우러러 보는 민족의 영수들에게서 꼭 듣고 싶은 그 말을 듣지 못하고 북창동 여관으로 터덜터덜 돌아와, 북쪽으로 난 창문 밖으로 시선을 보내며 중얼거렸다.

"그게 아닌데… 이남이 이래서는 안 되는데…."]

문봉제는 몇 번이나 같은 말을 되뇌며 주먹을 불끈 쥐었다. 남한의 많은 사람들이 공산당의 환상에 눈 멀어 있다면, 죽음을 무릅쓰고 38선을 넘어온 서북청년들이라도 이판사판 뭔가를 해봐야 하지 않겠는가?

[나는 함께 월남한 동지들과 이북 실정을 알리는 대회를 서울운동장에서 열자고 제안했다. 오래 시간을 끌 것 없다. 이래서 우리는 3월 5일, 서울운동장에서 이북 실정을 알리는 국민대회를 열기로 했다. 월남한 조선민주당 선배들을 찾아 의논했다. 서울운동장이 너희들 집 앞마당이나 되는 줄 아느냐면서 만용을 나무랐지만, 우리는 포기할 수 없었다.]

"우리들은 신들린 사람처럼 뛰고 또 뛰었습니다. 돈암장에 갔더니 이승만 박사께서 1000원을 쥐어주더군요. 조민당의 김병연 정치부장은 2000원을, 그리고 방응모 조선일보 사장과 이종영 대동신문 사장이 도와주셨어요."

조선일보 방응모 사장이 찍어준 수만 장 삐라, 연일 게재되는 대동신문의 예고 기사는 대회를 알리는 데 큰 효과를 발휘했다. 이종영 사장은 5000원을 내놓으며 경비로 쓰라고 했다. 거기서 그친 것이 아니다. 이 사장은 우익 청년단체 간부들을 한자리에 초치하여 조직 동원에 한뜻이 되도록 해주었다. 혁신청년회 유진산 회장도 그때 만났다.

혁신청년회를 비롯해 독립촉성중앙협의회 청년부, 건국청년동맹, 국민회 청년부, 한민당 청년부, 죽첨장 청년부 등 20여 단체를 비원 근처 한 회사 사무실에서 모이게 하고 "국민대회에 각기 최소 500명 이상을 동원하라"는 당부도 했다.

1946년 3월 5일 오전 10시, 서울운동장에는 3만을 넘는 군중이 모였다. 사회는 문봉제, 개회사는 대회장을 맡은 조민당 부당수 이윤영이 맡았다. 조민당 차장 白南弘(백남홍), 국민회 조직부장 蔡奎腥(채규성)이 직접 겪고 본 이북 실정을 보고하자 군중들의 함성이 터져 나왔다.

"때려라 부숴라 공산당!" 군중들이 복창한 구호이자 함성이었다.

임정 외교부장 조소앙의 연설도 군중들의 열기를 더욱 고조시켰다. 아무도 말하지 않았는데도 대회는 데모로 이어졌다. 데모 행렬은 동대문에서 종로를 행진했다. 종로 5가를 행진할 때 좌파 시인 林和(임화)가 문학가동맹 사무실에서 창문으로 데모 행렬을 바라보며 함께 창밖을 내다보고 있던 작가 K에게 말했다.

"나의 시 「현해탄」에 '산불이 어린 사슴을 거친 들로 내몬…'이라는 구절이 있지. 북쪽에 무슨 산불이 났기에 저 치들이 저렇게 아우성이지?"

'이 바다 물결은 / 예부터 높다 / 그렇지만 우리 청년들은 / 두려움보다 용기가 앞섰다 / 산불이 어린 사슴을 / 거친 들로 내몬 거다'

이렇게 시작되는 「현해탄」은 일제 말엽의 암울한 하늘 아래서 우수에 젖은 이 땅 청년들이 애송한 시다. 카프 문학의 기수를 자처하던 임화. 그는 해방 후 박헌영의 참모가 되어 문학가동맹을 만들고, 이태준과 박태원 등 한국 문단의 별이라고 할 문학인들을 붉은 마당으로 유인했다.

그날 그가 내다본 창 바깥 거리, 반공·반소(反共·反蘇)를 외치는 데모 행렬의 플래카드에는 청년들이 두고 온 그들의 고향을 말해주는 평안, 함경, 황해 등 북한 지역 도명이 적혀 있었다. 그때 임화에게 서북 출신 청년 데모대는 '반동'이고, '프롤레타리아의 원수'로 비쳤을 것이 분명하다. 그는 그 뒤 서북 청년들을 '백색 테러의 첨병'이라고 매도하면서, 남한의 계급혁명 불길을 독려하는 인민 항쟁가 「원수와 더불어 싸워서 죽은…」을 작사했다.

그는 박헌영을 따라 월북해 제2, 제3의 「적기가」와 인민 항쟁가를 창작하는 시인을 넘어, 노동당 핵심 요원으로 김일성의 북조선에 충성했다. 그랬지만 1953년 남로당을 쓸어내는 김일성의 피의 숙청에 휘말려 그도 교수대의 이슬로 사라졌다. 김일성 권력의 고문에 넋이 나간 몸으로 교수대로 끌려가면서, 임화는 1946년 봄 서북 청년들을 거친 들로 내몬 산불의 정체를 뼈에 사무치게 깨달았을까?

그날 주최측이 인도한 데모는 서대문 못 미처 죽첨장까지였다. 그랬는데 누가 인도한 것도 아닌데 데모 행렬이 정동을 향했다. 정동 골목 언덕에는 소련 영사관이 있었고, 데모대는 그곳으로 돌진했다.

"때려라 부숴라!" "소련은 물러가라!"

데모의 함성이 다가오자 소련 영사관의 샤프린 총영사는 철문을 급히 내리고 직원들과 함께 몸을 피했다. 데모대는 담장을 뛰어넘어 돌로 유리창을 박살내기도 했다.

기마경찰대가 출동하여 데모대를 밀어내자 일부는 시청 앞으로 나와 몇 갈래로 나뉘어져 또다른 과녁을 향해 돌진했다. 시청에서 가까운 거리에 있던 인민일보, 해방일보, 자유신문이 표적이었다. 데모대는 이들 신문사에 몰려가 인쇄기에 모래를 끼얹었다.

다음날 하지 사령관은 소련 영사관 난입에 노발대발, 그 책임을 물으라고 했다. 그러나 경찰조사는 가볍게 끝났다. 주최측은 경교장에서 대회를 마친다고 선언해 그 이후 사태에 책임을 물을 수 없고, 난동자를 찾을 수 없다는 것이 수사 결론이었다.

서북(西北)의 깃발

3·5대회에서 월남 청년들은 사기를 회복했다. 탄식하며 바라볼 것이 아니라 나서야 하고, 행동해야 한다. 문봉제는 여관방에 돌아와 평남동지회를 만들기로 했다. 용강 출신의 宋泰潤(송태윤) 등 12명이 주동이 되어 조직했다. 조선민주당의 김병연 정치부장이 광화

문 동아일보 3층에 빈 방 하나를 마련해주었다. 박현숙 중앙위원이 책상 하나, 의자 두 개를 주었다. 사무실이 생겨 방 앞에 '평남동지회 준비위원회'라는 종이간판을 써서 붙였다.

평안북도 정주 출신 선우기성이 찾아왔다. 임정 요인이던 鮮于爀(선우혁)의 장질이다. 평북청년회 조직을 추진하던 그는 문봉제에게 "우후죽순같이 난립해서야 되겠나? 예부터 평남과 평북은 같은 관서(關西)니 합치자"고 해서 평안청년회로 통합했다. 중국에서 돈을 벌어 10만 원을 갖고 월남한 吳啓錫(오계석)의 사위 이주기(후일 대한노총 초대 사무국장)가 장인을 설득해 5000원을 얻어와 창단 지금을 조달할 수 있었다.

평안청년회만이 아니라 함경남북도와 황해도 등 출신 도별, 더러는 북에서 만들어 활동하다 쫓기게 되어 사라졌던 단체들이 조직을 재건하기 시작했다. 3·5대회에서 불과 한 달 사이에 월남 청년들의 10여 개 청년단이 탄생했다. 단체들이 늘자 통합이 제기되었다. 조민당 지도부, 대동신문 사장 이종영, 이북5도에 조직망을 지닌 백의사의 염동진도 도와 서북청년회 준비위원회가 탄생했다.

평안청년회 등 서북 청년단체의 초기 활동은 방송국, 그리고 YMCA 강당과 교회 등을 돌며 이북 실정 보고 강연회를 통해 반공 계몽을 하는 것이 주된 일이었다. 그랬던 평청(平靑) 등이 행동에 나선 것이 위폐사건이다.

위폐사건이 드러난 후 공산당 본부도 들어있는 정판사 사옥에는 「우리는 위폐와 무관하다. 인민전선 만세」라는 조선공산당의 현수막이 걸려 있었다. 서청(西靑)이 분노했다.

"우린 하루 두 끼니도 못 먹는 때가 많은데, 흥청망청하던 공산당이 위폐까지 만들어 쓰고도 반성 없이… 저걸 떼어내고 우리 것을 내걸자."

먼저 4명이 평안청년회의 구호를 쓴 현수막을 들고 정판사 건물에 사다리를 걸고 올라갔다. 그러자 공산당 요원들이 옥상에서 돌을 던졌다. 예상했던 사태였다. 주변에 대기해 있던 50여 대원들이 돌로 맞서며 정판사 건물로 돌진했다. 피 흘리는 20분의 투석전 끝에 정판사 정문의 방어진을 뚫고 공산당 본부로 진입, 사무실을 쑥대밭으로 만들었다. 공산당 현수막도 떼어내 불사르고 서청 것을 걸었다.

이 사건 후 여운형의 신문인 현대일보가 사설에서 평양청년회를 악마로 규정했다. "어느 지옥에서 나온 천사들인지 정동 예배당과 YMCA를 거점으로 허위 날조된 가소로운 루머를 퍼뜨리느냐"고 썼다. 문봉제, 김성주, 송태윤 등이 현대일보로 가서 주간 朴致佑(박치우)에게 비방한 사설 크기의 사과문을 게재할 것을 요구했다.

완강히 거부하자 바깥 길에 대기해 있던 100여 명 대원들이 신문사로 난입해 '때려라 부숴라 공산당!'이라는 평청의 구호를 행동으로 옮겼다. 미·소공동위원회를 의식해 조직과 선전에 주력하던 좌우 투쟁은 5월 미·소공위 결렬과 함께 열전으로 돌아가던 때였다. 평청도 그런 흐름을 따라간 셈이었다.

행동도 하는 서북의 청년들을 보면서 맨 먼저 다가온 곳이 인천이었다. 한민당의 郭尙勳(곽상훈: 제3대 국회의장), 독촉국민회 대표 鄭海宮(정해궁)이 평안청년회에 인천지부를 열라고 주문했다. 조선공산당 지도부였던 조봉암과 이승엽의 고장인 데다, 부두가 있고 공장도 많다. 노조의 땅 인천은 공산당 천하일 조건을 완벽하게 갖추고 있었다.

"우리는 겨우 작은 간판 하나 걸어놓고 있다. 공산당이 언제 쳐들어올지 조마조마한 나날이다. 도와 달라"고 그들은 말했다.

이런 곡절로 1946년 7월에 평청은 본부 대원을 파견, 인천에 평안청년회 지부를 결성한다는 벽보를 붙였다. 좌익 아성인데도 이 벽보엔 손을 대지 않았다. 한 달의 준비를 거쳐 8월 13일, 인천 시내 정토사(精討寺) 본당에서 평안청년회 인천지부 결성대회를 열었다. 지부장은 송태윤, 평양 대동공업전문을 나왔다. 그는 평남 청년들의 리더로 본부 총무부장을 맡고 있다가, 평남 출신 청년들을 이끌고 인천에 진출한 것이다. 인천지부는 8월 25일, 일본불교 사찰인 고야산(高野山) 진언종(眞言宗) 편조사(遍照寺)에 사무실과 합숙소를 마련하고 활동에 들어갔다.

잇달아 다가온 것이 노동전쟁이다. 1946년 8월에 경성방직 李俊穆(이준목) 상무가 평안청년회를 찾아와 경성방직의 모든 업체가 노조 경영으로 넘어가 있는 현황을 설명하고, 경방의 양평동 고무공장과 영등포 공장을 조선노동조합전국평의회(약칭 全評)의 자치위원회에서 해방시켜 줄 것을 청했다.

해방 당시 한국의 산업체들은 90%가 일본인의 것, 이른바 적산(敵産)이었다. 이 산업체들이 모두 공산당 영역이 되었다. 남한에선 건국준비위원회를 장악한 공산당이, 북한에선 소련군의 지원 아래 역시 공산당이 자치위원회를 만들어 경영권을 장악한 것이다. 이 흐름은 적산공장에 한하지 않고 모든 산업체로 번졌다.

일제하 사기업들은 많건 적건 국방헌금이라는 명목으로 전쟁을 도왔다. 이런 것들을 꼬투리로 친일파 민족반역자들의 기업체로 낙인찍었다. 그런 다음 전평 계열 노동자들이 자치위원회를 만들어 경영권을 뺏은 것이다. 경방도 그런 사기업의 하나였다. 특히 경방의 양평동 고무공장은 전평 위원장 허성택이 자치위원회 위원장을 맡은 전평의 지휘부이기도 했다.

평안청년회는 약 1주일의 조사로 이런 내용을 파악하고 행동에 들어갔다. 노동전쟁은 평안청년회만으로는 힘에 부치는 전쟁이었다. 백 의사에 도움을 청하고 민청, 함북청, 북선청, 황해청, 양호단, 원산동지회 등 서북청년회 준비팀과 공동전선을 형성했다.

맨 먼저 박명업 등 평청 회원 6명을 경방 사원으로 발령받게 해 공장에 출근했다. 그런데 쫓겨날 것이라는 예상을 넘어 매질을 당했다. "북한에서 쫓겨 온 친일파 민족반역자들이 감히 우리 영역을 넘보다니…"라면서 자치위원회 멤버들이 집단 구타를 한 것이다. 예상보다 훨씬 잔혹해 모두 1개월 이상의 가료를 요하는 중상을 입었다. 적십자병원에 입원하고 진단서를 받아 수도경찰청에 고발했다.

고발 4일이 지난 뒤 서청은 허성택 등 20여 명의 명단과 함께, 48시간 안에 경찰이 이들을 체포하지 못하면 서청이 실력행사에 나설 것이라는 통고를 했다. 그리고 이 통고대로 48시간이 지난 8월 21일, 3대의 트럭을 앞세운 공격부대로 양평공장에 진입했다. 공장측도 내습을 미리 알고 대비하고 있었다. 전평 노조원들은 용광로에서 달군 빨갛게 불타는 철봉을 휘두르며 서청부대를 마구 갈겼다. 정문에서 일진일퇴, 무려 3시간을 싸웠다. 이윽고 저지선을 뚫고 공장 안으로 진입했다. 공장 안에서도 아비규환의 격전이 이어졌다. 쌍방 모두 기름과 피범벅

이 되었다.

충돌 정보를 듣고 미군 헌병이 현장에 도착했을 때는 서청이 공장 노조를 막 제압한 때였다. 미군 헌병대는 김성주(평청)와 반성환(함북 청) 등 10여 명을 폭력행위 주동자로 체포했다.

서청이 승리해 평정을 회복하자 경영진은 서청의 송태윤을 공장장 으로, 그리고 서청에 쫓겨 도망간 자치위원회 멤버들의 자리에도 서청 회원들을 대체해 공장을 정상화했다. 반면 허성택 팀은 모두 폭행범 으로 수배되어 전평의 지휘부가 타격을 입었다.

10여 일 지나 종연방직(후일의 방림), 조선피혁, 영등포의 동지포전 기, 조선기계 알미늄, 화학비료 등 공장을 탈환하고 이들 공장에 평청 분실을 조직했다. 전평의 지휘부였던 양평공장이 무너지자 경인지구에 밀집해 있는 공장들이 서청에 도움을 요청하기 시작했다. 서청 연합팀 은 여세를 몰아 인천에 진출했다.

당시 인천은 제2의 모스크바로 불리던 곳이다. 인천에서 맨 먼저 손 을 댄 곳이 동양방직공장이었다. 여기서도 완강히 저항하는 노조와 피의 전쟁을 치러야 했다. 잇달아 대한제분, 조일양조, 야전장유, 흥한 방직 등도 전평의 노조를 깨고 평청 분회를 조직했다. 대한독립촉성회 의 노조도 도와 이들 우익노조를 출범하게 만들었다. 그런데 거대한 전쟁이 그들에게 다가서고 있었다.

9장

좌우 전위대의 테러,
시작되다

박헌영 납치작전

좌파의 연합전선이라고 할 민주주의민족전선(약칭 民戰) 결성을 준비하던 때였다. 염동진이 김두한을 불렀다.

"김 동지는 백 동지와 함께 박헌영을 납치해오도록 해."

느닷없는 지령에 둘이 어리둥절한 표정이었다.

"아니, 처치해버리지 왜 납치해야 합니까?"

김두한이 퉁명스레 물었다.

"여기 데려와야 할 이유가 있다."

"언제까지입니까?"

"빠를수록 좋다."

'박헌영을 처치하는 것도 아니고 끌고 오는 건데 그까짓 일을 나한테 시키다니', 김두한은 내심 하찮게 생각했다. 그러나 박헌영 추적을 시작하면서 이 일이 간단치 않다는 것을 깨달았다.

우선 박헌영의 소재도 움직임도 알기 어려웠다. 박헌영을 포착해도 추적이 어려웠다. 천신만고 끝에 어디 간다는 것을 알아내, 그 장소에 들어가는 것을 확인하여 몇 시간 길목을 지켜도 나오지 않았다. 기다리다 지쳐 그가 들어간 곳에 숨어들어가 뒤져보면 박헌영은 이미 사라진 뒤였다. 분명히 빠져나갈 길목을 지켰는데 그는 없었다.

"이거 사람 환장하겠네. 분명히 이리로 들어갔고 빠져나갈 다른 길도 없는데…. 이놈이 하늘로 솟구쳤나, 땅으로 꺼졌나?"

"김 동지! 박헌영이 들어가고 얼마 안 있어 노인 한 사람이 지나가지 않았소. 그자가 박헌영이 아니었을까?"

"에끼 여보슈, 그 노인네는 키도 박헌영보다 작고 허리도 구부정하지 않았소. 제가 아무리 난다 긴다 해도 키까지 오그라뜨릴 수는 없지."

백관옥도 김두한의 그 말에 더는 이의를 달지 못했다. 그러나 이런 일이 되풀이되었다. 길목을 지킨 두 사람이 확인한 것은 키도 작고 행색도 전혀 다른 사람이 그들 앞을 지나갔을 뿐인데 박헌영은 없었다.

박헌영은 일제 때부터 변장하고 공산당 동지들을 찾아 전국을 순회했다. 일제 경찰의 눈을 따돌려야 하는 공산당원 박헌영의 변장은 그의 생존수단이었다. 미행에서 프로라고 할 정도로 재빠른 둘이 박헌영의 추적에 실패하는 것은 이런 연유였다. 결국 박헌영을 잡지 못하고 민전 결성의 날인 2월 26일이 다가왔다.

기회는 이 행사뿐이었다. 좌익이 총동원되는 이 결성식에 공산당 당수 박헌영이 빠질 리 없다고 판단했다. 그렇지만 대회 후 당원들과 함께 나간다면 납치는 불가능하다. 그래도 기회가 올지 모른다는 한 가닥 기대를 갖고 행사장에 가기로 했다.

종로 2가 YMCA 자리, 경비는 삼엄하다기보다 살벌했다. 참나무 몽둥이를 든 수백 명 공산당 전위대원들이 정문과 주변 일대를 철통같이 에워싼 채 살피고 있었다. 우익의 기습으로 인민대표대회 행사장이 난장판이 된 일이 있은 뒤, 공산당 대회도 삼엄한 경비가 일상화되어 있었다. 바깥에선 박헌영의 참석 여부조차 알 길이 없었다. 김두한은 안에 들어가 보기로 했다.

"아니 이게 누구야! 전위대장 아니야? 죽은 줄 알았더니 아직 살아 있었구면."

정문에 다가가자 전위대 행동대장 정진룡이 정색을 했다.

"어떻게 된 거야? 죽었는지 살았는지 소식이라도 있어야 할 것 아니야? 당에서는 전위대장이 변절한 것 아닌가 의심하는 사람도 있어."

"미안하게 됐다. 평양에 좀 다녀오느라고… 급한 일로 가는 바람에 연락을 못했어."

정진룡과 오래 얘기할 형편이 아니었다. 그는 옆에 서있는 백관옥에게 정중한 말투로 "들어가시지요"라면서 함께 쫓기듯 안으로 들어갔다. 장내는 입추의 여지없이 자리를 메우고 있었다. 김두한과 백관옥은 뒤편 구석에 섰다.

여운형의 개회사에 이어 박헌영이 등단했다. 그는 민전의 목표를 압축해 설명하는 연설을 했다. 여운형, 박헌영, 허헌, 백남운 등 3개 좌익정당 대표와 임정대표로 김원봉을 의장으로 하는 지도부 인선은 일사천리였다. 마지막 순서에 가까워지던 때, 둘은 복도로 나왔다. 그랬는데 박헌영이 자리를 뜨는 대의원 틈에 섞여 나와 화장실로 가는 것이 보였다. 박헌영은 작은 서류가방을 옆구리에 끼고 있었다.

얼마 후 백관옥이 김두한의 옆구리를 찔렀다. 가리키는 곳에 허름한 한복 차림의 남자가 나가고 있었다. 낡은 중절모와 검은 테 안경에 콧수염까지 기르고 있었다. 변장에 필요한 옷가지와 도구들은 미리 숨겨두었던 것일까? 영락없는 채권 장사치 모습이었다. 이전의 변장에 속았던 경험이 있었지만 옆구리 가방이 아니었다면 몰라보았으리만치

기막힌 변신이었다.

둘은 박헌영의 달라진 모습을 넋 잃은 듯 바라보고 있었다. 단지 소변을 보았을 정도의 짧은 시간에 저런 변장을 할 수 있다니 놀라움이었다. 미행해야 한다는 것도 잊고 멍하니 바라보는 사이 박헌영은 문을 나가고 있었다. 둘은 다급하게 튀어나왔다. 채권 장사치로 위장한 박헌영이 느린 걸음으로 저만치 가고 있었다.

보통 행사 때면 경호원이 따른다. 그런데 이날은 행사가 끝나기 전에 나오면서 변장을 하고 혼자였다. 박헌영은 화신백화점 쪽으로 가고 있었다. 화신 옆 골목으로 들어서면서 박헌영이 걸음을 멈추고 담배에 불을 붙였다. 바람도 없는데 양손을 오므려 성냥불을 가리고 담배에 불을 붙이는 동작이 꽤나 굼떴다. 담배연기 사이로 미행을 확인하는 습관대로의 동작이었다. 일순 몸을 휙 돌리더니 사라졌다. 쏜살같이 날랜 동작이었다. 김두한과 백관옥도 몸을 날렸다.

박헌영은 설렁탕 집 이문옥 앞을 막 지나 종로 2가 쪽으로 방향을 바꿔 가고 있었다. 기독교 청년회관 뒷골목이었다. 50미터쯤 다시 아까의 정상 속도로 걷던 박헌영이 허리를 굽히고 구두끈을 매만졌다. 멀리서 봐도 끈이 풀어진 것은 아니었다. 두 미행자는 이문옥으로 들어가 몸을 숨기고 박헌영의 움직임을 살폈다.

그는 허리를 펴더니 방향을 바꿔 왼쪽 골목으로 들어갔다. 김두한과 백관옥도 재빠르게 뒤를 따랐다. 골목길엔 다른 행인은 없었다. 백관옥이 잰걸음으로 따라 잡고 왼팔을 뒤로 꺾어 땅바닥에 쓰러뜨렸다. 김두한이 다가와 쓰러진 박헌영의 뒷덜미를 잡아 번쩍 일으켜 세웠다.

"아니, 자네는 김두한 동지 아닌가. 이게 무슨 짓인가?"

"잔말 말고 시키는 대로 해. 반항하면 모가지를 비틀어 놓겠어."

박헌영은 돌연한 습격에 끼고 있던 손가방을 떨어뜨렸다. 얼마나 놀랐든지 무릎이 꺾이며 쓰러지려 했다. 백관옥이 붙잡아주었다. 백관옥이 떨어뜨린 손가방을 집어주자 빼앗듯이 받아 옆구리에 끼면서 김두한을 노려봤다. 박헌영은 김두한이 당에 나오지 않는다는 사실도 모르고 있었다. 그런데 김두한이 갑자기 적이 되어 그를 포박한다.

"나를 어떻게 할 셈이냐?"

"시키는 대로 하면 목숨은 살려줄 테니 잠자코 따라오기나 해."

김두한과 백관옥이 양쪽에서 박헌영의 팔을 꼈다.

"강도야! 사람 살려!"

그가 외쳤다. 김두한이 벼락같이 입을 틀어막았다.

"이 새끼가 죽고 싶어 환장을 했나? 입 닥치지 못해!"

말과 동시에 박헌영의 명치를 한 대 갈겼다. '흑' 소리와 함께 박헌영이 더는 아무 소리도 내지 못했다. 까무러친 것이다. 한동안 정신을 잃고 늘어졌다. 김두한과 백관옥의 팔에 몸을 맡긴 상태였다. 한참 만에 박헌영은 가느다란 신음을 토하며 눈을 떴다. 다리는 힘 빠진 그대로 두 사나이의 팔에 몸을 기대고 있었다. 김두한이 잭나이프를 뽑아 박헌영의 얼굴 앞에 칼날을 세워 들이대면서 위협했다.

"한 번 더 소리를 지르면 이 칼로 네놈의 목줄을 따주겠어."

둘은 양쪽 겨드랑이를 부축하고 걸음을 떼놓기 시작했다. 박헌영이 다소 기운을 차리긴 했지만 끌리듯 이끌려 걸었다. 골목길은 화신백화점에서 안국동으로 빠지는 큰길에 닿아 있었다. 그들은 큰길을 따라 걷다가 태화관 쪽으로 방향을 돌렸다. 행인의 왕래가 뜸한 길을 따라 낙원동 아지트로 끌고 가기로 작정했다.

낙원동 아지트로 방향을 잡은 것은 조바심 때문이었다. 우선 대낮이어서 끌고 가는 것이 가시방석인 데다, 대회를 끝내고 돌아가는 공산당원들 가운데 어느 한 패와 맞닥뜨릴 위험이 두 사람을 초조하게 만들었다. 낙원동 아지트에 박헌영을 감금해두었다가, 밤이 되면 자동차로 궁정동으로 옮길 심산이었다. 그들이 태화관 앞을 지날 때였다.

"강도야!"

어디서 그런 힘이 솟았을까. 죽은 듯 늘어져 끌려오던 박헌영이 무서운 힘으로 두 사람이 부축한 손을 뿌리치고 태화관 안으로 뛰어들었다. 실로 눈 깜박할 사이에 일어난 일이었다.

태화관은 1942년 9월부터 종로경찰서로 사용되고 있었다. 그러니까 김두한이 박헌영을 납치해 가던 무렵 태화관은 종로경찰서였다. 박헌영은 영어도 유창했다. 그는 태화관 안으로 뛰어들면서 영어로 "강도야!"라고 외쳤다. 이 소리에 미군 헌병들이 총을 빼들고 달려왔다. 김두한과 백관옥은 도망쳐야 했다.

김두한의 전향에 고춧가루로 포문 열다

박헌영 납치가 실패한 뒤 염동진이 김두한을 불렀다.

"기자들을 불러 조선청년전위대를 해산한다는 성명을 내고, 그 이유도 소상하게 밝히게."

"예에, 해체하다니요?"

"새 청년단에 배속될 것이니 공산당 전위대는 해체해야지."

"…"

"전위대 해체는 이유가 있어야 할 것이니 그걸 미리 준비하게. 공산당 전위대로 활동하면서 보고 겪은 일, 기업인을 협박해 돈을 갈취하거나 우익을 테러하고, 심지어 어제까지의 동지도 뜻이 달라 나가면 무자비하게 보복 테러하는 공산당의 잔인한 행동을 구체적으로 밝혀야 할 것이야."

김두한의 전위대 해체 성명은 박용직과 김후옥이 썼다. 김두한은 이 성명서를 외우다시피 읽고 기자들의 질문도 미리 예상해 준비했다.

1946년 4월 6일 오전 10시, 김두한은 YMCA 소회의실에서 기자들과 만나 성명을 발표했다. 기자들의 질문에도 대답했다. 사전 준비가 철저해 막힘없이 대답했다. 기자들은 종로 어깨패로만 알았던 김두한에게 저런 면도 있었나 하며 놀랐다. 그만치 철저히 준비한 회견이었다.

「김두한 공산당과 결별」

신문들이 이런 제목으로 김두한의 성명을 실었다. 공산당이 발칵 뒤집혔다. 행동대 3000명을 거느린 조직이 어떤 조짐도 안 보이다가 이탈 성명을 내는 기습을 당한 것이니 충격이 컸다.

다음날 아침 정진룡이 김두한의 사무실로 찾아왔다. 광교 밑에서 김두한과 소년 시절을 함께 보낸 김두한의 의형제다. 권투도장에 나가 챔피언 벨트를 따고 중학 과정도 거친 김두한 패의 2인자이기도 했다. 조선청년전위대에 함께 참여했으며, 전위대에 행동대라는 독자적인 부대를 거느리고 공산당의 각종 행사를 경호하면서 우익 테러도 도맡아 수행하던 공산당의 행동대장이다. 그런 정진룡이 그들 눈으로 보면 배신자가 된 김두한을 단신 찾아온 것이다. 마침 김두한은 사무실에 없었고, 박용직이 혼자 자리를 지키고 있었다.

"형! 두한이가 전위대를 해체하겠다고 떠벌린 이유가 도대체 뭐요? 누가 배후에서 조종했는지 형은 알 것 아니요."

"배후라니? 그런 것 못 들었어. 무슨 배후가 있겠어? 공산당으로는 안 되고 임시정부를 받들어야 한다는 말을 하더군. 김좌진 장군이 공산당원 총에 맞아 돌아가셨다는 얘기도 들은 모양이요."

"그래도 그렇지, 이런 배신이 어디 있어. 그리고 전위대는 엄연히 공산당의 산하단체 아니요? 제가 뭔데 해체 운운 하는 거요. 제 놈 하나 나가면 그만이지 제까짓 게 뭔데 해체한단 말이오? 내일 당장 당에 찾아와 사과를 하고 전위대 해체 성명은 취소한다고 발표하라 이르시오."

"정 동지가 잘못 알고 있구려. 조선공산당 산하 조직으로 전위대를 둔다고 해놓고, 전위대와 행동대를 따로 두지 않았소. 정 동지는 그 이유를 알 것 아니요?"

"그거야 건준 때부터 아닙니까? 김두한의 조직과 내 조직이 따로 행동했으니까 따로따로 임무를 수행하도록 한 것 아닙니까?"

"바로 그거요. 행동대가 정 동지 조직이듯이 전위대는 김두한의 조직이라 이 말이요. 공산당에 참여하긴 했어도 전위대는 김두한의 조직이라 이 말이요. 김두한이가 공산당을 떠나는 마당에 함께 떠나야지, 조직을 두고 혼자 떠나는 것은 동지들한테도 도리가 아니고 공산당에도 누가 되는 일이지요."

정진룡은 나름의 항변을 했다. 그는 이미 철저한 공산당원이 되어 있었다. 그가 벌겋게 달아오른 얼굴로 말했다.

"두한이한테 이르시오. 정진룡이가 배신을 그냥 두지 않겠다더라고!"

그리고 다음날 거리엔 벽보가 나붙었다.

「김두한은 인민의 적이다」

「미제의 앞잡이 김두한을 인민의 이름으로 처단하자」

4월 8일, 김두한은 백의사 본부에 들렀다. 9일 열릴 대한민주청년
동맹 결성식에 대한 보고를 위한 걸음이었다. 염동진이 오른쪽 궤짝에
서 권총 한 자루를 꺼내 김두한에게 건네주며 말했다.

"김 동지가 공산당에 몸담고 있었지만 공산당의 실체를 잘 알지 못
할 거야. 공산당은 전향하는 자를 용납 안 해. 무자비한 보복 테러가
따를 거야. 앞으론 이 권총을 휴대하게."

김두한은 광교 시절부터 패거리를 달고 다녔다. 광교 시절엔 10여 명
에서 때로는 20명도 더 되는 패거리 행렬이 경호가 아니라 위세를 알리
는 시위였다. 염동진의 경고 후 김두한은 진짜 경호팀을 새로 갖췄다.

4월 13일, 대한민주청년동맹 발족 후 나흘 동안 일에 쫓기다 한숨
돌린 날이다. 종로 단골 술집에 별동대 간부들과 함께 들렀다. 며칠만
의 술자리, 거의 새벽녘까지 마셨다. 새벽이라 경호팀도 집에 가도록
했다. 새벽 시간이니 별일 있으랴, 혼자 터덜터덜 집을 향해 걷고 있었
다. 집으로 가는 골목에 들어섰을 때 맞은편에서 걸어오던 한 청년이
스치면서 무엇인가를 얼굴에 던지고는 줄행랑을 쳤다. 눈에 불이 붙
은 확 하는 느낌, 김두한은 어이쿠 비명을 지르며 주저앉았다.

거의 동시에 몰려오는 발소리와 함께 몽둥이들이 김두한을 강타했다. 견딜 수 없는 눈의 통증에도 싸움꾼의 본능으로 머리를 감쌌다. 피하는 것 외엔 길이 없다. 그는 온 힘을 다해 몸을 굴려 피하면서 허리춤 권총을 뽑아 쏘았다.

"앗, 두한이 놈을 죽여라!"

정진룡의 목소리였다. 김두한의 총알이 정진룡을 맞힌 게 분명했다. 김두한은 두 번째 총을 쏘았다. 패거리는 두한이를 죽이라는 보스의 말에 따르지 않고, 총을 맞고 쓰러진 그들의 보스 정진룡을 부축해 달아났다. 김두한의 저격을 피해 달아난 것이다.

삼청동 파출소 순사들이 총소리를 듣고 달려왔다. 한 사나이가 땅에 주저앉아 있었다. 총상으로 알았다. 일단 병원으로 갔다. 쓰러진 사나이가 김두한이라는 걸 알았다. 병원에서 눈에 퍼부어진 고춧가루를 씻어냈다. 김두한은 씻어낸 후에도 통증으로 한동안 몸을 떨었다. 김두한은 한 무리 청년들의 습격을 받았다고 말했다. 그러나 몇 명인지, 누군지는 모른다고 했다. 무슨 속셈인지 그는 정진룡 일당이라는 말을 하지 않았다.

"이 총은 누구 거요?"

"내 거요."

"그럼 총은 당신이 쏜 거요?"

"그렇소."

이래서 범인은 없고, 김두한만 무기 불법소지로 입건되어 경찰서로 연행되었다. 습격조는 정진룡 행동대의 5명, 정진룡은 허벅지에 총상을 입고 입원했다는 것을 김두한 부대가 확인했다.

김두한은 세 차례 더 암살에 맞닥뜨린다. 두 차례는 공산당 전위대의 행동대, 그리고 다른 한 차례는 박헌영 납치 미수가 부른 암살이다. 박헌영은 공산당 군사부 특무팀의 지영하에게 김두한 제거를 지시했다. 그런데 암살이 무엇인지도 제대로 알지 못하는 이 순진한 학병 출신들이 준비과정에서 경찰에 붙잡혔다.

지영하는 종로서에서 고문에 정신이 반쯤 나가 김두한이 박헌영 암살을 지령했다고 자백하는 촌극이 벌어졌다. 그래서 김두한도 불려나오고, 고문을 더 당하고 나서야 지영하는 이승만과 김성수 제거 지령이 갑자기 김두한으로 바뀌는 바람에 팀 안에서 논의가 헷갈려 시도도 못하고 붙잡혔다는 사실을 자백했다.

대한민주청년동맹 출범

백의사 본부에서 염동진과 유진산이 머리를 맞댔다. 청년단을 새롭게 정비하는 문제다. 3·5대회 후 둘은 혁청 개편 문제를 논의했다. 월남 청년의 숫자가 날마다 불어나고 있었다. 혁청 대원들의 제1번 숙소인 호림장은 이미 만원이었다. 북을 탈출하는 젊은이들이 생각한 것보다 빠르고 많은데, 이들 청년들을 한데 합치는 단체는 당장은 어렵고… 그래서 만난 자리다. 염동진이 말했다.

"혁청으로 받아들이는 것도 방법이긴 하지만 더 많이 받아들여야 하니… 아예 새로 청년단을 만듭시다."

"염 선생! 나는 지금 자금문제로 혁청 대원들조차 제대로 거두지 못하고 있습니다. 돈이 따르지 못해 회원도 더 못 받고 있는 형편인데,

무슨 수로 새로 청년단을 만든단 말입니까?"

"압니다. 자금문제는 내가 돕지요."

이렇게 되어 염동진의 백의사가 지원하는 새 청년조직, 대한혁신청년회가 발전적으로 해체하고 재창단하는 새 청년회가 출범하게 된다. 새 청년단의 명칭은 대한민주청년동맹으로 결정했다.

바로 그럴 때 좌익신문이 조선민주청년동맹 결성을 뉴스로 보도했다. 이름이 대한과 조선이 다를 뿐 똑같다. 바꾸자는 의견이 많았다. 그 무렵 좌익은 동맹, 우익은 동맹을 피해 연맹을 사용했다. 그래서 동맹을 연맹으로 바꾸자는 의견들이 많았다. 유진산은 바꾸는 걸 반대했다. 대한과 조선이 대비되는 것이 더 의미가 있다고 했다. 염동진도 같은 의견이었다.

"출범을 서두르자. 우리가 그들보다 먼저 출범하면, 뒤에 출범하는 그들이 이름을 바꾸든 말든 상관할 것 없다."

1946년 4월 9일 오후 2시, 종로 YMCA 강당에서 대한민주청년동맹 결단대회를 가졌다. 김구, 조소앙, 신익희, 엄항섭, 정인보 등 임시정부 요인들이 대거 내빈석을 메웠다. 임정 요인들의 경호에다, 좌익 돌격대의 테러에 대비한 김두한 부대와 아오키 부대에 의해 YMCA 주변에는 삼엄한 경계가 쳐졌다.

김구는 새 건국을 위한 민주청년동맹의 사명감을 일깨우며 청년들을 격려하는 연설을 했다. 유진산이 회장에 추대되었다. 이승만, 김구, 김규식 세 영수를 명예회장에 추대했다. 김두한에게는 감찰부장에다 별동대장이라는 직책이 주어졌다. 염동진의 지시를 받아 김두한은 남산에 별동대 본부를 설치했다. 일본의 불교 사찰이던 히가시혼간지

(東本願寺: 건국 후 KBS 사옥이 된 건물)를 염동진이 접수해 별동대 본부로 사용하도록 한 것이다.

약칭을 '민청'으로 한 대한민주청년동맹은 단복(團服)도 마련했다. 일본군 군복을 불하받아 모양을 좀 손질한 것이 단복이다. 행사 때, 임정 등 요인들의 강연회장을 경호할 때, 그리고 거리를 행진할 때 이 단복을 입고 '우리는 대한의 청년들 거룩하게 이 땅에 백골을 묻자'는 「대한민청가」를 불렀다. 그런데 이 단복이 말썽이 되었다.

대한민청은 일주일 늦게 출범한 공산당의 조선민청과 라이벌, 공산 당에게는 눈엣가시였다. 그래서 공산당이 이 복장을 문제 삼은 것이다.

"대한민청이라는 군사단체가 군복을 버젓이 입고 거리를 활보하고 있다. 그런데도 경찰은 단속조차 않는다. 불공평하지 않은가?"

좌익단체 민전이 미군정에 이런 내용의 고발장을 보냈다. 유진산, 김근찬 회장단 둘이 군사재판에 회부되었다. 강령이나 규약 어디에도 군사단체라고 할 조항이나 구절이 없다. 군사훈련을 한 적도 없고, 장 차 이 단체가 군대가 될 것이라는 기대를 갖고 참여한 청년은 단 한 사람도 없다고 했다. 그렇지만 기소되고 재판을 받았다. 판결은 선고 유예였다. 군사단체는 아니지만, 군사단체가 될 우려가 전혀 없다고는 할 수 없으므로 지켜본다는 뜻의 선고유예였다.

8·15 1년의 동영상(動映像)이 없는 사연

1946년 4월 26일, 서울 중앙극장에서 해방 정국의 정치활 동을 담은 기록영화와 조선예술가동맹이 마련한 연극, 조선문학가동맹의 시 낭송 등 화려한 프로그램 공연의 막이 올랐다.

해방 정국 기록영화는 건국준비위원회의 출범과 활동→ 인민대표대회와 인민공화국 수립 선포→ 조선공산당과 여운형의 인민당 활동→ 좌파 통일전선인 민주주의 민족전선과 노동자 단체인 전국노동단체평의회(全評) 결성대회→ 조선공산당 창당 21주년 기념행사 등 8·15에서 1946년 4월까지 조선공산당이 주도한 건국 투쟁을 위주로 한 해방 1년의 기록영화다.

「님」은 조선 문학가동맹의 연극영화분과위원회가 만든 공산당 선전영화다. 극작가 임선규가 각본을 쓰고, 沈影(심영)이 연출했다.

「님」의 줄거리는 공산당이 악질 반동으로 규정한 지주(地主)와 착한 머슴 얘기다. 지주 밑에서 20여 년을 머슴살이 해온 사내가 공산당의 토지개혁으로 지주가 되어, 자신을 구박하던 옛 주인과 주인 가족을 농사꾼으로 부려먹는 것이 줄거리다. 지주는 인색하고 욕심 많으며 표독스런 인물, 머슴은 순박하고 부지런하며 맘씨 착한 농사꾼으로 설정해, 계급 혁명의 당위성을 부각한 작품이다.

조선공산당의 위대한 전진을 알리기 위해 전국을 순회 공연할 프로그램이었다. 시사회이기도 한 첫날 공연에는 전국인민대표자대회 대의원들과 공산당 간부들이 1층을, 2층은 일반 관객들이 자리했다. 공산당이 마련한 최대의 빅 이벤트였다.

공산당은 우파의 테러에 만반의 대비를 했다. 그런데 의외로 조용했다. 2시 좀 지나 영화가 시작되었다. 「적기가」가 울려 퍼지면서 조선공산당 창당 21주년 기념식이 화면에 펼쳐졌다. 소리는 화면을 설명하는 변사의 해설뿐, 관객은 숨을 죽이고 화면에 눈을 고정했다. 얼마나 흘렸을까, 무대 위에서 폭음이 터졌다. 오색 섬광과 함께 천정이 무너져 내릴 것 같은 엄청난 폭발소리였다. 연기가 피어올라 화면을 뿌옇게 가렸다. "폭탄이다!"는 소리와 동시에 여기저기서 비명이 터졌다.

잇달아 출입구 쪽에서도 폭탄이 터졌다. 복도에서 극장으로 통하는 통로에서도 연이어 폭탄이 터졌다. 한 사람도 살아남지 못할 것 같은 무서운 폭음이고, 검은 연기였다. 장내가 아수라장이 되었다. 어둠 속, 어디로 나가야 할지를 몰라 허둥대는 사람들이 부딪치고 뒤엉키고 짓밟히며 비명이 여기저기서 터져 나왔다.

1946년 4월은 조선공산당 창당 21주년 생일을 맞는 달이다. 21주년 생일이 특별하다는 건 내일이 안 보이던 지하당으로 출발한 지 21년 만에 조선 제1의 정당으로 발돋움해, 찬란한 햇볕 아래서 생일을 자축하고 만인의 축하도 받는다는 점이었다.

4월 17일, 종로 YMCA 강당에서 조선공산당 창립 21주년을 기념하는 행사가 있었다. 책임비서 박헌영은 일제 암흑기 비밀조직으로 출발한 조선공산당은 민족 해방 투쟁의 주축이었다고 자랑했다. 공산당 기관지 해방일보를 비롯한 좌파 신문들도 '조선공산당이 21년 만에 합법 정당의 지위를 갖고 찬란한 햇볕 아래서 갖는 최초의 창당 기념식'이라면서 박헌영의 연설을 비롯해 기념식을 1면에 크게 실었다.

4월 22일엔 종로 시천교당(侍天敎堂)에서 공산당의 전위대라고 할 조선민주청년총동맹 결성대회를 열었다. 1000명이 더 되는 청년 대의원들은 공산당과 인민공화국 지지라는 노선을 분명히 했다. 그리고 여운형, 허헌, 김원봉, 그리고 북에 있는 김일성, 김천해, 武亭(무정)을 명예의장으로 추대했다. 이어서 26일의 기념공연, 이 공연은 박헌영

공산당 생일잔치 마지막 프로그램이었다.

공산당이 심혈을 기울인 홍보영화에 신경을 곤두세운 조직이 있었다. 우파 비밀결사 백의사의 염동진이었다. 4월 초, 염동진이 김두한을 불렀다.

"공산당이 해방 정국의 활동을 담은 정치영화를 만들었다. 공산당은 이 영화를 갖고 전국을 순회할 예정이다. 우파는 그런 영화를 제작할 엄두도 못 내고 있다. 공산당의 정치영화는 건국에 심각한 장애가 되는 독소다. 언제 어디서 막을 올릴 것인지 알아봐라."

그 열흘쯤 지나 김두한이 민청 별동대 간부들을 소집했다.

"이번에는 우리 19명으로 공산당 영화관을 깬다. 너희는 즉시 폭약 전문가 둘을 데려오라. 이 일은 절대 비밀이다. 우리 대원들한테도 준비상황을 말해서는 안 된다."

그러곤 김영태를 데리고 동자동 동장 집으로 갔다. 동장 집에는 일본군의 연막탄이 보관되어 있었다. 그는 연막탄을 사무실로 가져왔다. 사무실엔 폭약 전문가 둘도 데려와 대기하고 있었다.

"이 연막탄을 가지고 폭탄을 만들어 주시오. 소리가 크게 나서 사람들이 진짜 폭탄으로 알지만, 사람은 다치지 않도록 해주시오. 할 수 있겠소?"

"화약도 좀 더 구해야 하고, 부속품도 이것저것 구해야 합니다. 시간이 많이 걸릴 것 같습니다."

"많이라는 시간이 대체 얼마요?"

"적어도 열흘은 걸리겠습니다."

"안 돼, 사흘이야. 부하들을 시켜 화약과 필요한 부품들을 구해주겠으니 사흘 안에 폭탄을 만드시오. 밤을 새우더라도 사흘이야. 꼭 해내야 돼."

바로 작업팀이 꾸려졌다. 대장실 옆에 작업실 겸 숙소가 마련되었다. 김영태가 반장이 되어 물품을 조달했다. 두 폭약 전문가는 작업실에서 숙식하며 일했다. 김두한은 수시로 들러 작업을 독려했다. 그리고 사흘 만에 폭탄이 완성되었다.

두 전문가는 폭탄의 성능에 대해 설명하며 틀림없다고 자신 있게 말했다. 그러나 김두한은 시험을 해 봐야 한다고 했다. 김두한이 금고를 열어 돈을 꺼내 기술자에게 나눠주었다.

"이 일은 죽는 날까지 비밀이야. 마누라한테도 얘기하면 안 돼. 알았지? 비밀이 새면 그날이 제삿날인 줄 알라고. 당신은 집에 가고, 당신은 우리와 같이 좀 가서 실험을 도와주어야겠어."

김두한은 상하이라는 별명을 가진 조희창이 운전하는 트럭에 기술자 한 사람과 신영균을 태우고 동해안으로 향했다. 외딴 해변에서 실험했다. 결과는 대 성공, 소리가 엄청났고 연기도 자욱하게 피어올랐지만 폭탄이 터진 모래바닥은 그리 많이 패이지 않았다. 이윽고 D데이, 김두한이 19명을 모았다.

"영화 필름 탈취는 申寧均(신영균), 영사기 탈취는 趙熹昌(조희창)과 洪萬吉(홍만길), 영화필름 소각은 高敬柱(고경주), 연막탄 투척은 김영태 팀 5명, 나머지 9명은 양동작전과 동지 보호를 맡는다. 내가 1시 55분 극장에 간다. 혼자다. 그들이 둘러싸겠지. 시선이 내게 집중해 있을 때 너희들은 각자 표를 주고 들어가 지정된 장소에 자리 잡으라. 무대 위 폭탄이 신호다. 필름만 빼내 뛰어라."

오후 2시 가까운 시각 김두한이 중앙극장에 나타났다. 누군가가 "김두한이다!"라고 소리쳤다. 삽시간에 30여 명 청년들이 김두한을 에워쌌다. 공산당의 전위대를 이끌고 있는 정진룡 부대다. 정진룡도 모습을 나타냈다.

"여어! 오랜만이다. 영화가 하도 잘됐다기에…"

김두한이 정진룡을 향해 알은체를 했다.

"개수작 말아, 미제의 앞잡이가 인민을 위한 영화가 잘됐다고?"

"무슨 섭섭한 소리, 내가 영화광이라는 사실은 너희들도 알잖아?"

분위기가 살벌해졌다. 금방이라도 몽둥이질이 시작될 기색이었다. 그러나 김두한은 움츠리지도 긴장하지도 않았다. 유들유들했다.

"왜들 이러나. 나도 돈 내고 들어가 영화 보겠다는데…"

그러면서 매표소로 다가서려 했다. 청년들이 앞을 막아섰다. 극장 구경 온 일반인들의 시선도 일제히 여기로 쏠려 있었다. 일촉즉발 긴장이 감돌았다. 그러나 몽둥이도 주먹도 오르지 않았다. 삼엄한 경계를 아는 김두한이 단신, 준비 없이 올 리 없다. 어쩌면 이쪽 폭력을 유도해 공연을 쑥대밭으로 만들 음모가 있는지도 모른다.

그래서 배신자가 앞에 있고 무력에선 압도적 우세였지만, 공산당 전위대는 실력 행사를 자제했다. 김두한도 계산한 일이었다. 경비의 눈길이 김두한에게 쏠려있는 사이, 19인조가 소리 없이 극장 안으로 들어가는 모습이 김두한의 눈에 들어왔다.

"젠장, 여기 아니면 영화 볼 데가 없나? 너들이 영화를 잘만들었다기에 한번 와 본 건데 좁쌀 같은 녀석들 하구선."

그렇게 빈정거리며 김두한이 발길을 돌렸다. 그는 을지로 쪽으로 걸어갔다. 공산당 전위대는 김두한의 별난 짓거리에 일순 긴장했지만, 더 이상 특이 상황은 없었다. 극장에서 등을 돌린 김두한은 을지로에서 택시를 불러 세웠다. 그는 운전수에게 일당의 두 배쯤 되는 돈을 꺼내주며 명령했다.

"나는 김두한이다. 지금부터 이 택시를 내가 대절했다."

그 시절 서울의 택시 운전수는 수도 많지 않았고, 부러움의 대상이기도 했던 멋쟁이 직업이다. 서울의 택시 운전수 치고 김두한을 모르는 이는 없었다. 김두한은 극장에서 50미터쯤 떨어진 곳에 택시를 세우고 기다리고 있었다. 30~40분쯤 지났을까. 극장 쪽에서 폭음이 들렸다. 김두한이 택시에서 나와 극장 출입구를 지켜보고 있었다. 극장 문이 열리고 사람들이 뛰쳐나왔다. 그 선두에 단정한 양복 차림의 한 남자가 여인을 부축하듯 안고 차도로 허둥지둥 나오더니 길가에 대기해 있던 택시에 올랐다.

"이봐 운전수, 저 택시를 따라가."

김두한이 명령했다. 김두한이 기다린 사람은 「님」을 연출한 배우 심영이다. 이날의 공연을 총지휘한 조선예술가동맹 연극분과원원회 위원장이기도 했다. 여인은 역시 배우인 그의 처였다.

"광교 다리에서 저 차를 가로막아!"

심영이 탄 택시가 종로 쪽을 향하자 김두한이 이렇게 명령했다. 광교에 이르자 김두한이 탄 택시가 심영의 택시를 앞지르면서 오른쪽으로 꺾어 가로막으며 급정거했다. 심영의 택시도 급브레이크 꿍음을 내며 충돌 직전 가까스로 멎었다. 김두한이 택시에서 내려 심영의 택시로 달려가 문을 열었다. '탕!' 김두한의 권총에서 불이 번쩍했다. 심영의 고개가 위로 솟구치듯 들썩하더니 아래로 꺾이며 쓰러졌다.

김두한이 별동대 사무실로 돌아오자 모두 돌아와 대기하고 있었다.

"필름은?"

김두한의 첫마디였다.

"흔적도 없이 태워 없앴습니다."

"수고들 했어."

"무식한 놈이 파쇼 집단의 앞잡이가 되어…"

그 시간 극장에서도 탈출 소동이 끝났다. 폭음은 멎고 극장 안은 텅 비었다. 잠잠했다. 화재도 일어나지 않았다. 영문도 모르고 일단 밖으로 뛰쳐나왔던 조선청년동맹 전위대원들이 맨 먼저 극장에 들어갔다. 문짝들이 부서져 나뒹굴고 있었다. 여기저기 부상자들이 있었다. 그런데 모두들 군중에 떠밀려 넘어지고 밟힌 사람들이었다. 2층 객석에서 뛰어내리다 다리가 부러진 몇 사람이 가장 무거운 부상자였다. 사망자는 5명, 폭탄이 아니라 인파에 밀리며 밟혀 죽었다.

엄청나게 컸던 폭음에 비해 피해는 경미했다. 정작 피해는 영사실에서 일어나 있었다. 해방 정치투쟁사 필름이 몽땅 사라지고 없었다. 김두한의 테러다. 직감이었다. 그러나 범인은 흔적조차 남기지 않았다.

심영이 깨어난 것은 백인제 병원이다. 김두한의 택시가 떠나자 운전수도 정신을 차려 백인제 병원으로 차를 몰았다. 병원이 가까웠기 때문에 바로 수술실로 옮겨지고 수술이 시작되었다. 탄환은 볼을 뚫고 목의 중심부에 박혀있었다. 문을 열고 거의 동시에 방아쇠를 당기는 바람에 조준이 빗나갔다. 그러나 심영이 비명도 못 지르고 거꾸러졌던 지라 김두한은 정통으로 타격 당한 것으로 단정하고 한 방만 쏘고 발길을 돌렸다.

심영은 의식을 회복했다. 수술이 빨랐기 때문에 목숨을 건졌다. 그는 그러나 하반신을 쓰지 못하는 영구 장애인이 되고 말았다.

심영은 일류 배우다. 영화와 연극은 빼놓지 않고 보던 영화광 김두한이다. 어지간히 이름 있는 배우와는 술자리 한번쯤 가진 김두한이었다. 그런데 심영과는 서로 얼굴을 아는 정도의 덤덤한 사이였다. 심영은 김두한을 상대하지 않았다. 그러다 김두한이 우파의 전위대로 나서자 경멸했다. 사석에선 "애비는 독립군인데 어쩌다 저런 후레자식이 태어났지?" 그런 말도 거침없이 내뱉었다. 김두한의 귀에 그런 말이 들어가지 않았을 리 없다. 김두한이 심영을 희생양으로 찍은 곡절일지 모른다.

의식이 회복된 심영은 김두한을 똑똑하게 기억했다. 급보를 듣고 달려온 공산당 간부들에게 그가 피격 당시를 얘기했다.

"내가 건달에게 이렇게 당하다니, 극장에 폭탄을 터뜨려 무고한 인민을 살상한 것도 김두한의 짓입니다. 그놈이 극장 앞에 나타났다는 보고를 받았을 때 예감이 좋지 않았지만, 폭탄을 터뜨릴 줄이야 상상이나 했겠습니까? 정치가 뭔지도 모르는 무식한 놈이 파쇼 집단의 앞잡이가 되어 백주에 테러를 하다니, 이대로 두어서는 안 됩니다."

공산당은 심영을 저격한 김두한을 경찰에 고발했다. 극장에 폭탄을 터뜨린 사건은 증거가 없었다. 하지만 정황으로 미루어 김두한의 별동대 소행으로 단정했다. 경찰은 수사에 착수했다. 그러나 김두한은 오리무중이고, 폭탄은 누구 소행인지를 조사 중이라고 했다. 결국 민주주의민족전선 대표단이 조병옥 경무부장을 방문해 김두한이 거리를 활보하는데도 체포하지 않는다고 항의했다.

사건이 일어난 지 일주일쯤 지나 사복형사 두 명이 김두한을 찾아왔다. "경무부장 각하가 부른다"고 했다. 미군정 경찰총수 조병옥은 김두한의 별동대를 보호해주고 있었다. 시킬 일이 있나 보다, 그런 생각을 하며 따라나섰다. 그런데 부장실엔 한 무리 내방객이 있었다. 그 중엔 김두한에게 낯익은 공산당원도 보였다. 아차, 하는 순간과 조병옥의 채찍이 그의 뺨을 때린 것이 동시였다.

"이자를 묶어 유치장에 집어넣어."

김두한은 말 한마디 할 여유도 얻지 못하고 묶여 유치장에 갇혔다. 저녁나절, 경찰 간부가 유치장에 왔다.

"일을 저질렀으면 얼마 동안 숨어 지내야지 활개치고 다니면 어떻게 합니까? 부장 각하는 공산당의 항의에 시달리다 마지못해 연행한 것이랍니다."

그는 유치장에 13일간 갇혀 지내다 풀려났다.

공산당의 실책, 위조지폐 사건

1946년 5월 15일, 미군정 공보부장 이철원은 공산당의 위조지폐 발행을 적발하고 관련자를 구속 수사 중이라고 발표했다. 우파 신문은 공산당 위조지폐 사건, 좌파 신문은 조선정판사 사건이라고 이름 지은 사건이다.

조선공산당은 해방 직후, 고노자와(近澤)인쇄소 빌딩(훗날 경향신문이 들어선 곳)을 접수해 조선정판사로 이름을 바꾼 뒤 기관지 해방일보 사옥으로 사용했다. 고노자와 인쇄소는 총독부가 조선은행권을 찍어내던 곳이기도 하다. 해방되던 때 이 인쇄소 평판과장으로 있던 김창선이 100원짜리 조선은행권 지폐 원판(징크판)을 훔쳐 보관하고 있었다. 김창선은 공산당에 이 사실을 알렸다. 공산당이 이 사실을 알고 빌딩을 접수한 것인지, 접수한 후 김창선이 이 사실을 알린 것인지는 확실치 않다. 아무튼 공산당은 인쇄공 출신 당 세포인 朴洛鍾(박낙종)을 조선정판사 사장으로 임명하고, 지폐를 찍어내도록 지령했다.

박낙종 등 정판사 간부 7명은 1945년 10월 20일부터 적발된 이듬해 5월 초까지 여섯 차례에 걸쳐 1200만 원(월급 600원 내외, 쌀 한 가마니 380원 시절)을 인쇄해 조선공산당에 제공했다고 당국은 발표했다.

사건이 적발된 것은 요정의 제보라고 했다. 손에 기름때가 묻은 사람들이 고급 요정에 오고, 술값과 팁까지 모두 빳빳한 신권(新券)이었다. 요정 주인이 이걸 화제로 삼았고, 경찰 귀에까지 들어가 본정서(本町署: 중부경찰서) 형사가 수사에 착수했다. 경찰대는 5월 4일에 조선정판사 평판과장 김창선을 체포하고, 그의 자백에 따라 지폐의 아연판도 압수했다. 5월 7일엔 조선정판사 사장 등 6명, 그리고 공산당 간부에 대한 검거가 시작되었다.

공산당은 5월 17일자 성명을 통해 구속된 정판사 직원 등 16명은 공산당원이 아니라면서, 공산당과 무관한 일이라고 해명했다. 그러나 당국은 공산당 재정부장 李觀述(이관술)과 공산당 기관지 해방일보 사장 權五稷(권오직), 그리고 박헌영과 이주하 등 공산당 간부를 위폐 관련 혐의로 수배했다. 위폐 사건은 7월 29일 공개재판에 회부되었다.

1회 재판이 열리던 날엔 새벽부터 정동 법원 주변에 수백 명의 공산당원들이 '민중의 기 붉은 깃발을 / 높이 들어라 붉은 깃발을 / 그 밑에서 전사하리라'는 「인민항쟁가」를 불러 전의(戰意)를 북돋우었다. 조선청년단체총동맹, 여성동맹, 그리고 전평의 돌격대들이 법원을 포위하고 있었다. 기마경찰대를 선두로 한 경찰 기동대가 법정 경비를 위해 출동했다. 장택상 수도청장도 현장에 나왔다가 공격을 당했다.

개정 10분 전인 8시 50분, 피고인 호송차량이 도착하자 데모대가 여기로 몰리는 바람에 경찰이 발포, 경동중학교 5년생인 열아홉 살 金海鍊(김해련)이 총탄을 맞고 쓰러졌다. 가까스로 사태를 진정시켜 재판을 개정했으나 "재판소를 부숴라!" "판검사를 때려죽여라!"는 고함과 돌팔매질로 법정은 수라장으로 변하고 말았고, 미군 헌병까지 출동해서야 소란을 잠재웠다. 이 소동으로 3명이 사망했다. 오후 1시 가까스로 개정했으나 10여 명에 이르는 피고인측 변호사들이 재판 기피를 신청해 1회 재판은 심문도 진행하지 못했다.

경찰은 장택상 청장을 폭행한 보성전문 3년생 李重載(이중재)와, 이 데모를 지휘한 공산당 서기 金長成(김장성)을 체포했다(이중재는 졸업 후 남로당 조직부 간부 당원으로 활동했으나 대한민국 정부 수립 후 전향해 경위로 특채되었다. 그는 군과 정부 각급 기관에 침투해있던 남로당 프락치 색출에 공훈을 세우고, 정계로 나가 향리인 전남 보성에서 4선 의원을 지냈다).

7월 31일의 2차 공판에도 공산당은 법원 주변에 「살인견(殺人犬) 조병옥, 장택상(경찰 책임자) 2명은 8월 5일까지 사형에 처할 것」이라는 벽보를 붙이고 저항을 계속했다. 재판이 열리자 피고인들은 피고인 회의를 요구했다. 피고인들의 회의를 허락지 않으면 진술을 거부하겠다고 버텨, 사법 사상 처음이라고 할 피고인 회의를 허가하기까지 했다. 박낙종 등 정판사 피고인들은 지폐를 찍었다는 사실 자체가 미군과 경찰의 음모라고 법정에서 주장했다. 좌파 신문들은 이 진술을 대서특필하면서 공산당을 탄압하기 위한 추잡하고 비열한 음모라고 보도했고, 좌파 단체들은 이런 주장을 담은 삐라를 거리에 뿌렸다.

북조선에서도 미군과 경찰이 민주주의 정치를 말살하기 위한 폭압 정치를 한다면서 저주와 욕설을 퍼부었다. 민주화를 사랑하는 국민들은 미군과 그 앞잡이 경찰의 속임수에 속아서는 절대 안 되며, 위폐 사건을 허위 날조한 미군과 경찰에 대항하여 투쟁해야 하고, 그것이 혁명 정신이라고 강조했다.

재판정은 언제나 좌파 단체들이 방청석을 메워 소란을 부리기도 하고, 판사와 검찰을 협박하기도 했다. 피고인들도 피고인 회의, 피고인 전원의 합석 등 요구를 내걸어 재판 진행을 어렵게 만들었다. 그렇지만 재판은 30여 회 계속 열렸다. 그리고 11월 28일, 선고 공판에서 공산당 재정부장 이관술, 정판사 사장 박낙종 및 송언필과 김창선 등 주범에게는 무기징역, 이광범과 박상근, 정명환에게는 징역 15년, 김상선과 홍계훈, 김우용에게는 징역 10년이 각각 선고되었다.

미군정은 고노자와 빌딩을 압류하고 공산당과 기관지 해방일보를 모두 내쫓았다. 공산당은 5월 30일, 남대문로에 있는 일화빌딩으로 옮겨갔다. 이 사건으로 지명 수배된 공산당 책임비서 박헌영은 그해 9월

포천 양문리에서 장례식을 위장한 관에 실려 38선을 넘었다. 이후 그는 해주에 머물며 이따금 서울로 잠행하면서 공산당을 지도했다. 이 사건은 해방 후 지상으로 나온 공산당이 지하로 잠행하는 전조(前兆), 그리고 공산당과 박헌영에게는 실패의 전주(前奏)가 된 사건이다.

'실소(失笑)'라는 이름의 태극기 모독

중앙극장 폭탄사건은 우파가 선전포고한 문화전쟁의 시작이다. 문화전쟁 2탄은 태극기 모독에 대한 응징이었다.

1946년 6월 11일의 일이다. 명동에 자리한 국제극장에서 6·10만세운동 기념공연이 며칠째 이어지고 있었다. 이 공연에 출연한 만담가(漫談家) 신불출(申不出)의 만담에 「실소 사건」이란 제목의 만담이 있었다. 그는 태극기를 흔들며 야유조의 얘기를 시작했다.

"이 태극기를 보십시오. 위에 있는 적색은 좌를 뜻하는 것이요, 밑에 있는 청색은 우를 뜻하는 것이올시다. 그러니 우리 조선은 이미 오래 전부터 남북으로 갈라질 운명이었다, 그런 말씀이요. 그러면 이 주위에 있는 사괘(四掛)는 무엇이냐? 그것은 조선을 둘러싸고 있는 소련이나 미국 같은 연합국을 뜻하는 것이올시다. 그래서 그들이 왜놈들을 물리치고 우리의 해방을 도와주었지만, 언젠가는 전쟁을 벌여 조선을 차지하려고 노리고 있다, 그 말씀입니다."

관객석에서 한 젊은이가 단상으로 뛰어올랐다. 보성전문 교복 차림의 청년이었다.

"여보시오, 신불출! 태극기를 가지고 이런 만담을 하다니 당장 그만두시오."

객석에서 '옳소'라는 호응이 있었다. 그러나 신불출은 조선 제일의 만담가다. 요새 말로 팬도 다수다. 청년의 말을 무시하고 만담을 계속했다. 만담은 소련이 조선을 위기에서 구해줄 것이라는 풀이로 이어지고 있었다.

"이 빨갱이 새끼가 어디서 함부로 태극기를 모독하는 거야!"

객석에서 젊은이들이 올라와 신불출을 끌어내렸다. 매질이 시작되었다. 때리고 차고 짓밟았다. 경찰이 출동했을 때는 청년들은 흔적도 없고, 신불출은 만신창이가 되어 늘어져 있었다. 경찰은 의식을 잃고 쓰러진 신불출을 백인제 병원으로 실어갔다.

그 무렵 공산당 행사에서 붉은 깃발이 등장했다. 그러더니 6·10만세 기념공연에 만담가 신불출을 내세워 태극기를 헐뜯고 깎아내리기 시작했다. 다음 단계는 공산당 행사뿐 아니라 모든 행사에 붉은 깃발이 물결칠 것이다. 염동진과 유진산이 본 좌파의 선전·선동, 문화전쟁이다. 신불출을 끌어내려 뭇매를 가한 건 민청 단원이었다. 그날 저녁, 염동진이 김두한을 불렀다.

"신불출 사건을 들었겠지?"

"예, 그거 별 것도 아닌데 학생들이…."

김두한의 말을 염동진이 가로챘다.

"별 것 아닌 것이 아니네."

그러곤 태극기를 밀어내고 붉은 깃발로 가는 수순을 시작한 공산당 전술의 의미를 설명하면서 "신불출을 처단하라"고 지시했다.

김두한은 신불출의 팬이었다. 유랑극단에서 출발해 이윽고 이름을

우미관 시절의 김두한(왼쪽 세 번째).

떨치게 된 신불출은 요새 말로 하면 조선 제일의 개그맨이다. 전국 극
장을 유랑하는 개그맨에겐 어깨패의 보호가 필수였다. 마침 김두한은
연예가의 중심이기도 한 우미관 일대를 장악하고 있었다. 신불출은 김
두한에게 접근했다. 둘은 곧 친해졌다. 김두한은 신불출의 방패가 되
어 서울 어느 극장에서 공연하든 부하들을 보내 신변을 지켜주었다.
이런 친분이 일제 때의 둘 사이였다. 좌우로 갈리긴 했지만 쌓인 정은
남아있었다.

신불출을 제거하라는 명령이다. 죽이라는 것인가? 아니지 혼만 내
주면 된다. 그런 작정을 했다. 그런데 백인제 병원에 갔더니 신불출은
퇴원하고 없었다.

며칠 지나 백관옥이 김두한을 찾았다. 신불출을 처단하지 않고 미
적거리는 데 대한 추궁이었다. 신불출은 낙원동에 평양면옥을 갖고 있

었다. 김두한이 백관옥에게 이끌려 함께 평양면옥으로 갔다. 백관옥이 신불출이 있는지를 알아보기 위해 먼저 평양면옥으로 갔다. 휴업이라는 간판을 걸어놓고 있었다. 가게는 문을 닫았고 인기척이 없었다. 그런데 지하방에서 기계소리가 들렸다. 인쇄? 퍼뜩 그런 생각이 났다. 인쇄 작업이라면 최소 10명 이상일 것이라는 걸 헤아릴 수 있었다.

부하들을 여러 명 데려왔다면 도망칠 길을 막고 쳐들어갔을 것이지만, 단 둘이었다. 문을 밀고 들어서자 한 청년이 막아섰다.

"냉면 한 그릇 먹으러 왔소."

"금일 휴업이라는 방도 못 봤소?"

"장사하는 사람이 태도가 뭘 그래? 휴업 딱지 못 보고 들어올 수도 있지."

"이 쥐방울만한 자식이 뭐가 어째? 어디서 시래기만 처먹고 살았나, 함부로 반말 짓거리야?"

이런 시비는 노림수, 그를 갈기고 불을 질렀다. 예상대로 인쇄 중이었다. 불길이 치솟자 그들은 저항도 않고 도망쳤다. 인쇄한 문서를 들고 뛰려는 자를 낚아채 인쇄물을 빼앗았다.

"조선정판사 위조지폐 사건은 미군과 결탁한 우익 파쇼분자들의 모함이다. 이승만 도당이 조선공산당을 때려잡기 위해 꾸민 조작극이다. 인민 대중은 이런 가공할 모함에 속지 말고 공산당 깃발 아래서 투쟁해나가자."

인쇄물 내용이었다.

10장

소·조(蘇·朝) 볼셰비키의
10월 혁명

조선공산당의 노선 전환

미·소공위 결렬은 좌우 투쟁이 폭력으로 넘어가는 분수령이 되었다. 공산당 전술 전환도 그 배경의 하나이다. 공산당은 찬탁과 함께 미군정의 남한 통치도 받아들였다. 합법 정당으로서 지지 기반을 넓혀나가면 미·소공동위원회가 산파역을 맡게 될 새로운 임시정부의 주도권을 장악할 수 있다는 것이 공산당의 기본 노선이었다. 그런데 미·소공위 결렬로 그 구상이 일단 유산되었다.

거기에 더해 미국의 한반도 정책도 변화의 조짐이 나타났다. 1946년 6월에 대통령 특사로 남한과 평양을 둘러본 에드윈 포레는 보고서에서 "한국은 작은 나라이며 미국 군사력 중의 작은 책임 지역이긴 하지만, 아시아에서는 미국의 성공 전체에 달려 있을지도 모르는 이데올로기의 대결장"이라고 평가했다.

트루먼 대통령은 이 보고서를 본 뒤 남한을 '자유민주 체제의 쇼윈도'로 인도하는 방향을 검토하기 시작했다. 미국의 이런 정책 변화는 공산당원이던 미 국무성 고위 관리에 의해 고스란히 소련에 넘어갔다. 소련과 합의해 정부를 세운다던 전임 대통령 루스벨트의 계획에 묶이지 않기로 하는 트루먼 정부의 선회는 소련의 남조선 정책에 변화를 불렀다.

남한 공산당은 소련의 지령에 따라 미군정을 몰아내고, 이른바 반동 세력을 타도하여 인민정부를 수립함으로써 북한의 공산당 정권과 제휴해 통일된 공산주의 조선을 성립시킨다는 전략으로 전환하였다.

"지금까지 우리가 미군정에 협력하여 왔으며 미군정을 비판함에 있어서도 미군정을 직접 치지 않고 간접적으로 비판하여 왔으나, 앞으로는 이런 태도를 버리고 미군정을 노골적으로 치자. … 지금까지 미군정과 그 비호 하의 반동들 테러에 그저 맞고만 있었으나, 지금부터는 정당방위의 역공세로 나가자. 테러는 테러로, 피는 피로써 갚자."

조선공산당이 7월 초 산하 당부와 위성단체들에 내려 보낸 지침이었다. 7월 중순, 조선공산당 산하 조선노동조합 전국평의회는 이 '신 (新) 전술'에 따라 대규모 파업투쟁을 10월 하순에 전개하기로 계획했다. 전국 노동자가 총파업을 단행하면 추수를 끝낸 농민들도 연대한다는 것이 10월 말을 택한 위원장 허성택의 기획안이었다.

공산당은 전평의 파업에 농민조합총동맹까지 가세하면 일반 민중의 저항에도 불길을 당긴다는 것을 프로그램에 담았다. 그런데 소련이 이 계획을 9월로 앞당기라고 지시했다. 소련의 10월 혁명기념일에 맞춰 승리를 쟁취하라고 수정해 이 투쟁을 승인한 것이다. 공산당은 총파업의 사전 공작에 나섰다. 첫 포문이 신문의 선동이었다.

[남조선 인민 여러분 미군정을 몰아내고 우리 조선인이 새로운 정치와 질서를 잡읍시다! 노동자 인민 여러분, 우리는 개처럼 일하고 노예처럼 피와 땀의 노력의 결실이 여러분에게 돌아가지 않고 개기름이 번질번질한 악덕 사장에게 돌아가고 있습니다. 우리는 평등하고 동등한

대우를 우리 스스로 찾아야 하기에 투쟁합니다. …]

인민일보, 중앙신문, 현대일보 등이 모두 함께 이런 논설을 실었다. 뒤따른 것이 학원의 국대안(國大案) 반대투쟁이었다. 국대안이란 경성제국대학의 종합대학 안(案)이다. 인문학부, 이공학부, 의학부를 가진 경성제국대학을 법학전문학교, 고등사범학교, 음악전문학교, 광산전문학교 등 공립전문학교를 흡수해 국립 서울대학교로 만들겠다는 것이었다. 이 계획은 1946년 7월 13일에 발표되었다.

국대안에 대한 반대는 없었다. 그랬는데 두 달이 지난 9월 5일, 경성제대 이공학부 직원들이 국대안을 실행하면 전원 사퇴한다는 결의문을 발표했다. 이어 7일엔 의학부 직원과 사범대학 학생들이 반대의 깃발을 들고 거리로 뛰쳐나왔다. 거리 시위는 반대 투쟁의 봉화였다. 「국대안은 학원의 자유를 말살하는 조치, 미국의 식민지 정책이다」는 플래카드를 들고 있었다.

전문학교뿐 아니라 중학교에도 국대안 반대의 불길이 번졌다. 당시 중학교 이상의 모든 학교는 공산당 산하 조직인 학생총동맹이 장악하고 있었다.

이들은 수업 중인 학생들을 운동장에 모이게 한 뒤 미군정을 반대하는 동맹 휴학을 선언했다. 학생동맹에 대항할 조직은 없었다. 전국 중학교 이상 학교의 3분의 1이 동맹 휴학에 참여했다.

'행동하지 않는 지식인은 없고 투쟁하지 않는 노동자 없다. 우리의 살 길은 오로지 투쟁과 쟁취가 있을 뿐이다!' 공산당 신문들의 이런 보도가 신호이기라도 하듯 노동단체가 쌀 배급, 임금의 물가 연동, 해고 금지, 미군정의 인민위원회 이관 등 요구 조건 12개 항을 내걸었다. 이 12개 항은 어느 것도 받아들일 수 있는 것이 없었다. 그리고 예고 대로 9월 24일, 파업을 결행했다. 1982년 북한의 통일사가 발행하는 '주체의 깃발'에서는 「남조선 로동운동자들의 9월 총파업」이라는 제목 으로 이 파업을 재록했다.

[전평의 12개 항 요구가 거부되자 총파업 투쟁은 철도 로동자들을 선두로 시작되었다. 남조선총파업 투쟁위원회는 9월 24일 0시를 기해 "전 민족을 구출하고 생존과 자유의 길을 열고 자주독립을 위하여 4 만 철도 로동자들을 선두로 사생존망(死生存亡)의 민족적 투쟁을 시 작한다"는 성명서를 발표했다. 7000명의 부산지구 철도 로동자들이 열차 운행을 중지시키고, 부산에서 사상역에 이르는 30리 구간에는 운행을 중지한 열차가 쌍줄로 꽉 들어찼다. 서울에서는 경성철도공장 3000여 명의 로동자들이 오전 9시를 기해 파업을 선언함과 동시에, 서울역 로동자들과 함께 용산기관구를 점거하고 농성에 들어갔다. 용 산기관구 농성자 수는 1만 3000명이 넘었다. 서울, 부산, 광주, 목포, 대구, 안동 등에서 파업이 일어났고, 경부선, 호남선, 전라선, 중앙선 등 모든 철도가 마비되었다.

뒤를 이어 체신, 전기, 금속, 광산, 해운, 교통, 운수, 화학, 섬유, 토 건, 출판, 일반 봉급자들이 동참했다. 이로써 남조선의 우편, 전신 전 화망이 모두 마비되었다. 경성전기회사 로동자 3000여 명도 파업에 돌입했다. 각 항구의 해운 로동자들도 파업에 동참했다.

9월 30일 이른 새벽, 미제 침략군의 지원 아래 탱크를 앞세운 무장

경찰과 테러단이 용산기관구로 들이닥쳤다. 육박전이 4~5시간 동안 계속되었다. 미제는 40여 명의 로동자들을 살상하고, 1700여 명의 로동자들을 대량 검거하는 만행을 저질렀다.]

소련 극동군 정치사령관의 혁명 지도 일지

북한 문서는 파업이라고 했지만 실제로는 무장 투쟁이었다. 전평은 파업에 들어가면서 용산역 인근 용산경찰서와 용산역 기관사무실 2층에 있는 철도경찰청을 습격하고 철도경찰청 무기고도 점령했다. 기관총 12자루, 장총 700여 자루와 실탄 10만여 발, 그리고 수류탄이 노조의 손에 들어갔다. 철도 파업은 탈취한 무기로 무장하고 있었다.

진압하는 길은 미군의 탱크나 장갑차 출동뿐인 듯했다. 인명 피해는 필연이었다. 그리고 인명 피해는 미군 철수 투쟁의 길을 연다. 그런데 미군은 움직이지 않았다.

파업이 전 산업으로 확대되어 남한은 일시 마비되었다. 파업 4일째, 전평은 어느 선까지 밀어붙일 것인지를 소련에 묻고 있다. 당시 북한의 소비에트화를 지휘하던 소련 연해주 군관구 정치 담당 사령관 스티코프는 "경제적인 요구들, 공산당 지도자들에 대한 체포령 철회 등의 요구들이 충족될 때 파업투쟁을 중지할 것이다. 단, 인민위원회로 권력을 이양하는 문제에 대해서는 미군정과 협상을 지속할 것이다"고 성명하라는 지시를 내렸다.

파업 1주일, 미군도 출동하지 않고 파업 중지만을 호소하는 속수무

책의 미군정에 공산당의 자신감이 넘치고 있었다. 파업 진행 과정을 파업을 지휘한 소련군 사령관의 일기로 살펴보자.

▲ 9월 9일– 남조선 정세를 검토하고 남조선 좌파에 대한 지원 대책을 강구하다. 박헌영(조선공산당 당수)은 당이 사회단체들을 어떻게 지도해야 하는지를 문의하고 있다. 테러와 압제에 반대하는 대중적인 시위와 항의 집회를 조직할 것을 지시하다.

1946년 9월 8일자 서울의 라디오방송 보도에 의하면 박헌영과 이주하(공산당 제2비서) 및 이강국(남조선 민주주의 민족전선 사무국장)은 법률의 보호를 받지 못하는 상태가 되었다(미군정이 조선공산당 간부들에 대한 사회 교란 및 폭동 음모 혐의로 체포영장을 발부한 것을 가리킨 것).

▲ 9월 11일– 로마넨코(평양 주재 소련군 민정부 사령관)에게 다음과 같이 지시하다. 테러와 압제에 반대하는 남한의 항의 집회를 조직한다.

▲ 9월 16일– 북조선에서 남조선으로 보내는 출판물의 반입을 늘려달라고 요청하고 있다. 대중적인 시위와 항의를 조직하고, 북조선에서 개최된 미군정과 남조선 반동파의 행동을 폭로하는 시위를 어떻게 보고 있나 점검한다.

▲ 9월 26일– 로마넨코가 4만 명의 철도 종업원들이 파업에 돌입했다고 보고하다. 남조선에서는 파업투쟁이 진행 중이다. 철도 종업원들이 파업을 시작했다. 9월 25일 오후부터 출판 인쇄노동자들의 파업이 시작되었다. 로마넨코에게 다음과 같이 지시하다. 민주주의 민족전선

은 공산당 지도부에 대한 체포령의 취소, 좌익의 석방, 테러 중지를 요구하도록 지시할 것.

▲ 9월 28일- 로마넨코가 보고하다. 남조선에서 파업 투쟁이 확산되고 있다. 학생들이 파업 투쟁에 합류했다. 평양에선 요구 조건 및 요구 조건의 관철 범위를 어떻게 정할 것인가 묻는다. 경제적인 요구들, 체포된 좌익 활동가들의 석방, 권력의 양도 요구를 잠시 철회해도 되는지 묻는다. 500만 엔을 요청하고 있다. 재정 지원을 위해 200만 엔을 지급하다. 회담에는 로마넨코, 사브신(전 서울주재 소련총영사관 부영사), 여운형, 김일성, 그리고 김일성의 보좌관 문일이 참석했다. 재정지원을 위해 200만 엔을 지급하다. 남조선 파업 투쟁에 대해 다음과 같은 지시를 내리다.

경제적인 요구들, 임금 인상, 체포된 좌익 활동가들의 석방, 미군정에 의해 폐간된 좌익 신문들의 복간, 공산당 지도자들에 대한 체포령 철회 등의 요구들이 완전히 받아들여질 때까지 파업 투쟁을 계속한다. 이 요구들이 충족될 때 파업 투쟁을 중지할 것이다. 인민위원회로 권력을 이양하는 문제에 대해서는 미군정과 협상을 지속할 것이라고 성명한다. 파업 투쟁의 조직자들과 참가자들에 대해 미군정이 탄압하지 말도록 요구한다.

▲ 9월 29일- 남조선 파업 투쟁의 진행 과정에 대한 전문을 스탈린 동지에게 보내다.

▲ 10월 1일- 로마넨코가 보고하다. 남조선에서 공산당 기관지를 제작하는 노동자들이 넘어왔다. 그들은 파업 투쟁이 지속되고 있다고 전했다. 300만 엔을 더 요청하고 있다.

남조선 사태에 대한 북조선의 반응은 어떠한가? 남조선 인민들에게 동참할 것을 호소하고 있다. 북조선 노동자의 집회 개최와 남조선 인민을 지원하기 위해 매일 2시간씩 노동시간을 늘려 그 임금액을 남조선 지원기금으로 공제하도록 허락해줄 것을 요청하고 있다.

불가닌에게 전화하다. 우리의 (남조선) 동지들에게 300만 엔을 지원하는 문제 및 집회 개최와 공제 문제에 대해 긍정적인 답변을 듣다. 서울에서도 시위를 시작할 예정이다.

▲ 10월 2일- 김일성과 통화하다. 300만 엔의 지원과 집회 개최를 허용하는 지시를 내리다.

▲ 10월 7일- 이그나치예프가 보고하다. 1946년 10월 6일 박헌영이 남조선을 탈출해 북조선에 도착했다. 박헌영은 9월 29일부터 산악을 헤매며 방황했는데, 그를 관에 넣어 옮겼다. 박헌영에게 휴식을 취하도록 지시하다.

▲ 10월 8일- 남조선에서 조선노동조합 전국평의회 의장 허성택이 도착했다. 김일성이나 로마넨코와 회견하기를 희망하고 있다. 지시를 내리다(허성택은 10월 7일 서울을 탈출, 평양에 와서 "파업투쟁위원회의 결정에 따라 자신이 동지들과 접촉하여 지시를 얻기 위해 방북했다"고 설명하고, 로마넨코나 김일성과의 회담을 요청했다).

▲ 10월 21일- 부산에서는 농민들의 진출이 시작되었다. 지금 파업운동은 어느 정도 축소됐다. … 조선공산당 중앙위원 조두원은 향후 투쟁을 어떻게 전개해야 할지 문의하고 있다. 그에 의하면 빨치산 부대들이 존재하고 있으며, 반동 진영과 민주 진영 사이에 전투가 전개되고 있다. 그는 빨치산 투쟁을 본격적으로 개시해야 할지, 혹은 자제

해야 할지 묻고 있다.

박헌영과 대화하다. 파업 투쟁은 폭동으로 성장·전환됐다. 산으로 들어간 사람들에게 식량과 탄약이 부족하다. 그들의 향후 투쟁 방침에 대한 교시를 내려줄 것을 요청하고 있다. 가까운 시일에 농민들의 투쟁이 개시될 수 있다.

▲ 10월 22일- 발라사노프(북조선 주둔 소련군사령관 정치고문)와 사브신을 호출해 남조선 정세에 대한 정보 보고를 청취하다.

▲ 11월 4일- 김일성이 박헌영과 회담한다. 회담 때 남조선에서 전개되고 있는 제반 사태에 대한 평가를 전달한다(파업, 시위, 무장 투쟁).

▲ 12월 6일- 로마넨코에게 전화하다. 박헌영에 대한 재정 지원을 신속히 해결해줄 것을 요청하고 있다. 문일(김일성 비서)은 박헌영에게 39만 엔이 지출됐다고 보고하다. 더 지급해줄 것을 요청하고 있다. 박헌영과 김일성이 가깝게 지낼 수 있게 하라고 지시하다.

▲ 12월 7일- 로마넨코를 접견하다. 그의 계좌에 있는 돈 122만 루블에 대해 논의하다. 그 돈을 박헌영에게 전달하고 계좌를 정리하라고 명령하다. 박헌영에게 지출된 돈의 총계를 확인해서 보고하라고 지시하다. 특별히 필요한 곳에 122만 루블을 사용할 수 있다는 전문을 박헌영에게 보내라고 지시하다.

진압 작전 1선에 청년단체

경무부장 조병옥, 제1지구 경무총감부 총감 장택상, 백의사 염동진, 민청 회장 유진산 넷이 은밀히 만났다. 8월 하순에 백의사가

"볼셰비키 혁명기념일 이전에 승리를 쟁취하라"는 소련의 극비 지시를 입수해 경찰에 알려주었던 '예고했던 사태'여서 철도 파업 직후 만남이 이뤄졌다.

[조병옥: 철도 파업을 이대로 두면 시민들이 굶어 죽게 되고, 파업을 진압하려면 희생이 불가피하고… 진퇴양난의 사태다.

장택상: 수도권 경찰 병력은 총동원해도 2000명이 한계다. 그 2000명 중 절반은 해방 후 급히 모집한 병력이다. 제대로 훈련된 경찰이 아니다. 그뿐 아니다. 경찰 안에 공산당 세포도 있을 것이고, 공산당에 동조하는 친공 성향의 경찰관도 적지 않다. 경찰력만으로 진압하는 것은 거의 불가능하다. 방법은 미군 탱크와 장갑차 출동인데… 공산당은 그걸 노리고 있다.

염동진: 파업 목적은 미군의 조기 철수다. 진압 작전에서 사상자가 생기는 것은 불가피하다. 미군의 진압 작전에서 사상자가 나면 "살인 미군 물러가라"는 구호가 나온다. 그리 되면 미국에선 한국에서 군대를 빨리 철수하라는 여론이 높아질 것이다. 그렇잖아도 미 의회에선 한국 주둔군 철수 문제가 논의되고 있는데….

미군이 진압 작전에 나설 수도 없고, 경찰력은 미미하고… 대안은 파업을 반대하는 노동자와 시민이 나설 수밖에 없는 것 아닌가? 훈련도 제대로 받지 않은 데다 반공정신으로 무장되어 있지도 않은 신참 순사들보다, 청년단체 단원들이 훨씬 더 진압 작전을 효과적으로 수행할 것이다.

유진산: 철도가 끊어져 미곡상이 문을 닫기 시작했다. 하루하루 쌀

을 사는 서민이 굶어죽게 되었다. 이것이 민간인이 파업 진압에 나설 이유이고, 정당성이기도 하다.]

논의의 핵심이고, 결론이다. 일단 사태의 추이를 보고 내부 협의를 거쳐 D데이를 정한다. 이래서 경찰 수뇌부와 청년단체들이 바빠졌다.

청년단체와 경찰이 합동한 진압작전, D데이는 9월 30일 새벽 3시다. 서울 주변 도시 경찰도 포함한 1000여 명 경찰과 대한민주청년동맹, 서북청년단 준비위원회, 독립촉성협의회 전국청년총연맹 등 우파 청년단체에서 엄선한 3000여 명이 진압 병력이다. 장택상 수도청장이 진압 작전의 현장통제를 담당했다. 그 진압 작전에서 기관고(機關庫)를 담당한 것이 대한민청 감찰부장이면서 별동대를 이끌고 있던 김두한 부대다. 김두한 부대의 진압 작전 기록.

파업 나흘째 되던 날 김두한이 회장 유진산의 호출을 받았다. 백의사 염동진도 거기 있었다.

"철도청 파업부터 깬다. 그 준비를 하라. 상대는 무장하고 있다. 희생이 불가피하다."

이윽고 D데이, 3대의 트럭을 앞세우고 출동했다. 트럭엔 휘발유를 실었다. 점거가 불가능하면 기관고 건물을 불태울 작정이다. 휘발유를 총격에서 보호하기 위해 기름 드럼을 모래 가마니로 둘러쌌다.

이들은 남대문에서 경찰, 그리고 다른 청년부대와 합류했다. 장택상 경찰총감이 각 청년단 대표와 경찰부대 책임자를 불러 작전 지시를 했다. 김두한 부대의 담당 구역은 용산역 기관고 건물이다. 3층 건물인 기관고에 얼마나 많은 인원이 포진해 있는지 알지 못한다. 호기롭게 떠났지만 승산이 불확실해 고민이 깊었다. 트럭이 용산역 광장에 진입하자 총알이 날아왔다. 트럭을 향해 사격을 하고 있었다.

"명령이 있을 때까지는 응사하지 말라."

김두한이 소리쳤다. 응사가 없자 총소리가 좀 뜸해졌다. 김두한이 파업 노동자들을 향해 소리쳤다.

"나는 김두한이다. 3000명의 내 부하들이 완전무장을 하고 너희들을 포위하고 있다. 10분 간 여유를 주겠으니 살고 싶은 자는 무기를 버리고 항복하라. 항복하는 자는 잘잘못을 가리지 않고 용서하겠다. 좀 전에 장택상 총감과도 합의하고 오는 길이다. 끝까지 반항하면 네 놈들뿐 아니라 가족까지도 몰살시킬 것이다."

김두한이 "가족까지도"라고 말할 때 사격이 있었다. 사격으로 거부를 표시한 셈이다. 사격이 멎은 뒤 김두한이 다시 소리쳤다.

"트럭에는 휘발유가 가득 찬 드럼통이 실려 있다. 만일 계속해서 트럭에 총질하면 너희들은 불고기가 된다."

그러나 반응은 없었다. 상하이가 김두한에게 다가왔다.

"대장! 가솔린을 뿌리고 불을 질러버립시다. 결사대를 뽑아 내가 지휘하겠소."

김두한이 건물 안을 향해 다시 소리쳤다.

"좋다. 너희 놈들 아무도 항복할 의사가 없는 것으로 알고, 지금부터 건물에 불을 지르고 안으로 치고 들어가겠다."

그래도 안에선 반응이 없었다. 김두한이 상하이 조희창에게 가솔린을 기관고 건물 주변에 뿌리라고 명령했다. 그러면서 말했다.

"어이 상하이! 결사대 다섯 명만 차출해."

"뭐 하게요?"

"내가 데리고 건물 안으로 쳐들어가겠다."

"대장! 그거 위험해서 안돼요. 내가 하지요."

"아니야. 내가 직접 나서야 놈들이 항복을 하든지 말든지 결판이 난다."

상하이가 결사대를 선발했다. 그도 포함된 다섯 명이다. 결사대는 모두 권총으로 무장했다. 김두한이 건물 안을 향해 소리쳤다.

"불을 붙이기 전에 마지막으로 말한다. 김두한이 명예를 걸고 약속한다. 한 사람도 죽이지 않겠다. 내가 2층에 올라가겠다."

총소리가 멎었다. 파업 지도부도 심각한 국면에 부닥쳤다.

"농성장 안으로 결사대를 이끌고 들어온다. 이건 죽음을 각오한 자의 행동이다. 총격으로 저지하면 전면전이 된다. 어떻게 할 것인가?"

김두한이 부하들을 향해 말했다.

"나와 상하이에게 무슨 일이 생기면 신영균 동지가 별동대를 책임지고 지휘하라. 우리가 건물 안으로 들어가는 동안 잘 엄호하라. 단, 저쪽에서 총질하기 전에는 절대로 쏘지 마라."

김두한 부대에는 숨소리조차 죽인 긴장이 흘렀다. 김두한의 결사대는 기관고 안으로 달려 들어갔다. 안에서도 소리는 들었을 것 같은데 총은 쏘지 않았다. 결사대는 발소리를 죽이고 2층으로 올라갔다. 몇백 명이 있을 것인데도 기관고 안은 숨소리조차 낮추고 있었다. 2층 문 앞에서 김두한이 숨고르기를 했다.

"내가 방문을 걷어찰 것이니 일제히 뛰어들어. 단, 저쪽에서 총을 쏘지 않을 때는 우리도 총질을 하지 않는다."

김두한은 호흡을 가다듬고 대원들에게 눈짓으로 신호를 준 뒤 문을 걷어찼다. 무리를 지어 서 있던 철도 노조원들 중 일부는 두 손을 번쩍 들었다. 지도부는 둘러앉아 대책을 논의 중이었다. 이들 가운데 한 명이 총을 집으려 했다. 김두한이 위협사격을 했다.

"무기를 내려놓고 손을 들고 벽 쪽으로 돌아앉아!"

이들이 그 명령을 따랐다.

"내 말 잘 들으라. 너희들의 요구 중에는 옳은 것도 있다고 들었다. 그렇지만 경찰의 무기를 탈취하여 폭동을 일으킨 것은 크게 잘못된 일이다. 너희들 대부분은 어느 못된 놈의 꼬임에 빠져서 이런 짓을 저질렀을 것이다. 아까도 얘기했지만 장택상 경찰총감은 항복하는 사람은 죄를 묻지 않고 용서할 것을 약속했다."

그러자 한 명이 나섰다.

"어떻게 그 말을 믿을 수 있나?"

"이 김두한이가 명예를 걸고 약속을 지키겠다. 지금 필요한 것은 처벌이 아니라 기관차를 움직이는 것이다."

김두한의 말은 효력을 발휘하고 있었다. 노조 간부 한 사람이 김두한 앞으로 나섰다.

"우리가 항복을 하면 당장 집으로 돌아가도 좋소?"

"물론이오. 다만 한 가지 조건이 있소. 모두 돌아가게 되겠지만 간부들은 남아서 내게 협조를 해주시오. 아직도 이곳에는 무장한 여러분의 동료들이 항복하지 않고 있소. 간부들은 나와 함께 각 사무실을 돌아다니며 그들이 항복하도록 설득을 해야 하오."

간부 13명이 자진해 나섰다. 김두한은 결사대 중 두 명에게 무기를 회수하도록 시키고, 노조 간부 13명과 함께 3층에 올라갔다. 계단을 오르는 소리를 듣고 일제히 사격 자세를 취하고 있었다.

"동무들, 쏘지 마시오. 투항합시다. 인민의 귀중한 생명을 아끼며 평화적으로 승리합시다."

뒤에서 총을 겨눈 상태로 3층으로 오르는 그들이다. 그런데도 그들은 평화적으로 승리하자고 말하고 있었다. 문이 열리고 그들이 안으로 들어갔다.

"우리는 이미 항복을 하고 조합원을 모두 해산시켰다. 다치기 전에 항복하자."

"저 자는 배신자다. 저 자의 말을 들을 필요 없다."

"저런 놈은 인민의 이름으로 처단해야 해."

그런 말도 들렸지만 이미 기가 꺾인 상태, 대부분은 미동도 하지 않았다. 김두한이 앞으로 나섰다.

"끝까지 싸우겠다면 나서라. 한 가지 알아둘 일이 있다. 나나 내 부하 중 한 사람만 다쳐도 너희들은 단 한 사람도 살아남지 못한다. 뿐만 아니라 너희 가족도 모조리 몰살시킬 것이라는 사실을 명심해라."

한 사람, 두 사람 총을 내려놓기 시작했다. 기관고에서 김두한 부대의 돌격이 시작되던 때, 다른 청년단체들도 같은 시간 비슷한 경로를 거쳐 일제히 정해진 건물로 돌진했다. 무려 다섯 시간의 혈투 끝에 용산지구는 완전히 진압되었다. 노조원들을 창고에 집결시키고 주동자를 가리기 시작했다. 김두한이 부하에게 은밀히 명령했다.

"전평 핵심을 찾아 제거하라."

김두한은 회고의 글 「피로 물들인 해방 정국」에서 철도청의 파업을 지휘한 8명을 골라 제거했다고 했다. 그 8명은 백의사가 확보해 있던 철도청 내 공산당 세포 명단이다. 이들 8명의 시신을 철도청 구내 물받이 탱크 옆 하수구 구덩이에 던져 넣고, 은폐하기 위해 시멘트를 부어 덮었다. 그런데 노조원 중 한 명이 멀리서 목격하고 미군에 제보했고, 미군이 출동해 시체를 유기했다는 근처를 수색하여 손쉽게 시멘트를 부은 장소를 발견했다고 한다.

철도청 파업 진압 과정에서 20여 명이 죽고, 60여 명도 다쳤다. 청년단에서도 100여 명 사상자가 났다. 노조 간부 16명, 그리고 노조원 1200명이 일단 경찰에 연행되었다.

용산역을 진압한 다음, 민청과 서청팀 간부들이 현장에서 의논을 했다. '총파업을 배후에서 조종하는 좌익단체 본부를 때려 부수자.' 대한민청은 전평과 민전, 서북청년회팀은 공산당 본부를 치기로 했다.

김두한 부대는 남영동을 거쳐 갈월동 전평 본부로 나아갔다. 그런데 김두한은 전평을 공격하지 않고 지나갔다. 전평은 기관총까지 설치해 공격에 대비하고 있다는 말이 돌았다. 용산에서 지칠대로 지친 대원들로 공격하다 반격에 많은 희생자가 날 것을 염려했던 것 같다. 그렇지만 본부로 돌아온 뒤 김두한이 공격을 받았다. 박용직 조직부장이 "정식 발족도 안 한 서청부대는 공산당 본부를 깔끔하게 청소했다. 우리 민청은 뭐냐?"고 했다.

이튿날 먼저 민전(民戰)부터 치기로 했다. 대원 100명의 선발대가 민전 본부로 갔는데 아무도 없다. 이미 철수하고 없었다. 전평은 신영균이 지휘하는 200명의 공격조가 나섰다. 전평 사무실에서 남대문, 서대문, 용산 쪽으로 빠지는 길목을 차단하고 건물 안으로 쳐들어갔다.

전평도 소문과 달랐다. 기관총은커녕 소총 부대도 없었다. 건물 진입을 막는 경비진의 저항이 있었지만 소수였다. 사무실에 있던 중간 간부로 보이는 전평 요원들도 혼비백산 도망쳤다.

두들겨 팬다거나 붙잡아 혼내준다는 계획은 없었다. 저항하면 피 흘리는 싸움이 되었을 것이지만, 의외로 상대편 청년 숫자가 적어 40분 만에 싸움은 끝났다. 조직부장에게 조직 관계 서류 제출을 요구했다. 옆에 있던 젊은 청년이 '한민당 앞잡이 반동분자'라고 욕을 했다. 주먹으로 갈겼더니 벌렁 나자빠졌다. 다른 대원이 그를 끌고 나갔다.

조직부장에겐 날이 뾰족한 철펜을 눈앞에 들이대고 "정직하게 불지 않으면 이 철필로 네놈을 장님으로 만들겠다"고 윽박질렀다. 그는 캐비닛을 가리켰다. 조직원 명단 등 중요 서류는 경찰에 넘기고, 나머지 서류는 남산에 가서 소각했다. "경찰은 우리가 넘긴 서류엔 전평 조직만이 아니라 농민동맹의 공산당 세포까지도 일부 포함되어 있어 큰 성과를 거두었다더라"고 후일 신영균이 회고했다.

대구에서 발화한 10월 폭동

서울에서 철도 파업을 진압하던 시간, 대구 파업은 시민 폭동으로 악화되고 있었다. 당시 대구는 조선의 모스크바로 불리던 공산당 절대 우세 지구, 파업 지도부는 치밀하게 준비했다. 제1파는 국민학교 운동회를 이용한 선동이었다.

"서울에서는 미군정이 쌀 배급을 중단해 많은 시민들이 굶어 죽었다더라. 어떤 집에서는 굶주리다 못해 갓난아이를 삶아 먹었다는 소문도 있다. 참다못한 시민들이 군정청으로 몰려가 연일 시위를 벌이고 있다더라. 대구도 언제 쌀가게가 문을 닫는 사태가 올지 모른다."

이런 소문을 퍼뜨렸다. 운동회가 파할 무렵 "대구에서도 굶어 죽는 사람이 나오지 말란 법이 있나? 우리도 늦기 전에 시청으로 가자"며 사람들이 떼를 지어 몰려갔다. 시민들이 시청으로 몰려오고 있다는 급보를 받고 제5관구 경찰청장 權寧錫(권영석)이 직접 나서 "미국이 식량 원조를 하고 있고, 지금 이 시간에도 철도를 통해 식량이 운송되고 있다"고 설득했다.

공산당 대구시당은 대구의 좌파 단체들로 남조선 노동자 총파업 대구시 투쟁위원회를 조직하고, 대구역에 자리한 조선통운 사무실에 간판을 걸었다. 동시에 대구 시내 전평 산하 단위 노조가 농성에 들어갔다. 경찰은 투쟁위원회를 불법 단체로 규정하고 간판을 철거했다. 경찰의 강경책에 밀린 파업 투위는 10월 1일 데모에 나섰다. 제3경무총감부 총감 황옥이 철도노조로 나가 확성기로 설득을 시작했다.

"지금 우리는 일제의 압제에서 풀려났습니다. 지금은 온 국민이 힘을 합쳐 독립국가 건설에 매진해야 할 때입니다. 이런 때 여러분 철도원들이 파업을 하게 되면 어려운 서민들의 의식주가 더 어렵게 됩니다. 부디 직분에 복귀하여…"

"왜놈 순사하던 놈이 어디서 개수작이냐?"

고함소리와 함께 돌멩이가 날아왔다. 황옥은 물러서지 않았다.

"그렇소, 나는 한때 경찰을 했지만 나라와 민족에 부끄러운 일을 한 적이 없소. 나는 10년이나 감옥살이를 했소."

경기도 경찰부 경부로 근무하던 황옥은 1923년, 조선의열단 소속 金始顯(김시현)의 총독부 요인 암살 계획에 가담했다. 그런데 3월 7일, 상해에서 권총을 갖고 오던 의열단의 한 사람이 평안북도 경찰부에 체포되어 사건의 전모를 실토했다. 그 바람에 계획이 사전에 들통 나서 거사도 못하고 모두 체포되었다. 황옥도 체포되어 10년 형을 선고받았다. 그러나 파업 노조원들은 황옥에게 말할 기회를 주지 않았다.

"저놈은 일본 순사질하고도 우리 인민을 우롱하고 있다."

그런 고함을 신호로 돌덩이가 날았다. 몽둥이를 든 노조원들이 황옥을 향해 돌진했다. 경찰이 발포했다. 맨 앞서 뛰어들던 노조원이 총을 맞고 쓰러졌다. 함께 돌진하던 노조원들이 주춤했고, 경찰도 모두 사격자세를 취했다. 노동자들은 더는 접근하지 못하고 흩어졌다. 황옥의 경찰도 예기치 않았던 불상사로 철수했다. 10월 2일, 대구 지역 40여 공장 노조원들이 시위에 나섰다.

"경찰이 무장하지도 않은 시위대에 발포했다. 부상한 노동자를 돌보기 위해 나온 의전(醫專) 학생이 그 총에 맞아 숨졌다. 일제(日帝) 경찰을 처단하라."

그들은 대구 시내 학교를 찾아가 경찰이 무고한 양민을 살해하고 있다고 선전했다. 대구의전, 대구사범, 대구농업전문 세 학교에만 400명의 정예 공산당 세포가 있었다. 이들은 각 중학교를 맡아 나가 "미군정이 대구시민을 학살할 계획을 세우고 이를 실천하고 있으니 봉기하라"는 성토문을 돌리면서 학생들을 거리로 내몰았다. 이때 동원된 인원이 자그마치 1만 5000을 헤아렸다(송효순의 『붉은 학살』에서).

같은 시간인 오전 9시, 대구의전 3학년 최무학 등 5명이 시체실의

한 시체에 시트를 덮었다. 흰 가운을 입고 마스크를 한 4명의 학생은 흰 시트가 덮인 시체를 들것에 들고 시험 중이던 중앙강당으로 들이닥쳤다. 최무학이 단상에 올라 경찰의 총격으로 죽은 노동자의 시체라면서 "지금도 살상이 계속되고 있다"고 주장하며 이렇게 연설했다.

"이런 만행을 보고도 앉아서 공부만 하고 있다면 어떻게 피 끓는 조선의 젊은 지성이라 할 수 있겠습니까? 굶주린 조선 인민은 한 끼의 밥이 필요하지, 미국 놈들이 주는 밀크며 캔디가 무슨 소용이겠습니까? 오늘 우리는 단결된 힘으로 무고한 인민을 살상하는 친일 경찰의 심장부를 찾아가 발포 책임을 밝히고 문책해야 합니다."

박수와 함성이 터지면서 분노의 폭풍이 장내를 압도했다. 학생들은 시험지를 팽개치고 경찰서로 향했다. 흰 마스크에 실습용 흰 가운을 걸친 네 학생이, 흰 가운으로 덮인 시체를 들것에 받아들고 인도하는 행렬은 순교자의 죽음을 장송하는 엄숙한 의식처럼 비쳤다. 이 엄숙한 시체 데모 행렬, 그리고 선동 구호는 시민에게 충격을 안겼다.

저마다 가던 길을 멈추고 행렬에 동참, 대구경찰서 앞에 집결하게 만들었다. 10시 30분경 공산당 산하 전평, 농민조합, 부녀동맹, 인민위원회, 조선민주청년총동맹의 주력부대 1100명은 대구 시내 중학생까지 동반한 학생 집단을 이끌고 대구경찰서 앞 광장에 도착했다.

긴박한 사태에서 경찰은 갈팡질팡했다. 미군 고문관 플레지어 소령은 대구경찰서장에게 군중을 해산시킬 것을 명령했다. 그러나 이성옥 대구경찰서장은 주저했다.

"고작 100명도 안 되는 경찰로 수만 명의 성난 군중을 어떻게 물리칩니까? 해산시키려면 무력을 사용해야 하는데 학생들을 상대로 어떻게 총을 쏩니까?"

플레지어 소령이 전화로 미군 동원을 요청했다. 하지만 대구 주둔 제1보병연대의 러셀 포츠 대령은 계엄령이 선포된 상황이 아니어서 출동할 수 없다고 했다. 결국 플레지어는 대구서장의 우유부단을 질책하면서 경찰서를 떠났다.

이런 상황을 지켜보던 경찰 간부 하나가 탈선했다. 심재석 경위가 경찰서 정문에서 제복 상의와 모자를 벗어던지더니 '인민공화국 만세'를 삼창했다. 데모 군중이 박수와 함께 그를 헹가래 쳤다. 경찰은 사기가 떨어지고, 군중의 열기는 더 높아졌다. 오전 11시 30분, 공산당 경북도당책 장적우가 경찰이 먼저 무장을 해제하면 군중을 해산케 하겠다고 했다. 대구서장은 이 제안을 받아들여 경찰에 모든 무기를 무기고에 넣으라고 명령했다.

민주 인사들의 설득으로 경찰이 무장 해제했다고 누군가가 소리쳤다. 환호와 함께 무장 해제를 확인하라는 소리가 나왔다. 정치범도 석방시켜야 한다는 소리도 나왔다. 그리고 일부 과격파들이 무장 해제를 확인한다면서 경찰서 안으로 들어갔다. 그들은 무기고를 접수하고 무장했다.

살인 경찰을 처단하라고 그들이 외쳤다. 경찰은 시위대의 몽둥이에 맞아 쓰러졌다. 경찰은 죽고 다치며 허둥지둥 도망쳤다. 대구 시내 3개 경찰서가 몽땅 시위대의 시위본부가 되었다. 대구형무소도 죄수들이 탈옥해 일부는 폭동에 합류했다.

데모 군중은 소총과 대검 등으로 무장했다. 인민위원회 보안대장 나윤출은 100명 단위로 조를 편성해 반동들을 소탕하라고 했다. 군

중이 폭도로 변하면서 살인 약탈이 벌어졌다. 무장한 폭도들은 경찰관, 우익 단체 사람들, 그리고 그 가족을 찾아 살해하기 시작했다. 더러는 돈이 많은 집, 그리고 상점을 약탈했다. 주점에도 마구 들어가 술을 퍼마시고, 취기 오른 악귀(惡鬼)로 변했다.

공권력이 무너진 후에 오는 것

삼덕동 민 순경 집을 트럭으로 들이받고 5명의 가족을 끌어냈다. 민 순경 부인을 칼로 난자해 죽이고, 세 자녀는 쇠파이프로 뒤통수를 쳐 죽였다. 60대인 민 순경 모친을 참나무 몽둥이로 쳐서 넘어지자 우르르 몰려가 짓밟아 죽였다.

수성천변에서 방직공장을 하는 서 씨의 명륜동 집으로 가 불을 지르고 양곡을 약탈했다. 운전수 집으로 피신해 있던 7명의 가족을 찾아 끌어내 몽둥이로 마구 쳐서 죽였다. 서 씨의 부인과 장녀의 시신을 구식 도요타 승용차 뒤 범퍼에 새끼줄로 매달아 대구 시내를 1시간 넘게 돌았다.

봉덕동에서는 사태도 모른 채 출근하던 임 경사를 붙잡아 집으로 끌고 가, 부인과 아들 세 가족을 안방에 가두고 불을 질렀다. 10분쯤 지나 임 경사가 다섯 살 아들을 안고 방을 뛰쳐나오자 죽창으로 찔러 둘 다 죽였다.

대구 교외 고모에서 사과농장을 하던 배홍수(61세) 집엔 농민조합의 한 무리가 몰려와 "왜 이러느냐?"는 배홍수의 면상을 낫으로 내리쳤다. 가족 11명도 낫과 곡괭이, 도끼 등 농민들이 저마다 지닌 농기구로 마구 후려쳐 죽인 후 식량과 가재를 약탈했다(송효순의『붉은 학살』에서).

파출소도 표적이 되었다. 먼저 총격을 가한 뒤, 수십 명이 파출소로 난입해 총탄 세례에도 살아남은 순사들을 도끼와 낫, 몽둥이로 쳐 죽였다. 그들은 죽은 경찰관의 시체를 파출소 앞에 걸어두기도 하고, 안에서 살해한 시체는 상황판에 못을 박아 매달아 전시했다. 북성로 2가 우석환 경위의 집으로 갔던 폭도들은 우 경위의 부인과 두 딸을 몽둥이로 쳐 죽이고, 뭉개지고 피투성이가 된 시체를 대구경찰서까지 끌어오기도 했다.

우익 인사와 그 가족의 시체는 마을 입구로 끌어와 매달고, '보라 이 반동을'이라는 붉은 글씨의 현판을 걸어 전시했다. 경찰서 점령에서 불과 3시간쯤 지난 오후 3시 무렵, 동촌지서 등 7개 지서와 달성경찰서 관할 8개 지서가 습격으로 처참하게 짓밟혔다. 송효순은 저서 『붉은 학살』에서 살해 유형을 이렇게 썼다.

▲총살 ▲죽창과 도검으로 난자 ▲안방에 몰아넣고 불을 질러 생화장 ▲곡괭이, 쇠망치 등 농기구로 타격 ▲살해 전후 새끼로 목을 옭아매 자동차에 매달아 거리로 끌고 질주해 확인 살해 ▲나무에 매달아 몽둥이로 살해 ▲몸에 돌을 매달아 수장(水葬) ▲부녀자를 나체로 만들어 사지를 찢거나, 특정 부위를 도려내 살해 ▲어린 아이도 죽창으로 죽이고 ▲시신에 석유를 뿌리고 불태워 시신을 알아볼 수 없게 만들기도….

10월 2일 오후 6시, 미군사령부는 경북지구에 비상계엄을 선포했다. 미군 출동의 길을 연 셈이다. 그러나 미군은 출동하지 않았다. 이

시간에 대구를 완전 제압한 폭동 주동 세력은 환이화물자동차회사의 화물차와 대구 시영버스, 그리고 택시 등 자동차를 확보해 지방으로 진출했다.

10월 3일 오전 9시, 폭도들은 성주에 도착하여 이 지역 농민조합 등 좌익 단체 300여 명과 함께 행동을 시작했다. 이들은 먼저 미군이 양민을 학살하고 있다는 유언비어로 지방민을 데모에 합류시켰다. 10월 4일 새벽 3시, 폭도들이 성주경찰서를 기습했다. 이들은 야근 중이던 경찰 20여 명을 포박, 유치장에 감금하고 화장하기 위해 석유를 뿌리던 중 경북 지역에 급파된 충남의 기동경찰대가 도착하는 바람에 목숨을 건졌다. 성주서는 3일 하오 긴급을 알렸고, 경북 경찰 지휘부는 기동타격대를 성주에 급파했다.

기동타격대의 출동에 후퇴한 폭도는 성주서 관할 수윤, 초전, 대가, 벽진, 금수, 가천 등 6개 지서를 짓밟았다. 이들은 이 지역에서 살해한 경찰관과 우익 인사들의 시체를 죽창으로 다시 찔러 확인 살해한 뒤 거리에 내동댕이치고 이동했다.

칠곡에선 경찰직에서 물러난 전임 서장 윤성탁 경감이 황정암이 이끄는 100명 부대에 붙잡혀 죽창과 낫에 처참하게 살해당하여 집 앞 거리에 내던져졌다. 관내 화원 지서장 김현태는 사복으로 갈아입고 탈출했다. 그러나 그를 알아본 누군가가 "지서장이다!"고 소리쳐 그 자리에서 마구 난타당해 숨졌다.

달성경찰서는 경관 6명이 현장에서 살해당하고, 17명은 빈사상태 때 구조팀이 도착했다. 순찰대는 달성공원에서도 7구의 경찰관 시신을 발견했다. 둘은 숨이 붙어 있었으나 사지가 제대로 붙어있지 않은 상태, 소생은 불가능했다. 폭도들은 순사들의 얼굴과 몸을 칼과 도끼로 난자했다. 더러는 손을 뒤로 묶어 돌로 치고, 큰 돌을 머리에 떨어뜨려 짓이긴 처참한 모습의 시신도 있었다.

왜관에선 10월 2일 밤 9시, 대구의 원정팀이 도착해 현지 좌익과 합동해 군중을 모으기 시작했다. 10월 3일 새벽 5시, 폭도로 변한 1000명에 이르는 군중이 왜관경찰서를 습격했다. 폭도들은 서장 장석환 경감의 눈을 파내고 혀를 자르는 잔인한 고문을 가했다. 그런 다음 살해하여 함께 붙잡힌 4명의 경관까지 도끼로 쳐서 죽였다. 날이 밝자 그들은 서장의 시신을 전화선으로 묶어 왜관 읍내를 한 바퀴 돌린 뒤 시궁창에 내던졌다.

영천은 가장 피해가 컸던 지역이다. 최소 2000을 헤아리는 무장 폭도가 경찰서를 습격했다. 경찰서엔 다섯 상자의 탄약이 있었는데, 탄약 창고의 열쇠를 가진 경관이 이미 살해당한 뒤였다. 아무튼 영천서는 저항해 총격전을 벌였으나 중과부적, 점령당하고 말았다.

각지에서 몰려들어 수천 명으로 불어난 폭도들은 군청도 점령했다. 이들은 이태수 군수를 새끼줄로 묶은 뒤 도끼와 죽창으로 찔러 죽였다. 폭도들은 군청에서 근무하던 관리를 잡히는 대로 죽인 뒤 불을 지르고, 군수를 포함한 시신을 불 속에 던져 넣었다.

금융조합, 면사무소, 공회당, 경로당, 그리고 우익 단체 사람들의 집 등 100여 채의 건물과 가옥이 잿더미가 되었다. 폭도들은 대구에서 100명의 무장경찰대가 오기까지 이틀 밤낮 영천을 무법천지로 만들어 살인·약탈·방화를 감행했다. 희생자가 얼마인지 정확한 기록은 없다. 사건 직후 조사로는 경찰서에서 15명 경찰관 시신을 발견했고, 46명은 납치 또는 실종되었다고 했다. 대구시보는 10월 13일자 보도에서 이렇게 썼다.

[3일 오전 1시경, 군내에서 일제히 봉기한 수만의 폭도들은 "38선은 이제 철폐되었다" "북조선인민위원회 우리 동포들은 굶주리는 우리를 구하기 위하여 남조선으로 들어왔다. 자, 굶주린 동포들은 일어나라"고 외치며 읍내를 포위했다. 이들은 경찰서를 습격, 방화한 뒤 군청으로 가 군수 이태수를 사택에서 끌어내어 잔학한 방법으로 죽인 다음, 몸에 석유를 뿌려 불타는 군 청사 내에 던져 생화장에 처하였다. 폭도들은 방화·학살·약탈과 파괴를 거듭하여 우편국, 재판소, 등기소, 신한공사 출장소 등을 방화 전소케 했다.

또 부잣집을 습격하고 역시 방화, 가산을 약탈했다. 이때 임고면의 이인식은 네 살 먹은 외동 손자를 안은 몸으로 함께 참살당하였다. 군내 각 면사무소, 각 경찰지서는 물론 신령면 같은 곳에서는 성당, 교회, 소학교까지 불태워졌고 전도사까지 학살당하였다.

10월 8일 현재 군내 피해 상황은 전파 가옥 200호, 반파 가옥 약 1000호, 경관을 포함한 관공리 사망자 16명, 중상자 19명, 일반인 사망자 24명, 중상자 약 20명, 피해액 약 10억 원, 본서와 지서의 무기 전부가 탈취당했다고 보고했다.]

10월 3일, 선산군 좌익들은 구미경찰서에 진입해 경찰관들을 유치장에 감금하고 배성철 서장에게 경찰권을 인민위원회에 넘길 것 등을 강요했다. 그러던 중 진압 경찰과 마주쳤으며, 이들을 지휘하던 민전

사무국장 박상희는 사살되었다.

같은 날, 폭도들이 상주경찰서를 습격하여 5명의 경찰관을 생매장했다. 관내 화산지서는 한 경찰관이 탈출해 산으로 도주하다 붙잡혔다. 폭도들은 낫으로 두 눈을 뽑아 죽인 후, 그 경찰관의 자택으로 몰려가 불을 지르고 5명의 가족을 불 속에 밀어 넣어 생화장했다. 이어 금호, 북안, 대창, 자양(보현), 화북, 삼창 등 7개 지서를 짓밟았다.

자양지서의 경우 경찰관과 가족들의 죽음은 처참했다. 폭도들은 한 팔, 한 다리에 3~4명씩 달라붙어 끌어당기는 이른바 사지(四肢)를 찢어 죽이는 방식으로 살해했다. 경찰관의 부인은 발가벗긴 채 찢겨 죽임 당하는 처참한 모습으로 죽어 있었다.

대구에선 부상당한 경관들이 병원으로 호송되어 왔기 때문에 죽게 되는 사태가 벌어졌다. 의료인들이 경관의 치료를 거부하는 것으로 항쟁에 참가한 것이라고 했다. 독립신문은 1946년 11월 1일자에서 대구의사회가 경관들의 치료를 거부한다는 성명서를 발표했다면서 이 기막힌 사례를 보도했다.

[병원 앞까지 실려 왔으나 환자가 밀려 미처 치료받지 못한 채 살려 달라고 울부짖던 부상 경관들의 모습을 잊을 수가 없다. 때마침 동인로터리 쪽에서 트럭 한 대가 도착해 부상 경관을 하차시켰다. 그러자 구경꾼들 속에서 폭도인 듯한 젊은 사람 대여섯이 뛰쳐나와 목총 같은 것으로 부상 경관들을 마구 구타하는 것이 아닌가. 부상 경관들의 머리통을 어찌나 호되게 때렸는지 퍽퍽 하는 소리가 길 건너 교정에서 바라보고 있는 내게까지 들릴 정도였다. 그 기세가 너무나 살기를 띠

어 아무도 말릴 엄두를 내지 못했다.] (당시 醫專 3년생이었던 홍선희 경북외과의원장의 목격담)

[도립병원 정문 앞 원형 화단 둘레에서 끔찍한 살인극이 벌어지고 있었다. 어디서 호송해 왔는지 빈사 상태의 경관들이 늘어져 있었는데, 그중 몇 사람이 고통으로 몸부림치거나 죽음 직전의 경련으로 몸을 떨자 "저놈들 아직 덜 죽었다"고 소리치며 둘레의 청년들 7~8명이 몽둥이로 확인 타살하는 것이었다. 아무리 원한이 깊다 해도 반송장이 되어 병원에 실려 온 중환자에게 저럴 수가 있을까.] (『폭풍의 10월』)

[어떤 부상한 경찰관이 살려달라고 병원의 계단을 올라가는데 폭도들이 그 사람을 끌어내리려고 했다. 그 경관은 계단의 모서리를 쥐고 끌려 내리지 않으려고 하는데 위에서 그 병원의 의사가 떠밀었다. 아래로 굴러 떨어진 그 경관의 머리를 폭도들이 돌을 번쩍 들어 내리쳤다. 머리는 박살이 나고 흰 것이 튀어나왔다.] (이원만 『나의 정경(政經) 50년』)

[대구에 있는 병원들은 부상당한 경관들이 폭도들에 의해 끌려 나가 살해당한 이후 부상 경찰관의 수용을 거부했다.](미 제24연대 G-2 보고서)

대구 폭동은 공권력이 무너지면 데모에 나섰던 군중이 조종하는 주체들의 선동에 따라 얼마나 잔학한 폭도로, 악귀로 변하는지를 보여준 사례다. 오늘의 교훈일 수 있기에 그 기록들을 여기 옮겼다(『대한민국 근현대사』②에서).

폭동에도 미군 출동시키지 않은 하지 사령관

2일, 긴급사태를 보고받은 경무부장 조병옥은 공안부장 韓
鍾鍵(한종건)을 현지로 급파했다. 사태에 따라 경남지역을 관할하는
제5관구 경찰청 병력을 차출하는 권한도 부여했다. 미군 연락기 편으
로 대구에 온 한종건은 그러나 제4관구 경찰청에도 들어가지 못했다.
이미 경찰관서는 모조리 시위대가 장악하고 있었다. 그는 경북도청의
사무실 하나를 얻어 진압본부를 마련했다. 그렇지만 상황을 파악하고
연락하는 것 말고는 아무 일도 할 수 없었다.

대구 폭동은 미군이 출동, 진압한 것으로 포털들은 기록하고 있다.
그런데 미군 작전에 대한 기록은 없다. 당시 언론은 청년단체가 진압
작전을 도왔다고 보도하고 있다. 김두한은 그의 저서와 월간지 등의
인터뷰에서 대구의 경찰서 탈환 작전에 투입되었고, 대원 23명이 전사
했다고 밝히고 있다. 그의 기록.

장택상 총감이 민청본부로 왔다. 대구에서 폭동이 일어났다. 경찰
서를 습격해 무기를 빼앗아 무장하고 있다. 폭동은 전국으로 번지고
있다. 서울에서 지원할 경찰력이 없다. 민청에서 나서야겠다. 염동진
은 김두한을 불러 출동을 명령했다.

염동진의 명령이면 군말 없이 따르던 그도 이번엔 부하들과 의논해
봐야겠다고 했다. 파업 진압작전에 동원된 대원들이 지쳐 있었고, 그
도 지쳐 있었다. 유진산이 김두한을 불러 서울역에 특별열차를 대기시
켰다고 말하면서 가방 하나를 김두한에게 건넸다.

"대구에서 폭동 진압에 나서자면 대원들의 복장 통일이 필요하다.

경비도 있어야 하고…. 그래서 장 총감한테 얘기해 자금 지원을 받았다. 복장은 군복이 좋을 것 같다. 시장에 나가 군복부터 사라."

김두한이 간부를 전원 소집했다.

"대구에서 폭동이 일어났다. 경찰서를 빼앗고 경찰관을 살해한 모양이다. 빨리 진압하지 못하면 서울이나 인천에서도 또 일어날 것이다. 우리가 보고만 있어 되겠느냐?"

"경찰은 뭘 하기에 우리만 동원한답니까?"

볼멘소리도 나왔지만 가는 쪽으로 의견을 모았다. 60명을 1개 소대로 하는 10개 소대를 편성했다. 돈 가방은 바로 신영균에게 넘기면서 시장에 가 군복을 사서 전원에게 지급하고, 닭표 브랜디도 사라고 했다. 군복을 살 돈은 시무룩하게 가라앉아 있던 분위기에 생기를 불어 넣었다. 간부들은 설득했지만 대원들이 모두 지쳐있다. 김두한이 머리를 짰다.

포상식(褒賞式)이다. 용산역 철도회관에서 공로자 포상식을 열었다. 용산역 인근 음식점에서 마련한 안주로 술 파티도 열었다. 그리고 다시 용산역 광장에 집합했다. 김두한이 연단에 섰다.

"… 동지 여러분, 우리는 180여 회 사선을 넘으며 적도(赤徒)를 부셔왔다. 무자비한 대전(對戰)으로 공산당을 제압했고, 조직을 와해시켰다. 이 싸움에서 전우 100여 명을 조국의 건국제단에 바쳤다. 이 광장에서 적의 탄우를 뚫고 철도파업 본부로 쳐들어가 투항시키고, 경부선과 목포선을 개통시킨 기억이 생생하다. 그런데 대구 폭동으로 경부선은 다시 불통이 되었다.

나는 오늘 이 자리에서 특공대를 편성해 용산역을 출발, 대구로 가려고 한다. 친애하는 동지 여러분, 대구 폭동을 진압하지 못하면 이 땅은 적화될지도 모릅니다. 우리의 마지막 힘을 다하여 폭동을 진압합시다."

이 외침에 호응해 "대구로 가자!" "대구를 빨갱이들 손에서 탈환하자!"고 소리치며 호응하는 청년들이 일어섰다.

특별열차라지만 화물차다. 대원 600여 명, 거기에 200명 경찰이 동승했다. 열차에 오른 김두한의 별동대는 열차 안에서 전략회의도 하고, 총을 다뤄본 적이 없는 대원은 동승한 경찰로부터 총기훈련도 받았다. 열차가 대구 근교에 도착한 것은 10월 3일이다. 별동대는 달성의 한 국민학교에 본부를 설치했다. 현지 경찰도 합류한 합동작전을 짰다.

10월 4일 새벽 2시, 별동대는 행동을 개시했다. 세 팀으로 나누어 대구 시내 3개 경찰서를 동시에 탈환하기로 했다. 총격전이 벌어졌다. 경찰서를 점령한 민진과 공산당 청년부대도 격렬하게 저항했다. 수류탄을 던지고 총이 불을 뿜었다. 1시간이 흘렀을까. 별동대 대원이 경찰서 내부로 돌진했다. 몇 명인지 총을 맞고 쓰러졌다.

쓰러지는 전우를 보며 대원들은 더욱 살벌해졌다. 그들은 죽음이 두렵지 않다는 듯 총탄을 뚫고 돌격했다. 공산당 청년들이 죽고 다치고 도망쳤다. 3개 경찰서를 모두 탈환하고 대구 시내를 평정했다.

한나절을 전투로 보낸 뒤 본부로 돌아와 점검했다. 전사 23명, 부상 120명. 김두한 별동대는 대구 폭동 진압작전을 경찰서 탈환으로 마무리했다. 뒤처리는 그들의 일이 아니었다. 그들은 전사한 대원의 시신과 응급처치만 끝낸 부상자도 함께 열차에 싣고 서울로 귀환했다.

"우리가 대구를 떠나던 때, 대구 우익 진영에서 주먹밥과 술을 기차에 실어주었다. 대구를 평정했다는 기쁨과 전우를 잃은 슬픔이 교차하는 미묘한 감정, 우리는 열차 안에서 울고 웃으며 대구 동지들이 준

술에 취했다."

　폭동은 확대되어 전국 131개 군 가운데 56개 군에서 폭동이 일어났다. 경상남도에선 3개 시와 11개 군, 전라남도는 전체 21개 군 중 13개 군에서 폭동이 일어났다. 그러나 서울, 경기, 충청, 그리고 38도선에 의해 남북으로 쪼개진 황해도와 강원도는 2~3개 군에서 소요가 있었다. 전라남도의 경우는 11월이 끝나가던 때 광주와 목포에서 시작되어 농촌으로 번졌다.

　이렇듯 10월 폭동은 각 도가 시간적인 차이를 두고 일어났다. 폭동의 규모도 군·면, 적게는 마을 단위를 넘지 못했다. 이것은 농촌의 추수(秋收)와 연관된 것으로 해석되었다.

　폭동의 피해는 엄청났지만 종합된 것이 없다. 사상자, 심지어 경찰관의 사망자 숫자마저 정확한 통계가 없다. 민간 피해자들은 경찰에 신고하지 않았고, 경찰도 이를 확인하는 일을 안 했다. 경찰의 경우도 많은 경찰관이 도망가 행방불명이 많았다는 점이 경찰관 사상자마저 통계가 없는 이유의 하나다.

　소련도, 조선공산당도 이 전쟁을 통해 얻은 것이 없었다. 공산당, 민전, 전평 등 좌파 연합이 겨냥한 것은 미군으로부터 행정권 이양과 미군의 조기 철수였다. 그런데 파업 현장에 미군은 출동하지 않았다.

　왜 그랬을까? 볼셰비키 혁명기념일 이전에 승리를 쟁취하라는 전평에 보낸 소련의 지령을 입수한 백의사의 정보, 그것을 8월에 미 정보부대로부터 보고받은 하지였다. 보고받을 때에는 반신반의했다 해도, 이 정보 그대로 9월 파업이 일어났다. 그 조건 중 행정권의 인민위원회 이양 등 미군을 겨냥한 것들이 모두 포함되어 있었다.

하지 사령관은 순진(?)하게도 이 사실을 그의 담화에 담았다. 그는 9월 26일의 특별성명에서 "… 믿을 만한 정보에 의하면 이 파업은 한국 주둔 미군을 괴롭혀 불신케 하려고 선동자들이 조장한 것이라 한다. 남한의 한 정당이 악의적 선동을 해온 것이나 기타 정보로 보아, 파업 선동자들의 최종 목적이 여기에 있다는 것은 별로 의심할 바 없다"고 했다.

파업이 폭동으로 확대되었어도 미군은 움직이지 않았다. 경찰과 청년단이 나섰다. 그 위에 청년단마저 진압만 하고 돌아갔다. 경찰은 사후 수습에서도 사법처리를 최소화했다. 미군과 경찰이 일제 때의 경찰과 다를 것이 없다고 선전한 공산당의 선전마저 빗나갔다.

손실은 그것만이 아니었다. 좌파 단체 간부들은 폭동 주모자로 검거되었다. 혹은 잠행하거나 야산대(野山隊)가 되어 산으로 도피했다.

민청대원만의 철도 특경대 테러

민청 별동대가 대구 폭동을 진압하고 돌아온 사흘 뒤 수도경찰청 장택상 경찰총감이 백의사를 찾았다. 유진산 민청회장도 함께 한 이 자리는 대구 폭동 진압작전에 대한 고마움을 표시하는 방문이었다. 대구 지역 폭동은 진압했지만 전국 각지에서 폭동은 계속되고 있었다. 인사치레보다 지방의 폭동과 그 대책에 대한 의논이 주제가 되었다. 그러다 염동진이 철도로 화제를 돌렸다.

"철도 폭동은 진압했지만 철도의 불안이 사라진 것은 아니라고 듣고 있습니다. 노조원들은 일단 복귀해 일하고 있지만 노조나 전평의 영향력이 사라진 것은 아닙니다."

"철도가 끊기면 식량 파동이 일어나고 가뜩이나 어려운 사람들이 굶주리게 됩니다. 폭동에 부화뇌동할 사람이 많아지는 것이지요. 그런데 대책이 없습니다."

"그래서 말인데 김두한 별동대에서 철도 경찰관을 뽑아 배치하면 어떻겠습니까?"

"별동대 대원들을 말입니까?"

"그래요. 이건 대구 폭동 진압에 대한 보상 요구가 아닙니다. 철도는 나라의 동맥 아닙니까? 철도청 내의 전평 세력을 일소하는 일은 별동대 아니고는 어렵다는 판단을 합니다. 별동대에는 중졸 이상의 학력을 갖고 있는 젊은이들이 많습니다. 경찰 자격은 넘치지요. 이들이 철도경찰을 맡아 철도를 정상화하는 것이 필요하다는 생각을 합니다."

"그거 묘안이군요. 그렇잖아도 철도 파업 때 노조에 무기력하게 무기고를 뺏긴 후유증으로 철도경찰을 그만둔 사람이 많습니다. 철도경찰은 격무인데다 여건도 좋지 않아 어려움이 많습니다. 증원하기 위해 경찰을 뽑을 작정이었는데 별동대라면 안성맞춤이겠네요."

당시 철도는 증기기관차였다. 느린 데다 중간에 물 공급을 받는 등 지체할 일이 많았다. 서울─부산 간 정시운행일 경우는 12시간이었지만 시간표를 지킬 수 있는 열차는 없었다. 2~3시간 연착은 일상사였다. 오후 늦게 출발지를 떠나 밤새 달려 다음날 오전에 터미널에 닿았다. 14~15시간을 달리는 야간열차 안에선 강도, 절도, 폭행 등 사건이 줄달았다. 많은 승객이 보는 앞에서 값진 물건을 가진 승객한테서 그 물건을 강탈해 가는 행위도 일어나는 등 철도는 때로 무법천지가 되기도 했다.

이래서 철도경찰을 설치했지만 예산 때문에 충분한 숫자를 갖추지 못한 데다, 교육과 훈련도 부족했다. 전문성을 가진 인력도 턱없이 부족한 데다 교통부와 경무부의 이원 통제를 받고 있어 이래저래 능력이 떨어졌다. 더욱 철도경찰 내부에도 좌익 프락치가 침투해 있었다. 숫자도 딸리고, 권한이 제한적이며, 조직의 통제나 지휘마저 엉성해 경찰 기능을 제대로 못했다.

어떤 때는 힘이나 수에 밀려 경찰이 사건 현장을 피한 사례도 있었다고 했다. 철도의 9월 총파업 투쟁 후 철도원뿐 아니라 철도경찰관도 쫓겨나고, 이탈자까지 늘어 기능이 거의 마비상태였다. 인원 보충이 다급했지만 지방의 폭동에 묶여 경찰 지휘부가 다른 일엔 손을 놓고 있는 실정이기도 했다. 별동대의 철도경찰 투입은 그 자리서 결정되었다.

그 사흘 후 별동대원 60명을 철도경찰관으로 특채한다는 결정이 내려졌다. 민청 회장 유진산은 중졸 이상 학력자를 경위 등 경찰 간부 직급으로 하고, 국졸 이상의 학력자로 순경을 선발했다. 별동대원만으로 편성된 철도경찰청 특경대 창설이었다. 대장엔 임수일이 임명되고, 일주간의 교육 훈련을 거쳐 현장에 투입되었다. 현장에 투입되기 하루 전 임수일 경위는 김두한과 함께 백의사로 염동진을 찾았다. 부임신고였다.

"임 동지! 이번 철도경찰관 특채는 앞으로 대원들을 다른 여러 관서에 투입하여 반공의 선봉대로 활동하기 위한 포석의 하나일세. 대원들을 엄격히 통솔하여 외부 사람들이나 다른 대원들한테도 우리 민청 대원은 절도(節度)가 있고, 국가와 민족에 대한 사명감을 갖고 일한다는 평가를 받도록 해야 해. … 그리고 이건 김두한 동지도 잘 듣게. 파업을 깨뜨리기는 했지만 문제가 해결된 것은 아니야. 두 동지도 잘 알고 있겠지만 앞으로도 우리의 상대는 공산당의 지령에 따라 움직이는 단체고 개인이야.

특경대가 민청 별동대 출신이라는 사실을 극비로 해야 하네. 대원들한테 단단히 일러두게. 철도노조는 와해된 것이 아니야. 철도원이든 승객이든 좌익 핵심분자를 가려내 쥐도 새도 모르게 없애야 해. 철도 파업이 다시는 있어선 안 돼. 그래서 철도부터 우리가 일을 시작하는 거야. 임 동지! 임 동지의 역량을 나는 믿네."

고속도로 같은 건 없던 시절이다. 국도가 있긴 했지만 포장 안 된 좁은 도로인 데다, 물자를 수송할 트럭도 거의 없는 거나 마찬가지로 귀하던 시절이다. 그러니 철도는 이 땅의 하나뿐인 동맥이었다. 철도가 멎으면 모든 물동이 멈춘다. 쌀과 채소 등 식품 수송이 멈추면 그날 하루치 식량을 사서 먹고 살아가는 서민은 굶주림에 내몰린다. 그런데도 철도는 정부의 통제권 밖에 있었다.

용산역 파업 때 앳된 인민재판장을 체포했다. 파업에 가담하지 않는 노동자를 잡아 즉결처분을 명령한 것이 열아홉 살짜리 인민재판장이라는 사실은 충격이었다. 4만 3000 철도원의 90%가 공산당 동조자라고 했다. 공산당 세포를 잘라내지 않고는 철도의 정상화가 불가능하다. 염동진은 이런 이야기와 함께 그 일을 특경대에 맡긴다고 했다.

제거해야 할 자들의 명단, 이른바 생살부(生殺簿)는 철도국 내에 침투해 일하고 있는 백의사 요원들이 제공한다. 특경대는 그 명단을 받아 쥐도 새도 모르게 납치해 처리한다는 것이 밀명(密命)이다. 셋만의 극비사항이었다.

공산당 세포의 이상한 연쇄 실종

특경대는 열차 내의 모든 범죄를 다스리고 안전을 확보하는 이동 경찰관이었다. 임수일 대장은 5인 1조로 분대를 편성해 활동하도록 조치했다.

특경대가 가장 먼저 이룬 공은 암살단 적발이다. 1946년 10월 30일, 이승만과 김규식 등 요인들이 지방 행사에 나섰다. 특별열차 하나를 일반열차에 연결시켜 광주로 가던 때다. 기차가 논산역 가까이 이르렀을 때 소매치기가 있다는 신고를 받았다. 임수일 대장이 문제의 찻간 소지품 검사를 하다 선반에서 권총이 든 가방을 발견했다. 암살단이 탑승했다는 것을 확인한 순간이었다. 임 대장이 대원들을 소집하려고 나가는데 괴한이 등 뒤에서 권총을 들이대고 출입구 쪽으로 그를 몰았다. 그도 죽고 요인 암살도 결행될 위기의 순간이었다.

무술로 단련된 임수일이다. 그는 돌아서면서 괴한의 권총부터 낚아챘다. 총을 뺏고 뺏기지 않으려 하는 싸움에 총이 발사되었고, 총성을 들은 대원들이 달려왔다. 현장에서 둘, 그리고 둘의 심문을 통해 또 다른 한 명 등 3명을 열차에서 체포했다. 그리고 이들의 심문을 통해 북에서 밀파한 3명을 포함한 암살단 17명을 일망타진했다.

특경대 배치 후 철도청 내부에 이상한 일이 일어났다. 기관사나 승무원의 실종이다. 철도원이 아무 예고도 없이 사라졌다. 가족까지 나서서 수소문했지만 행방은 오리무중, 찾을 길이 없었다. 처음엔 영문을 몰랐다. 그러나 사라지는 직원들이 대부분 전평이나 철도노조의 핵심간부 아니면 공산당 세포들이었다.

철도노조에선 2~3일 간격을 두고 핵심 간부가 사라지는 사태를 백색 테러로 단정했다. 그러나 누가 어떤 방법으로 없애는지 알 길이 없었다. 당시 제2차 미·소공위가 열리고 있던 때다. 소련 대표 스티코프 중장이 "철도청의 노동조합 지도자가 사라지고 있다. 백색 테러단의 소행임이 분명하다"면서 진상을 밝힐 것을 집요하게 요구했다.

하지는 경찰이 수사하고 있지만 우익 청년단 소행이라는 단서는 어디에도 없다고 했다. 공산당, 전평, 그리고 민전이 보이지 않는 손길을 찾는 전투에 나섰다. 그들은 철도경찰대에 주목했고, 드디어 철도경찰대 특경대원들 중에는 민청의 별동대 출신이 많다는 사실을 알아냈다.

"당시 경부선엔 미군 전용 급행열차가 운행되고 있었어. 우리는 납치해 처리한 자를 화물로 가장해 싣고, 기차가 금강교 철교를 건널 때 돌과 함께 묶인 시신을 강에 집어던져 수장했어. 미군 전용열차여서 한국인의 눈을 피할 수 있었지. 시신 처리작업은 아주 신중하고 치밀하게 진행해 관계자 외엔 다른 철경대원조차 몰랐으니까…. 아마 72명쯤 제거했을 때였을 거야. 그들의 반격도 있었지."

당시의 특경대원이 훗날 남긴 증언이다.

그러던 어느 날 경부선 열차 찻간에서 두 청년이 소주를 마시며 떠들기 시작했다. 술이 거나해진 두 청년의 목소리가 커지더니 덩치가 크고 우람한 청년이 김두한 부대를 '대구 학살의 주범'이라고 떠들어대기 시작했다.

"우리 노동자와 학생들은 무기도 몽둥이도 들지 않고 평화롭게 시위를 벌이고 있는데, 총으로 무장한 별동대 놈들이 무자비하게 총을 난사했어. 수백 명이 죽었어. 죽은 사람들은 대부분이 부녀자와 아이들이었다 이거야. … 이런 일이 다시는 일어나지 않게 하자면 인민공화국이 서야 해. 공산당이 다스리는 정부가 하루 빨리 서서 김두한 별동대 같은 미제 앞잡이를 처단해야 우리가 잘살 수 있어."

정복 차림의 임수일이 그 찻간에 와 있었다. 이들 두 청년은 임수일이 듣도록 떠들기 시작한 것이었다. 그런데 단순한 성품의 임수일은 자신의 정체를 알아내기 위한 전평 요원의 함정일 수도 있다는 생각은 하지 못했다. 그는 부하에게 처리를 명령했다.

얼마 후 덩치가 화장실로 가느라 자리에서 일어섰다. 덩치가 화장실로 들어갔다. 그러자 사복 차림의 청년 넷이 화장실 앞에 대기했다. 마치 차례를 기다리는 것처럼 보였다. 덩치가 화장실 문을 열고 나오자 주먹이 날았다. 덩치는 비명도 지르지 못하고 그 자리에 주저앉았다. 그와 함께 술을 마시던 청년은 술에 취해 상황을 전혀 모르는 것처럼 흐느적거리면서, 그러나 예리한 눈으로 사태를 살피다 슬그머니 사라졌다.

그런 일이 있은 이틀 뒤, 부산행 경부선 열차에서 임검석의 임수일 대장 앞으로 한 미모의 여인이 허겁지겁 달려왔다.

"선생님! 좀 도와주세요. 제 오빠가 매를 맞고 있습니다."

"어딥니까?"

"저쪽 맨 끝 칸이에요."

임수일이 그쪽으로 내달렸다. 폭행의 연유 등 전후 사정을 묻고 대원을 보내는 게 보통이다. 그런데 그날은 이런 신중함을 잃고 바로 행동했다. 역시 미모의 여성 앞에 젊은 남자는 약하다.

찻간 문을 열자 바닥에 한 사나이가 쓰러져 있고, 네 명의 사나이가 발로 지그시 누르며 욕설을 퍼붓고 있었다. 임수일이 권총을 뽑아 들며 "모두 손들어!"라고 소리쳤다. 네 사나이가 엉거주춤 손을 들었다. 쓰러져 있던 사나이가 부스스 몸을 일으켰다. 두들겨 맞고 쓰러졌던 자가 다친 데도 없이 일어서는 것이 이상하다고 느낀 순간이다.

여인이 뒤에서 임수일의 권총을 낚아채는 것과, 부스스 일어나던 청년이 임수일의 국부를 걷어찬 것이 거의 동시였다. 임수일은 고통으로 국부를 움켜쥐고 주저앉으면서 그 사나이가 전위대 똘마니로 낯이 익다는 것을 얼핏 헤아렸다. '전위대 함정에 걸려들었구나!' 그런 깨달음이었다. 그러나 저항할 새도 없었다. 손을 들었던 여덟 개의 주먹이 그를 향해 날아들었다. 오빠를 살려달라던 미모의 여인이 어느새 독살스런 여인으로 변하며 소리쳤다.

"네놈이 얼마나 많은 우리 동지들을 살해했는지 알고 있다. 어디 네놈도 당해봐라."

여인은 하이힐로 걷어차는 대열에 동참했다. 가슴팍 갈비뼈를 걷어차는 뾰족 구두의 고통이 남자의 구둣발보다 더 심한, 뼈가 으스러지는 아픔을 준다는 것을 임수일은 그때 처음으로 실감했다.

'죽음이다. 이러나저러나 죽는다. 살길은 없다. 그렇다면 맞아죽느니 떨어져 죽겠다.' 임수일은 정신이 가물가물하면서도 혼신의 힘을 다해 승강구 쪽으로 몸을 날렸다. 달리는 열차 탈출이다. 뛰어 내리는 순간 열차가 철교를 건너고 있는 굉음을 들었다. 지금 뛰어내리면 죽는다. 그런 생각에서 순간적으로 난간 손잡이를 잡았다. 돌연한 행동을 막지 못했던 다섯 사나이와 한 여인이 다가서고 있었다. 임수일의 기억은 여기서 멈춘다. 그는 정신을 잃었고 열차에서 떨어졌다.

임수일이 눈을 떴다.

"임 대장 정신이 듭니까?"

출입문을 지키던 두 사람이 침대 곁으로 다가왔다. 수술도 하고 치료도 했지만 간신히 숨을 이어가는 식물인간 상태였다. 사흘째가 저물던 때 임수일이 눈을 떴다. 기적이었다. 임수일의 눈이 여기가 어딘가를 묻고 있었다.

"부산진 병원이오. 사흘이나 깨어나지 않아 병원 의사들도 걱정을 하던 참인데…"

임수일이 구출된 것은 한 승객의 신고 덕이었다. 무심코 창밖에 눈을 두고 있던 승객이 경찰정복의 사나이가 승강장 난간에 매달린 것을 보았다. 마침 그 시간 특경대원이 그 찻간을 지나고 있었다.

"여보, 경찰 양반! 방금 한 경찰관이 승강장에 매달린 것을 봤소."

특경대원들이 그 찻간으로 달렸다. 열차가 급정거하고 임 대장이 사라졌다는 것을 알았다. 열차를 후진시켜 피투성이로 나둥그러져 있는 임수일을 발견, 응급처치를 한 뒤 부산진 병원에 실어 날랐다.

처음 병원에선 손을 쓸 재간이 없다고 했다. 그러면서도 의사는 할 수 있는 치료를 다했다. 그러나 살아날 가망은 거의 없다고 했다. 급보를 받고 김두한도 내려왔지만, 식물인간 상태인 임수일의 침상에서 눈물을 흘리는 것 말고는 아무것도 할 수 없었다. 그런데 임수일이 깨어났다. 별동대 간부들이 다시 부산으로 달려와 깨어난 임수일을 안고 눈물을 쏟았다. 임수일의 진술로 정진룡의 전위대 함정에 걸렸다는 사실을 알았다.

"수일아, 복수는 내가 한다."

김두한이 임수일의 병실 침대에서 한 다짐이다.

9월 총파업의 무장대결, 10월의 유혈폭동, 그리고 철도 특경대의 공산당 세포 수장(水葬)…. 이것이 해방 정국에서 좌우 투쟁이 '죽고 죽이는 본격적인 전쟁'으로 바뀌는 출발점이었다.

전평 산하 좌익노조 와해작전

철도 특경대의 공산당 제거는 백의사의 공산당 프락치 제거작전의 시작이다. 10월 폭동 진압작전이 한창이던 때 유진산이 다른 한 사람과 함께 백의사를 찾았다.

"노동운동을 하고 있는 錢鎭漢(전진한: 초대 사회부장관) 동지입니다."

이승만의 독립촉성중앙협의회 청년단체총동맹 회장을 맡아 있다가 노조운동으로 방향을 바꿨다고 했다.

"우익에서 노조운동은 공산당이나 하는 것으로 제쳐두었다가 이런 낭패를 당하는 것 아니오? 전 동지를 우리도 도와야 하겠습니다."

그 며칠 뒤 염동진이 조중서를 백의사로 불러 우익 노조운동 현황을 얘기하고, 지원에 나서기로 했다면서 동참하라고 지시했다.

"이 일은 적진에 결사대를 투입하는 것과 마찬가지 일이오. 섣불리 발을 들여놓았다간 쥐도 새도 모르게 목숨을 앗길 우려도 있소. 그러니 정치공작대 대원 중에서 비밀리에 엄선해 노조운동에 참여하도록 해야 할 것이오. 전진한이 그 책임자이니 엄선해 유진산에게 보내면 전진한과 연결될 것이오."

철도경비대란 이름으로 북쪽 군사정보를 갖고 38선을 넘어 귀환한 유익배 팀 3명이 노동운동에 뛰어든 것이 이때다. 전평을 와해시키고 우익 노조를 지원하는 일에 백의사, 그리고 우익 청년단체들이 모두 나섰다. 당시 백의사 요원들은 대한민청 등 우파 청년단체들만이 아니었다. 좌파 전선인 민전, 전평, 농민동맹 등 좌파 단체에도 침투했다. 또 철도, 전기 등 중요 공공기관에까지 취업해 있었다. 이들은 내부의 공산당 세포나 공산당이 말하는 이른바 열성당원을 알아내 보고했다. 백의사가 그 명단을 관리하고 있었다.

1946년 전평의 '9·10월 전쟁'은 우파 청년회와 경찰이 합동한 진압 작전에 걸려 꺾이기 시작했다. 겨울에 접어들면서 좌파의 파업과 폭동도 힘을 잃어갔다. 철도나 전기 등 공공기관을 장악했던 전평의 실족은 민간기업에도 파급되었다. 노조의 힘에 밀려 경영권을 제대로 행사하지 못하고 숨을 죽이고 있던 사기업 경영주들이 청년단체를 찾기 시작했다. 그들은 공공기관에서 하고 있는 청년단의 공산당 프락치 제거 작업을 사기업에서도 해달라고 주문해왔다.

청년단체들은 무장파업을 진압한 뒤, 철도와 전기 등 중요 공공기관에 있는 공산당 열성당원과 세포를 골라 제거해나갔다. 청년단체가 이들 공기업을 장악한 뒤 경영자에게 공산당 세포, 그리고 전평의 이른바 열성자 명단을 주어 파면하도록 한 것이다. 그리고 좌파 쪽 노조원들을 회유해 우익 노조에 가입하도록 유도하는 공작도 했다. 이 작전으로 중요 공공기관에서 전평이 밀리고, 우파 조직인 대한노총이 세를 넓히기 시작했다.

사기업 경영진들은 이 사태를 보고 그들도 청년단의 힘을 빌려 회사를 장악하는 데 나섰다. 1946년 가을, 영등포와 인천, 부평 등지에서 전평과 우익 청년단체의 혈투가 계속된 배경이다.

경인지구는 140여 공장이 동시파업을 결행하고 있었다. 업체 당 평균 200명, 3만이 넘는 노동자의 파업이었다. 민청, 서청, 독청, 광복청년회 등도 200명 내외 단위로 부대를 편성해 진압에 나섰다. 진압작전역시 만만치 않았다.

조선제강(朝鮮製鋼)은 전평이 경인지역에서 가장 강한 조직을 갖고 있는 것으로 알려진 업체였다. 여기에 김두한의 별동대가 공격에 나섰다. 전평 소속 노동자들은 죽창만이 아니라 장총도 지니고 있었다. 노조원은 철문을 내려놓고 안에서 돌을 던졌다. 밖에서도 돌을 던지는 투석전이 한동안 계속되었다. 트럭으로 문을 밀어 열자 노조가 용광로 쇳물로 대항해왔다. 격렬한 전투 속에서 김두한 부대 2명이 현장에서 숨졌다. 3시간의 혈전 끝에 조선제강을 점령했다.

김두한 부대는 노조원들을 창고에 몰아넣고 매질을 시작했다. 김두한은 여자라고 사정 봐줄 것 없다고 했다. 두 명이 죽고 수십 명이 다쳐 악에 바친 대원들이다. 남녀를 가리지 않고 혹독한 매질을 했다. 이른바 공산당 세포로 보이는 노조 지도부를 골라내 경찰에 넘겼다. 그런 뒤 50명 대원이 공장에 남아 경비(警備) 등 공장 내부 질서를 세우고, 대한노총을 불러 이곳에 노총 계열의 단위노조를 결성하게 했다.

서북 청년준비위원회팀은 조선기계 평정에 나섰다. 서청 대원들은 트럭 5대에 200명이 분승해 출동했다. 좌익 노조원들은 곤봉, 쇠갈고리, 자갈, 벽돌 등으로 무장해 저항했다. 무려 5시간의 격투 끝에 내부로 진입, 평정했다. 다치지 않은 대원은 없었고, 30명 중상의 피해였다.

박헌영의 좌절

공산당의 '9월 파업·10월 폭동'은 희생만 치르고 실패했다. 공산화 투쟁의 전위였던 전평이 무너지기 시작하자 조선공산당 지도부도 거의 모두 수배령에 걸려 잠수해야 했다. 박헌영은 남한에 있지 못하고 월북했다. 그는 이승엽에게 당을 맡기고, 해주에서 이승엽을 통해 당을 이끌어야 했다. 박헌영의 진짜 좌절은 소련에 의해 조선공산당 책임비서 자리를 국내 투쟁 경력이라고는 없는 앳된 김일성에게 넘겨야 했고, 이른바 '공산주의 조선 건설'도 그의 판단이 아니라 소련의 지시를 따를 수밖에 없었던 데 있다.

1925년 국내 최초의 조선공산당 창당에 참여하고, 국내에서 투쟁을 멈춘 적이 없는 유일한 공산당 열성자였기에 그는 해방 후 재건되는 조선공산당을 주도할 수 있었다. 소련에 의해 선택된 김일성이 1945년 10월 14일 평양에 등장하기 전까지 서울은 조선공산당 중앙이었으며, 박헌영은 남북 공산당 최고 지도자였다. 조선공산당 북부5도 연합은 1945년 10월 13일 「박헌영 동지께 보내는 전문(電文)」에서 "전 세계 프롤레타리아의 영수 스탈린 동지 만세! 조선 무산계급 영수 박헌영 동지 만세!"라고 적었다.

해방 후 그도 소련에 충성했다. 그는 당의 중요정책은 소련에 문의하고, 소련이 내리는 지침을 충실히 따랐다. 그는 반미 투쟁을 강화하라는 지령에 대해 "남한의 인민들 가운데 미군을 점령군이 아니라 해방군으로 보는 사람이 더 많아 너무 심한 반미 투쟁을 하게 되면 당이 고립될 수도 있다"는 점을 북의 소련군정에 역설하기도 했다. 그러나 소련은 그의 의견을 묵살했다. 하지만 그는 소련의 지령을 불평하지 않고 따랐다.

1945년 10월, 조선공산당 북부 조선 도(道) 책임자와 열성자 회의에서 "북부 조선 각 도 당부는 북조선의 볼셰비키화 활동과 사업의 확대를 위해 북조선 분국을 설치한다"고 결정했을 때에도 소련의 지시를 따라 이를 승인했다.

그러다 이듬해 봄, 박헌영은 북한 주둔 소련군이 한반도 공산정권 수립을 추진하는 과정에서 많은 과오를 범하고 있다는 서한을 소련 국가보안성 극동지부에 보냈다. 이 서한에는 국내에서 투쟁해온 공산당을 제쳐두고, 김일성과 88정찰여단 부대를 중심으로 하는 소련의 정책도 과오의 중대한 하나로 지적했다.

스탈린은 이 서한을 보고받자 1946년 7월 초, 박헌영과 김일성 두 사람을 불렀다. 소련 극동군 제1방면군 메르레치코프 원수가 군용기 편으로 하바로프스크로부터 평양에 도착했다. 그는 로마넨코 민정사령관과 함께 두 사람을 크렘린으로 데려가기 위해 평양에 온 것이다. 박헌영은 서울 주재 소련 영사관 부영사 샤브신과 함께 이미 평양에 와 대기하고 있었다.

스탈린은 김일성과 박헌영에게 한반도 정세에 대해 상세하게 질문했다. 스탈린은 김일성에게는 이것저것 지시를 하고, 박헌영에게는 남한의 어려운 상황에서 투쟁하는 데 고생이 많다고 위로했다. 스티코프와 로마넨코는 스탈린이 김일성을 북한의 최고 지도자로 재가(裁可)한 것을 헤아릴 수 있었다.

서울로 돌아온 박헌영은 동지들을 소집했다. 미소를 짓고 있었지만 유달리 쓸쓸해 보여 모두 침묵했다. 한참의 무거운 침묵이 흐른 뒤 박

제5차 소련 최고회의 참석차 모스크바를 방문한 김일성(앞줄 맨 왼쪽)과 박헌영(오른쪽에서 두 번째). 이 방문에서 스탈린을 면담한 김일성은 남한 무력침공에 대한 소련의 의견을 물었다. 1947. 3.

헌영이 소련에 다녀온 얘기를 했다.

"스탈린 대원수를 만났다. 동지들만 알고 있으시오."

모두들 긴장해 다음 말을 기다렸다. 스탈린 대원수가 김일성 동지의 북조선인민위원회 활동과 남조선 혁명가들의 혁명투쟁을 둘 다 높이 평가했다고 그는 말했다. 그리고 또 잠시 입을 다물었다가 이야기를 이어나갔다.

"소련군이 김일성 동지를 적극 후원하고 있소. 앞으로 조직사업이나 선전사업 등 당 활동의 모든 부문에서 만에 하나라도 김일성 동지를 자극하지 말기 바라오."

참석자 모두 큰 충격을 받아 한동안 말을 잃었다. "도대체 누구 맘대로 조선 혁명의 최고지도자를 결정하는가!"라는 불만이 그 침묵에 담겨 있었다. 김삼룡이 불만을 쏟았다.

"우리는 그런 결정에 따를 수 없습니다. 조선 혁명을 일궈 나갈 주체는 조선 인민입니다. 조선 인민만이 당의 영도자를 선출할 수 있습니다."

몇 사람이 비슷한 주장을 했다. 박헌영은 눈을 감은 채 더 이상 아무 말도 안 했다.

그런 일이 있고 한참 지난 어느 날이다. 소련육군대학 입학을 위해 평양에 가 있던 이현상이 돌아왔다. 당 동지들과 술을 나누는 자리에서 그가 돌아온 사연을 얘기했다. 평양에서 30여 명이 모여 육군대학 입학을 위한 준비로 합숙훈련을 하던 때, 북로당 간부부장 李相朝(이상조)가 몇 사람을 제 집으로 초대해 주연을 베풀었다. 이 자리에서 술이 몇 순배 돈 뒤 조선 인민의 지도자가 화제에 올랐다.

이상조와 김상만은 현재 조선의 정치 중심지는 평양이며, 김일성 장군이 최고지도자라고 주장했다. 이현상이 김일성 동지는 조선 인민과는 떨어져 중국 공산당에 입당해 투쟁한 경력밖에 없다는 점을 상기시켰다. 그러면서 말했다.

"1925년 조선에서 조선공산당을 건설한 후 지금까지 조선 안에서 조선 인민과 더불어 투쟁한 박헌영이야말로 최고 지도자다."

이 말이 떨어지자 누군가가 술상을 뒤엎었다. 이 사건이 평양에 파다하게 퍼졌고, 김일성도 이 사건을 알게 되었다. 그리고 이현상의 모스크바 육군대학 입학은 취소되었다. 이현상은 육군대학 입학 취소를 차라리 잘된 일이라고도 했다.

이현상은 박헌영을 포함해 남로당 지도부가 모두 월북할 때도 북으로 가지 않았다. 그는 지리산에 잠입해 빨치산 남부군을 지휘했다. 이 시절 그가 쓴 한시(漢詩)가 있다.

'바람 세찬 지리산에 서니 앞은 일망무진한데 / 칼을 짚고 남쪽 천리를 달렸구나 / 내 한시인들 조국을 잊은 적 있던가 / 가슴엔 필승의 지략, 심장엔 끓는 피 있다'

그는 지리산에서 빨치산으로 살다 빨치산으로 죽었다. 1953년 9월 17일, 지리산 빗점골에서 등에 총을 맞고 쓰러진 시체로 발견되었다. 당국은 신원을 확인하기 위해 시신을 서울로 옮겨 그와 동향인 임영신에게 확인을 요청했다.

해방 후 이승만의 지시로 공산당 수뇌부와도 접촉했던 윤치영이 함께 시신을 확인했다. 임영신과 임영선 자매는 이현상을 확인하고 눈물을 흘렸다. 윤치영은 "해방 후 공산당 수뇌를 여러 사람 만났는데, 이현상이 박헌영보다 더 똑똑하다는 인상을 받았다"고 회고했다. 임영선은 "이현상이 여름에 보릿짚 모자를 쓰고 삼베 바지저고리를 입고 우리집을 드나들던 모습이 선하다"면서 그의 죽음을 애달파했다. 그 시대를 함께 했던 지성인들은 금산(錦山)이 낳은 인물로 임영신(초대 상공장관, 중앙대학 설립자), 이현상, 그리고 유진산(1960년대 제1야당이던 신민당 총재)을 '금산의 삼걸(三傑)'로 부른다.

49세, 짧게 살다 갔다. 하지만 박헌영과 함께 북에 가지 않았기에 박헌영처럼 '미 제국주의의 간첩'이라는 죄를 뒤집어쓰고, 김일성의 사냥개에 물어뜯기는 고문까지 겪는 처참한 죽음을 겪지 않았다.

11장

서북청년군의
북소리

'진주(眞珠), 우리 서북 지옥이 되어···'

서청 준비팀은 민청 등 우군 청년단체와 연합해 전평이 장악한 경인(京仁) 지역 기업들을 하나하나 평정하고, 대한독립촉성회 노동총연맹(위원장 錢鎭漢)의 확대를 도운다. 그리고 서울과 인천지역 전쟁이 일단락된 1946년 11월 30일, 서북청년회로 정식 발족한다. 서북이란 평안남북도를 일컫는 관서(關西)와 황해도 해서(海西)의 서(西), 함경남북도를 일컫는 관북(關北)의 북(北)을 딴 명칭이다.

서청의 목적은 ①북한 실정을 남한에 알려 공산당 선전에 휘말려 부화뇌동하는 남한의 공산당 동조자를 선도하는 계몽사업 ②북한에 남쪽 자유의 소리를 전하고, 북쪽에 남아 싸우는 동지들과 연결망을 구축하는 대북공작 ③타공(打共)의 전투였다. 이런 서청의 목표는 그 노래에 더욱 뚜렷하다

'우리는 서북청년군 / 조국을 찾는 용사로다 / 나가나가 38선 넘어 / 매국노 쳐버리자 / 진주(眞珠) 우리 서북 지옥이 되어 / 모두 도탄에 헤매고 있다 / 동지는 기다린다 어서 가자 서북에 / 등잔 밑에 우리 형제가 있다 / 원수한테 밟힌 꽃송이 있다 / 동지는 기다린다 어서 가자 서북에'

서청은 5년제였던 중학교 4년 이상(현재의 고졸 이상) 학력으로, 문

맹 70%였던 1940년대 한국에선 모두 합쳐 수십만에 불과한 가장 높은 지식 계층에 속했다. 그들의 대부분은 공산당에 저항하다 부모와 이별하고 단신으로 고향을 떠났다. 자유를 회복해 부모와 고향을 찾는다는 일념으로 무장되어 있었다. 그들은 두려움 없이 죽음에 맞서 싸우는 자유의 전사(戰士)들이었다.

서청은 경성방송에 고정 프로그램도 마련해 있었다. 매주 금요일 밤 9시, "지금부터 서북청년회의 대북 방송이 시작되겠습니다"는 여자 아나운서의 멘트에 이어 15분간의 연설이었다. 서청의 하는 일 소개, 이승만과 김구 등이 승리의 길로 전진하고 있다는 소식, 공산주의 비판, 그리고 서울에서 듣는 북한 소식 등을 전한다. 이 방송으로 남행을 결행하는 청년이 늘고, 지하조직도 늘어난다는 소식이 전해지고 있었다.

서청은 출범하면서 38선 접경의 옹진, 청단, 연안, 그리고 서울역에 안내소를 설치했다. 황해도의 옹진, 벽성, 연백은 38선을 머리띠처럼 두르고 있어 그곳으로 탈출해오는 청년들이 수만 명에 달했다. 서울역의 경우도 광장에 여러 개의 천막을 치고 남하하는 월남인들의 명부를 작성하여 본부에 보고하고, 본부에서는 신분을 조사해 젊은이는 대원으로 받아들이고 그 밖의 사람들도 동향인과 연결해주는 등 갈 길을 인도했다.

당시 북에선 이승만 암살단 밀파 등 테러, 사회교란 등 공작을 위해 많은 첩자를 남파했다. 경찰이 그들을 가려내기는 어려웠다. 서청 회원들은 그들을 가려낼 자원이었다. 그들은 고향 사람들의 인적 상황을 알고 있었고, 그가 떠난 이후의 고향 소식도 계속 월남하는 동향인

서북청년회 회원증.

한테서 들어 알고 있었다. 북에서 밀파하는 공작원 색출은 서청 정보
부와 감찰위원회가 주관하고, 지부에선 지부 자체적으로 인맥을 찾아
스크린했다. 그리고 소련 군정에서 밀파하는 공산당 요원들을 가려내
경찰, 때로는 미 정보기관에 보내는 일도 했다.

　서청은 처음 1000여 명으로 출발했지만 6개월 사이 10만을 넘어서
는 강한 단체로 발전한다. 선무방송과 월남인 안내로 회원은 날마다
늘어났다. 서청의 이런 성장과 활동을 잘 보여주는 해주 출신 李昌斌
(이창빈)의 증언. 이창빈은 공군 대령으로 제대한 후 대우실업에서 근
무하던 당시 이 증언을 남겼다.

　"고향 해주에서 반공 학생사건에 관련되어 해주·평양감옥에서 1년
감옥살이를 하고 출옥한 뒤, 1947년 봄 38선을 넘었다. 접경인 청단
(靑丹)에 닿으니 서청지부 안내원이 서울까지 기차표를 끊어주었다. 서

울역을 나오자 광장에 서청 천막이 있어 찾아갔더니, 간단한 조사를 한 다음 와룡동 합숙소로 안내해주었다. 뒤에 안 사실이지만 이곳은 함경도 출신들이 주로 합숙해 있는 호림장이었다. 이곳에 며칠 머문 다음, 고향 사람들이 많은 해방촌 천막 합숙소로 옮아갔다."

서청은 합숙소만 50개소에 달했다. 200여 명을 수용할 수 있는 호림장, 묵정초등학교 옛터인 대원장(大元莊), 삼각병원 2층, 중앙극장 건너편 진룡(鎭龍)동지회 합숙소, 효창공원 옆 함북청년회 합숙소 등은 100명 이상을 수용하는 합숙소였다. 해방촌 언덕바지에도 20여 개의 군용천막 숙소를 운영하고 있었다. 일본인 소유였던 공장 기숙사, 회사 창고 등 50개까지 늘어난 합숙소는 넓은 곳은 도 단위, 좁은 곳은 시·군 단위로 합숙케 했다. 회원들이 외롭지 않도록 한 배려다.

서청의 합숙소는 모든 것을 뺏기고 빈손으로 넘어온 월남 청년들에게는 먹고 잠자는 보금자리이자, '출동 대기소'이기도 했다. 출동 명령이 내리면 최단 시간에 수백 명이 함께 출동할 수 있어 다른 청년단에 비해 기동성이 뛰어났다. 황해도 안악(安岳) 출신으로 학생부장을 맡고 있던 임약철은 훗날 이렇게 당시를 회고했다.

"해방촌 천막 합숙소에 있을 때다. 새벽 4시쯤 중구 당부에서 급보가 왔다. 5시까지 전투태세를 갖추고 대원장에 모이라는 지시였다. 호각을 부니까 3분에 전원이 천막 앞에 정렬했다. 우리는 남산 언덕길을 구보로 달렸다. 중도에 경찰 심문에 마주쳤지만 밀쳐버리고 대원장으로 달렸다. 대원장엔 우리보다 앞서 5개조 합숙부대가 이미 당도해 있었다. 우리는 비상이 걸린 국방경비대보다 더 민첩하게 출동했다. 그날은 영등포 어느 공장 노조를 깨는 작전이 있었다."

전국 규모의 좌파 청소작전 구상

서청은 1947년 3·1절 기념식 때 좌파 집회장을 수류탄으로 단상의 지도부를 공격하는 계획을 세웠다. 김성주 사업부장과 반성환 훈련부장이 작전도까지 마련한 치밀한 거사계획이었다. 지도부도 동의했다. 문제는 자금이었다. 수류탄을 구하는 비용, 전국 중요 도시에 공격팀을 파견하는 것 등 모두 돈이 드는 일이다. 서청으로선 그런 막대한 비용을 마련할 길이 없었다.

문봉제와 반성환이 이승만을 찾아갔다. 당시 문봉제는 이승만의 민족통일본부 일을 맡고 있어 돈암장을 무상출입할 수 있었다. 문봉제가 계획을 설명하고 반성환이 보충설명을 한 뒤, 거사비용 50만 원이 필요하다고 했다.

"이 박사는 우리 계획을 들어주셨다. 그랬지만 우리 말이 끝나자 안 된다고 하셨다. '지금 젊은 피를 흘릴 때가 아니다, 젊은 사람들이 국가와 민족을 위해 들고 일어서야 할 때가 있을 것이니 그때까지 참고 기다리라'는 말씀이셨다."

그래서 계획을 포기했다고 문봉제가 말했다. 그랬는데 3·1절 사건은 일어났다. 그해 기념식은 우파는 서울운동장, 좌파는 남산에서 따로 가졌다. 서청은 학생연맹 등과 함께 서울운동장에서 기념식을 마치고 시가행진을 했다. 서울운동장에서 종로, 시청 앞을 거쳐 남대문 전차 종점을 학생연맹팀이 돌고 그 뒷줄의 서청팀이 남대문을 도는 순간, 남대문 왼편 4층 건물에서 총탄이 날아왔다.

서청 바로 앞 학련팀 후미의 중학생 10여 명이 쓰러졌다. 사격을 당하기 직전 남산 신궁 앞(현재의 안중근 동상 자리)에서 기념식을 마친 좌익팀도 남대문 가까이로 다가오던 중이었다. 이들이 서청팀을 향해 돌팔매질을 했기 때문에 거기 신경을 집중해 있다 난데없는 총격을 당한 것이다.

우파 행렬이 흩어졌다. 20분 정도 흘렀을까? 무장경찰이 출동하고 총격전 끝에 총성이 멎었다. 주위는 초연이 자욱한 채 죽은 듯 정적이 흘렀다. 그 많던 사람들은 사라지고 없었지만, 그래서 금방이라도 무슨 일이 터질 것 같은 긴장이 흐르고 있었다. 그런데 누군가 전차 밑에서 벌떡 일어나 길 복판으로 나오며 "서청은 모여라!"고 소리쳤다. 총탄을 피해 전차 밑에 몸을 숨겼던 반성환이었다. 그 순간 또 놀랍게도 어디론가 몸을 숨겼던 서청 대원들이 모여들었다. 순식간에 대원 500여 명이 대열을 이뤘다.

그제야 몸을 숨겼던 행인들도 고개를 내밀기 시작했다. 서청이 대오를 짓고 '우리는 서북청년군, 조국을 찾는 용사로다…'라는 「서청가」를 부르며 행진을 시작하자 시민들이 박수를 보내주었다.

이틀 지난 3월 3일, 반성환은 트럭 두 대에 행동대원을 싣고 문제의 4층 건물 남로당 본부로 갔다. 총격팀 색출과 공개사과를 요구했더니 그러겠다고 약속했다. 그래서 모두 돌아왔다. 그런데 남로당은 이 약속을 이행하지 않았다.

청년운동과 정당 활동에서 우파는 좌파를 따라잡았고, 서울에선 그들보다 우위에 들어서고 있었다. 그러나 학원은 좌파 세상이었다. 공산당의 전위인 민주학생총동맹은 학교에서 「적기가」를 부르고 학생 조직도 계속 넓혀나가고 있었다. 우파도 학생연맹, 건국청년회학생부, 기독교학생회, 서북학생연맹, 그리고 고학생연맹 등 조직이 있었다. 그러나 공산당의 학통에 눌려 교내 활동이 어려웠다.

서울대의 경우 학통은 우파 학생을 서울대 파괴분자로 몰아 교실에도 들어오지 못하게 했다. 문리대 교수 鄭相錄(정상록: 물리학, 후일 김일성대 교수)을 중심으로 한 좌파 교수들은 좌파에 가담하지 아니한 우익 교수들을 반동으로 몰아 담당시간을 빼앗았다. 이 바람에 우익 교수들은 숨어 다니며 강의를 하고, 시험을 보게 했다. 그러다 들키면 테러를 당한다.

서청 초대 학생부장이던 서울공대 송태윤 교수는 실험실에서 학생들 시험을 보다 들켜 벽돌조각에 맞아 1주간 병원에 입원하기도 했다. 학장을 비롯해 교수들 집엔 사표를 내지 않으면 가족들을 몰살하겠다는 협박장과 돌멩이, 때론 화염병이 날아들었다. 심지어는 수류탄을 던지기도 했다. 이런 사정은 의학전문, 보성전문, 연희전문, 성균관, 세브란스의전, 숙명, 그리고 한국대 등 전문·대학들이 모두 마찬가지였다. 무풍지대는 이화여전 단 한 곳뿐이었다.

1947년 2월, 동대문경찰서 서장 최능진이 조민당 사무처장이면서 서청을 지도하고 있던 백남홍을 찾아왔다. "한국 유일의 대학인 서울대학부터 좌·우파 학생의 균형을 잡는 것이 필요하다. 서청에서 학생을 추천해달라"고 최 서장이 말했다. 이념과 사상이 확고하고 행동에도 나설 의지가 있는 학생을 골라 추천하면, 서울대학에 입학시킨다는 것이다.

무시험 입학이었다. 다만 공대만은 수학을 모르면 수강이 불가능하다는 김동일 학장의 의견을 받아들여 수학시험을 치러야 한다고 했다. 서울대학에 서청이 선발해 추천한 50여 명이 입학했다. 이 입학은 최능진 서장과 백남홍 위원장, 그리고 서울대 본부 학생처장 셋만이 비밀리에 처리한 입학이었다.

서북학생들은 공부하면서 좌익과 대결하는 1선에 섰다. 좌익의 삐라에는 삐라로, 테러엔 테러로 맞섰다. 때로는 학내 공산당 세포를 가려내는 경찰에 협조하는 경우도 있었다.

1960년대 베스트셀러였던 『순교자』의 저자 金恩國(김은국)도 서청의 맹장이었다. 1946년 단신으로 고향 함흥을 떠나 월남한 그는 이듬해 선우경식을 따라 목포로 내려가 서청 목포지부 대원이 되어 목포고등학교에 전입해 졸업하고, 서울대로 진학해 서북학생연맹 멤버로 활동했다. 그는 6·25전쟁이 나자 군에 입대했으며, 1·4후퇴 때는 서울에 남아 정보 수집과 연락도 하고 삐라, 포스터 작전까지 게릴라전을 수행했다. 5년 복무 후 도미(渡美)해 수학했다.

6·25전쟁 중의 평양을 배경으로, 이념의 대립이 만들어낸 비극적 사건을 그려나가며 신앙과 양심의 갈등을 생생하게 그려낸 장편소설 『순교자(The Martyred)』는 10여 개 나라에서 번역 출간된 베스트셀러다. 그가 학생시절 서청 대원으로 활동하던 때는 동료들도 그가 서청 대원이라는 사실을 몰랐다. 1981년 풀브라이트 교환교수로 서울대학에서 강의하던 무렵에 옛 동료들에게 스스로 밝혀 모두들 놀랐다고 한다.

서북학생연맹만은 겁없이 뛰었다. 그러나 수에서 너무 차이가 났다. 역시 소수로는 다수를 넘어설 수 없었다. 학교라서 불가침을 지켰지만, 1947년 6월에 청년단체가 나섰다.

서청이 개입한 학교는 서울상대, 동명여중, 그리고 한성 세 학교다.

이들 세 학교는 서청 학생부 활동이 궤도에 오른 1947년 5~6월까지 좌익들이 버텨낸 학교다. 서울상대는 매일 방과 후 교실에서 50~60명으로 구성된 공산당 소조회(小組會)를 열고 반탁 저지, 국대안 반대, 기타 투쟁 방안을 토론했다. 교내에선 삐라, 포스터 붙이기 등 활동을 계속하고 있었다. 1947년 들어 학련이 모든 학교에 조직을 가졌지만, 서울상대만은 발을 붙이지 못하고 있었다. 서청학생부가 이런 상대를 쳤다.

이날 결전에는 김계룡 학생부장, 반성환 훈련부장 등 함북 출신 호림장팀 20여 명, 훈련부 대원 40여 명, 학생부 대원 60명 등 150명이 넘는 정예들이 동원되었다. 이들은 영동 국방경비대 보복전 때처럼 청량리역에서 내려, 뿔뿔이 흩어졌다가 오후 2시 상대 뒤 소나무 밭에 집결했다. 저마다 몽둥이, 단도, 철봉 등으로 무장했다.

이들은 좌익 학통 소조회가 열리고 있는 교실을 포위하고 자갈을 던져 유리창을 박살낸 다음, 독 안에 든 쥐 신세가 된 좌익학생들을 두들겨 패기 시작했다. 이날 상대 학통은 거의 반죽음 당하는 매질을 당했다. 매질만이 아니다. "다시 빨갱이 노릇하면…"이라는 협박도 했다. 이날 이후 상과대학 학통 핵심들은 다시는 학교에 나오지 못했다. 그들은 학교 대신 남로당, 민청, 전평 등 좌익 조직에 들어갔다.

동명여중과 한성중학교는 공산당의 온상이었다. 동명여중의 李信龜(이신구: 후일 행방불명), 한성중 朴俊榮(박준영: 월북) 두 교장은 공산당 핵심 당원이었다. 이들은 좌익 교사들과 합동해 학생들을 공산당으로 세뇌하고 지하활동을 지도했다.

특히 동명여중은 재단 이사장 李應三(이응삼)마저 공산당 세포여서 교사도 좌익 성향 교사가 많았다. 동명여중은 교사 金鳳守(김봉수)를 리더로 해 김일성 초상화를 그려 여학생들에게 시가지에 나가 붙이게 하고, 삐라도 만들어 여학생들에게 학교나 규모가 큰 회사 등에 돌리게 했다.

한성중학교 역시 데모, 삐라 살포 등으로 날을 지샜다. 학교 앞 아현동 로타리로 스크럼을 짜고 거리에 진출하는 일도 잦았다. 시위 지도 등으로 교사가 경찰에 연행되면, 연행된 교사의 수업시간엔 상급반 학생이 나와 수업지도라는 명목으로 공산당 세포로 인도하는 강론을 하게 했다.

1947년 여름, 이들 두 학교의 공산당 활동을 교사가 서청에 고발해왔다. 동명은 40대 교사, 한성은 35세쯤으로 보이는 교사가 서청을 찾아왔다. 그들은 이름을 밝히지 않았다.

"도무지 학교가 학교 같지 않습니다. 학생들은 건드리지 말고 좌익 교사들을 학교에서 축출해 줄 수 있겠습니까?"

그러면서 문제 교사의 명단을 내놓았다. 동명은 교사 30명 중 19명, 한성은 7명이었다.

당시 서청은 피를 부르는 폭력에 진저리치던 때다. '폭력을 안 쓰고 해결해보자.' 그럴 작정으로 서청 학생부가 150명 규모의 행동대를 편성, 먼저 동명에 진입했다. 행동대는 곤봉 등으로 무장했지만, 되도록 폭력을 쓰지 않기로 작정했다. 10여 명이 교문에 서서 좌익 교사들의 출근을 저지했다. 당시는 서울지역 좌익을 제압한 때여서 좌익 아닌 사람들도 '서북(西北)'이라는 완장을 찬 서청을 두려워하던 무렵이었다.

좌익 교사들에게 해고 통고를 하고, 출근하면 부득이 실력 저지에 나설 수밖에 없을 것이라고 말하자 그들은 순순히 돌아갔다. 그리고 서청 행동대가 몇 주간 학교 주변에 배치되어 좌익 교사의 출근 여부를 체크하자 이들은 교사직을 단념했다. 잇달아 한성도 폭력행사 없이 같은 방법으로 좌익교사들을 축출했다.

독특한 종이 폭탄(紙彈), 헛바닥 폭탄(舌彈) 전술

'농촌이 도시를 포위하고 지방이 수도를 포위하여 마침내 혁명을 성취한다.'

모택동의 이 혁명 전술은 해방 정국에서도 한반도의 공산당이 교과서로 따라간 전술이다. 수도권에 인구가 몰린 오늘과 달리 1940년대 남한은 농업 인구 80%였다. 농촌과 지방도시의 서울 포위는 인구 100만이던 서울만을 '백색(白色, 우파)이 있는 외로운 섬'으로 만드는 백색 고도화(孤島化) 전술이다.

미군 G2(정보처)와 CIC(방첩대)의 분석으로는 1947년 상반기까지도 좌파 조직인 인민위원회가 행정기능을 수행한 지역이 남한의 근 70%인 67개 시·군에 달했다. 지방의 시·군청 중에는 아침 조회 때 애국가가 아니라 「적기가」를 부르고 있기도 했다.

주민의 절대 다수가 공산당이어서 나타난 현상이 아니다. 공산당의 위력은 독특한 폭력의 힘이다. 공산당의 폭력은 테러보다 조직이 발휘하는 힘이다. 신문과 좌파 문화단체들의 종이 폭탄(紙彈), 공산주의 선전선동이라는 헛바닥 폭탄(舌彈)의 지원 사격을 받는 일선 전위단체들이 하나로 연합해 대중을 동원했다. 그들은 우파를 마을에서, 직장에서 반동으로 고립시키거나 추방하거나 무력하게 만들어 붉은 왕국을 구축해나가고 있었다.

무법의 땅을 말해주는 리포트가 있다. 2차 미·소공위가 열리고 있던 1947년 여름, 미국 뉴욕의 잡지 '코리아 평론' 발행인 金龍中(김용중)이 한국에 와서 남한 각지를 돌아본 리포트를 체이스은행 부총재 로크 2세에게 주었다. 로크 2세는 트루먼 대통령의 아시아 문제 조언자였다. 이 리포트엔 법치가 무너진 남한의 폭력과 무질서, 그리고 선동으로 날을 지새우는 사회혼란이 기술되어 있었다. 큰 충격을 받은 로크 2세는 이 글을 트루먼 대통령에게 전했다. 대통령은 이 글을 읽은 뒤 로크에게 이렇게 얘기했다.

"한국은 잘못되어 있다. 그 점을 우리는 유감스럽게 생각하지만, 소련이 관계하고 있는 곳에서는 거의 어느 곳에서나 좌파의 정치투쟁에 의한 혼란이 있다. 현재로서는 우리에게 특별한 방도가 없다."

법치가 무너진 폭력과 무질서의 땅이라는 이 리포트의 진실은 서청의 남진에서 적나라하게 드러난다.

남선 파견대, 대표는 林一(임일)이다. 1922년생, 함경북도 길주 출신. 일본 주오대학(中央大學) 전문부 출신인 그는 1945년 12월에 고향을 탈출했다. 서울에서 한성일보에 들어가 기자생활을 하던 그는, 남쪽마저 공산당 세상이 되어가는 사태를 보며 기자에 안주할 수 없다는 생각을 했다. 1946년 3월, 기자직 사표를 내고 함북청년회 선전부장을 맡아 반공전선에 뛰어들었다. 그가 하는 일은 이북 실정을 전하는 강연회다. 그런데 인천 애관극장에서 연설하다 공산당원의 저격을 받았다. 총탄 두 발은 이마를 스치고 어깨를 뚫었다. 죽지 않은 것이 천행이었다. 치료 후 회복한 그는 반공의 '람보'가 된다.

1947년 5월에 임일, 임룡태, 김인복, 계호순 등 4명이 충청과 호남 정세 파악에 나섰다. 지방은 인민위원회를 비롯해 좌파 동맹군이 모든 지역을 지배하고 있었다. 대전의 경우도 전평이 옥상에 붉은 깃발을 걸고, 충남 지역 기업들의 파업 등 투쟁을 주도하고 있었다.

반면 독촉국민회지부는 물론 국민회 산하인 전국청년연맹지부까지도 좌파의 습격이 두려워 회의조차 사무실에선 맘 놓고 할 수 없다고 했다. 전라도는 더 심했다. 그들 4명도 무주에서 국민회 지부장 申鉉燉(신현돈)의 집에 가자 고창 농민회 청년들이 몰려와 "서울에서 온 서청 놈을 내놓으라!"는 요구로 사선(死線)에 마주치기도 했다.

서울에 돌아온 임일은 남선(南鮮)을 평정할 특공대를 건의한다. 이 래서 탄생된 것이 남선 파견대다. 처음 대원은 30명, 대전 시내 독촉국민회와 독촉 산하 청년연맹 등 우파 단체의 간부들 집에 분산되어 지내면서 숙소를 찾는 일과 활동을 병행했다. 먼저 대전방송국에서 이북 실정을 알리는 시간을 주어 방송을 통한 선무활동부터 시작했다. 반공 계몽 강연도 했다. 서청은 폭력집단이 아니라는 것, 그리고 회원 모두 학력이 높다는 것을 알리는 이미지 만들기에도 주력했다.

서청 남선 파견대가 대전에 내려간 지 한 달이 채 안된 1947년 2월, 대규모 전쟁에 끌려들었다. 당시 서청 파견대 대원들은 충남 도지사 禹德淳(우덕순)과 대전시장 李錫基(이석기)의 도움을 받아 요정이었던 대전 중동의 적산 가옥을 빌려 임시 숙소로 썼다. 거기서 그들은 피난민에게 주는 구호미 배급 등 생활 터전을 마련하기 위해 동분서주하던 때였다. 임시 숙소는 마련했지만 서울에서 계속 내려보내는 대원이 이미 200명 가까이에 이르러 다른 합숙소도 물색 중이었다.

그날은 7명의 대원들이 비어있던 중동의 일광사를 임시 합숙소로 쓰기 위해 주지 양정목 스님을 만나고 돌아오던 길이었다. 이들이 목동 다리에 이르렀을 때 좌파의 습격을 받았다. 기습인 데다 상대가 월등히 많아 제대로 저항도 못하고 일방적으로 얻어맞았다. 급보를 받고 파견대에 있던 8명이 다리로 달려 나갔으나 이들마저 거의 반죽음이 되었다.

남선 파견대장 임일은 결전을 준비했다. 부상자가 많아 싸울 수 있는 대원은 모두 합쳐 100여 명. 다듬이와 방망이를 준비했다. 그러나 수에 밀리기 때문에 권총과 7개의 수류탄으로 무장했다. 수류탄은 許泰和(허태화) 훈련부장이 그날 낮 국방경비대에서 얻어왔고, 권총은 철원 출신 대원이 갖고 있던 것을 임일이 받아 무장했다.

임일이 권총을 발사하는 것이 무기 사용의 신호였다. 그런데 좌익도 공격을 준비하고 있었다. 그들은 대전 인근 대덕군까지 조선민주청년동맹, 전평, 그리고 농민조합의 전위부대를 총동원해 공격했다. 방망이로 무장한 500~600여 명으로 5대 1도 더 되는 싸움이었다.

두 패는 목동 다리에서 마주쳤다. 좌익들은 횃불을 들고 함성으로 기세를 올리고 있었다. 칠흑의 어둠 속에서 혈전이 벌어졌다. 돌을 던지는 투석전으로 시작해, 몽둥이로 부딪쳤다. 피가 튀는 혈전이었다. 서청은 목숨을 내던지는 젊은이들. 그랬지만 수의 열세를 넘어설 수 없었다. 좌익들이 서청을 모두 짓밟을 기세로 다리를 건너 덮쳐오자 임일이 권총을 발사했다. 7발의 수류탄도 동시에 투척했다. 수류탄이 돌진해오던 좌익대원 앞에서 터졌다. 그리고 그들의 돌진도 멈췄다.

좌·우파 모두 사상자를 수습해 퇴각했다. 서청은 30여 명이 입원 치료가 필요한 중상, 좌익은 수류탄 공격을 받아 사망자도 있었을 것이 분명했지만 사상자가 몇 인지 몰랐다. 당시 좌우 혈전은 양쪽 공히 인명 손실을 밝히지 않는 것이 불문율이었다.

2차전은 역시 좌익의 도발로 대전천(大田川)에서 벌어졌다. 3월 1일, 좌익이 우익의 집회장소인 교동국민교로 통하는 대전천 주변 길을 모두 막았다. 급보를 받은 임일은 같은 우익청년단인 종랑도(宗郎道) 측과 합동해 150명의 돌격대를 급조했다. 곤봉과 죽창으로 무장한 이들 돌격대는 대전천 좌익 기념식장으로 쳐들어갔다.

좌익도 100여 명 경비조가 배치돼 있어 격전이 벌어졌다. 그러나 이번엔 우파 측 합동부대가 선제공격을 한 데다, 수적으로도 우세해 좌익 기념식장을 쑥대밭으로 만들었다. 전쟁이 끝난 뒤 우익 150명 중 성한 사람은 단 한 사람도 없었고, 40여 명은 병원 치료를 받아야 할 중상이었다.

이긴 우파의 피해가 이 정도였으니 좌파는 더욱 처참했을 것이다. 백주의 난투극은 강변을 피와 비명의 아수라장으로 만든 연옥(煉獄)이었다고 했다. 그리고 이 두 차례 격전으로 대전의 좌파 청년조직은 거의 궤멸하다시피 하여 힘을 잃었다. 서청이 대전을 장악하는 발판을 구축한 것이다.

대전 좌파 청년 전위부대를 제압한 서청의 다음 표적은 전평이다. 첫 표적은 대전 군시(君是) 제사공장이었다. 충남경찰국 사찰과 황 부과장이 타격 1호로 지정한 회사다. 그는 말했다.

"이 공장은 매일 아침 조회를 「적기가」로 시작하는 등 모든 의식을 공산당 방식으로 하는 전평의 아성이다. 전평은 이 공장을 본부로 해 충남의 기업들을 조종, 통제하고 있다. 사장 崔錫煥(최석환)마저 전평에 부화뇌동하고 있어 경찰이 손을 쓸 수 없다. 뒷수습은 경찰이 할 테니 서청의 실력을 보여 달라."

경찰의 주문이니 거리낄 것이 없다. 그렇지만 종업원이 2000여 명으로 대전서 가장 규모가 큰 공장이다. 정예대원 50여 명을 거느리고 나섰다. 독촉국민회와 전국청년총연맹지부도 합동한 100여 청년부대다. 공장에 닿아 사장을 만나겠다고 했지만 공장 문을 닫고 열어주지 않았다. 경로는 알 수 없지만 정보가 샌 것이 분명했다.

그렇지만 내친걸음이니 물러설 수 없었다. 뒤편 담을 넘어 쳐들어갔다. 안에서도 대비해 있어 전투가 벌어졌다. 공장의 전평 핵심들이 공구를 무기로 저항했다. 40분의 난투극, 전평 핵심들을 모두 쓰러뜨렸을 때는 서청 측도 성한 사람은 단 한 사람도 없었고, 20여 명은 중상을 입고 있었다. 대전지부가 치른 전투 중 가장 피를 많이 흘린 전투였다. 마침 도립병원이 부상자 치료를 무료로 해주었다.

다음은 대전방직, 사장 홍학기의 청탁이었다. 전평 지령을 받는 몇 명이 공장을 장악하고, 종업원을 선동하여 일은 하지 않으면서 임금을 올리라고 요구하는가 하면, 운영권마저 노조에 넘기라고 떼를 쓴다고 했다. 그러면서 전평 간부 명단을 건네주며 이들의 사표를 받도록 압력을 가해달라는 것이 홍 사장의 주문이었다.

서청 부대가 출동했다. 미리 짠 각본대로 사장을 불러 앉히고, 전평 간부 사표를 받으라고 압력을 가했다. 저항하면 매질할 준비를 갖추고 있었다. 그랬는데 이외로 쉽게 끝났다. 군시 제사의 혈투 영향인지 방직회사의 전평 골수들은 저항할 엄두를 못 내고 순순히 사표를 쓰고 회사를 떠났다.

남선 파견대는 충남, 전북, 전남, 충북 순으로 도 지부를 설치하고, 시군 지부까지 조직을 확대해나갔다. 3월 말까지만 해도 충남은 서산 한 곳을 뺀 모든 군(郡), 전북은 전주와 군산 등 8개 시·군, 전남은 8개 시·군, 충북은 충주와 청주 등 다섯 곳으로 남선 파견대 산하 시군 세포가 40개소에 이르렀다. 지방 시·군 세포 조직의 재빠른 확대는 좌파에 눌려 기를 펴지 못하고 있는 지역의 우파 단체들이 서청지부 개설을 다투어 초청하는 데다, 서울본부도 계속 밀려드는 월남 청년들을 수용할 수 없어 지방으로 내려 보내는 두 흐름이 겹쳐 이루어지고 있었다.

무섭게 번지는 서청의 지방 진출은 10월 폭동에서 밀려 서울의 주도권을 뺏기고, 지방에서 수도 포위작전을 펴고 있던 좌파에게는 존망(存亡)이 걸린 위협이었다.

그러던 3월, 부안에서 끝내 끔찍한 사건이 일어났다. 부안군 독립촉성국민회 요청으로 그곳에 서청지부를 설치하기 위해 7명의 선발대가 부안에 내려갔다. 좌익 농민조합이 너무 강해 국민회 등 우익은 활동을 거의 못하고 있으니 도와달라는 부탁이었다. 서청 선발대는 그날 저녁을 먹고 담소하던 중 잠시 바람을 쏘인다며 산책 나갔던 한 대원이 돌아오지 않았다. 20세의 평북 길주 출신 대원이다. 수색에 나섰지만 오리무중이다가 며칠 만에 인근 야산에서 시체로 발견되었다.

그의 모습은 처참했다. 땅이 얼어있던 3월이다. 그런데도 그는 손발이 꽁꽁 묶인 채 눈만 내놓고, 코 아래서부터 땅 구덩이에 파묻혀 죽어 있었다. 매질하고 묶어 생매장 당한 참혹한 주검이었다.

임일은 분노했다. 대전의 김승호가 병력 300명을 데리고 부안에 내려가 농민조합 간부 집을 습격했다. 부안 사정을 모르니 국민회 측이 지목하는 집에 쳐들어가 매질하고, 집안 가재도구도 작살냈다. 생매장에 치를 떤 대원들이다. 몇 명이 맞아죽었는지 기록도 없다. 이 보복전 후 부안 좌익은 뿌리가 뽑혔다고 했다. 얼마나 참혹한 보복이었는지를 말해준다.

3월 말, 군산에서도 또 충돌했다. 임일 등이 군산지역 국민회 초청을 받아 군산극장에서 이북 실정 보고 강연회를 열었다가 습격을 받았다. 서청 대원 40여 명이 중상을 입은 사건이다. 조사결과 군산중학교 교사이면서 이 지역 좌파를 지도하고 있던 姜公熙(강공희)가 이끌고 온 이 지역 좌파 단체 전위부대들의 합동작전이었다. 서청도 보복을 준비했다.

이 지역 좌파 단체 중 어디를 먼저 타격할 것인가를 저울질하고 있는데 남선일보가 도발해 왔다. 「서청 테러단 두목 임일 내군(來郡)」이라는 제목으로 서청을 모해한 기사를 1면 톱으로 실었다. 서청으로선 참을 수 없는 비방보도였다. 좌익 청년단에 앞서 신문부터 쳐야 했다. 그런데 군산경찰서 白亨福(백형복) 사찰계장이 문제였다. 공산당 비밀당원이던 그는 서청의 보복을 막기 위해 남선일보에 경찰대를 파견해 지켜주고 있었다. 잘못 건드렸다간 서청만 줄줄이 경찰에 연행되고 감옥에 보내질 수도 있었다.

임일은 서청 대원들을 모두 사무실에 모이게 하고 경찰서로 백 계장을 찾아가, 좌파 단체가 서청을 친다는 정보가 있어 대기 중이라고 알렸다. 백 경위는 서청에 와보고 대원들이 비상대기 상태인 것을 확인한 뒤, 남선일보에 나가있던 경찰을 서청으로 불러 경비하게 했다. 이 사이 다른 곳에 대기해 있던 서청대원들이 남선일보로 쳐들어가 활자판을 흩뜨리고, 윤전기에도 모래를 끼얹어 신문제작이 불가능하도록 만들었다. 그런 뒤 습격조는 모두 다른 시·군 지부로 분산 피신했다. 백 경위는 훗날 월북해 공산당 핵심세포였다는 사실이 드러났다.

청주에선 좀 특이한 사건이 벌어졌다. 삼균동맹(三均同盟) 청년부원 100여 명이 서청 합숙소를 습격했다. 잠자던 20여 명이 기습을 받아 참혹하게 매질당한 참극이다. 삼균동맹은 김구의 한독당 산하로, 조소앙을 회장으로 한 단체다. 우파로 분류되지만 좌우익 대결엔 나서지 않고 중립을 표방하던 단체였다. 중립노선을 깬 것은 삼균동맹이 공산당 전위부대였기 때문이었다. 서청은 공산당이 접수해 있던 청주의 삼균동맹에 200여 대원을 투입하는 보복전을 벌였다.

서청의 지방 진출엔 규칙이 있었다. 먼저 현지의 초청이 전제된다. 초청자가 합숙소를 제공하고, 일정기간 식사도 담당해야 한다. 초청자 지역은 좌익에 눌려 우익 단체 활동이 거의 불가능한 지역이다. 그래서 한민당, 독촉국민회, 부인회, 한독당, 그리고 군소 청년단체의 현지 책임자들이 이런 재정적 부담을 안고 서청을 초청했다. 서청 파견대의 목표는 우익 단체의 활동기반을 만들고, 가능하면 서청지부도 창설하는 일이었다. 그래서 맨 먼저 하는 일이 이북 실정 보고 강연회다.

1940년대 한국인은 순박한 사람들이다. 공산당에 대해 아는 것이 있어 공산당이 되는 것이 아니다. 가난한 자도 없고 부자도 없는 세상이라는 공산당의 달콤한 선전에 이끌려간 사람들이다. 공산당은 북한이 공산혁명으로 지상낙원이 되어가고 있다고 선전했다. 그런데 이북에서 실제로 겪었던 일, 그리고 계속 월남하는 청년들이 전하는 붉게 물들어가는 이북의 변화를 알리는 서청의 이북 실정 보고는 지상낙원이 거짓임을 알린다. 좌익들은 이런 활동을 결코 좌시하지 않았다. 강연회를 방해하거나 테러로 맞선다. 그래서 서청은 지방 진출에서 많은 희생을 치렀다.

당시만 해도 농경시대였다. 지방은 좌우로 갈려 있어도 대를 이어가며 살아온 토착민들이다. 이들 토착민에게 서청은 굴러온 돌이다. 그래서 수칙 1번은 절대로 먼저 충돌을 일으키지 않는다는 것이다. 그렇지만 도전받으면 응전하고, 기습 등으로 일방적으로 당했을 경우 반드시 보복한다는 것이다.

싸움을 거는 방법은 아주 손쉽다. 「적구(赤狗) 하의 북한 실정을 폭로함」이라고 쓴 좀 자극적인 삐라와 포스터를 내거는 것이다. 거의 100% 강연장을 습격해오게 되고, 그래서 서청이 보복할 구실을 제공한다.

서청대원 몰살한 국방경비대의 습격

1947년 4월, 경비대가 서청을 기습한 사건은 가장 사상자가 많았던 충북 영동의 참극이다. 사건은 張訓宗(장훈종)을 대장으로 한 16명의 서청 선발대가 영동에 파견된 지 1주일 만에 일어났다. 이날은 읍에서 이북 실정 보고 강연회를 가진 날이다. 대원들은 합숙소로 돌아와 잠들었다. 강연으로 피곤했기 때문에 모두 곤한 잠에 빠졌다.

그런데 한밤중 영동 주둔 국방경비대 병력 200여 명이 습격했다. 99식과 38식 소총으로 무장한 군인들은 이불 속에 잠든 대원들에게 총격을 가하고, 잠이 깨 도망치려는 대원은 개머리판과 칼로 난자했다. 합숙소가 좁아 지방 유지의 집에 투숙했던 4명이 살아남아 사건을 알렸다.

임일이 맨 먼저 찾은 곳은 10여 대원들의 시신이 안치되어 있는 영동세무서 목욕탕이었다. 반공주의자인 영동세무서 관세과장 박시찬이 처참하게 널려 있는 서청대원들의 시신을 세무서 목욕탕에 옮겨 놓았던 것이다. 잔인하게 학살당한 대원들의 시신을 보는 순간, 찢어져 피투성이인 시신의 모습에 "이럴 수가!" 외마디 소리를 지르며 임일은 통곡했다.

반드시 원수를 갚겠다는 결의를 다진 임일은 먼저 현지 우익 단체인 태극청년단 사무실로 갔다. 태극청년단 단장 이준태, 국민회 지부장, 그리고 관세과장들이 말하는 현지 사정을 종합해 보면 영동에 주둔하고 있는 국방경비대는 좌익부대였다. 그들은 군가 대신 「적기가」를 부르며, 여기에 힘을 얻은 지방 좌익 단체들의 횡포로 영동 주민들이 두려움을 느낀다고 했다.

국방경비대는 1946년 1월에 창설하면서 좌우 중립을 표방해 미군정이 입대하는 군인 지망생들의 사상 검증을 하지 않았다. 일반 사병은 거리에서 부대 단위로 모집했다. 이런 틈을 이용해 공산당이 대거 입대했다.

일제하 대학을 다니다 학도병으로 갔던 이른바 학병 출신들은 대학 때 마르크스 레닌에 기울어져간 볼셰비키들이 많았다. 이들이 군사영어학교와 사관학교로 갔고, 장교가 되어 거리 모병에 나서면서 공산당을 선별적으로 받아 그들의 중대나 대대를 좌익부대로 만들었다. 영동의 부대가 그런 부대들 가운데 하나였다.

우선 임일이 대원 1명만 데리고 영동경비대대 대대장을 만났다. 무참한 살상이니 그래도 사과는 있으리라고 기대한 방문이었다. 그러나이건 오산(誤算), 정말이지 어리석은 믿음이었다. 너무 거칠고 당당한데 화가 나 범인들을 색출해 서청에 넘기라고 요구했다. 대대장은 도리어 화를 냈다.

"이북에서 쫓겨 온 민족반역자 새끼들이 어디 와서 지랄이야!"

권총을 뽑아들고 당장 나가지 않으면 쏘아죽일 것이라고 소리쳤다. 임일은 별 수 없이 돌아섰다. 보복한다는 결심이 섰기에 아무 말도 않고 돌아섰다. 며칠 지나 결사대를 편성했다. 보복에 실패하면 모두 죽기로 각오하고 나선 결사대다. 남행하는 난민으로 가장하기 위해 대부분이 괴나리봇짐을 멨다. 더러는 장사꾼이나 학생 차림도 했다. 저마다 다른 차림으로 기차에 올랐다.

영동까지 가면 낌새를 챌지 모른다. 그래서 모두 옥천에서 내려 뿔뿔이 흩어져 길을 달리해 걸었다. 이튿날 새벽 2시, 그들은 미리 지정한 부대 앞 은신처에 집결했다. 봇짐에서 도끼를 꺼내들었다. 맨 먼저 무기고를 기습해 경비병을 소리 없이 잠재우고, 무기고를 털어 무장했다. 그러곤 좌익 병사들의 막사 주변에 기름을 뿌리고 불을 질렀다. 잠자다 불에 놀란 사병들이 뛰쳐나오자 도끼로 찍었다. 처절한 살육이었다. 아수라장이 이럴까?

부대를 초토화하고 결사대는 또 뿔뿔이 흩어져 은신했다. 사상자가 너무 많아 서청으로선 감당할 수 없다고 임일은 판단했다. 그는 서울로 직행, 김구를 찾아 자초지종을 말하고 도움을 청했다. 김구가 송호성 국방경비대 사령관을 만났다.

"보복전이긴 하지만 사상자가 너무 많다고 들었다. 그렇지만 먼저 테러를 가해 살상을 저지른 것은 경비대다. 더욱이 항의하러 간 서청 대장한테 사과나 위로는커녕 권총을 들이대고 내쫓은 결과다. 군의 과오도 크다."

이래서 사건을 덮기로 해 이 참극은 세상에 별로 알려지지 않고 묻혔다.

일본군으로 죽은 데 비하면…

영동사건의 도발은 좌익이었지만 죽은 자의 수에선 좌익이 몇 배나 더 되는 피해를 입었다. 그 보복이었을까? 첫 공격은 공주에서 일어났다. 이북 진상 강연회를 위해 금강교를 건너가던 서청 공주 지부 대원들이 다리 중간에 이르렀을 때, 다리 밑에 숨어 대기하고 있던 청년들의 공격을 받았다. 총격을 신호로 죽창과 곤봉으로 무장한 공산당원들이 앞과 뒤에서 덮쳤다. 상대는 100여 명, 다섯 배나 더 되는 인원이었다.

공주지부는 20일 전 공주서 이북 실정 보고 강연회를 가진 뒤 지부를 열었고, 이날은 두 번째 강연이었다. 영동사건 직후여서 보복 테러를 우려해 출발 직전 강연장으로 가는 길목을 정찰했다. 금강교도 이때 살폈다. 그런데 불행하게도 이들은 다리 밑에 은신하고 있던 조선청년동맹 대원들을 보지 못했다.

안심하고 다리를 건너던 서청대원들은 죽창에 찔려 피를 흘리며 쓰러졌다. 그래도 다행인 것은 2진이 바로 발견해 후면을 공격하여 퇴로를 여는 한편, 급보를 받은 민청과 국민회 등 우익 단체 청년들이 몰려왔다. 전세가 역전되어 좌익 청년동맹원들도 사상자를 내고 후퇴했다.

서청에선 용승대 대원이 왼쪽 가슴을 죽창에 찔려 현장에서 즉사하고, 15명이 거의 절명 직전의 중상을 입었다. 청년동맹 측도 반격부대의 칼에 찔려 20명도 더 되는 인원이 현장에서 쓰러졌다. 이 중 몇 명은 절명한 것으로 알려졌다. 그러나 사건은 덮어졌고, 경찰은 공산당 쪽 사망자 수를 알려주지 않았다.

평북 출신의 용승대는 가족과 함께 월남한 청년이다. 부산에 정착한 용승대의 부모가 달려왔다. 부모는 소리 없이 눈물만 훔쳤다. 그러면서 그 부친이 말했다.

"제 나라 아닌 일본군으로 나가 죽기도 했는데, 건국을 위해 공산당을 무찌르다가 갔으니… 그들에 비하면 원통할 것도 없다. 이런 불상사가 났다고 해서 사기가 떨어져서는 안 된다. 꾸준히 싸워 고향을 찾아야지."

남선 파견대 좌우명이 된 말이다.

대전을 평정하고 호남으로 진출하던 때, 첫 사건은 군산에서 일어났다. 군산지부는 합숙소를 마련치 못하고 국민회 지부와 역전에 자리한 아시아병원 등 군산 유지들 집에 분산해 기거하고 있었다. 그런데 병원에 기거하던 평북 출신 김영익 대원이 이북 진상 폭로 강연장을 빌리기 위해 극장으로 가던 중, 병원 부근 고무공장의 전평 소속 노동자들에게 맞아 죽었다. 김 군은 머리를 둔기에 맞아 즉사한 시체가 되어 고무공장 옆 골목길에 버려져 있었다.

전주, 남원, 이리 등 전남북 지역 곳곳에서 서청지부가 테러를 당해 1~2명씩 희생자가 이어졌다. 전주지부를 열고 동시에 전라민보에 임일 파견대장이 「이북 진상기(眞相記)」라는 제목의 글을 연재했다. 그러자 전북신문이 「백주에 횡행하는 서청 테러단 내전(來全)」이라는 제목으로 이 글을 거짓말이라고 비방하는 기사를 실었다.

임일은 전북신문으로 가 항의하고, 전라민보에 게재했던 글을 그대로 전북신문에도 게재할 것을 요구했다. 신문사 측은 거부했다. "이런 신문은 필요 없는 것임을 확인했다. 부수겠다"고 테러를 통고하자, 임 대표의 소매를 잡고 하루만 시간을 달라고 사정했다. 그랬지만 다음날 "아무래도 안 되겠다"는 연락이 왔다. 그래서 그 다음날 사전 통고한 대로 신문사로 가 활자판을 뒤엎고, 윤전기에 모래를 끼얹었다.

전북신문은 며칠 지나 「서청 테러단 두목 임일 장군, 백주에 신문사를 부수다」는 제목으로 테러를 고발하는 호외를 발행했다. 그리고 몇 주 지나 복간했으나, 테러로 입은 손실을 만회하지 못하고 복간 며칠 만에 문을 닫았다. 그들이 남긴 것은 임일에게 붙인 장군 칭호다. 임일은 대공전선의 투사이고 유도 3단이지만, 장군과는 거리가 먼 신문기자 출신 서생(書生)이었다. 그런데 전북신문이 느닷없이 장군이란 호칭을 붙였고, 이래서 임일은 뜻밖에 동료들로부터 '대표'라는 호칭 대신 '임 장군'으로 불리게 되었다.

임일 부대는 전북신문을 폐간시킨 여세를 몰아 좌익의 아성이던 전매청 전주지사를 치기로 했다. 600명 종업원이 일하는 전매청 전주지사는 조회 등 모임을 「적기가」로 시작하는 전평의 아성이자, 전주지역 공산당의 중심부였다. 임일은 대전 파견대 본부 70명 병력으로 전매청을 습격했다. 그러나 정보가 샌 것인지 바로 출동한 미군 CIC에 걸려 5명의 부상자만 내고 쫓겨났다. 그리고 1주 후 2차 습격을 감행해 전평 간부들을 전매청 전주지사에서 축출하고, 전매청을 탈환했다.

하지만 남원에선 공산당의 위장전술에 걸려 실패한다. 그 사연….

그 시절 어느 지역이나 공산당의 이념이 무엇인지를 알고 좌우로 갈린 것은 아니다. 다만 부자도 없고 가난한 자도 없는 세상이라는 공산당의 선전이 가난에 찌든 백성의 마음을 흔들고 있었다. 그런데 엉뚱한 좌익이 있었다.

남원의 지도적 위치에 있는 어느 유력 가문은 "우리와 누대에 걸쳐 싸워온 조(趙) 씨 가문이 우익을 하니 우리는 불가불 좌익을 해야겠다"는 것이 좌익을 하는 이유였다. 남원지부는 이 황당한 현상을 극복하기 위해 특별한 강연회를 기획했다. 와세다대학 출신의 중앙본부 趙光鉉(조광현) 조직부장을 연사로 해 이북 실정과 공산당의 실상, 그리고 공산주의의 유토피아는 환상이라는 것을 알리는 계몽 강연회였다.

남원 장날을 택해 농민회 옆집 요정을 빌려 강연회를 열었다. 200명 가까운 청중이 모이고, 주변은 장꾼들이 바삐 오갈 뿐이었다. 그랬는데 개회사에 이어 조광현의 강연이 시작되자 좌익 부대가 습격해왔다. 장꾼으로 위장해 있던 공산당 청년부대가 봇짐 속에 감추고 있던 곤봉과 낫, 칼 등 무기를 꺼내들고 함성을 지르며 습격해왔다. 긴장을 놓고 있던 40여 명 서청 경비부대는 압도적으로 우세한 좌익 청년들의 곤봉과 칼에 맞아 피투성이가 되어 쓰러져 죽고 다쳤다.

서청은 전국청년연맹 지부로부터 남원의 좌익 명단을 받아, 파견대 본부가 보낸 지원 병력과 함께 여러 날에 걸쳐 이 지역 좌익계 청년들 집을 하나하나 급습하는 보복전을 펼쳤다. 그렇지만 남원의 희생은 큰 상처로 남았다.

혼자서 3만 명 집회를 깨뜨린 거짓말 같은 참말

임일이 대전에 서청 남선파견대 본부를 설치한 지 4개월 만에 57개 지부에 9만의 전사를 거느린 대공 전선의 지휘자로 올라섰다. 그 임일이 전사 중의 전사의 모습을 보인 것이 대전의 이른바 메이데이 행사를 혼자서 깨뜨린 사건이다.

그날 메이데이 행사는 우익은 대전천변(川邊), 좌익은 은행동 시청 광장에서 따로 가졌다. 대전천의 우익 행사엔 3000명, 그에 비해 대전 시청광장서 열린 좌익의 이른바 노동자의 날 행사엔 3만이 집결해 인파가 이웃 충남도청 청사까지의 도로를 메웠다. 단상엔 민주주의민족전선 충남도지부 위원장 정운영을 비롯해 조선청년총동맹, 민족혁명당, 전평, 그리고 농민조합 등의 충남지구 위원장들이 자리했다. 대전 경찰서장은 10여 명의 무장경찰을 데리고 나와 경비를 지휘하고 있었다.

대전천 행사의 경비 상황을 살핀 임일은 시청 앞 행사장으로 발길을 옮겼다가 10배가 되는 인파에 충격을 받았다. 파견대 설치 후 수십 명이 목숨을 바쳐 선무(宣撫)한 성과가 겨우 이것이란 말인가? 형언할 수 없는 착잡한 심정에 몸을 떨었다. 그 가슴 떨림을 분노로 바꾼 것이 정운영의 연설이었다.

서북청년회를 비방하는 소리가 나오자 임일은 거의 무의식 상태로 단상 가까이로 다가갔다. 그가 연단 바로 아래 도착했을 때였다. 정운영의 연설이 "친일파 민족반역자로 낙인 찍혀 북에서 도망온 자들이 서북청년단이라는 테러단을 만들고, 그 테러단 졸개들이 대전에도 내려와 테러를 일삼고 있으니…"라고 하는 순간, 임일이 단상으로 뛰어올랐다.

"이 빨갱이들아 뭐, 서청이 어쨌다고…"라고 소리치며 정운영을 단 아래로 메다꽂았다. 단상에 있던 윤정희 서장이 권총을 빼들자 발길로 차 역시 아래로 떨어트렸다. 경찰관이 단상으로 오르자 걷어찬 다음, 그가 넘어지면서 떨어뜨린 소총을 주워 공중을 향해 발사했다. 순식간에 벌어진 일이었다. 단상의 사람들이 고꾸라지면서 총성이 울려 퍼지고, 마이크에서 "테러단이다!"는 소리가 터져 나왔다.

군중들이 도망치기 시작했다. 인파를 막을 힘은 아무에게도 없었다. 좌익 행동대조차 임일이 혼자 온 것이 아닌 대규모 테러로 생각하여 엉거주춤해 있는 사이, 대회장은 아수라장이 되고 80명 이상의 사람들이 인파에 깔려 부상당했다.

임일은 경찰에 붙잡혀 대전서 유치장에 구금되었다. 구금 사흘째 되던 날, 그의 연인이던 여경 남신숙 경사가 미군 CIC 대전지구 책임자가 임일을 미군 군사재판에 넘기라는 지시를 했다는 사실을 알려왔다. 한국인 경찰이면 곧 풀려난다. 그런데 미군 군사재판에 넘겨지면

실형선고를 받을지도 모른다. 두려운 것은 감옥살이가 아니라 그의 대공 투쟁이 여기서 끝난다는 사실이다.

절대로 그럴 수는 없다. 이래서 탈출을 결행하기로 했다. 경찰서 유치장에서 탈출하자면 서청과 경찰 모두 피해가 따른다. 아무에게도 피해를 입히지 않고 탈출하는 방법을 임일은 택했다. 그는 남 경사에게 돼지 비계덩이를 삶아 넣어줄 것을 부탁했다. 그는 이 비계덩이를 먹은 뒤 찬물을 들이켰다. 그리고 즉각 심한 거품 설사 증세가 나타났다. 그는 이질에 걸린 환자가 되어 도립병원으로 옮겨졌다.

병원에도 병실에 1명, 출입문에 1명의 경관이 24시간 지켰다. 그러나 두 순경을 따돌리는 건 문제가 아니었다. 늦은 밤 10여 명 대원들이 문병객으로 와서 담소하다가, 막 교대를 한 두 경관에게 재갈을 물려 병실 침대에 묶어두고 탈출했다. 그리고 2시간 후 전화로 두 경관이 병실에 묶여있다는 것을 경찰서에 전화로 통고해주었다.

소년의 슬픈 죽음

유성에서 임일이 공격을 받았다. 임일 팀은 연일 강행군한 강연 피로를 풀기 위해 유성온천에 목욕을 갔다. 임일이 목욕을 하고 나와 여관 베란다에서 잠시 쉬려던 때, 기습공격에 마주쳤다. 농민조합총연맹 유성지부 위원장 宋一成(송일성)이 지휘하는 농민군, 남로당, 민주애국청년동맹(民愛靑) 행동대가 합동한 300여 명이 죽창, 세모 방망이(삼릉장) 등으로 무장하고 온천장을 포위 공격해온 것이다.

임일 팀은 겨우 30명, 벌떼처럼 달려드는 좌익 공격조에 맞섰다.

맨 먼저 가장 나이 어린 이창복이 세모 방망이에 맞아 쓰러지고, 잇달아 하나 둘 쓰러지면서 저지선이 허물어졌다. 그들의 표적이었던 임일은 숨을 곳도, 도망칠 길도 없이 죽음에 직면했다. 그런데 기적이 일어났다.

임일을 체포하기 위해 출동한 충남경찰청 사찰팀이었다. 이들 형사대는 광주 지역 서청대원들이 강연회 습격에 대한 보복으로 이 지역 공산당원을 살해한 사건의 책임을 물어 임일을 체포해달라는 전남경찰청 요청을 받아, 이날 임일을 체포하기 위해 유성온천으로 출동한 것이었다. 저지선이 허물어지기 직전 사찰 형사들이 먼저 임일이 있는 여관에 들이닥쳐 임일을 체포했다. 공격조가 임일이 있는 여관에 들이닥치던 시각, 임일은 형사대에 체포되어 연행 당하고 있어 화를 면했다. 체포령이 구세주가 된 셈이었다.

이날 피습은 임일의 실수가 불렀다. 임일은 이날 유성으로 가는 대전 버스정류소에서 좌파 성향 신문인 동방신문 편집국장 황린을 만났는데, 어디 가느냐는 의례적인 물음에 무심코 목욕하러 간다고 말한 것이 좌익 테러단을 부르는 실수가 된 것이다.

원수는 외나무다리에서 만난다던가. 이날 기습을 주도한 농민조합 송 조합장이 서청 20여 명에 중상을 입힌 테러 주동혐의로 체포되어, 임일과 같은 감방에 수감되었다. 처음 임일은 송이 누구인지를 몰랐다. 그런데 대전경찰서 보안과 여경 남신숙이 송의 정체를 알려주었다. 임일은 광주로 이송되기 전날 밤, 송을 감방 안에서 두들겨 팼다. 그의 대원 30명을 매타작하고 20명에 중상을 입힌 테러에 대한 보복이어서, 죽지 않을 정도의 반죽음 상태가 되도록 혹독한 매질을 가했다고 했다.

대덕 농민조합연맹 농부들의 장작개비에 맞아 숨진 李昌福(이창복)의 이야기는 우리들 마음을 아리게 한다. 1929년 12월생인 이창복은 강원도 철원읍 출신이다. 철원중학 3년 시절 항일 서클에 참여하고, 해방 후 한민당으로 활동하다 체포되어 굴비처럼 엮어져 기차로 어디론가 끌려가던 도중에 탈출하여 월남한 소년이었다.

서울에 온 그는 서북청년회에 참여했다. 그는 1946년 12월, 서청본부 총무부 차장이던 고향선배 文義模(문의모)의 지령을 받아 38선을 넘었다. 그는 철원 등 강원도 몇 곳을 돌며 이북 정세를 탐문하고, 고향 동료들에게는 서울 정세를 전하는 등 특수공작 임무를 수행했다.

그는 철원에서 원산으로 이송된 임동혁 선생과 동지들의 소식이 단절된 상태라는 슬픈 사실도 확인했다. 그는 이듬해 3월 초 다시 월남, 서청에 복귀한 뒤 월북하여 수행한 특수임무 결과를 보고했다.

그는 3월 20일, 남선파견대로 가라는 명령을 받고 대전에 가 대원들과 함께 영동작전에 나섰다. 영동은 대원들이 남로당의 습격을 받아 6명 전원이 심하게 다쳐 모두 입원 중이었다. 파견대 본부 대원들은 남로당 영동지구 좌익들의 아지트를 탐문해 습격하는 보복전을 했다. 이들은 1주간에 걸친 작전 끝에 서북청년을 테러한 영동지구 남로당 요원들을 일망타진, 이들을 영동경찰서에 인계한 뒤 대전으로 귀환했다.

이창복은 농민조합에 대한 조사를 담당했다. 강경에선 징과 꽹과리가 울리면 농민들이 하던 일을 멈추고 죽창이나 낫으로 무장, 지정 장소에 집결하여 조합 지부장 지시에 따라 다른 농민이나 지주를 공격하는 '공산당 마을'이라는 사실을 확인했다. 이 보고에 따라 서청 파견대는 80명 기동대를 편성해 강경으로 출동했다. 이들은 농민조합원을 지휘 조종하는 남로당 세포와 농민조합 간부를 색출해 서청 아지트로 납치했다. 2주간에 걸친 작전으로 강경지구 좌익 지도부를 모두 잡아내어 강경경찰서에 인계했다.

이창복은 지방 농민의 요청으로 이북 실정을 알리는 순회강연도 했다. 그는 지주라는 단 하나의 이유로 인민재판에 회부된 부모의 이야기, 그리고 중학교 3학년이던 해 겨울에 만난 임동혁 선생의 이야기에서 그가 걸어온 길을 소개했다.

[저는 한학자 임 선생님한테서 조선의 역사를 들었고, 한글이 있다는 것을 알게 되었습니다. 또 우리가 일본과 싸워 독립을 쟁취해야 한다는 사실도 알게 되었습니다. … 해방이 되자 우리는 독립이 되는 줄 알았습니다. 그런데 소련군이 들어왔습니다. 그들은 해방군이라고 했습니다. 그러나 해방군이 아닌 점령군이었습니다. 소련군과 공산당은 약탈자들이었습니다.

저와 동지들은 스승님 뜻을 따라 한국민주당 철원군당을 조직해 활동했습니다. 우리가 한 일은 치안을 도우면서 징용이나 살길 찾아 먼 길을 떠났다가 고향으로 돌아온 귀환동포들을 보살피고, 그리고 독립을 위한 일을 했습니다. 그런데 신탁통치를 반대하고 공산당을 반대한다는 이유로 우리는 정치활동을 금지 당했습니다.

우리는 일제 때처럼 지하활동을 해야 했습니다. 그러다 어떤 동지의 밀고로 우리 모두 보안서에 붙잡혀 갔습니다. 불과 열여섯 살밖에 안

되는 저도 잡혀가 심한 고문을 당했습니다. 그런 어느 날 우리는 굴비 엮이듯 엮어져 기차 화물칸에 실려 끌려가게 되었습니다. 원산 교화소에 간다고 했지만, 그 말을 어찌 믿겠습니까? 소문대로 아오지 탄광이 아니면 시베리아로 유형 되는 것, 즉 다시는 돌아올 수 없는 땅으로 끌려가는 것이라는 생각을 했습니다.

저는 '죽기로 작정하면 산다'는 가르침을 떠올렸습니다. 보안서원 감시 아래 화장실에 가면서 달리는 열차에서 몸을 날렸습니다. 언덕에 굴러 떨어져 다쳤지만 몸을 움직일 수는 있었습니다. 죽기로 작정하고 아픈 몸을 끌고 38선을 넘었습니다.

저는 이북의 변화를 탐지하는 것 등 특수임무를 띠고 지난해 겨울 38선을 넘었습니다. 제 고향 철원은 사람도 인심도 모두 변해 있었습니다. … 제 집은 큰 부자도 아니고 그저 몇천 석 집안이라고들 했습니다. 우리 부모는 이웃을 도운 일은 있어도 이웃을 해친 적은 없습니다. 그런데 공산당 천하가 되면서 우리집은 반동분자로 찍혔습니다.

그리고 어느 날 그들이 땅과 집을 빼앗아간 다음, 조상 대대로 지켜온 고향을 버리고 공산당이 지정하는 낯선 마을로 옮겨가라는 명령을 내렸다고 합니다. … 지난 겨울 강원도로 밀행했을 때, 고향 근처에서 우리집 행방을 수소문해 보았지만 누구 하나 간 곳을 아는 이가 없었습니다.

공산당은 부자도 없고 가난한 사람도 없는 지상천국을 만든다고 말합니다. 부잣집 논을 빼앗아 농민에게 준다는 것이 소위 농지개혁입니다. 부자들의 논을 빼앗았습니다. 그렇지만 농민들에게 무상으로 준 것이 아닙니다. 논은 팔 수 있는 재산도 아닙니다. 농사를 지어 25%를 바쳐야 합니다. 소위 애국미라는 명목의 공출도 바쳐야 합니다. 부자 대신 공산당이 새로운 지주가 된 것입니다. 부자가 없어진 것이 아니라 공산당이 부자가 되고, 공산당 아닌 사람들은 가난하게 살아야 하는 것이 공산당 세상입니다. 제 고향 철원은 그런 땅으로 변해 있었습니다.]

　이창복이 말하는 이북 실정 보고 강연회 연설의 일부다. 서북청년들의 강연은 저마다 스스로 겪은 일을 말하기 때문에 어떤 연설보다 가슴에 와닿는다고 했다.

　이창복은 신탄진 합숙소에 기거하면서 농촌을 순회하며 공산당과 농민조합 활동을 조사 탐지하는 일을 했다. 4월 초 남선파견대 대장 임일이 유성온천에서 좌익의 습격을 받던 때, 그도 거기 있었다. 임일은 천행으로 경찰에 연행되어 테러에서 벗어났지만, 그런 사정을 몰랐던 대원들은 좌익의 포위망을 뚫기 위해 싸웠다.

　이창복도 찔리고 맞아 쓰러져 병원에서 3일간이나 입원해 치료받아야 할 중상을 입기도 했다. 그랬던 그가 대덕농민동맹 사람들의 부농에 대한 횡포가 심하다는 고발을 받았다. 그는 현지 상황을 알아보기 위해 단신으로 대덕에 잠입했다가, 그들의 장작개비 매질에 희생되었던 것이다. 1947년 5월 8일 밤, 그는 17년의 삶을 마감했다.

　장작개비에 맞은 시신은 처참했고, 그의 죽음을 알릴 부모에게도 연락이 닿지 않는다. 서청 대원들이 서북청년회장(葬)으로 그를 보냈다. 서청대원들은 눈물을 그의 관에 흘렸다. 눈물을 흘리지 않는 이는 없었다. 그리고 그 눈물은 보복전의 결의이기도 했다.

60명이 한꺼번에 길 위에서 피살되다

서청으로서는 1947년 여름이 끔찍한 계절이 되었다. 도처에서 대원들이 희생되는 참사가 연달았기 때문이다. 옥천에선 이북 진상보고대회를 준비하던 두 명의 대원이 그 지역 농민조합 사람들의 죽창 공격을 받아 숨졌다.

목포에선 전평에 맞서는 우파 성향의 부두노조를 추진하던 대원 중 한 명이 전평에 끌려가 맞아죽었다. 잇달아 목포극장을 빌려 계몽강연을 하던 중 현지 조선청년총동맹의 습격을 받아 강연장은 난장판이 되고, 대원들은 모두 죽창에 찔리거나 곤봉에 맞아 빈사상태의 중상을 입었다

논산에선 중학생의 공격을 받았다. 문제의 강경상업학교는 김동순을 학생회장으로 한 좌파 학통의 아성이었다. 수시로 모여 「적기가」를 부르고 박헌영 만세도 외쳐대는 학교였다. 7월 초 이 학교 앞을 지나던 서청대원이 학통 아이들에게 끌려가 창틀에 뒤통수를 찍혀 그 자리서 절명했다.

잇달아 학생들은 서청 합숙소를 습격했다. 한밤중의 기습이어서 10여 명 대원들은 제대로 반격도 못하고 당했다. 4~5명은 중상을 입었다. 보복해야 하는데 상대가 학교였고, 학생이었다. 학교로 마구 쳐들어갈 수는 없다. 주동자를 알아야 하는데 알아낼 길도 없다. 임일이 교장을 만나 이렇게 요구했다.

"학생이지만 살인을 저질렀다. 범인을 잡아야겠는데 주동자를 알 수 없다. 그러니 학교에서 서클활동을 양성화 해 달라. 좌익학생 조직도 동아리 활동으로 인정한다는 것을 학교가 결정해 학생들에게 공고

해 달라."

교장은 처음엔 난색을 표했다. 하지만 살인범을 색출해야 하는데 그것 말고 달리 더 나은 길이 없다는 사실, 학교가 협조하지 않으면 마구잡이로 쳐들어갈 수밖에 없으며 이 경우 희생이 커질 것이라는 으름장에 교장도 물러섰다. 공산당 등 활동도 동아리로 인정한다는 공고에 강경상업 좌익 학생들은 신이 났다. 이들은 조직을 드러냈다.

좌익 학생들이 모습을 드러낸 뒤 임일은 행동대 50명을 거느리고 학교로 갔다. 행동대를 강당에 배치하고, 임일이 장학사로 위장해 교장실에서 공산당 서클 핵심들을 한 사람씩 불러 그 자리서 제적처분한 뒤 강당으로 끌고 가게 했다. 강당으로 보내진 학생은 혹독한 심문을 받았다. 살인자를 색출하는 매타작이었고, 이후 학교에 얼씬거리면 죽인다는 것도 알리는 매질이니 거의 반죽음에 이르렀다. 아침부터 시작된 학생 처리가 그날 온종일 계속되었다고 했다.

강경상업이 공산당 천하였듯이 강경읍은 좌익 절대 우세 지역이었다. 그중에서도 성동면은 면장과 이장 한 명, 그리고 경찰지서 직원 등 5명을 제외한 모든 주민이 공산당이라고 했다. 1946년 10월 폭동 때는 진압작전에 나선 경찰이 성동면에 들이닥치자 부녀자들이 경찰관들에게 고춧가루를 뿌리는 테러를 감행하고, 경찰관들이 통증으로 정신을 놓은 사이 남정네들을 도망치게 한 일도 있었던 곳이다. 이른바 대구, 인천에 이은 남선 제3의 모스크바로 불린 곳이었다.

그런데 서청은 이런 사정을 제대로 알지 못하고 성동면에서 이북 실정을 알리는 강연회를 열었다. 면 마을이니 대원은 모두 합쳐 20명 선이었다. 강연이 시작되고 얼마 후 좌익들이 습격해왔다. 죽창으로 무장한 농민들이 꽹과리를 치며 밀어닥쳤다. 무려 700~800명이다. 20명으론 대적이 안 된다.

도망쳤다. 그렇지만 걸음이 느린 사람도 있어 함께 행동하려니 느렸다. 더는 도망치지 못하고 성동교에서 대치했다. 20명은 다리를 건너 포진하고 임일이 가진 권총을 발사했다. 그래도 멈추지 않는 농민군을 향해 수류탄을 던졌다. 다리 위를 달려오던 농민군 몇 명이 다리 복판에서 수류탄에 맞아 쓰러졌다. 그들은 물러섰다.

그리고 얼마 지나 다시 총공세를 시작했다. 더는 도망칠 수도 없는 절체절명의 순간이었다. 옥쇄를 각오하고 결사항전에 나서기로 한 순간, 마침 급보를 받은 경찰 트럭이 막 닿았다. 경찰이 서둘렀고, 그들 역시 어찌나 다급했든지 다리 아래서 돌팔매로 농민군의 진격을 막고 있던 2명이 미처 차에 오르지 못한 사실을 알지 못했다. 그리고 이 둘은 농민군의 죽창에 찔려 내장이 모두 흘러나온 시체로 다리 아래 버려져 있었다.

그런데도 성동 면민들은 다음날 수류탄에 저들도 2명이 죽었음을 내세웠다. 그들은 '2구의 시체'라는 관을 떠메고 강경 읍내를 도는 시위를 벌이면서 "테러단 살인자 서청을 죽이자"고 목청을 높였다. 서청은 한참 지나 이 마을에도 보복의 칼을 휘둘렀다. 집단이 아니라 핵심인물을 하나씩 제거하는 방식의 보복이고, 공산당 청소였다고 했다.

광주에선 전평의 아성이던 전남방직에 서청 대원을 투입했다. 전남도지부 김기홍 총무부장, 담양지부 김덕형 지부장 등 5명이 직원으로 채용되어 이 공장에 침투했다. 전평 핵심을 가려내는 것이 그들의 과

제였다. 그런데 공원으로 일하던 평남 출신 김상범(21세)이 실종되었다. 그의 실종은 전평 측에 먼저 정체가 드러나 공격당한 것으로 짐작되었다. 동료들은 대원을 동원해 인근을 수색했다. 그리고 며칠 만에 광주천(光州川) 하류인 광천동 냇가 모래밭에 생매장된 시체를 발견했다.

시신의 모습은 보는 이들의 치를 떨게 했다. 선 채로 머리끝까지 모래에 파묻히고, 팔뚝 하나만이 모래 바깥에 보일 듯 말 듯 삐어져 나와 시신의 소재를 알려주고 있었다. 이것은 산채로 묻히고 죽어가면서 필사적으로 모래를 헤쳐 나오려고 몸부림친 사실을 알려주는 것이었다. 서청은 남선파견대 본부 정예 80명을 전주로 파견해 전남방직 전평 지도부 소탕전을 펼쳤다. 소탕전은 잔인한 생매장에 대한 보복이다. 단순한 축출이 아니라 고문을 동반한 처절한 보복전이 되었다.

조선공산당 지도자인 박헌영과 이강국의 고향인 예산에선 서청 합숙소가 습격을 받았다. 사망자는 없었지만 엉뚱하게도 부엌일을 맡았던 식모가 중상을 입는 안타까운 일이 벌어졌다. 9월 초순에 서청 전주지부 사무실에서 완주합숙소로 돌아가던 4명의 대원이 완주 들머리의 대로(大路)에서 30여 명의 습격을 받았다. 평북 출신 임 군은 현장에서 숨지고, 다른 세 명은 죽창에 찔려 중상을 입었다.

그러나 정작 상상할 수 없었던 끔찍한 일은 가을에 일어났다. 충남 서산에 지부 조직을 위해 고북면으로 이동하던 60여 명 대원들이 기습을 받았다. 전세로 빌린 버스 1대를 타고 가던 중 산모퉁이 길에서 세 명의 남녀가 손을 들어 차를 멈췄다가, 매복해 있던 수백 명 공산당 야산대의 습격을 받았다. 그들은 차에 기름을 뿌려 불을 지르고 차에서 내리는 대원들은 도끼로 찍었다.

60여 대원 가운데 도망치는 데 성공한 단 한 사람, 그리고 중상을 입었으나 목숨만은 건진 두 사람을 제외한 60명 전원이 죽었다. 거의 모두 도끼에 찍혀 죽었고, 7~8명은 차 안에서 나오지도 못한 채 불타 죽었다. 여자도 낀 세 명이 손을 들기에 근처 주민으로 알고 차를 세웠다가, 산모퉁이에 몸을 숨기고 있던 야산대에 기습당했다는 사실은 도망치는 데 성공한 대원의 증언이었다.

임일 등 파견대 32명이 전남 한 고을의 계몽 강연장으로 가던 중, 길 옆 수수밭에 매복해 있던 수백 명 공산당 야산대의 습격을 받아 29명 전원이 몰살당했다. 화를 피하고 살아남은 사람은 임일과 그의 경호원 2명이다. 마침 임일이 배탈이 나 수수밭 못 미쳐 산모퉁이에서 대변을 보느라 지체한 사이 사건이 일어난 것이다.

초기 4개월을 빼고 1947년 5월에서 9월까지의 5개월 사이 서청 남선파견대 사망자는 100명을 훨씬 넘었다. 서청은 테러엔 테러로 보복했다. 서청대원이 습격을 당한 곳은 그 지역 우익단체가 가르쳐주는 공산당계 조직원 집에 쳐들어가 가재도구를 부수고 매질했다. 서청대원이 죽음을 당한 곳은 공산당원도 반드시 죽이는 것으로 보복했다.

보복은 당한 것보다 최소 2배 이상 되갚는다는 것이 서청의 불문율이었다. 따라서 서청 쪽 희생자가 100명을 넘었으니 공산당계 청년들의 죽음은 최소 200명이 더 된다. 해방 정국 좌우 투쟁은 정치 투쟁이 아니라, 피를 부르며 전쟁하는 정치였다.

12장

영남 한민당이
서북군에 보낸 SOS

서북군에 추방령 내린 미군정 경찰 고문관

1947년 5월, 부산지역 우익 단체들이 서청에 지원을 요청했다. 당시 경남지방도 좌익 천하, 우파인 한민당과 광복청년회와 민족청년단이 있었으나 좌익 세력에 눌려 이름만 존재하는 형편이었다. 지원을 요청한 건 두 사건이 동기였다. 부산경찰서 權魏相(권위상) 서장이 대낮에 좌익 테러로 죽었다. 일주일 간격으로 독립촉성국민회의 嚴進永(엄진영) 지부장도 좌익에게 암살당했다. 서면 일대에서 고무공장, 견직공장, 목재공장 등을 운영하는 부자들이 좌익들의 발호에 벌벌 떨고 있다고 했다.

서청의 호림장 그룹과 서울 중구지부 대원 등 60여 명이 경남에 진출했다. 책임자는 중앙본부 반성환 훈련부장이었다. 여비, 숙식비 등 돈을 마련하느라 한 달을 준비한 경남팀이었다. 반성환은 경남 거제가 원래 고향이다. 어릴 때 부모가 함경북도 청진으로 가서 살게 돼 청진에서 자랐다.

반성환을 도울 참모는 孫瑱(손진)이었다. 손진도 원래 고향은 경북이다. 선대가 의병을 일으켜 일본에 저항하다 고향에서 살지 못하고 철원에 정착했다고 한다. 경성 제1고보(고등보통학교)를 거쳐 일본 게이오(慶應)대학을 나왔다. 기획에 비범한 실력을 보인 수재였다. 대한독립촉성 노동총연맹의 裵昌禹(배창우)와 宋元道(송원도)도 당시 서울에서 내려와 철도와 부두에서 전평을 상대로 하는 전쟁을 준비했다.

좌파 연합체인 민주주의민족전선은 부산역 앞 중앙동 5층 건물 전체를 차지하고 있었다. 부두를 장악한 해운동맹과 민주애국청년동맹 역시 부산의 번화가 건물에 사무실을 열고, 거대한 간판에다 그들의 선전구호를 쓴 플래카드로 건물 외벽을 가득 채우고 있었다. 부산에서 발간되는 6개의 신문도 자유민보 하나를 빼곤 모두 공산당 선전지 일색이었다. 반성환 팀은 부산 역전 울산여관에 여장을 풀었다. 맨 먼저 우군과 관공서 방문 인사다. 우군인 정당과 청년단체들을 돌고 도청과 경찰국을 찾았다. 경찰국을 방문해 인사를 하는데 경찰 고문관 헤이 대령이 인사도 받지 않고 이런 말과 함께 대뜸 퇴거령을 내렸다.

"이곳 경남은 치안이 안정된 지역이다. 서청 테러단은 경남의 치안을 위태롭게 할 것이 분명하다. 1주일 안에 모두 철수하라. 철수하지 않으면 전원 체포할 것이다."

손진이 항변했다.

"우리는 테러단이 아니다. 미군정에 사회단체로 등록한 합법단체다. 그리고 미국은 우리에게 자유를 주기 위해 이곳에 오지 않았는가? 거주 이전의 자유는 자유의 기본 아닌가?"

그러나 헤이 대령은 들은 체도 안했다. 헤이 대령은 직명은 고문관이지만 실제론 경찰에 명령할 권한을 가진 미군 장교였다. 경남 지역 실권자인 헤이 대령의 이른바 중립정책으로 경남의 관서에도 좌익 혹은 좌익 동조자가 어느 지방보다 많다고 했다. 난감한 느낌이었다.

그래도 梁聖奉(양성봉) 부산시장, 河乙春(하을춘) 학무국장, 辛泳柱(신영주) 사찰과장은 반공의식이 확고한 우군이어서 한 가닥 희망의 끈이 되어 주었다. 이윽고 퇴거명령 시한인 1주일 되던 날, 남부경찰서 申在洙(신재수) 사찰주임이 울산여관을 찾아왔다.

"아무리 고문관의 명령이지만 죄도 없는 이들을 어찌 체포합니까? 그래도 체포령은 내렸고 우리 체면도 있으니 숙소만이라도 옮겨주십시오."

울산여관 숙박비도 밀린 판에 어디로 숙소를 옮긴단 말인가? 이런 곤궁함을 풀어준 것이 광복청년회 金福寬(김복관) 지부장이었다. 그가 합숙 장소를 마련해준 것이다.

장소는 옮겼고, 본부라고 할 합숙소도 마련되었지만 헤이 대령의 퇴거령을 고려해 간판은 달지 않기로 했다. 그렇다고 일조차 안 할 수는 없었다. 거리에 벽보를 붙이는 일부터 시작했다. "일제 침략의 문호(門戶)였던 부산이 또 다시 공산 침략의 문호가 되어서는 안 된다"는 내용으로 시작했다. 하루 100여 장씩 붓으로 써서 거리에 붙였다.

첫 포문은 언론을 향해 열었다. 신문 하나에 8명 습격조를 짰다. 좌우 가리지 않고 6개 신문사를 48명이 동시에 덮친 다음, 모두 잠시 잠적해야 한다. 7월 초의 오후 8시 30분, 6개 신문 모두에 쳐들어가 운전기엔 모래를 끼얹고, 활자판을 뒤엎었다. 다음날부터 부산의 일간신문이 올스톱되었다. 그리고 며칠 지나 복간되면서 신문 논조가 좌편향에서 벗어나 있었다. 우파에 우호적이지는 않았지만 일방적인 비난은 자취를 감췄다.

부산극장에 폭탄 던지다

제2표적은 극장으로 정했다. 당시 부산극장에서는 문학가동맹이 주최한 예술제가 열리고 있었다. 「미·소공위 축하 민족예술제」라는 이름이었지만 내용은 예술동맹 등 공산당 산하 예술인 단체가 공들인 공산주의 선전극, 그 중심 프로그램은 민중봉기를 선동하는 연극 「동학란」이었다.

"민족예술제라는 이름 아래 공산당 선전극을 끼워 넣다니 이건 사기다! 때려 부수자!"

마침 광복청년회도 참여하겠다고 했다. 극장은 민전과 민애청 청년부대 100여 명이 철통 경비를 하고 있었다. 손진이 지휘를 맡았다. 공산당 측 경비대와 충돌 없이 거사하는 작전은 손진의 몫이다.

사제 폭탄을 사용한다. 출동대원은 70명, 다이너마이트를 던질 허원섭은 2층 왼편 돌출부에 자리 잡고, 30명 대원은 2층 뒤편 좌석에, 그리고 40명은 1층 오른쪽 앞쪽에 자리 잡는다. 1층에서 싸움을 시작하고, 거기 시선이 쏠리는 사이 폭탄을 던진다. 2층의 30명은 폭탄 소리를 신호로 허원섭의 퇴로를 연다. 광복청년회는 안에서 다이너마이트가 터지면 바깥에서도 다른 하나를 터뜨려 주의를 분산시켜 퇴로를 연다는 것이 각본이었다.

7월 7일 저녁, 관객으로 위장한 서청대원들이 극장에 들어섰다. 결행 시간인 8시 30분, 1층 무대 앞 부대가 소란을 부리기 시작했다. "왜 발을 밟았어?" "조용히 해!"하는 고함소리로 떠들기 시작했다. 그런데 무대에서는 농악소리에 맞춰 농군들이 춤을 추고 함성을 지르기 시작했다. 동학란에서 성공했다는 농군들의 농악과 춤이었다.

「국제협약의 배신자 소련은 한반도에서 떠나라!」고 쓴 플래카드를 들고 데모를 벌이는 서북청년단 회원들. 북한에서 공산주의를 체험하고 내려와서 반공의식이 투철했다.

그 소리가 너무 커 서청대원들의 소란이 경비는 물론 관객들의 시선도 끌지 못했다. 작전의 큰 차질이었다. 그러나 허원섭이 침착하게 다이너마이트 심지에 불을 붙여 무대 위로 던졌다. 거대한 폭발음과 함께 무대가 폭탄이 내뿜는 화염으로 뿌옇게 변했다. 관중들은 출입문으로 돌진했다. 누가 죽고 몇 명이 다쳤는지 알 길은 없었다. 서로 먼저 탈출하려고 밀고 밀리는 아수라장으로 변했다.

이 틈을 비집고 허원섭은 탈출하는 관객이 되어 유유히 극장을 나왔다. 다른 대원들도 탈출하는 관객에 섞여 나와 합숙소로 돌아왔다. 합숙소에선 1시간 전부터 나머지 대원들이 노래를 부르며 술잔치를 열고 있었다. 돌아온 대원도 합석했다. 알리바이 작전이었다.

극장은 무대가 박살나 수리를 위해 문을 닫았다. 증거도 범인도 흔적조차 남기지 아니한 손진의 완벽한 기획 테러였다. 남로당과 민전 등 좌익 단체들은 미군정 경찰고문에게 범인 색출을 촉구했다. 부산 언론도 가세했다. 서청을 지목했지만 그 시간 술 마시며 노래 부르고 있었다는 알리바이가 있어 손을 댈 수 없었다. 이 완벽한 기획 테러를 지휘했던 손진은 훗날 이렇게 말했다.

"좌익들과 위험한 싸움을 벌이는 서북청년회 회원들은 부모형제와 고향을 그리워하며 눈물짓는 날이 허다했다. 평화롭게 가족과 함께 살며 학교를 다녀야 할 나이에, 공산당에 쫓겨 38선을 넘어와 정처 없이 떠돌며 고생하게 되었으니 말이다. 그들은 혁명가가 아니었다. 단지 고향을 찾기 위해서는 공산당을 타도하는 방법밖에 없다고 생각했기 때문에 반공투사가 된 청년들이었다.

해방 후 3년간의 남한 사회는 지금 돌이켜보아도 소름이 끼칠 정도의 공포 분위기였다. 여운형의 건준이 박헌영과 함께 하는 인민공화국으로 바뀌면서 온 나라가 좌익 세상이 되는 것 같았다. 좌익들은 적화혁명을 한다고 살인, 방화, 파괴를 일삼아 사회는 큰 혼란에 빠져들었다. 경찰서를, 파출소를, 돌더미로 요새화했어도 점령당하는 일이 허다했다.

그런데도 미군정은 중립정책, 좌우합작 연립정책을 고수한다고 좌익들의 발호를 방관했다. 미군정 고위 책임자가 좌익 행사에 참석해 축사를 하는 일도 계속되었다. 이래서 군정 경찰도 공산당에 강경하게 나갈 수조차 없었다. 경찰의 힘만으로는 치안유지조차 불가능했다. 그 때문에 서청을 비롯한 우익 단체들이 좌익 폭도들에 대항해 맨주먹 혈투를 벌일 수밖에 없었다."

제3탄은 남로당이었다. 8월 11일 밤, 손진이 지휘하는 50명이 대청동 국제빌딩에 있던 남로당 경남지부를 덮쳤다. 뜻밖에도 경찰이 지켜주고 있었다. 이들은 경비경찰을 제압하고 본부 사무실을 점거했다. 목표는 사람이나 기물파괴가 아니라 서류였다.

"그때 우리가 입수한 서류 중에 이른바 세포로 불리는 비밀당원 명부도 있었다. 이 서류 탈취가 부산 지역 좌익 소탕에 성공하는 터닝 포인트였다."

이 습격을 구상하고 지휘한 손진의 후일담이다.

동지 6명을 구하고 죽창에 스러지다

경남지부는 시군 지부 조직에 착수했다. 인원이 적기 때문에 부산의 도(道) 본부에 기동부대를 편성해 운영했다. 시군 지부가 압도적인 다수의 공격에 밀릴 때 현지로 출동하는 것이 기동부대 역할이다. 그러나 급보를 받고 달려가는 시간, 사태가 종결되기에 희생을 피할 수 없었다.

1947년 늦가을에 밀양 대원들이 기습을 당했다. 죽창으로 무장한 수백 명 공산당 청년부대였다. 식사 중이던 7명에게는 죽음의 위기였다. 孔元泰(공원태)가 "내가 문을 지킬 테니 도망가라"고 외치며 문고리를 잡고 시간을 끌었다. 다른 6명은 그 사이 뒷문으로 도망쳤다. 하지만 공원태는 문을 부수고 들어온 죽창에 찔려 그 자리에서 숨졌다.

황해도 해주 출신, 유도 유단자였던 그는 제 목숨을 던져 동지 여섯을 구했다. 경남 본부와 여러 지부 대원들이 밀양으로 달려와 그의 장례식은 통곡의 바다가 되었다. 그 통곡이 분노가 되어 보복전으로 이어진 것은 말할 것도 없다.

울산 방어진에서도 方道植(방도식)이 민애청(民愛靑)의 공격으로
목숨을 잃었다. 마산지부도 좌익의 공격을 받았다. 사망자는 없었지
만 전원이 심하게 다쳐 활동이 마비되었다. 김해에선 국방경비대의 공
격을 받았다. 국방경비대는 서청과 충돌할 이유가 없는 군대였다. 그
런데 국방경비대 안에 공산당 프락치가 있어 일부 사병을 이끌고 서
청을 습격한 것이다.

급보를 받은 손진이 부산에 주둔하고 있던 제5연대 본부를 찾아 항
의하고 주동자 색출을 요구했다. 마침 5연대장 백선엽 소령은 손진과
경기고보 동창이었다. 백 연대장과 참모장 신상철 소령이 진상을 조사
하고, 사후 처리를 잘 해주어 수습할 수 있었다.

시군 지부의 잇따른 수난을 해결하는 길은 좌파의 경남본부를 제
거하는 것이라고 판단했다. 경남지부 본부 인원만으론 어렵다. 이래서
밀양과 김해 등 지부에도 동원령을 내려 350여 명의 공격부대를 확보
했다. 좌파의 세 곳을 동시에 타격하기로 했다. 좌파에 대한 총공세여
서 종래와 달리 서청임을 밝히는 정면 대결을 택했다.

8월 22일 하오 2시, 서청 150명 부대가 동광동 민애청을 덮쳤다. 민
애청은 좌파의 가장 강력한 주먹이고 테러단이다. 그랬지만 서청이라
는 이름, 게다가 숫자에서도 그들을 압도한 서청의 정면 도전. 50명
넘게 사무실에서 진을 치고 있던 민애청 청년들은 대항할 엄두도 내
지 못하고 몽둥이 세례를 받으며 도망쳤다.

공격조는 민애청 간판을 떼어 불태우고, 미리 준비해간 「서북청년
회 부산지부」라는 간판을 걸었다. 부산 진출 2개월 만에 처음 내거는

서청 간판이었다. 시민들이 모여들어 민애청 간판과 플래카드 화형(火刑), 그리고 생소했던 서북청년회 간판을 바라보고 있었다. 반성환이 군중 앞에 섰다.

"우리는 38선 이북에서 월남한 청년들입니다. … 지금 이 시간 북에선 우리 부모와 우리 누이들이 소련군과 공산당의 약탈과 매질에 시달리는 비참한 나날을 보내고 있습니다. … 우리는 소련 볼셰비키에 나라를 넘기려는 매국도당을 타도하기 위하여 최후의 일각, 최후의 1인까지 싸울 것입니다. 우리가 쓰러지면 여러분들이 우리의 시체를 넘어 승리해, 서북에서 신음하는 내 형제 자매를 구출할 것임을 우리는 믿습니다."

박수가 터져 나왔다. '우리는 서북 청년군'으로 시작되는 「서북청년가」를 누군가가 선창해 합창이 되었다. '…등잔 밑에 우리 형제가 있다 / 원수한테 밟힌 꽃송이 있다 / 동지는 기다린다, 어서 가자 서북에'라는 마지막 구절에서 대원들의 눈물이 흘렀다.

그런 와중에 급보가 날아들었다. 민전이 민애청과 마찬가지로 기습에 성공했으나 해운동맹에선 고전이라고 했다. 민애청 습격조의 지휘부가 뛰었다. 그런데 해운동맹도 처절한 전투 끝에 막 점령을 끝내고 있었다. 떨어져나간 해운동맹 간판, 그리고 난장판이 된 사무실이 치열했던 전쟁을 말해주고 있었다. 서청도 수많은 부상자들이 병원으로 실려 갔고….

이날 한나절의 전투로 부산의 번화가 복판에 자리해 있던 좌파 중심 조직 세 곳 사무실을 접수했다. 서청은 그들이 쓰던 사무실에 「서북청년회 경상남도 본부」라는 간판도 걸었다. 그리고 접수한 좌파 사무실 외곽 벽의 플래카드를 서청의 것으로 교체했다.

부산·경남지역엔 8·15 이후 해외에서 귀향선으로 부산에 닿았으나, 38선이 막혀 귀향하지 못하고 주저앉았던 서북인들이 적지 않았다. 이들 서북인 청년들이 서청으로 몰려들어 서청 회원으로 가입하는 바람에 갑작스레 인원도 부풀었다. 숨죽이고 지내던 우파 단체들도 서청을 찾아 격려했다.

서청에 경남본부를 열도록 요청했던 곽경종, 이찬순 등 한민당 부산지부 간부들은 김지태, 김형덕 등 부산 지역 기업인들로 서청 후원회를 만들어 서청의 고단한 살림을 거들어 주었다. 부산의 우파 단체 간부들이 일찍부터 丁守福(정수복) 검사에 대한 제재(制裁)를 제안했다.

"테러 등으로 경찰이 공산당원을 체포해도 검찰에 넘어가면 정 검사가 혐의 없다거나 죄가 안 된다며 풀어준다. 정 검사가 있는 한 공산당 제거는 불가능하다."

그러면서 사례들을 얘기했다. 청진 출신인 엄정일과 허원섭 두 대원이 정 검사에 대해 조사했다. 1주간 미행하면서 행적도 살폈다. 그러나 공산당원인지를 확인할 길은 없었다. 그러다 1947년 8월 14일, 남로당 사무실을 습격하고 탈취한 남로당 비밀문서에서 공안검사인 정 검사가 남로당 비밀당원임을 확인했다. 그해 9월 4일 오전 8시 30분경, 부산지검으로 출근하는 정 검사를 부민국민학교 뒷길 노상에서 허원섭이 단독으로 권총 두 발을 명중시켜 쓰러뜨렸다.

정 검사 암살 일주일 후인 9월 12일 오후 7시경, 민주주의민족전선 부산지부 의장 朴敬英(박경영)도 범일동 소재 자택에서 권총 두 발로 암살했다. 민전은 전평과 더불어 공산당의 양대 산맥으로, 막강한 조직과 힘을 가지고 있었다. 박경영은 부산지역 공산당 기관지인 조선신문사 사장인 동시에 서면에 있는 대선양조 사장으로 부산의 갑부였다.

그런 그가 민전 경상남도 의장을 맡아 부산 지역 좌파의 자금줄 역할을 하고 있었다. 부산에는 공장이 많았고 전평이 강해, 경영주들도 전평의 기세에 눌려 좌파에 자금을 제공하고 있었다. 박 사장은 '프티부르주아'라기보다 기회주의로 비쳤다. 박경영 제거는 부자들의 기회주의에 보내는 경고의 의미를 지니고 있었다.

파란을 넘어 경남을 평정한 서청은 10월엔 대한독립촉성농민연맹과 대한노총 부산지구연맹도 결성했다 1947년 8월, 평정을 끝낸 서청은 서청 부산시 특별지부도 결성했다. 10월 15일엔 대한독립촉성농민회 경남도연맹을 결성하고, 10월 말까지 경남도 내 시군에 독촉농민연맹 결성에 나섰다. 10월 20일엔 대한노총 부산지구연맹 결성도 도왔다.

화공(火攻)과 도끼질에 스러지면서도…

경북은 선우경식을 대표로 한 30명이 대구로 내려갔다. 그런데 선우 대표가 대전본부로 와 "남로당 도책인 이상훈이 서청을 대구에서 몰살시켜야 한다고 공공연히 떠들고 있다"면서 200명 정도는 있어야겠다고 했다. 임일 대장이 "10월 폭동으로 경북의 좌익은 기세가 꺾였을 텐데…"라고 했더니, "아니요, 그곳은 여전히 한국이 아닌 모스크바입니다"고 했다. 선우 대표가 전하는 그곳 실정은 이랬다.

"대구에는 대구일보, 영남신문, 민성일보가 있는데 민성일보가 유별나다. 며칠 전 민성일보는 '서청은 미제의 앞잡이로 이승만, 김구, 김성수 도당들이 고용한 테러단이다. 이들의 정체는 친일파 민족반역자들이었기 때문에 이북에서 쫓아낸 악질 지주 자본가의 아들들'이라고 썼다. 이렇게 터무니없는 모략 기사를 실어도 항의조차 할 수 없다."

임일은 70명 대원과 함께 대구로 갔다. 대구역에 내리니 「서청 테러 두목 임일 내구(來邱)」라는 벽보가 붙어 있었다. 임일이 도착하기도 전에 대구에 온다는 사실을 어떻게 안 것인지 놀랄 지경이었다. 임일은 경북도청 앞에 있는 합숙소에 여장을 풀고, 국민회 사무실을 찾아가 국민회 경북지부 최성환 부회장으로부터 대구 사정을 들었다. 선우 대표의 얘기와 마찬가지로 대구는 여전히 좌익 천하라고 했다.

달성공원에 있는 일본 신사(神社) 자리를 합숙소로 얻은 뒤, 민성일보를 찾아가 정정기사를 요구했다. 긍정적인 답변을 듣고 돌아왔는데 다음날 보도에선 "서청 테러단 두목 임일이 백주에 신문사를 찾아와 협박하여 모두 전율했다"는 기사와 함께 "이북에서 쫓겨 온 친일 역도들이 반동하고 있다는 것은 경악할 일이며, 당국이 이를 묵과한다는 것은 있을 수 없는 일"이라고 주장하는 글도 실었다.

분노를 참고 선무활동부터 시작했다. 이북 실정을 알리는 강연이었다. 그런데 강연을 준비하던 대원 8명이 칠성동 다리를 건너다가 대전의 금강교 사건처럼 다리 한복판에서 다리 밑에 은신해 있던 공산당 행동대의 죽창 공격을 받았다. 앞뒤 공격으로 퇴로조차 막혀 필사적으로 저항했지만 중과부적(衆寡不敵), 한 명은 현장에서 죽고 다른 7명은 모두 온몸이 죽창에 찔려 피를 쏟는 중상을 입었다. 병원 치료로 살아나긴 했지만 20세의 한(韓) 군은 다리 하나를 절단해야 했다.

남선파견대로부터 경북팀을 도우라는 연락을 받은 황해도지부 특공대가 대구로 내려가 합류했다. 대구 지역 남로당은 대구 주둔 경비대의 지원도 받고 있어 황해도팀 숙소가 수류탄 공격을 당하기도 했다. 그 바람에 한동안 동가식서가숙(東家食西家宿)하며 작전에 나서야 했다.

1947년 6월 20일, 남로당이 대구역전 공회당에서 남로당 경북도당과 전평 주최로 신탁통치 지지 선언 및 웅변대회를 열었다. 서청 황해도팀 30여 명이 운동선수로 가장하고 여기 침투했다. 우군으로 확보한 대구 학련팀의 전기 단절이 신호였다.

대회에서 "이승만과 김구를 타도하자!"는 구호가 나올 때 학련팀이 전깃줄을 끊어 장내가 일순 어두워졌다. 야구방망이로 무장했던 30명 특공대가 어둠 속에서 단상 근처 남로당 중심부 좌석을 강타했다. 피가 터지는 아수라장으로 만든 뒤, 옥상으로 올라가 밧줄을 타고 내려왔다. 그러나 뒤늦은 10여 명은 경찰 포위망에 걸려 체포되기도 했다.

내친걸음이었다. 대구 시내 중심가의 좌파 단체들을 공격해 사무실을 모조리 쓸어 없앴다. 신문도 공격 대상, 민성일보부터 쳤다. 다른 3개 신문은 민성일보를 박살낸 것이 서청임을 알면서 서청을 들먹이지 못하고 백색 테러라고 보도했다. 그렇지만 이들 신문 역시 서청의 과녁, 차례차례 공격해 신문 발행이 불가능하도록 만들었다.

학원가의 좌파 지휘부였던 대구의전과 농대의 이른바 좌익 세포들도 명단을 입수해 학교에서 추방했다. 특공대는 전평원과 남로당원 등 일부를 납치해 포항으로 끌고 가 목선에 실어 북으로 보내버렸다. 이들은 수개월 지나 귀환했으나 이미 공산당원이 아니었다.

9월에는 지방으로 진출했다. 광복청년회 김판석 위원장 초청으로 김연일과 강공희 등 20명이 포항으로 갔다. 그런데 숙소를 정하자마자 습격을 받았다. 포항의 좌파 단체가 포항에 서청이 발을 못 붙이게 하려는 공격이었다. 수에서 크게 열세였지만 피투성이로 싸웠다. 서청대원들도 무너졌지만, 그들 공격부대 역시 10여 명이 현장에서 쓰러지자 쓰러진 동료들을 떠메고 철수했다.

며칠 지나 대구지부의 지원군과 함께 습격부대였던 민애청 포항지부로 쳐들어갔다. 어떤 보복전이었는지는 말하지 않았지만 재기불능으로 만들었다고 했다. 그러니 얼마나 처절한 보복전이었는지를 헤아릴 수 있다.

9월 초, 전국청년총연맹 김천지부장 吳亨洙(오형수)의 초청을 받아 김천에 갔던 50여 명의 대원이 오 씨 소유 정미소에서 잠자다 좌익의 습격을 받았다. 좌익들은 한밤중 정미소에 불을 지르고, 잠자다 불을 피해 달려 나오는 대원들을 도끼로 찍었다. 이 습격으로 2명이 현장에서 죽었다. 3명은 끌려가 죽었는지, 아니면 현장에서 즉사하자 그들이 시체를 처리한 것인지 시신조차 찾지 못하는 실종자가 되었다. 다른 40여 명 가운데 절반은 도끼에 찍히는 중상을 입었다.

경북팀의 가장 곤란한 적은 대구의 국방경비대 6연대였다. 6연대엔 훗날 숙군 때 남로당 군사부 핵심으로 밝혀지는 河在八(하재팔), 金鍾碩(김종석), 崔楠根(최남근) 등이 있었다. 이 부대는 신병에게 정당이나 단체 가입 여부를 물어 우익 단체에 속했거나 단체 가입 경력이 없다는 대답이면 매를 때렸고, 좌익 단체면 격려했다.

아무튼 하사관들까지 세뇌되어 부대는 친공 일색으로 변해있었다. 이들에게 서청은 눈엣가시, 어느 날 지부장 金順平(김순평)이 저격당해 숨졌다. 저격수가 6연대 사병이라는 것은 알아냈지만 누구인지는 끝내 밝히지 못했다.

경북에서 활동했던 대원들은 훗날 "우리는 싸운 것보다 선무에 더 정성을 쏟았다. 8월부터 12월까지 안동에서 포항까지 순회강연을 강행군하면서 좌익에 가담했던 집엔 가정방문도 해 성과를 거두었다"면서 이렇게 말했다.

"소련군 복장은 남루하고 먹는 것도 조잡했습니다. 담배도 거의 모두 잎담배를 소련 신문지에 말아 피웁니다. 소련은 우리가 이상향(理想鄕)으로 할 그런 나라가 아니었습니다. 토지 개혁도 지주의 토지를 몰수해 농민에게 주었지만 농민의 재산이 아닙니다. 현물세 2.5할이라지만 애국미 등 명목의 수탈로 거의 4할 대를 바쳐야 합니다. 공산당이 새로운 지주가 된 것입니다. …

오죽하면 우리 서북청년들이 부모와 고향을 버리고 단신 38선을 넘었겠습니까? 우리 부모들은 '이북은 희망이 없는 땅이 되었다. 너만이라도 남으로 가서 반듯한 나라를 세우라'고 하셨습니다. 눈물로 부모와 생이별한 우리들입니다. 우리는 공산주의가 지옥이라는 것을 체험한 사람들입니다. 제발 공산당의 감언이설에 속지 마십시오. 서청 만화인들이 그린 만화까지 곁들여 전시한 순회강연은 효과가 있었습니다. 우리의 선무 활동이 경북을 바꿔놓았습니다. 해방 후 3년 동안 좌익과의 혈투와 이런 강연이 없었다면, 공산당을 물리치고 대한민국을 수립할 수 있었겠습니까?"

제주섬이 불타고 있다!

대구 평정이 거의 끝났을 때 서울본부에서 특명이 떨어졌다.

"제주도가 공산반도에 의해 불타고 있다. … 제주섬에 갈 실전부대를 편성하라!"

중앙의 지시 경위는 이랬다. 4·3폭동 직후인 4월 6일, 조병옥 경무부장이 서청의 도움을 요청했다. 제주도민 수만 명이 폭동에 가담해 관공서가 습격당하고, 파괴와 방화, 살인이 자행되고 있다. 제주에 있는 경비대와 경찰로는 진압이 불가능하다. 그들 중엔 제주 출신이 많고, 반공의식도 약한 데다 사기마저 떨어져 있다. 서청회원 500명을 24시간 안에 전투경찰대로 차출해달라는 주문이었다. 어쩌다 이토록 다급해졌을까?

제주는 공산당 제주총책 김달삼이 지배하는 공산당의 섬이었다. 공산당이 남로당이 된 뒤에도 제주는 남로당 전남도지부 산하이면서 합동노조, 농민위원회, 민애청, 여성동맹 등 산하 조직이 있었다. 또 이와 별도로 남로당 군사부에 직결된 제주 인민해방군도 있었다. 이들 해방군은 일본군의 무기로 무장해 있었다.

8·15 직전 제주는 미군의 상륙에 대비해 2개 사단, 1개 여단, 6만 668명의 일본군이 진주해 한라산을 요새화했던 곳이다. 일본군은 철수하면서 못 가져가는 무기를 한라산 곳곳에 파묻었다. 제주 해방군은 이 무기들을 파내 무장했다. 팔로군 출신 교관을 데려와 게릴라 훈련도 했다. 병력은 훈련받은 해방군 500명에 동조자 1500명, 사령관은 학병 출신 이덕구였다. 여기 제주 주둔 9연대 일부도 폭동에 가담했다.

5·10선거를 방해하기 위해 4·3사건을 일으킨 주동자들.

경무부가 SOS를 보내던 무렵에는 제주 주둔 9연대의 남로당 프락
치를 따라간 1개 대대 이상의 병력과 이른바 제주 해방군이 주민 4만
~5만 명을 이끌고 한라산을 거점으로 전쟁하고 있었다. 서청본부는
우선 200명을 선발해 경찰대대 대대장 최치환 경감 인솔 아래 제주로
파견했다. 잇달아 300명의 서청 전투경찰대가 투입되었다.

6월 초, 9연대장 송요찬 중령이 연대 내에 서청만의 1개 대대를 편
성할 수 있게 해달라고 했다. 병사들 속에 좌익 프락치에다 동조자가
있는지 불안하다고 했다. 반공 의지가 확고한 병사가 절실하다면서,
전투경찰과 마찬가지로 중대장과 소대장을 모두 서청 회원으로 하는
서청대대를 편성할 수 있게 해달라고 간청했던 것이다. 서울 본부 인
원은 경찰로 차출했고, 그래서 경북지부에 경비대 편성을 지시했다.

경북 도지부에서는 김연일 위원장이 2개 중대 병력이 확보되자 먼

저 제주로 출발했다. 이어 1개 중대가 뒤따라 700명의 대대가 편성되었다. 경찰은 그래도 3일간 전투경찰로 갖춰야 할 기본교육을 받았지만, 군인은 당일 바로 군인이 되어 전투에 투입되었다. 송 중령이 대령으로 승진하면서 9연대와 교대하여 함병선 대령이 지휘하는 제2연대가 왔다. 그렇게 되자 9연대 안의 서청대대는 2연대로 옮겨 그대로 제주에 남았다.

제주의 반란은 한라산을 거점으로 해 주민의 지원을 받으며 기습한 뒤, 산속 요새로 도망가는 게릴라전이어서 힘겹고 지루한 전투였다. 면(面)마다 돌로 성벽을 쌓고 낮에는 산으로 올라가 토벌전을 벌이고, 밤이면 내려와 돌 성벽에 의지해 방어하는 일진일퇴가 지루하게 계속되었다. 서청 출신들의 대대는 언제나 토벌전의 일선을 담당했다.

서청에게 제주도는 악몽이었다. 제주에 편견이나 악의를 가진 적이 없는데, 제주 주민 대부분은 적의(敵意)를 드러냈다. 그로 인해 서청 회원은 가장 많은 희생자를 이곳에서 냈다.

서청이 1947년 제주에 지부를 열었을 때다. "서청은 이북에서 쫓겨온 친일파 악질 지주의 후레자식들이다. 육지에서 발붙일 곳이 없으니까 제주도로 원정 온 깡패 집단이다"고 했다. 이북 실정을 알리는 강연도 하기 전인데, 이런 욕설 삐라와 벽보에 마주쳤다.

"우리는 북한에서 공산주의 실상을 보았다. 공산주의가 선전대로 알뜰하다고 믿는다면 북으로 가서 보라. 우리는 이런 진실을 전하기 위해 여기 왔을 뿐이다."

이렇게 설득했지만 제주 사투리가 너무 달라 말이 통하지 않았다. 그래도 김연상을 책임자로 한 5명은 제주에 약방을 열고 서청지부를 지켜내고 있었다. 그런 제주였으니 가고 싶은 섬이 아니었다. 그렇지만 좌익의 폭동이라면서 부르는데 고개를 저을 수가 없었다.

그러나 폭동 진압군은 서청이 아니었다. 서청 회원 출신이긴 해도 그들은 미군정 전투경찰대로, 국방경비대로, 그러다 1948년 8월 15일에 대한민국이 수립된 후엔 대한민국 전투경찰로, 대한민국 국군으로, 대한민국의 법과 규율을 지키며 국가의 명령을 수행했다.

서청대대는 가장 강한 전투력을 지녔고, 그래서 언제나 최전선 산악전을 수행하느라 주민과 마주치는 일이 드물었다. 그런데 제주 사람들은 제주에 온 군인을 몽땅 '서북청년'이라고 인식하고 있다. 거기엔 사연이 있었다.

제주에 투입되던 군인들은 훈련이나 교육을 제대로 받지 못한 신병이 대부분이었다. 이래서 아는 것보다 모르는 것이 더 많았는데, 그 모르는 것 중에 군가(軍歌)도 있었다. 서청 출신도 군가를 배운 일이 없었다. 서청 출신들의 대대는 서청의 노래를 불렀다.

「서청가」는 서북청년에게는 어머니 같은 노래였다. 서청대원들은 눈물을 머금고 부르지만, 배고픔을 잊을 수 있었고 용기를 주었다. 그래서 누군가가 부르면 모두 따라 불러 합창이 되곤 했다. 이 행진곡이 우리들의 생명과 투지의 원천이었다고 그들은 회상했다.

제주에서도 외롭거나 배고플 때, 그리고 행진하면서 「서청가」를 불렀다. 「독립군가」의 곡에 가사만 서청의 것으로 한 것이어서, 다른 병사들도 쉽게 배워 따라 불렀다. 모든 군인들이 「서청가」를 부르니 제주 주민의 눈에 비친 군복은 모두 서청이었다.

서청은 전경에서 300명, 군인으로 49명이 전사했다. 한 지역에서 치른 희생으론 가장 많은 죽음이었다. 그런데 제주 주민의 다수는 서청의 나라를 위한 희생조차 왜곡해 인식하고 있었다. 시작에서 끝까지 제주가 서청에 보인 이런 것들을 알면 알수록, 서청에게 제주는 악몽이라는 말이 절실한 아픔으로 우리에게 다가선다.

5기 육사(陸士)를 점령한 '가자 군대로!'

서청은 제주폭동 때의 차출 이전부터 군문(軍門)에 행렬을 이뤘다. 영동사건과 대구사건 등 잇따른 경비대의 공격을 받았던 서청은, 군이 공산당의 온상이라는 위기감을 갖게 되었기 때문이다. 국방경비대의 수뇌부가 문제의 심각성을 느끼고 있다는 것도 일찍부터 알았다.

미군정이 국방경비대를 창군할 당시, 군정청 군사국 고문이던 李應俊(이응준)은 장교와 하사관은 경찰에 신원조회를 의뢰하도록 건의했다. 그러나 경비대 창설을 주관한 아고 대령이 군벌국가(軍閥國家)처럼 사병(私軍)을 만드는 보스만 경계하면 된다면서 건의를 묵살했다. 이래서 남로당 세포들이 군사영어학교에서부터 대거 침투해, 군대 안에 공산당을 키우고 있었다.

1947년 들어 경비대 수뇌부는 군 내부 공산당 프락치에 우려를 갖기 시작했다. 이런 우려는 서청에도 전해졌다. 당시 서청 위원장이던 선우기성은 고향(평북 정주) 선배인 통위부장(統衛部長) 유동렬과 자주 만나고 있었는데, 통위부장이 군 내부 좌익에 대한 대책이 있어야 한다는 얘기를 자주 했다.

그런 어느 날 선우가 "해충(害蟲)은 천적(天敵)으로 대처하듯이, 공산당의 천적은 서청이니 서청이 군에 들어가는 길밖에 없겠다"고 했다. 유동렬이 크게 반기며 서청의 군 입대를 권장하라고 했다.

그해 5월 서청은 회원들 중 사관학교 입학 자격이 있는 사람은 '군 내부 공산당 제거'라는 사명감을 갖고 지원하라는 권고문을 본부와 지부에 돌렸다. 서청회원들이 대거 사관학교에 지원했다. 그 영향이었든지 1947년 10월 23일 입교하는 5기생의 경우, 서울지역에선 15대 1이라는 경비대 창설 이후 가장 높은 경쟁률을 보였다. 서청에 대한 어떤 배려가 있었는지는 알 수 없다. 아무튼 5기생의 3분의 2가 서북 출신들이었다.

서청의 군문 행렬은 5기에 멈추지 않았다. 특히 남선파견대 등 지방 당부들의 현지 평정이 이뤄진 후 서청 전사(戰士)들은 군문으로 길을 잡았다. 6기는 현역 하사관과 사병 중에서 우수한 자를 선발키로 하여 서청의 군문 행렬은 7기로 건너뛰었다. 이래서 7기도 서북 출신이 다수를 차지했다.

6·25전쟁 남침에 마주쳤을 때 5기는 소령 또는 대위로 대대장이나 연대 참모, 7기는 중대장 또는 연대 참모였다. 전면전 초기, 무기는 엄청나게 성능이 떨어지는 데다 숫자에서조차 현저하게 밀리는 열세였다. 그 바람에 패전을 거듭하면서도, 군부대들이 무너져 흩어지지 않고 후퇴해 낙동강 방어선을 구축할 수 있도록 이끄는 데 서청의 기여는 컸다. '반공(反共)을 국시(國是)로…'라고 시작되는 5·16쿠데타의 중심이 5기생이던 것도 결코 우연이 아니다.

13장

미군 CIC,
백의사에 북한 정보 주문하다

하지의 임정(臨政) 정치공작대 해산명령이 인연

남북의 첩보 활동은 해방 정국, 그리고 6·25전쟁 이전까지는 남쪽이 북을 앞섰다. 대북 첩보 정치공작의 주역은 백의사와 서북청년회. 백의사는 일제하에서 구축한 대동단이 그물망이 되고, 서청이 이 조직망을 넓혀나갔다.

백의사의 대북 공작은 초기 우연이라고 할 인연으로 미군과 연결된다. 다음은 그 이야기다.

염동진이 궁정동에 집을 마련하고 백의사의 본격적인 활동을 시작할 무렵, 조중서가 찾아왔다. 그는 사뭇 못마땅한 얼굴로 염동진을 무심하다고 나무랐다.

"아니, 아무리 바쁘다 해도 염 공은 해공(海公: 신익희의 아호)이 돌아왔다는 것도 모르고 있었단 말이오?"

"해공이!…"

임시정부 2진이 돌아온 것은 1945년 12월 2일이다. 염동진도 2진의 귀국은 알고 있었다. 그랬지만 김두한이 저질러놓은 아편문제, 단원 확장과 활동 구상 등 일에 몰두하느라 제2진의 귀환에 관심이 없었다. 사실 염동진은 임시정부 요인이라는 사람들을 누구보다 잘 안다. 임시정부에 이름을 올렸다는 것뿐, 독립운동 실적도 없고 지략도

책모도 별로인 사람들이다. 그래서 관심을 갖지 않았다. 그런데 해공이 2진으로 환국했다는 것이다.

"만사 제치고 지금 당장 나랑 가서 해공을 만납시다. 해공 선생은 한미호텔에 머물고 있소."

한미호텔은 충무로 2가에 있었다.

"아니 이게 누구야?"

염동진의 짙은 선글라스에도 해공이 알아보고 반색을 했다. 10년 만의 만남, 신익희는 한달음에 달려와 염동진을 끌어안았다.

"살아있었구려 염 동지! 살아 있었어!"

그러는 신익희의 눈에서 눈물이 흘러 떨어졌다. 감회로는 염동진의 간절함이 더하다. 언제나 이지적이고 싸늘한 얼굴, 어떤 놀라운 일에도 표정의 변화를 보이지 않던 염동진도 안경 아래로 눈물이 흐르고 있었다. 그렇게 둘은 뜨겁게 만났다. 그리고 별실로 가 둘만의 얘기를 나눴다.

신익희와 염동진이 언제, 어떻게 만나 독립운동을 함께하는 동지로 어울렸는지는 알려져 있지 않다. 한참 동안 둘의 지난 얘기가 끝나고 신익희가 말했다.

"염 동지의 고초가 짐작보다 훨씬 혹독했구려…"

그러곤 목이 메는지 한참을 말을 멈췄다가 물었다.

"그래, 앞으로는 무슨 일을 할 작정이오?"

"공산당을 제거해야지요. 독립을 하고 정부를 구성하는 데 가장 큰 장애물은 공산당이지요. 임정한테도 공산당이 큰 장벽이 될 것입니다."

"염 동지다운 포부로군요. 북쪽에서 겪은 일로도 너무 당연한 목표

대한민국 임시정부 국내선발대. 앞줄 가운데가 신익희. 1945. 9.

인 것 같소. … 많은 난관이 있고 위험도 따를 일이라 걱정이구려. 염
동지는 너무 험한 길을 걸었는데 또 그 짐을 지우다니….”

“어려운 길을 걸은 것이 어디 저뿐이겠습니까? 제가 활동할 수 있
는 시간도 그리 많지 않습니다.”

“실은 나도 공산주의자와 싸우기 위해 대한정치공작대를 구상하고
있소. 염 동지의 계획이 마침 내 구상과 일치하니 앞으로는 나와 손잡
고 건국 작업을 같이 합시다.”

그러나 염동진은 “그러겠습니다”라고 말하지 않았다. 해공이 구상
하는 공작대도 북한 공작이지만 임정의 단체다. 반면 백의사는 비밀
결사다. 그러니 협력은 가능하지만 같은 일을 하는 조직이 아니다. 더
욱이 염동진이 하려는 일에 해공이 관련되는 것은 해공을 위해서도
피해야 할 일이다. 그래서 구체적인 상의는 뒤로 미루고 일어섰다.

"제가 자주 뵙지 못할지도 모르겠습니다. 차후 해공 선생과의 연락은 조중서 동지를 통해 드리겠습니다. 이 문제도 그때 말씀드리겠습니다."

해방 정국에서 임정 요인 중 독립에 대비하는 실질적인 일을 담당하고 수행한 이는 임시정부 내무부장 신익희 단 한 사람이었다. 그는 환국 후 바로 정치위원회와 대한정치공작대 두 조직을 운영했다. 대한정치공작대가 담당할 정치 공작은 임정의 손길이 미치지 않는 북한 지역 정치활동이었다. 정치위원회는 정부가 설 때 행정요원을 준비하는 조직이다. 국내 지식인들, 일본의 고등문관 시험을 통과한 법조인과 총독부 관료 출신들을 중심으로 구성했다.

임시정부에 참여한 사람들은 애국의 열정이야 어떻든 실력은 뒤졌다. 두 조직을 리드할 인물이 없었다. 염동진은 그런 임정 요원들과는 다른 드문 실력자다. 신익희에게는 천군만마(千軍萬馬)에 버금가는 인재였다. 그런데 그는 다른 일을 하려고 한다. 아쉬웠다.

1946년 2월, 미군 정보부대의 李淳鎔(이순용)이 낙산장으로 신익희를 찾았다. 재미교포이기도 한 이순용은 이승만의 권고로 제2차 세계대전에 참전했고, 종전 후 미군 CIC에 배속되어 한국에 파견되었다. 그는 정부 수립 후 한국에 남아 정부 일을 돕다 6·25전쟁 중엔 내무장관으로 기용되기도 한 인물이다. 이순용이 말했다.

"하지 사령관은 정치공작대의 해체를 명령했습니다만, 미군 CIC에서는 이 명령을 집행하기 전에 정치공작대에 대해 몇 가지를 알고자 합니다."

"그 전에 내가 먼저 한 가지 묻겠소, 당신은 지금은 미국 국적을 가진 미국 군인이지만 한국인이지 않소. 당신은 이 나라가 어떤 정치체제로 독립되기를 원하며, 미군정의 의중은 뭐라 보시오?"

"미국은 이 나라에 민주정부가 들어서기를 바라고 있다고 나는 믿고 있습니다."

"바로 그 민주정부 수립을 위해 정치공작대를 조직한 것이오."

"죄송하지만 좀 자세하게 설명해주실 수 있겠습니까? CIC는 아직 남북한의 정치 상황에 대한 정확한 정보를 갖고 있지 못합니다."

"군정 당국이 우리의 정치 현실을 너무 모른다는 생각은 하고 있었소. 특히 공산당에 대한 판단은 위험할 정도로 안이한 것 같소."

신익희는 남북의 정치 현황에 대해 설명했다. 북쪽의 민족진영은 소련 군정과 공산당에 의해 활동을 봉쇄당했다. 우익인사들은 탄압을 피해 38선을 넘어 남으로 도망쳐오고 있다. 남쪽도 공산진영이 행정권을 접수하는 등 기선을 제압해 조직을 확대하고, 민주주의민족전선으로 단일전선을 구축하는 데 성공했다. 이에 비해 우익 진영은 백화제방(百花齊放)이다. 이런 사정을 길게 설명하고 이렇게 말했다.

"지금 북쪽은 소련군정에 의해 공산화가 진행되고 있소. 공산당 이외의 정당은 활동하지 못해요. 대한정치공작대는 지하에 숨어든 북쪽 우익 세력과 연결망을 구축하고, 이 땅이 소련연방에 편입되는 것을 막는 일을 하는 것이 목적이외다. … 하지 사령관에게 정치공작대의 이런 성격과 목적을 설명하여, 이 나라가 더 이상 좌익의 수렁에 빠지지 않도록 하려는 우리의 노력에 협력해주기 바라오."

"신 선생님 말씀은 충분히 알아듣겠습니다. 그렇지만 하지 사령관께서 해체 명령을 내려놓았으니 어떻게 수습할지 그게 문제입니다. 하지

사령관은 미 국방성에서도 소문난 고집불통이라서…"

"당신 사령관의 고집이 그렇게 겁이 난다면 내 말을 그대로 전하시오. 공산주의자들은 온갖 단체를 만들어도 묵인하면서 우익 단체에는 사사건건 시비를 걸고, 급기야 우리 정치공작대에 대해선 내막도 알아보려 하지 않고 해체 명령을 내리는 저의가 뭐냐고 묻더라고 전하시오."

말을 마치자 신익희는 잘 가라는 말도 없이 방을 나가버렸다. 뒷수습은 조중서가 맡았다.

"… 해방이라고 와보니 남북이 미국과 소련에 의해 갈라져 있는 데다 좌우 분열이 극심한지라 해공 선생 신경이 날카롭습니다. 이해하시고 잘 중재해주십시오."

"노력해보겠지만 쉽지 않습니다. 단 한 방법이 있기는 합니다만…"

"한 가지 방법, 그게 뭡니까?"

이순용이 머뭇거리다 입을 열었다.

"지금 미군 CIC에서는 이북에 대한 정보가 전무한 실정입니다. 이북에 파견한 정치공작대 대원이 보내오는 이북에 관한 정보를 저희 CIC에도 제공해줄 수 있다면, 아마도 그에 상응한 협력을 받을 수 있지 않을까 합니다."

조중서는 이 제안에 솔깃했지만 그래도 명색 임정의 기구인데 CIC에…. 그래서 주저하다 백의사를 떠올렸다.

"이건 제 사적인 견해입니다만, 우리 정치공작대의 자매기관으로 백의사라는 비밀결사체가 있습니다. 중국의 남의사와 비슷한 성격의 기관이라고 생각하면 이해가 빠를 것입니다. 지금 남한에 있는 백의사 대원들은 대부분 이북 출신들이고, 이북의 각급 기관이나 단체에도 백의사 대원들이 신분을 숨기고 암약하고 있지요. 실제로 대북 공작이나 정보 수집은 백의사가 수행하고 있습니다. CIC와 백의사가 손을 잡고 협력한다면 이북 정보는 정확하고 상당히 깊은 것들을 확보할 수 있을 것입니다."

"그런 조직이 있었습니까? 우리는 까맣게 모르고 있었으니…"

"잠깐! 백의사에 관한 얘기는 외부인으로는 이 선생에게 처음 하는 얘긴데…. 비밀결사인 만치 비밀이 생명입니다. 이 선생도 아시겠지만 비밀결사의 생리상 정체를 드러내게 하면 이 선생의 안전도 보장 받을 수 없을지 모릅니다."

"염려 마십시오. 비밀은 지키겠습니다."

"이 문제는 나도 관계자와 구체적인 협의를 거쳐야 합니다."

"잘 알겠습니다. 마침 우리 섹션의 치프(Chief)가 철저한 반공주의자이므로 방금 하신 제의를 충분히 이해하고 사령관과 잘 절충하리라 봅니다. 백의사와 협의한 후 그분과 제가 만날 수 있기를 바랍니다."

군인은 정치엔 노코멘트?

이순용이 다녀간 다음날, 신익희가 염동진을 불러 이런 사연을 얘기했다. 백의사를 드러낸 조중서의 실수에 대한 해명 겸 사과 후 해공이 말했다.

"지금 당장은 아니더라도 백의사가 미군 CIC와 선이 닿아 있으면 여러 가지 협조를 받을 수도 있을 것 같다는 생각을 했소. 그래서 함께 논의해보자는 판단을 내가 했소."

해공의 제안을 염동진이 받아들였다. 그리고 며칠 지나 신익희의 주선으로 염동진과 미군 CIC 서울 책임자 워테크 소령과의 만남이 주선되었다. 워테크는 이순용을 통역으로 동반하고 백의사 본부를 찾았다.

워테크는 한반도를 둘러싼 국제정세를 설명했다. 미국은 소련과 합의하는 한반도 문제 해결을 추구한다. 그래서 서울에서 열리게 될 미·소공동위원회 테이블이 대단히 중요하다. 그런데 미국은 소련의 북한 점령 정책을 포함해 북한에 대한 정보가 없다고 그는 말했다.

"북한 정보가 필요하다는 말씀이군요."

"그렇습니다. 우리 모두 유익할 것이라고 믿습니다. 정보에 대한 대가도 틀림없이 지불할 것입니다."

"북한 정보라…?"

그러면서 생각에 잠겨있는 염동진에게 워테크가 말했다.

"그렇습니다. 38선 이남에 대해선 비교적 많이 알게 되었다고 생각하고 있습니다. 단 백의사에 관한 것은 빼고 말입니다만…."

워테크가 백의사엔 백지라는 말을 이렇게 농담하며 웃었다.

"잘 알겠습니다. 생각할 시간을 주십시오."

"그러지요 회답을 기다리지요."

그러면서 일어서려는 워테크에게 염동진이 말했다.

"우리의 상호협력 문제를 결정하기 전에 먼저 알고 싶은 것이 한 가지 있습니다. 미국은 한반도 문제를 어떻게 처리하려는 것입니까? 38도선을 기점으로 북쪽에 소련군을 끌어들인 이유가 무엇입니까? 내가 듣기로 소련은 일본이 항복한다는 것을 알고 서둘러 대일 선전포고를 하고, 참전 일주일 만에 망외(望外)의 전리품을 챙겼소. 미국은 무슨 이익을 노렸기에 한반도의 북쪽을 소련에 넘긴 것입니까?"

"염 선생은 내가 군인이라는 사실을 잊지 않기 바랍니다. 미국 군인은 정치적인 성격을 띤 문제에 대해선 말하지 않도록 명령받고 있습니다."

이순용이 이 말을 통역하는 것을 기다린 뒤 다시 이야기를 이었다.

"군인으로서가 아니라 나 개인의 의견을 묻는다면, 소련을 대일전(對日戰)에 끌어들인 것은 루스벨트 행정부의 실책이었다고 생각합니다. 이 실책으로 이북이 소련군 통치에 놓이는 위협적인 결과가 되었습니다. 이로 인한 조선의 분할은 유감입니다. … 한반도에 민주정부가 수립되기를 희망하는 미국의 기본 입장은 확고한 것으로 나는 알고 있습니다. 트루먼 행정부는 소련을 불러들인 과오를 깨닫고, 민주정부를 수립하는 데 소련의 동의를 받기 위해 노력하고 있습니다. 우리 정보국과의 협력은 이러한 미국 정부의 확고한 의지와 정책에 대한 믿음에 바탕하여 이뤄지기 바랍니다."

염동진은 묵묵히 듣고 있었다. 미국의 한 장교가 군인은 노코멘트라는 기율을 지키면서, 그러나 '개인 의견'이라는 전제 아래 미국의 기본 입장을 설명하고 이해시키는 능란함에 염동진은 부러움을 느꼈다. 이러니 미국이 세계 최강의 나라라는 생각을 하면서 말했다.

"당신의 이야기에 깊은 감동을 받았소. 며칠 고민하기로 했던 정보제공 문제는 이 자리에서 전적으로 당신의 요청을 받아들이기로 하겠습니다."

"대단히 고맙습니다. 염 선생의 결정을 존중하며 미국 CIC를 대신해서 감사를 드립니다."

염동진과 워테크가 다시 손을 맞잡았다.

"정보를 제공하기 전에 귀관의 양해를 구해야 할 일과 수락 받기를 원하는 조건이 있습니다. 첫째, 정보를 제공하되 돈은 받지 않겠소. 조선의 관습은 친구에게 중요한 것을 줄 때는 대가를 받지 않는 것이 불문율입니다…"

이순용이 이 대목에서 미국과 한국인의 문화적 차이를 이해시키느라 길게 통역했다.

"좋습니다. 그럼 다른 조건이란 무엇입니까?"

"우리 백의사 멤버들은 거의 모두 소련군과 공산당원의 박해를 피해 월남한 사람들입니다. 목숨을 걸고 저들과 싸워 고향으로 돌아가겠다는 결의를 갖고 싸우고 있습니다. 지금 이남에서도 공산당이 활개치고 있습니다. 그래서 우리의 전선은 북쪽만이 아닙니다. 우리의 투쟁이 문제될 때 미군 당국의 특별한 이해를 약속받고 싶습니다."

워테크가 생각에 잠겼다. 염동진이 말을 이었다.

"당신네 미국이 소련을 38선 이북에 끌어들이지 않았다면 백의사는 생겨나지도 않았을 것입니다. 백의사의 목숨을 건 전쟁에는 미국도 책임이 있는 것이니 우리를 이해하고 돕는 것이 당연한 일 아니겠습니까?"

워테크는 한참동안 말없이 염동진을 쳐다보고 있었다. 그러더니 대답했다.

"그 문제는 내 권한 밖입니다. 미군정 책임자의 승인을 받아야 할 정치적인 결정이 아닌가 합니다. 며칠 후에 답변할 수 있을 것입니다."

이렇게 말한 후 자리에서 일어섰다. 염동진이 영어로 "웨이트 모멘트!"라면서 붙잡았다.

"당신이 개인적으로 호의를 베풀어준 데 대해 감사합니다. 내가 지금 말한 데 대한 수락 여부와 관계없이, 서울에서 활동하는 동안 당신은 백의사의 협력을 받게 될 것입니다."

그로부터 며칠 지나 워테크가 다시 백의사를 찾아왔다.

"염 선생이 제시한 조건을 수락합니다."

밝은 표정으로 모든 것을 받아들인다고 했지만, 어떤 절차를 거쳐 받아들이기로 한 것인지 그 배경에 대한 설명은 없었다.

"백의사와 염 선생에 대해 충분히 이해하게 되었습니다. 내게 주어진 권한의 범위 안에서 염 선생의 일에 협력할 것입니다."

워테크가 돌아간 뒤 염동진이 조중서에게 말했다.

"우리가 기대하는 것보다 더 많은 협력을 받을 수 있을 것 같다. 아마 소련에 대한 미국 정책이 바뀌고 있는 것이 아닐까 하는 생각이 든다."

북조선 동포는 어쩌고…

백의사의 북파(北派)는 정치공작대를 백의사 요원으로 받아들여 파견하면서 시작되었다. 그 1호는 유익배 팀 3인이었다. 유익배(후일 대한노총 사무국장), 정희섭(후일 보건사회부장관), 안병성(후일 대한노총 최고위원) 세 사람은 일제하에서 농민운동으로 맺어진 동지들이다.

유익배는 황해도 안악의 5000석 부농 집안 출신이다. 닛폰(日本)대학 재학 중 독서회를 통한 반일활동이 문제되어 경찰의 조사를 받고 퇴교 당했다. 고향에 돌아온 그는 조부를 설득해 예배당을 짓고 야학도 개설했다. 마을 대부분이 유익배 집 소작인들이다. 유익배는 그들에게 그럴싸한 조건을 내걸었다.

"예배당에 나오고 글을 배우면 부채를 탕감해주겠다. 단 술을 삼가고 아편은 절대 금물, 투전판에도 접근하지 않아야 한다."

이 운동이 효과를 거두어 마을이 풍성해지자 소문이 널리 퍼졌다. 정희섭과 안병성이 이 소문을 듣고 안악으로 찾아와 유익배를 만났다. 그리고 그의 운동을 본받아 같은 운동을 자신들 마을에서도 일으켰던 농민운동 동지들이었던 것이다.

전쟁으로 일본의 통제가 더욱 강화되자 이들 세 사람은 상해로 가 광복군에 참여했다. 광복군 출신이어서 세 사람은 특파사무국의 요원이기도 했다. 이들 세 사람은 황해도에 비밀조직을 구축할 목적으로 1945년 말, 월북했다. 북에서 활동하자면 대동단의 도움을 받아야 한다. 그래서 월북하기 전 조중서의 안내로 염동진을 찾았고, 백의사 요원이 되었다. 그러니까 셋은 모두 임정 특파사무국 요원이면서 동시에 백의사 비밀요원이기도 했다.

이들은 염동진이 일러준 대동단 단원들과 접선, 황해도 일원에 조직을 구축하고 있었다. 그러던 중 별도의 지령이 떨어졌다. 백의사의 한 청년이 전한 염동진의 서신에는 "조만식을 구출할 것. 이 작전이 여의치 않을 때는 군사정보를 확보해 귀환하라"는 지시가 적혀 있었다.

세 사람은 평양 기림리 기림의원에서 합류했다. 기림의원은 정희섭의 평양의전 선배의 병원이다. 이들은 먼저 탈출을 위한 발동선 한 척을 확보했다. 선박을 확보한 뒤 구출에 나섰다. 기림의원엔 트럭을 개조한 앰뷸런스가 한 대 있었다. 마침 안병선이 운전을 할 줄 알았다.

저녁시간에 넷이 구출작전에 나섰다. 안병선은 앰뷸런스 운전수, 유익배는 조수, 그리고 원장과 정희섭은 의사다. 네 사람은 앰뷸런스를 몰고 고려호텔로 갔다. 보안요원의 검문을 받았다.

"무슨 일로 왔소?"

"조만식 동무를 진찰하라는 명을 받고 왔습니다."

"우리에게는 연락이 없었는데…."

"그러면 최용건 동지한테 연락해보십시오."

보안서 말단이 하늘같은 최용건에게 확인하는 일은 감히 할 수 없다. 두 보안서원은 정희섭이 들고 있는 진찰 가방을 조사한 뒤 들어가도록 허락했다. 조만식은 의사 복장을 한 두 사람이 들어서자 의자에서 벌떡 일어섰다. 얼굴엔 공포가 서려 있었다.

"선생님! 저는 장댓재교회 장로로 기림의원을 하고 있는 의사이고, 이 사람은 선생님을 구출하기 위해 서울에서 온 대동단 요원입니다."

정희섭이 인사를 하고 말했다.

"다른 두 동지는 밖에서 트럭을 대기해 기다리고 있습니다. 선생님 구출을 명하신 염동진 선생께서 무사 월남을 기원한다는 말씀을 전하라 하셨습니다."

조만식은 주저했다. 정희섭이 나서서 대동단이 백의사로 바뀌어 서울에서 활동한다는 것 등을 간략하게 설명한 뒤 "저희들이 안전하게 서울로 모시겠습니다"면서 간곡하게 권했다.

"나는 그대들을 따라 월남할 생각이 없네."

"선생님께서는 하셔야 할 일이 많습니다. 서울에서는 백범(白凡) 선생도 선생님을 기다리고 있습니다. 함께 건국에 힘을 합쳐야 하지 않겠습니까? 평양에는 공산당이 선생님을 독살할 것이라는 소문이 돌고 있습니다."

조만식은 눈을 감고 한참 생각에 잠겼다.

"내가 월남한다면 북조선 동포들은 누굴 의지한단 말인가? 독살을 당해도 좋고 시베리아로 끌려가도 어쩔 수 없는 일이지. 서울에는 우남(雩南)도 있고 백범도 있으니 나는 없어도 돼. 그렇지만 이곳에는 나를 필요로 하는 동포들이 있지 않은가?"

말을 마치자 침대로 가 누워버렸다. 어떤 말도 더는 듣지 않겠다는 결의의 표시였다. 설득할 시간은 없었다. 기림의원으로 돌아온 네 사람이 다시 머리를 맞댔다. 조만식을 진찰한다는 명목으로 의사가 다녀갔다는 사실을 최용건이 아는 순간 기림의원도 박살이 난다. 원장은 준비한 배로 예정했던 대로 우리 모두 떠나자고 했다.

"우리는 북에서 할 일이 남아있습니다. 원장님만 가족과 함께 먼저 떠나십시오."

원장은 이윤영 목사 일가를 동반하고 싶다고 했다. 그는 그 이유를 설명했다.

"얼마 전 김욱이라는 밀사가 평양에 왔다. 그는 신탁통치를 반대한다는 조만식의 성명서를 받아오라는 이승만의 밀명을 받고 있었다. 그랬지만 조만식은 감금된 후여서 만날 수 없었다. 결국 이윤영이 조만식을 대리해 조선민주당 부위원장 자격으로 성명서를 써서 밀사에게 전했다. 그리고 서울에서 신탁통치를 반대한다는 조선민주당의 성명서가 이윤형 부위원장 명의로 발표되었다. 이 성명서로 인해 이윤형은 공산당에 반동으로 찍혀 유형에 처해질 위기다."

유익배가 대답했다.

"그런 일이 있었군요. 선배님은 준비한 배로 내일 일찍 떠나십시오. 조만식 선생 대신 이윤영 선생을 모시고 가는 셈이 되겠군요. 그리고 자꾸 부담만 드려 죄송합니다만, 선배님께서 군의관들 중 믿을 만한 사람들을 골라 소개장을 써주십시오. 우리가 하는 일에는 군의관의 도움이 필요합니다."

유익배 등 세 사람은 기림의원을 떠나 군사정보 수집에 나섰다. 기림의원 원장이 써준 소개장은 평양의전 출신 의사들에게 확실한 신표(信標)였다. 행정기관과 보안서, 그리고 군 관계자와 연결되어 있는 의사들의 도움을 받을 수 있었다. 이들은 중요한 군사정보를 입수했다.

1945년 10월 14일에 열린 조선공산당 북조선 5도 책임자 및 열성자 대회에서 내놓은 북조선 민주기지론, 그것은 남쪽을 무력으로 제압할 수 있는 군사력을 갖는다는 군사 양성의 신호였다. 북조선 인민위원회는 그해 10월 21일을 기해 치안대와 적위대를 해체하고 철도경비대란 이름으로 군대를 조직하고 있었다.

이들은 북조선 당국의 신병 모집 계획, 장교 충원 계획, 38선 경비대 배치 현황, 소련에서 지원받은 무기와 이들 무기의 배치 현황, 그리고 중대장급 이상 장교 명단 등 단기간에 수집한 정보라고는 믿기 어려울 만큼 광범하고 정확한 정보들을 확보했다. 사진도 촬영했다. 이들 사진 중에는 철도경비대의 막사, 규모, 훈련 장면, 그리고 소련이 지원한 무기도 포함되어 있었다. 이들이 확보한 철도경비대 창설에 관한 북한 문서의 하나는 이랬다.

[1945년 10월 21일을 기해 해체한 치안대와 적위대에 대체할 보안 요원 확보가 시급하므로 당에서는 열성 당원 중에서 2000명을 선발, 양성한다. 다만 보안 요원 선발에는 출신 성분과 사상성을 최우선적으로 확인한다. 요강에 따라 엄선된 보안 요원은 진남포에 설치된 훈련소에서 훈련을 실시하되, 소련군 고문관의 감독 하에 정치 사상교육을 집중적으로 실시한다.

1946년 1월 11일까지 각도 단위로 인민군을 모집, 단기 교육을 통해 부대를 편성한다. 다만 그 명칭은 인민공화국이 수립될 때까지 철도경비대라 칭한다.

1946년 6월 30일까지 평안남도 개천에 신병훈련소를 설치하여 이미 부대 편성을 마치고 각지에 배치되어 있는 철도경비대 병력을 훈련시킨다. 이와 병행하여 신의주, 정주, 강계에도 같은 규모의 신병훈련소를 설치하여 해당 지역에 배치되어 있는 철도경비대 병력훈련을 담당한다.

1946년 6월 30일까지 진남포에 제2평양학원을 설치하여 각급부대에 배치할 정치 군관을 양성한다.]

백의사의 게릴라

미 CIC는 정릉 골짜기의 옛 일본인 별장을 백의사 북파 요원 훈련장으로 제공했다. 별장을 둘러싼 숲이 집을 가려 비밀스런 훈련에 안성맞춤이었다. 미군 교관도 파견했다. 훈련은 미국 특수부대 훈련과 같은 수준이었다고 한다. 체력 단련, 무술, 폭파술, 적진 침투와 탈출 등 고도의 유격훈련이었다. 소련제 각종 무기 식별법과 그 사용법도 미군 특수부대 훈련 교관이 가르쳤다.

염동진은 북파 요원을 이북 5도 각 지역 출신에서 고르게 선발했다. 지역 사투리 구사, 그리고 현지에서 살아가기 위해선 친척이나 동창, 혹은 동향으로 연결될 수 있는 현지인이 있어야 했기 때문이다. 월남 청년들이 주축인 민청과 서북청년회는 북파 요원의 보고(寶庫)였다. 백의사 요원들이 민청이나 서청 회원이 되기도 하고, 민청이나 서청 회원이 북파되면서 백의사 요원이 되어 정릉에서 훈련을 받고 북으로 가기도 했다.

1946년 5월부터 2인 1조로 한 북파가 시작되었다. 이때 북파된 인물 중엔 일본군 소좌 출신 李亨錫(이형석), 李成佳(이성가: 후일 육군 8사단장), 高吉勳(고길훈: 후일 해병대 사령관), 金根燦(김근찬: 후일 자유당 훈련부장), 광복군 출신 朴經九(박경구), 그리고 본인이 이름을 밝히지 말라고 해 '훗날의 국무총리'로만 전해지던 강영훈도 있었다.

밀파된 백의사 요원들의 공작 활동이나 그들이 보낸 정보에 대한 기록은 없다. 서청의 북한 활동을 통해 북의 엄중한 통제에도 이북 전역에서 펼쳐진 백의사의 지하조직이 1948년까지도 건재했다는 사실, 그리고 활동의 극히 작은 부분을 엿볼 수 있을 뿐 중요한 것들은 염동진이 간직한 채 묻혔다. 그랬지만 이들 요원의 활동이 얼마나 필사적이고 처절한 것이었는지를 짐작할 수 있었던 한 가지 사례가 있다.

1946년이 저물어가던 어느 날 한밤중에 평양에서 상경했다는 젊은이들이 백의사를 찾아들었다. 평양에서 왔다면 한밤중이라도 만나야 한다. 거실로 안내하라고 했다. 한 청년과 두 여자였다. 그들은 염동진이 들어가 거실에 앉자 일어나 엎드리며 오열했다.

"선생님, 살아생전에 뵙지 못할 줄 알았습니다."

청년이 울먹이며 말했다. 목소리는 익은데 얼굴을 분간할 수 없으니 다음 얘기를 기다릴 수밖에 없었다.

"선생님 저를 모르시겠습니까?"

"목소리는 익은데… 내가 시력을 거의 잃어 사람을 누구인지 분간하지 못한다네. 미안하네만 동지들을 소개해주게."

"선생님 죄송합니다. 그런 줄도 모르고…."

청년은 잠시 말을 잇지 못하고 생각에 잠겼다. 평양에서도 시력을 곧 잃을지 모른다는 얘기를 들었던 기억을 떠올리고 있었다.

"저희는 모두 대동단 단원입니다. 저는 광성중학을 나온 차순명이고, 이 동지는 선문고녀 강순실이며, 저쪽은 정의고녀를 나온 박명옥입니다."

"아하 그랬었군. 기억난다, 그래 38선은 어찌 넘었나? 이 엄동설한에 탈출한 걸 보면 다급한 일을 겪은 모양이구나."

그들의 사연은 길었다. 대동단 지도부가 떠난 뒤 청년들은 그룹별로 모였다. 차순명은 같은 나이 또래 단원들로 건국단을 조직했다. 무엇부터 할 것인가? 서로 정보를 교환하고 누가 잡혀갔는지 체크하는 정도였다. 이건 아니다. 그래서 의논 끝에 시베리아로 유형될 우익 인사들을 구출하는 게릴라 활동을 하기로 했다. 실제로 시베리아로 보내는 것인지 아닌지는 몰랐지만, 풍문으로 시베리아 유형은 돌아올 수 없는 죽음의 길이라는 얘기들이 돌았다.

구출하자면 보안서를 습격하거나, 죄수 이동 당시 길에서 가로채는 방법밖에 없었다. 그러자면 칼만으론 부족했다. 권총 한 자루는 있어야 한다는 생각들을 했다. 어떻게 구한다? 궁리 끝에 권총을 휴대하고 다니는 보안서 간부를 미인계로 유인키로 했다.

어렵게 설득해낸 것이 두 여성이다. 1946년 3·1절 때 두 여성이 떡을 싸들고 보안서를 찾았다. 명목은 주민으로서 감사를 표시하는 위문이었다. 보안서 계장 하나가 박명옥을 점찍었다. 데이트도 했다. 그가 원하는 야산 데이트를 받아들인다. 그리고 사내가 숲속에서 선을 넘는 시도를 할 때, 옆에 숨어있던 청년 둘이 녀석을 때려눕히고 권총을 빼앗는다는 각본이었다.

어느 초저녁, 각본을 행동에 옮겼다. 형사계장은 처녀 사냥 기회라고 들떴고, 박명옥은 두 청년이 제때 습격해주기를 하느님에게 기도했다. 여름 해는 길다. 그렇지만 숲속에는 어둠이 일찍 찾아든다. 사내가 좋은 장소로 박명옥을 이끌어 덮쳤다. "나, 이혼하고 너하고 평생을 살겠다." 사내들의 상투적인 대사를 그도 읊으며, 명옥을 누르고 바지를 벗기 시작했다.

명옥은 이것만은 안 된다고 몸을 움츠렸다. 그가 바지를 벗으면 두 청년이 와야 한다. 그런데 감감 무소식이다. 아무 소득 없이 처녀성만 잃게 생겼다. 그녀는 앙탈했다. 승강이로 그녀는 힘이 빠져갔다. 그런데 청년들은 나타나지 않는다.

결국 더는 이기지 못하고 기진해 그를 받아들이게 되었다. 아픔, 수치, 분노, 그런 감정조차 가물가물했다. 그러다 정신을 차리면서 권총을 빼앗아야 한다는 생각을 했다. 다른 아무것도 떠오르지 않고 오직 권총을 뺏어야 한다는 생각만 들더라고 했다. 권총을 뺏어 놈을 쏴야겠다고 작정했다. 그녀가 장태석 형사계장의 벗어놓은 바지춤에서 권총을 뺀 것과, 녀석이 명옥한테서 몸을 뺀 것이 동시였다.

"이년이 뭣해?"

그러면서 주먹으로 얼굴을 갈겼다. 박명옥은 손에 쥐던 권총을 떨어뜨렸다. 그리고 다시 정신을 잃었다. 구두 발길이 그녀를 걷어찼다. 그녀가 정신을 차린 것은 보안서 감방에서였다. 얼굴은 부어올랐고, 몸은 구둣발에 걷어채어 말 그대로 만신창이였다.

장태석은 권총을 노린 접근이었다는 추리를 했다. 이유 없는 위문, 아주 쉽게 데이트에 응한 것 등 돌아보니 계획적인 접근이다. 이래서 고문이 시작되었다. 사흘째 되던 날, 명옥이 손을 들었다. 패고 물 먹이고 고춧가루 부어넣고 하는 고문보다 더 견딜 수 없었던 것은 모욕이었다.

발가벗겨 매달아 놓고 보안원들이 들락거리며 만지고 희롱하고 웃고 조롱하고, 정말이지 죽지 못하는 것이 한이었다. 강순실이 맨 먼저 잡혀왔다. 잇달아 굴비 엮듯 차례차례 묶여 왔다. 고문, 모두 명옥이 간 길을 갔다. 그러나 대동단이라는 조직명은 나오지 않았다. 건국단에서 그쳤다. 다른 남자 대원들은 대동단을 몰랐고, 차순명은 모진 고문을 버텨냈기 때문이다.

반체제는 재판 없이 처형했다. 이들도 반체제다. 가족들은 반동의 가족이 되어 모두 끌려갔다. 오지로 수용되었다는 소문도 있고, 차순명과 두 여성의 가족들은 악질반동 가족으로 등급이 매겨져 시베리아 유형에 처해졌다고들 했다. 그들은 사형의 날만 기다렸다. 그런데 뜻밖에도 유형이었다.

1946년 10월, 건국단 15명은 한 줄에 엮이어 경원선 화물칸에 내동 댕이쳐졌다. 그리고 문을 밖에서 걸어 잠갔다. 남녀가 섞인 굴비엮음인데, 대소변을 어찌 하라는 것인지 그런 배려는 아예 없었다. 생명체가 아니라 짐짝 취급이었다.

하루 밤낮이 지난 뒤였다. 기차가 원산을 지나 함경북도에 접어들었거나 가까이 갔을 것으로 짐작되던 무렵이었다. 가까이서 땅이 흔들리는 폭음이 들리고 열차가 급정거했다. 그리고 총소리. 총격전이 벌어지고 있다고 느끼며 굴비들은 열차바닥에 몸을 움츠렸다. 얼마나 지났을까. 총소리가 멎고, 또 얼마 지나 문이 열리며 햇살이 눈부셨다.

"다들 밖으로 나오시오."

다른 칸에서도 유형수들이 나오고 있었다. 젊은이들이 굴비엮음 줄을 칼로 잘라주었다. 그리고 모두 모이게 한 뒤 한 청년이 말했다.

"우리는 서울에서 파견된 첩보대원들입니다. 애국지사들이 시베리아로 끌려간다는 연락을 받고 구출하기 위해 여기서 기다리고 있었습니다."

'와' 하는 함성이 터졌다.

"여러분, 시간이 없습니다. 소리 내지 말고 제 이야기를 들으세요. 우리 첩보대에 합류하실 분은 우리를 따르시고, 그렇지 않은 분은 바로 떠나십시오. 열차에 있던 김일성 졸개들은 모두 처치했습니다만, 기차가 예정대로 안 와 이상이 있다고 판단하면 철도경비대가 출동할 것입니다. 단시간 안에 여기서 먼 곳으로 가야 합니다. 모두 빨리 결정하십시오."

건국단 15명은 합류를 택했다. 그들이 닿은 곳은 함경남북도 접경의

험준한 산악지대에 마련된 토굴 아지트였다. 그 아지트에서 차순명이 대동단원이라고 하자 그때서야 그들은 대동단이 백의사로 바뀌었다며 얘기를 해주었다. 그들은 이름을 묻지도 않았고, 자신들의 이름도 말하지 않았다. 대장만 자신의 이름이 이명진이라고 알려주었다. 체포될 때를 대비한 불문율이었다. 다만 서울 백의사 주소를 알려주면서, 38선을 넘는 행운이 온다면 염 선생을 찾아가라고 했다.

한 달쯤 지나서다. 대대적인 토벌작전이 벌어졌다. 유격대원들은 소규모로 짝을 지어 흩어졌다. 대원들은 쫓기면서 건국단원들에게 38선을 향해 남하하라고 했다. 차순명은 두 여성 동지를 데리고 남행길에 올랐다. 유격대원을 비롯해 건국단의 다른 동지들의 생사는 모른다. 그들 셋도 어떻게 38선을 넘을 수 있었는지 기적이라고 했다. 꼬박 두 달이 걸린 길이었다.

"그랬었군!"

염동진이 상념에 잠겼다. 선글라스 아래로 눈물이 흐르고 있었다. 이명진! 훈련을 거쳐 월북한 1기팀이다. 전문대 재학 중이던 청년이다. 부잣집 둘째 아들, 얼굴이 준수했다. 그런 그의 어디에 그런 투지가 샘솟고 있을까?

염동진은 만주 벌판에서 일본군에 쫓기던 제 모습이 바로 이 시간 이명진의 모습이라는 생각을 하고 있는 것일까? 한참 후 염동진이 툭 한마디 던졌다.

"장한 일을 해냈군!"

그리고는 또 상념에 잠겼다.

제3부

건국 전야(前夜),
새 역사의 막이 열리다

14장

서청,
서북으로 진군하다

내금강 국사봉에서 산화한 전사(戰士)들

서청의 북한 공작은 실패로 시작된다. 1946년 11월에 선천에서 청년운동을 했던 박웅, 한익수 두 사람이 월남해왔다. 박웅은 닛폰대학 법학부 출신으로, 해방 후 청년회를 조직했었다. 그는 북한이 공산당 천하로 바뀌자 은거하다 월남했다.

농지개혁에 따라 농민들이 소출의 25%를 내는 것 외에 애국미(愛國米)라는 명목으로 식량을 빼앗아간다. 그로 인해 선천 지역이 모두 비참한 영세농 신세로 전락했다는 고향 소식은 어느 곳이나 다 마찬가지였다. 그런데 박웅은 "선천의 공산당이 유별나다"면서 월북하여 악질 공산당들을 처단해 고향 농민들의 숨통을 터주고 오겠다고 했다.

둘은 월북해 현지에서 결사대를 조직했다. 12월 25일, 21명의 결사대가 보안서와 공산당본부를 습격해 우두머리들을 처단한다는 계획을 세웠다. 그랬는데 거사일 직전, 남면에서 양곡 수매 정책에 대한 선전 연설을 하던 보안서원이 농민에게 매를 맞아 현장에서 즉사한 사건이 일어났다. 농민들이 무더기로 검거되고, 이들을 문초하는 과정에서 이 비밀결사가 들통 났다. 그랬지만 박웅은 남면 사건을 모르고 있다가 체포되었다.

대장이던 박웅 등 6명은 선천에서 소위 인민재판에 넘겨져 처형되고, 다른 10여 명은 시베리아 유형에 처해졌다. 이들 중 계광수와 한광석은 탈출에 성공했다. 한광석은 박웅과는 이종사촌간이다. 그는 격문을 뿌려 농민들이 스스로 공산당의 횡포를 깨닫고 봉기하도록 유도하자는 주장을 폈다. 그리고 직접 격문을 만들어 뿌렸다.

그는 검거 때 평양으로 도피했지만, 이듬해 1월 30일 평양에서 체포되었다. 그는 평양보안서에서 사흘간 조사를 받다가 선천으로 압송되는 도중, 기차가 고읍역을 지나 오산터널에 이르던 때 차창 밖으로 몸을 날려 탈출했다. 그는 부상을 무릅쓰고 산으로 기어올랐다. 낮엔 산에서 은신하고, 밤을 타 이동해 다시 평양 지인 집에 숨어들었다. 거기서 일주일 동안 상처를 치료한 뒤, 해주를 거쳐 월남해 그들의 어이없는 실패를 전했다.

1947년 2월엔 평양에 잠입해 3·1절 기념식장에서 김일성을 제거하기 위한 3인의 공작팀을 구성했다. 38선 돌파를 담당할 안내원과 평양의 지하조직 등 서청 나름으로는 치밀하게 준비했다. 그렇지만 연락에 착오가 생겨 3인조 중 단 한 사람만 평양에 닿아 실패했다.

1947년 가을에는 서청의 朴泰遠(박태원), 田畯(전준), 田勳(전훈), 조진하 등 정예 대원들이 특수훈련을 받고 여러 팀으로 나뉘어 월북해 활동했다는 기록이 있다. 특수훈련을 받았다는 것은 백의사와 연결되어 정릉 백의사 훈련소에서 북으로 침투할 훈련을 받은 것을 말한다. 초기의 실패 후 백의사의 북파 교육을 받고, 백의사와 서청의 두 지하조직과 연결된 대북 활동을 한 것으로 보인다. 이들 대북팀은 북의 지하 지부를 점검하고 정보를 수집해 귀환하는 일을 해냈다. 이런 대북 공작이 확대됨에 따라 1948년 2월 '정의사(正義社)'란 명칭으로 지휘 체계를 따로 세워 공작을 관리, 집행했다.

　정의사 대원 중 상당수는 영어와 소련어를 구사하는 엘리트들이었다. 20~30명 인원으로 특수 훈련을 받고 북행, 인민군 군관 양성 실태 및 소련군 동향을 탐지하는 밀명을 수행했다. 정의사팀은 평양, 원산, 함흥, 신의주, 강계, 개천 등 곳곳을 파고들어 이북의 변화를 속속들이 캐냈다.

　인민군이 현재는 3개 사단 규모지만 군관(장교와 하사관)을 양성하고 있어 실제로는 현재의 병력을 8개 사단 규모로 헤아릴 수 있다는 것, 북한에 주둔했다가 철수하는 소련군은 예외 없이 장비를 모두 북한 인민군에 넘기고 떠나고 있다는 것 등 군사정보는 거의 완벽에 가까웠다.

　이들이 가져 온 부수적 정보의 하나는 소련이 원자탄 개발에 소용되는 광석을 북한에서 캐가고 있다는 사실을 탐지한 것. 이들 팀은 평북 철산, 황해도 구월산, 그리고 강원도 철원지구에서 소련군이 동(銅)비늘 같은 새까만 광물(운모)을 대량 채취해 트럭에 실어 보내는 것을 보게 되었다. 이들은 소련군이 주민들을 동원해 검은색 광석을 물에 일군 뒤, 이를 트럭에 실어 반출하는 것을 목격했다고 보고했다.

　서청은 대원들을 철원으로 월북시켜 구월산 지구에서 똑같은 광석 1kg을 가져오게 해 미군 첩보부대에 전했다. 미군은 이 돌을 본국에 보냈는데, 미 당국에선 이 광석에서 원자탄 원료의 하나인 모나자이트(monazite)가 나온다고 했다. 소련은 다음해인 1949년, 원자탄 제조에 성공하여 원폭 실험을 했다.

　서청은 언젠가는 닥칠 북한의 남침에 대비, 38선 접경지에 공작대도 설치해 대북 공작을 하고 있었다. 서쪽 황해도의 접경지는 일찍부터 서청 황해지부가 38선을 넘나들며 월남인 안내 구출 등 활동을 하고 있었다. 중부인 동두천과 포천 일대는 철원 출신 서청 회원들이 연천, 철원, 김화를 연결하는 통로를 이용하여 대북 공작을 펴고 있었다. 맨 마지막으로 1948년 주문진에 계림공작대를 설치함으로써 38선 전역에 서청의 대북 첩보·공작망이 구축되었다.

서청의 대북 첩보 내용이나 지하조직에 대한 기록 역시 없다. 하지만 38선 접경지에서 남북이 충돌한 기록들은 여기저기 단편적으로 수록되어 있다.

황해도 평산, 재령, 서흥 등 지역에서 서청과 연결되어 반공활동을 하던 청년들이 1947년 3월 1일 평양역에 폭발물을 설치했다가 조직이 드러나 인산중학교 교사 등 50여 명이 집단 탈출했다.

그해 3월 20일, 재령읍에서 월남하던 반공청년들이 영천의 38경비대에 체포되었다. 서청 벽촌지부는 특공대를 편성 38경비대를 기습, 총격전 끝에 이들을 구출하고 도망치지 못한 경비대 소대장 등 2명을 포로로 잡아왔다. 그랬는데 다음날 소련 측이 미군에 항의해 2명을 돌려보내고, 오히려 특공대가 미군에 의해 2개월 동안 개성형무소에 수감되기도 했다.

1947년 6월, 북이 연백군 은천면에 인민유격대 본부를 설치하고 대남활동을 하면서 백천경찰서를 습격한 사건이 잇달았다. 서청 옹진지부는 그해 8월, 38선을 돌파해 유격대 본부를 공격했다. 40분의 격전 끝에 유격대 본부를 점령하는 데 성공했다.

황해지부는 지하조직이 북한공작원 남파 정보를 전해와 1947년 7

월 10일에 대남 공작원 5명을 발견하고 총격전 끝에 1명 사살, 1명 생포했다. 그러나 다른 3명은 도주한 것인지 월남한 것인지 확인하지 못했다.

1947년 6월, 연백의 서청 특공대가 월남하다 북의 38경비대에 체포된 20여 명을 구출했다. 그 보복이었을까, 38선 2km지점 연안경찰서 장곡천지서는 북쪽 습격으로 지서 경찰관 7명이 전원 전사했다. 연백 서청 특공대는 10월 15일 38경비대를 습격, 소대 병력에 타격을 가했다는 기록도 있다.

1947년 9월, 신의주 학생사건과 관련해 체포되었다가 탈출한 청년들이 가좌면 배곡리 38경비대에 체포되었다는 급보를 받자 옹진지부 특공조가 출동해 격전을 치르며 이들을 구출했다.

1948년 2월에는 文昇龍(문승룡) 황해도 지부장 등의 백천(白川)공작대가 해주비행장에 침투, 철도경비대란 이름의 인민군 기병대 19명을 귀순시켜 서울 덕수궁 앞에서 시가행진도 시켰다.

趙(조)·朴(박) 단 2명으로 구성된 북파팀은 TNT, 권총, 수류탄, 그리고 인쇄물 등 공작품을 소형 선박에 싣고 북으로 향했다. 이들은 진남포 해안의 광량만에 무사히 상륙하여 평양으로 진입하다 발각돼 평양 경비병들과 시가전을 벌일 수밖에 없었다. 이 전투에서 趙는 사살당하고, 朴은 체포되어 민족보위부에 끌려갔다. 그러나 평양의 지하조직이 그를 탈출시켜 두 달 만에 서울로 귀환하여 이 사실을 알렸다.

1948년 들어 서청은 북이 남침을 준비하고 있다는 판단을 내렸다. 38선 이북이던 양양, 속초, 고성, 원산 등지에 흩어져 있는 지하조직과 접촉하면서 대원을 침투시켜 첩보전과 유격전의 거점을 마련한 뒤

활동하던 계림공작대의 희생은 그런 사례의 하나다.

계림공작대는 1948년 2월, 주문진 서북쪽 12km 지점인 기사문리(基士門里) 부근의 북 보안대에서 무장간첩이 잠입해 명정리 지서주임을 살해한 사건이 발생했다. 그러자 주문진 주둔 국방경비대와 합동으로 기사문리의 북한 38보안대를 새벽 4시에 기습, 벙커를 파괴하고 무기와 선전책자 등도 노획했다. 좌익의 민애청 영동지구 위원장 김문호의 아지트가 주문진 남방 교황리에 있다는 사실을 알게 되자 기습공격, 북에서 밀파한 무장공비 7명을 생포해 주문진경찰서에 넘기기도 했다.

이 공작대는 정부 수립 후인 1948년 12월, 국방부 제4국 소속 동해특별부대로 개편되어 다시 활동을 계속했다. 1949년 6월, 북의 남침 징후를 포착하면서 주문진의 백의곤 부대와 오대산 유격전을 수행해온 김현주 부대 전 대원을 합쳐 호림유격대로 재편, 38선 이북 산악지역 깊숙이 침투했다. 북의 남침 계획을 분쇄하기 위한 유격전이었다. 이들은 이 지역 세포망을 확장하고 전면전에 관한 정보를 수집하면서 유격전을 펼쳤다.

소련 극동군으로부터 수송될 군 장비 수송로 차단을 위해 군사 요충지인 양덕~고원 간의 터널 폭파, 38도선에 집결하고 있는 적 병력의 분산을 목적으로 한 교란전 등 작은 교전을 치르며 전진했다. 38도선을 돌파하여 설악산 향로봉 및 내금강 국사봉까지 침투하면서, 교량을 포함한 북한군 주요 시설물을 폭파하고 통신망을 절단하는 등 작전을 수행했다. 호림유격대는 내금강 국사봉에서 인민군 3개 사단 병력과 마주쳐 200여 명 대원이 치열한 교전 끝에 자유한국의 수호신으로 산화했다.

호림유격대를 이은 어룡대는 1950년 4월, 북의 첩보 임무를 띠고 원산항에 침투해 원산 및 북청어협의 어선 2척을 나포해오기도 했다. 금강학회라는 간판 아래 원산과 함흥 등지를 기지로 해 북의 군사시설 탐지, 석유화학공장 방화 등 활동을 펴던 서청의 이동호 팀 7인은 1948년 5월 원산보위부에 체포되어 평양에서 총살당했다. 고성지구의 김재열, 양양군 서면 상평초등학교 교감 이상학, 가진의 한인선, 통천의 이병주 등은 그 죽음이 확인된 이들 팀이 관리한 지하세포들이다.

국방장관실과 핵심 부서에도 스파이?

서청의 북한 활동은 정부 수립 후엔 국방부, 미군, KLO 등으로 이어진다. 정보·첩보 부문 장교들은 대부분 서청 출신이었다. 초대 이범석 국방장관 시절 제4국장 자리에 족청 출신인 김근찬이 앉았는데, 청년단체에 있었던 경력으로 서청에 대한 이해가 많았다. 마침 서청 회장이던 문봉제는 국방부 고문이기도 했다. 이런 인연으로 서청에서 대북 활동을 했던 회원들은 국방부 제4국에 많이 들어가 대북 공작을 담당했다.

6·25전쟁 전야 국군 정보부대는 전면 남침에 대한 경보를 보내고 있었다. 그런데 6·25전쟁 발발 전날, 한국군 수뇌부와 많은 사병이 특별 휴가를 받았다. 북한의 도발이 시작된 그날 새벽에 한국군은 어느 측면에서는 휴가 중이나 다름없었다. 서청 사람들은 전면 남침에 대한 경보가 있었음에도 6월 24일 군 수뇌부가 파티에 취하고, 사병들도 대

거 휴가를 받은 '군의 휴가 중 사태'를 불가사의로 의아해한다. 군대 내부 남로당 프락치는 제거했지만, 국방장관실이나 핵심 부서에 북에서 보낸 간첩이 침투해 있었던 게 아닌지 의심되는 사태로 보는 것이다.

"내부에서 스스로 무너지게 한다."

공산당이 철저하게 따르는 전술이다. 조선공산당도 정부를 내부로부터 무너뜨리기 위해 정부 안에 공산당 세포를 조직하고, 이들 세포들이 공무원을 남로당으로 포섭하는 공작을 집요하게 펼친 것이 한 사건 수사로 그 일부가 드러났다.

경찰은 5·10총선 방해를 위한 폭동이 전국적으로 일어날 때, 민애청이 남한 경비 연락망인 송신소 폭파를 담당한다는 남로당의 계획을 탐지했다. 그 수사과정에서 드러난 정부 내 공산당 세포의 일부 명단도 확보해 1948년 이들을 모두 검거했다.

수사당국은 미군정 내부 프락치 공작은 경무부와 재무부·농림부에 집중되었으며, 이들 부처의 중요 부서에는 2~3명의 세포를 확보하도록 지시하고 있었다고 했다. 이 공작에 따라 많은 공무원이 공산당에 가입했는데, 경무부는 본부와 통신·정보 등 중요 부서에 공작을 집중했다고 경찰은 밝혔다. 이때 체포된 정부 내 프락치는 경찰에선 제1경찰단장 李萬根(이만근), 수사국 정보과장 高業億(고업억), 경무부장실 경감 이은천 등 21명, 농림부와 재무부는 53명이었다. 경찰은 통신소 폭파팀에서 드러난 프락치여서 정부 내 프락치의 일부로 본다고 했다.

공산당은 어떤 목표가 있을 때면 이런 형태의 작전을 어김없이 펼쳤다. 1946년의 10월 폭동은 소련의 계산이 빗나간 실패한 전쟁이다. 소련군도 실패를 인정했다. 그러나 도발을 계속하도록 독려한다. 재개할

2차 미·소공위를 대비하는 공세였다.

소련군은 1946년 12월에 남로당 청년부장 고찬일을 평양으로 불러 10월 폭동의 영웅적 투쟁을 치하하고, 북로당에서 추천한 30명과 함께 남하해 투쟁할 것을 지시한다. 잇따라 이듬해 1월 22일, 북조선 주둔 소련군사령부 교육관 니콜라이 그즈노프 소좌가 남조선노동당 위원장 허헌에게 서신을 보낸다.

"10월에 있었던 남조선 인민들의 투쟁은 침략적 제국주의자 미군정의 반동성을 전 세계 인민에게 인식시키고 있습니다. 반대로 북조선에 주둔한 붉은 군대는 민주과업의 위대성을 전 세계에 자랑하는 효과를 거두고 있습니다. 다음에 기록된 종합적 계획에 의하여 남조선에 있는 전체 학교에서는 광범위하고 조직적이고도 맹렬한 투쟁을 위해서 점차적으로 동맹휴학을 합법적으로 시작하여야 합니다."

종합적 계획에는 국대안에 대한 허위 정보도 있고, 8·15봉기도 구체적으로 제시하고 있다. "미군이 식민지 교육을 실시하기 위해 국립대학교를 만들어 경제, 이공(理工), 광공(鑛工), 의과(醫科) 등의 학과 교육을 말살시키려 한다. 악제도(惡制度)를 물리치기 위해 반대투쟁에 나서야 한다. 싸워서 우리 힘으로 물리쳐야 한다"는 남로당의 격문 내용은 소련 교육관의 종합적 계획에 있는 내용을 그대로 옮긴 선동 문서다. 정부는 이 계획을 사전에 입수, 8월 9일부터 검거에 나서 남로당의 8·15폭동 계획을 사전에 차단했다. 그즈노프의 서신은 AP통신이 보도했다.

이것만이 아니다. 북한 인민군도 남한에 잠입, 5·10선거를 방해하는 폭동을 선도할 인민혁명군을 조직했다. 주범은 중국군 소좌 출신 김일광. 그는 북조선노동당 정치국 지령을 받고 남파되어, 남조선 특별 정치위원회 청년지도부라는 명칭 하에 1947년 9월부터 적발된 이듬해 2월까지 인민혁명군을 편성하고 있었다.

그는 북로당으로부터 화폐개혁 때 회수했던 화폐 400여 만 원 외에도, 미군정 고관으로부터 현금 120만 원을 받는 등 600만 원에 달하는 막대한 자금을 공작에 투입하고 있었다고 했다. 경무부 수사국은 1948년 2월 29일에 단서를 포착하고 검거에 나섰는데, 남파된 공작조 32명 가운데 12명은 체포하고 나머지는 도주해 붙잡지 못했다.

북의 이런 공작을 압도한 것이 백의사와 서청의 대북 공작이었다. 거주 이전의 자유, 여행의 자유조차 제한된 통제 사회가 된 북녘에서, 남쪽 청년단체가 대북 공작을 수행한다는 것은 상상할 수 없는 일이었다. 그래도 서청이 대북 공작을 할 수 있었던 것은 북한 내부에 대동단 등 믿을 만한 지하조직이 건재해 있었기 때문이다.

그러나 북의 통제가 갈수록 견고해지면서 대북 첩보 활동도 더욱 험난해졌다. 백의사의 정릉 훈련장에서 특수훈련을 받은 5인조는 남침 예정일, 군대의 규모 등을 탐지해 타전한다는 목적을 띠고 고성능 무전기 등을 휴대하고 평양에 잠입했다. 그러나 소식을 보내지 못했다는 기록도 있다. 공작이 실패한 것으로 추정했다.

그랬지만 6·25전쟁의 전 기간을 통해 북한 전역에서 일어난 유격대의 저항운동은 모두 백의사와 서청 요원들의 활동이었다. 이들은 남쪽의 지원 없이 게릴라전을 수행했다. 국군과 유엔군이 북진하자 합류해 눈부신 활동을 벌이다가, 중공군의 개입으로 후퇴할 때 국군을 따라 남하한 부대도 있었다. 그러나 더 많은 유격대원들은 북에 남아 그들의 전투를 계속하다 휴전 후 소식이 단절되었다.

남하한 그들의 동료들은 북에 남은 유격대원의 안전을 위해 그들의 신상에 대해 침묵하다가 세월과 함께 세상을 하직했다. 북의 게릴라 활동은 얼마 못 가 철저하게 소탕되었다. 그들은 조국의 자유, 그리고 그들의 신념을 위해 몸을 불사르고 이름 하나 남기지 못한 채 차가운 북쪽 산야에서 스러져갔다.

하지를 움직인 공산당의 주적 제거 작전

서청은 공산당의 주적(主敵)이었다. 공산당이 서청을 두려워한 것은 주먹보다 이북 실정 보고 강연이었다. 그래서 공산당은 서청을 '불한당'으로 몰아가는 유인물을 벽보로, 삐라로 만들어 뿌렸다. '북한에서 쫓겨난 친일파 악질 지주의 아들' '민족 반역자' '반동' '테러 집단'이 공산당이 서청에 덧씌운 낙인이었다.

좌파는 미군정에 서청을 집요하게 고발했다. 남선 파견대가 지방을 평정해가던 무렵, 민주주의민족전선은 "서청의 테러리스트들이 인민을 구타하고 살상하는 일이 발생하는 것이 민주주의일 수 있는가? 그들은 경찰의 협력 아래 마을을 습격하고 있다. 대중들이 이를 저지하려고 하면 경찰은 오히려 우리를 불법집회로 체포한다"는 내용의 진정서를 미군정 당국에 보냈다.

대전의 남로당 청년부는 "우리는 매일 바로 경찰서 옆에 있는 대전 서청본부인 일광사원에서 계속되는 사람들의 비명소리를 듣는다. 친애하는 CIC, 경찰은 이러한 테러리즘을 보고도 묵인하고 있으며, 이에 대한 대중들의 분노는 나날이 증대해가고 있다"는 내용의 진정서도 하지 사령관에게 보냈다.

하지 사령관은 서청을 해산하라고 러치 군정장관에게 지시했다. 그때마다 조병옥 경무부장, 장택상 수도청장이 반대했다. 하지의 세 번째 명령이 떨어지고, 러치 장군이 조병옥 경무부장에게 "나는 더 설득할 논리가 없으니 당신이 직접 하지 사령관을 설득하라"고 하던 때다. 1947년 11월 20일, 수도청 사찰과장 최운하와 수사과장 노덕술이 서청의 문봉제, 김성주 정·부 위원장을 "장택상 총감이 만나자고 한다"면서 유인하여 중부경찰서 유치장에 수감해버렸다.

다음날 이 사실을 안 서청이 전 대원에 동원령을 내려 중부서 포위에 나서려 했다. 중부서로부터 급보를 받은 장 총감은 그때서야 둘의 유치장 감금 사실을 알았다. 그는 즉시 둘을 석방하고, 서청에 착오로 일어난 사건이라고 해명해 수습한 일도 있었다.

그랬는데 12월 하순, 하지 사령관을 돕고 있던 李卯默(이묘묵) 박사가 "하지 사령관이 유엔한국위원단의 내한에 대한 서청의 견해를 듣기 위해 문봉제 위원장을 만나기 원한다"고 했다. 반도호텔에서 하지를 만난 문봉제는 하지에게 선제공격을 가했다. 공산당의 책동을 보면서도 사령관께서 좌우 합작에 미련을 갖고 계속 추진해 자유진영을 분열하게 만들었다는 것 등 하지의 정책을 비판했다.

하지는 "나는 야전군 사령관으로 정치 사상문제엔 문외한이고, 본국의 훈령을 충실하게 수행한 것뿐이다"고 답했다. 그런 다음 서청을 '트러블 메이커'라면서, 유엔한국위원단이 들어와서 활동할 기간 동안 서청이 치안 유지에 협조해줄 것을 당부한다고 했다.

문봉제는 "서청은 지금까지 공격당했을 때 방어를 위한 공격을 했을 뿐 단 한 번도 선제공격을 한 적이 없다. 우리는 월남하던 때 북에서 지니고 있던 모든 것을 소련군과 공산당에 강탈당하고 적수공권으로 왔다. 우리 동지들이 공격용 무기를 갖출 재력조차 없었다. 우리는 반공이라는 정신력 하나로 정당방위를 해 왔다"고 주장했다.

하지는 웃으면서 "귀하의 말에 동의한다. 그러나 공격을 받더라도 유엔한위가 남한에서 활동할 1개월간은 정당방위권도 자제해주기 바란다"고 요청했다. 문도 웃으며 "장군의 통치가 손상되는 일이 없도록 하겠다"고 약속했다.

유엔한위는 1948년 1월 14일, 서청 등 우익진영 청년단체들의 보호를 받으며 아무런 사고와 방해를 받지 않고 임무를 마치고 돌아갔다. 그 직후 하지는 다시 문봉제를 부른 자리에서 "이승만 박사와의 견해 차이로 오랜 기간 대립했고, 서청의 해산령도 그 여파로 이해하라"고 말하면서 서청에 회해를 청했다.

1948년 1월, 서청이 서북신문사를 창간하여 북한 내부의 최근 소식 등을 전하는 신문을 북의 지하조직을 통해 북한에까지 배포할 때 하지가 이 일을 도왔다. 하지는 주간이던 서북신문이 일간 평화신문으로 바뀌자, 폐간한 여운형의 중앙일보가 사용했던 인쇄 시설이 있는 적산 사옥을 서청이 임대해 쓰도록 관재청과의 임대 계약을 도와주었다. 또 북의 단전으로 남한 전역이 '깜박 전기'이던 무렵, 하지가 서청의 발전기 구매를 도와주어 정전에도 인쇄를 할 수 있게 되는 혜택을 누렸다.

서청의 재원은 서북 출신 기업인의 기부와, 미군정이 귀환 동포와 월남 난민에게 주는 배급이었다. 배급은 두 배로 타지만, 매일 늘어나는 새 식구에다 가끔 양식을 내다팔아 활동자금을 충당해야 했으므로 하루 두 끼를 먹으면 잘 먹는 편이고 한 끼가 다반사였다. 반찬도 새우 말린 것과 단무지면 일품, 주먹밥에 간장이나 소금을 쳐서 먹는 것이 보통의 메뉴였다.

더러는 허기를 참지 못해 신발이나 옷가지를 내다팔아, 여름엔 맨발로 쏘다니거나 속옷 바람으로 나다니는 대원이 수두룩했다. 특히 식구가 가장 많은 호림장에선 빨래를 해놓으면 먼저 입는 사람이 임자여서, 가장 바쁘게 쏘다녀야 했던 반성환 부장은 윗저고리 없는 단골이기도 했다.

돈으로 사야 하는 땔감은 더 문제였다. 돈이 없어 땔감을 사주지 않으면 호림장 취사를 주관하던 강소인(청진 중앙여전 영문과) 등 여자 대원들은 이웃집 담을 넘어가 장작개비를 빼내 밥을 짓기도 하고, 식당을 돌아다니며 버린 나무젓가락을 주워오기도 했다.

드디어 총선이 결정되자 서청 등은 총선 저지에 나선 공산당의 테러 방어에 힘을 집중하기 위해 총선 후보로 나서지 않기로 결의했다. 그런데 경북 영천에선 공산당의 위협으로 출마할 후보자가 없다면서 서청의 문봉제 위원장에게 출마를 청했다. "영천 갑구 후보 등록을 승인하면 무투표 당선케 하겠다. 당선하면 내려와 당선 인사만 해달라"고 했다. 문은 서청의 총선 불출마 결의를 전하고, 대신 국민회 지부장 鄭道榮(정도영)을 경호까지 맡아 출마하게 해 무투표 당선시켰다.

정부 수립 후 이승만 대통령은 문봉제에게 차관으로 기용할 테니 원하는 전문 부서를 말하라고 했다. 문봉제는 "지금 제가 해야 할 일은 건국전쟁에서 희생된 대원의 유족을 돕는 일입니다"면서 현무기업을 세워 후생사업에 나섰다.

청년단체들은 좌우 모두 건국전쟁에서 수많은 동지를 잃었다. 서청과 함께 기동타격대 역할을 한 민청, 독청 등 단체도 많은 동지를 잃었다. 희생자가 가장 많았던 서청은 단신 월남이 많아 도와야 할 유족이 희생 숫자보다 적었던 것이 그나마 문봉제의 어깨에 실리는 무게를 덜기는 했다.

서청의 맹우였던 국청이나 독청은 회원들이 자비로 경비를 담당했다. 이래서 대원들 가운데 집을 한두 채 팔아 경비로 내놓은 이들이 수두룩했다. 그랬지만 그들 역시 건국 후의 어떤 보상도 기대하지 않았다. 그들에게도 돌봐야 할 희생 동지의 유족이 많았지만, 그들에 대한 후생조차 자신들의 책임으로 떠안았다. 그들은 자유한국 건국이 염원이었고, 그 염원에 목숨도 지푸라기처럼 내던졌다.

민주화운동 유공자란 이름으로 상도 받고 나랏돈도 엄청나게 타가는 2010년대의 후세대가, 이들 세대의 애국심의 경지를 상상으로라도 헤아릴 수 있을지 모르겠다.

15장

김두한의 전쟁,
막을 내리다

별동대와 전위대의 마지막 전쟁

1947년 4월 초에 조선청년전위대 정진용과 金天鎬(김천호) 등 5인, 대한민청의 김두한과 김후옥 등 5인이 명동장에서 만났다. 명동에서 우연히 마주친 두 단체 몇 사람의 패싸움 후 정진용의 제안으로 이루어진 자리라고 했다.

좌우로 갈린 건 기정사실이니 더는 따질 것 없고, 그래도 한 시절 한식구이고 동무였으니 우리가 공적으로 싸우더라도 우연히 마주쳤을 때는 싸우지 않기로 하자는 것이 이날의 대화라고 했다. 얘기가 잘 풀려 싸우지 않는 약속이 이뤄졌다. 그리고 술이 몇 순배 돈 뒤 김두한이 말했다.

"진용아, 너와 나는 친구야. 너 언제부터 빨갱이가 되었니? 오늘부터 거기서 나와서 나와 함께 일하자."

"두한아, 너와 나는 어차피 원수가 되었다. 앞으로 정치투쟁에서 우익이 이기면 나는 두한이 네 손에 죽게 되겠지. 그렇지만 좌익 진영이 승리하면 너는 내 손에 죽어야 한다. 나는 이 남조선 바닥을 한 달 안에 불바다로 만들고 말테야. 잘 알아둬!"

김두한은 한참 동안 입을 다물고 있었다. 그러더니 일어서면서 말했다.

"한 달이라고 했지. 좋다, 그때를 기다리마. 그 한 달이 지나면 내가 너를 가만두지 않는다."

정진용은 아마복싱 웰터급 한국 챔피언이던 권투선수 출신이다. 김두한과 호형호제하며 지낸 '우미관 패거리'의 2인자였다. 좌우로 갈라지면서 적이 되었지만, 지난 시절의 정만큼 미움을 깊게 한 것이 정진용의 그날 거친 발언이라는 얘기다.

4월 20일, 김두한의 별동대는 미국에서 귀국하는 이승만의 경호를 위해 담당 구역에 출동할 준비를 하고 있었다. 그런데 날씨로 귀국이 하루 연기되었다는 통보를 받았다. 함께 다른 지령도 있었다. 이 박사 신변에 가장 위험한 무리인 정진용 일당의 동향을 살피라는 지시였다는 설이다.

그날 정진용의 조선청년전위대는 공산당 선전 악극(樂劇)인 「청춘의 봄」이 공연되는 국제극장 경비를 담당하고 있었다. 공산당 선전 악극이긴 해도 통상적인 공연이어서 가벼운 경비였다. 김두한 일파가 극장에 소리 없이 들어와 정진용 부대를 제압했다.

상하이 조희창이 정진용에게 권총을 들이댔다. 김천호 등 전위대 요원들도 마찬가지 권총에 손을 들었다. 김두한의 별동대는 극장에 나와 있던 조선청년전위대 20여 명을 몽땅 붙잡아 남산본부로 납치해 고문을 시작했다. 무릎을 꿇려 앉히고 마구 매질했다. 다음은 신영균의 회고담이다.

[나는 내일로 연기된 이 박사 경호에 동원되는 대원들의 수송을 위해 트럭을 확보하느라 밖에 나갔다가 오후 3시쯤 본부에 들어갔어요. 정진용 일당을 잡아다 놓았더군요. 김두한 동지가 나를 부른다기에

갔어요. 김두한이 그러더군요.

"신 형! 정진용 그자의 팔다리 동맥을 끊든지 해서 더는 날뛰지 못하도록 해줘요."

나는 알았다고 대답하고 정진용을 붙잡아둔 데로 갔어요. 30명쯤일까. 정진용과 김천호가 한방에 있고, 나머지 녀석들은 옆방에 가둬두고 있더군요. 모두 매질을 당한 것 같았지만 내 눈엔 약과로 보였어요. 내가 정진용이 묶여있는 방으로 들어가면서 정진용과 눈이 마주쳤어요.

명동장에서 본 그 눈, 좌익이 이기면 김두한 너는 내 손에 죽는다고 말하던 때의 분노가 이글거리는 표독스런 눈이었어요. 순간 분노가 치솟더군요. 옆 아이에게 철봉대 가져오라 해가지고 정진용 가슴에 3대, 김천호한테 2대, 그랬는데 그만…]

정진용은 그 자리에서 숨졌고, 김천호는 의식을 잃은 상태로 병원에 옮겨졌으나 숨졌다. 막상 죽게 되자 뒤처리가 난감해졌다. 둘뿐이라면 시체만 처리하면 된다. 그러나 살아있는 목격자들을 모두 죽일 수 없다. 풀어주어야 한다. 어찌한다? 그러는데 의논할 새 없이 사단이 터졌다. 미군 헌병의 출동이었다.

완전무장한 미군이 출동해 민청 별동대 사무실을 덮쳤다. 납치되어 묶여있던 조선청년전위대 행동대 대원들은 구출되고, 현장에 있던 김두한 등 대한민주청년동맹 별동대 30여 명은 미군 트럭에 실려 미군 감방인 '몽키하우스'로 연행되었다.

장택상 수도경찰청장도 급보를 받고 현장에 나왔다. 그러나 그가 현장에 도착했을 때는 이미 미군의 체포 작전이 끝난 뒤였다. 급보를 받고 허겁지겁 달려온 유진산에게 장 청장이 말했다.

"무모한 짓들을 했구면. 우리한테 먼저 알렸더라면 무슨 묘수라도 써보는 건데…. 미군 CIC에 붙잡혔으니 엎질러진 물이야."

미군 출동의 사연은 이랬다. 그날 납치되어온 전위대원 중 김수복과 마도라는 별명으로 불리던 이주혁이 있었다. 이 둘이 용서를 빌었다.

"우리가 사상이 뭔지 아나? 진용 형 따라 공산당 전위대를 했지만 '이건 아닌데…'라는 생각을 많이 했다. 다시는 공산당 안 한다. 맹세한다."

참회한다면서 눈물을 흘리고 두 손을 비비며 용서를 구했다. 정말 개과천선(改過遷善)하는 자세였다. 지난 한 시절 김두한, 정진용과 함께 우미관 동패였던 사이다. 옛정에 흔들렸다. 풀려나는 대로 시골에 가 몇 달 파묻혀 지내겠다는 약속을 믿고 풀어주었다. 그랬는데 이 둘이 풀려나자마자 청진동에 사무실을 갖고 있던 미군 CIC 서울지부로 달려갔다.

"김두한 일당이 극장 경비를 맡고 있는 무고한 청년들을 납치해 고문하고 있습니다. 그들은 심한 고문으로 모두 빈사상태입니다."

미군이 들이닥친 사연이다. 1차 조사 결과 피살자 2명, 중경상자 15명. 납치를 지시한 총지휘자 김두한과 철봉대를 휘둘러 둘을 살해한 신영균은 CIC에서 조사하고, 나머지는 중부경찰서로 보내 조사를 맡겼다. 10월 폭동 이후 수세에 몰려있던 좌익단체들이 반격에 나섰다. 민전을 선두로 한 좌파 단체들이 특별성명을 냈다.

"우익 테러단이 백주에 무고한 청년들을 납치해 죽창과 철봉으로 때려 죽이는 만행을 저질렀다. 우익 청년단체가 테러조직이라는 실상이 백일하에 드러났다. 우리는 미군정 당국의 처리를 주시한다."

좌파 신문들도 이 사건을 대대적으로 보도했다. 삐라도 만들어 뿌렸다. 하지 사령관도 엄중한 처리를 지시했다.

한국인 법관은 관대했다

미군 CIC는 주범으로 지목된 김두한과 신영균 둘을 나흘 동안 조사했다. CIC 조사관은 김두한 일당을 한국의 알 카포네라고 했다. 정치투쟁이 아닌 폭력집단의 싸움으로 규정하고 자못 멸시하는 태도였다. 여기에 김두한의 오기가 발동했다.

"나는 주먹 패거리 두목이 아니다. 파업과 폭동을 일삼고 미군정을 반대하는 공산당 파괴분자들을 쳐부수었을 뿐이다. 나는 내 나라 건국전쟁을 하고 있다. 이게 잘못인가?"

항의 덕인지 미군의 제한이 다소 누그러졌다. 사흘째 되던 날에는 유진산이 CIC로 찾아와 설렁탕도 사서 넣고, 바깥소식도 전하며 격려했다. 나흘째 되던 날, 두 사람도 중부서로 인계되었다. 둘이 감방으로 오자 먼저 와 있던 대원들이 박수로 인사했다. 그런데 두 피의자를 넘겨받아 경찰서 유치장으로 데려온 사찰과 형사가 김두한의 호주머니에서 담배를 발견하고 이를 압수했다.

"우리 모두 한짝인데 뭐 이런 게 있어?"

김두한이 이렇게 소리치면서 담배를 압수한 경관의 따귀를 사정없이 갈겼다. 느닷없이 뺨을 맞은 경관이 씩씩거리다 2층 사찰주임 방으로 가 봉변당한 얘기를 하며 덩치 큰 녀석을 혼내줘야겠다고 말했다. 그러자 차석 주임이던 金昊翊(김호익)이 껄껄 웃으며 이렇게 다독였다.

"이봐! 김두한이 누군지도 모르면서 어떻게 사찰과 형사를 해먹겠다는 거야? 아무 소리 말고 입 다물고 있어."

김호익은 함경남도 출신, 닛폰대학 법과를 이수했고 해방 후 북쪽이 붉게 물들자 월남해 경찰에 몸을 담은 인물이다. 건국 후 서울시경 사찰분실장으로 경찰과 법조계, 교육계 등에 침투한 남로당 프락치 색출에 혁혁한 공훈을 세웠다. 그러나 그 혁혁한 공훈 때문에 남로당의 표적이 되어 어느 날 암살단의 저격을 받아 순직했다. 따귀를 맞고도 상사에게 도리어 핀잔을 듣는 경찰, 이것은 이 사건을 다루는 중부서의 분위기를 말해준다.

서울 중부경찰서 서장 박구범, 사찰과 박 주임과 김 차석 주임, 그리고 조사를 담당한 이경식 순경은 사건을 어떻게 축소할 것인가로 고심했다. 박용식 선전부장의 이야기.

"정진용 일당을 납치하고 두들겨 패도록 한 것 모두 김두한이 지시하거나 묵인한 것이니 총체적인 책임을 져야 했어요. 그러나 민청은 김두한이 필요했거든요. 마침 두들겨 패는 현장에 김두한이 없었다는 것을 내세워 김두한 구명에 집중했어요. 유진산 회장, 백의사의 염동진 선생뿐 아니라 이승만 박사와 김구 주석도 경무부장에게 김두한 선처를 당부했다고 해요."

조사받는 별동대원들도 김두한이 혐의를 벗고 풀려나야 한다는 데 한마음이 되었다. 김두한이 석방되어야 우리 모두 석방의 길이 열린다. 그들의 진술도 이렇게 일치되었다.

"정진용 폭행치사는 신영균의 단독 행위다. 김두한은 거기 없었다."

중부서에선 사건의 총지휘자 김두한, 납치에 별동대를 동원한 동원 책임 김영태, 폭행 치사를 저지른 신영균, 그리고 정진용을 납치한 조희창 등 다섯 사람을 기소하기로 결정하고 상부에 보고했다. 장택상 총감이 안 된다고 했다.

"죽거나 다친 사람이 16명이야. 그런데 5명만 입건하는 게 이치에 안 맞아. 자그마치 30명이나 되는 피해자들이 누가 때렸는지 다 알고 있는데 5명만 입건해 봐. 공산당이 눈을 부릅뜨고 지켜보고 있는데…. 사건을 서툴게 처리하면 도리어 문제가 복잡해질 수도 있어."

이래서 다시 조정해 정진용 일당을 납치한 주역과 폭행한 혐의자 15명을 가려 검찰에 송치했다. 사건 담당 검사 申彦瀚(신언한), 재판장은 李弼斌(이필빈) 판사였다. 첫 재판이 열리던 날 민전, 남로당 등 단체는 재판소 근처에 「살인마 김두한에게 극형을!」이라는 제목의 벽보를 붙이고 삐라도 뿌렸다. 그러나 공산당이 재판을 위협한 것은 첫날 하루뿐이다. 다음 재판 때는 민청과 서청, 독청 등 우익 청년단체가 출동해 방청석은 물론 법원 주변도 완벽하게 제압하고 있었다.

신 검사는 논고에서 피고인들은 사적인 감정이나 이익을 위한 행동이 아니라, 조국의 건국이라는 일념 하나에 열정을 쏟고 있다는 점을 상기시켰다. 이 사건은 이데올로기 투쟁에서 비롯되었으며, 두 명의 피살을 과실치사로 규정하면서 이렇게 말했다.

"만약 북한에서 공산당이 이런 사건을 일으켰다면 처벌이 아니라 훈장을 받았을 것이다. 소련 같으면 스탈린의 영웅 무공훈장감이 될 피고인들이 애국운동에서 저지른 살인이지만, 법치국가에서는 합법적인 투쟁만 허용되기 때문에 실형을 구형한다. … 구형을 하지만, 건국에 하나가 되어 매진하지 못하고 젊은이들을 정치투쟁의 일선으로 내모는 이 혼란한 시국이 안타깝다."

선고 공판에서 재판장도 이 사건은 건국 투쟁 과정에서 일어난 우발적인 사건이라는 점을 고려한다면서 형을 선고했다.

▲김영태(동원 책임자) 징역 7년 ▲신영균(과실 치사) 징역 5년 ▲洪萬吉(홍만길, 과실 중상해) 징역 2년 ▲김두한 벌금 2만 원 ▲高敬柱(고경주) 등 11명 각자 벌금 1만 5000원.

우파 단체들은 이 판결에 침묵했다. 환영을 감춘 침묵이었다. 그러나 남로당과 민전 등 좌파단체들은 크게 반발했다. 그러나 환영도 반발도 의미를 잃었다. 미군정 하지 사령관은 이 사건을 미 군사재판에 회부할 것을 명령했다.

석방 환영을 준비하던 민청이 초상집 분위기인 가운데 저항해보기로 했다. 「김두한을 석방하라」는 삐라를 붙이고 데모도 했다. 서청, 독청, 대한노총, 심지어 전국학생연맹까지 "건국운동의 기수 김두한을 석방하라"는 가두데모에 나섰지만 하지는 미동도 하지 않았다. 하지의 군사재판 회부는 그 무렵 정세에 영향을 받았다.

첫째는 재개된 2차 미·소공위다. 이 회의에서 소련 대표 스티코프 중장은 반탁운동을 하는 단체들은 바로 이런 테러 단체라고 주장했다. 둘째는 암살사건이다. 미군정 사령관 하지 중장은 여운형과 김규식 둘이 주도하는 좌우합작 운동을 지원하고 있었다. 여운형 암살은 그의 정책에 타격을 주었다. 그런데 잇달아 장덕수가 암살에 희생되었다.

두 사건 배후엔 김구의 애국단이 있다는 첩보도 있었다. 김두한 일당도 임정 직계, 이 사건이 김구와 직접적인 관계는 없을지라도 이들이 김구의 단체며, 김구 진영의 지령도 받고 있다고 판단하고 있었다.

서대문형무소 안의 좌익 소탕작전

선고는 내렸지만 하지의 군재 회부로 단 한 명도 석방되지 못하고 서대문형무소로 이감되었다. 이들이 서대문형무소에 닿자 수감되어 있던 공산당원들이 "백색 테러리스트 김두한을 죽여라"고 떠들었다.

서대문형무소는 사상범이 많았다. 아침에 눈만 뜨면 「적기가」를 부르는 노랫소리, 스탈린 대원수 만세, 박헌영 동지 만세, 김일성 장군 만세 소리가 들렸다. 공산당과 싸우다가 미결감에 수감된 우익 피고인도 300명에 달했지만, 식사도 3분의 1을 뺏기는 등 좌파 수감자에 숫자에서 밀려 구박을 받고 있었다. 1500명의 미결수 중 900여 명이 좌익 죄수였다. 간수 중에도 좌익 프락치가 있는 것이 확실했다.

"우리 일행이 중부서에서 서대문형무소로 인계되었을 때 그곳 분위기는 엉망진창이었어요. 좌익들이 '김두한을 죽여라!'라고 소리치고 '스탈린 대원수 만세' '박헌영 만세'를 거리낌 없이 외쳐대요. 우리는 한 사람씩 감방에 따로따로 수용되었는데, 먼저 들어와 있던 좌익 죄수들이 신고식을 한다면서 눈을 부라리고 '이승만 요리통' '김구 요리통' 옆자리를 배정해 주어요. 요리통이란 변기를 가리키는 말이지요. '이거 안 되겠구나' 싶어 다음날 김두한 동지와 나는 마음을 다부지게 먹고 형무소 내의 좌익분자 평정에 나서기로 했어요."

신영균의 회고다. 두 사람은 형무소장 면회를 신청, 김두한이 이렇게 요청했다.

"저놈들의 동무 소리, 만세 소리, 지겨워서 못 살겠소. 우리 둘이 행동할 수 있도록 도와주면 열흘이면 평정해보일 것이니 협조해주십시오."

형무소장이 10일간의 평정 약속을 받아들였다. 신영균에게는 '운동 지도원'이라는 감투가 주어졌다. 운동 지도원은 감방을 자유롭게 돌면서 죄수의 건강상태를 살피고, 운동할 시간을 주어야 할 대상을 고르는 일을 한다. 신영균이 맨 먼저 한 것은 좌익 실태 파악이었다. 어느 감방에 어떤 밀정을 넣을 것인지를 살피는 일이었다.

빨갱이 간부급을 한군데로 몰아넣는다. 간부급 좌익수를 15년 이상의 장기수와 동거시킨다. 장기수에게는 미리 미끼를 던졌다. 새 수감자들에 대한 정보를 주면 독보권(獨步權)도 주고, 가석방 혜택을 부여한다는 것을 소장이 약속하도록 했다. 이들 장기수들에게는 서둘지 말고 그들의 말을 귀담아 들으라고 했다. 마침 여운형 암살범 한지근도 들어왔다. 한지근에게도 좌익 죄수들의 밀담을 알아내라는 지령을 내렸다.

한지근은 좌익 간부급 죄수들 방에 넣었다. 얼마 지나 그가 이 같은 중요 정보를 가져왔다.

"남로당 중앙위원 홍남표의 지령을 받아 파옥을 계획하고 있다. 파옥 계획에는 간수도 포함되어 있다. 간수들이 형무소 무기고를 접수하고, 형무소장 등을 살해한 뒤 좌익 죄수와 함께 탈출한다. 결행 날짜는 아직 미정인 것 같다."

1월 11일, 전주형무소에서 400명 죄수가 탈옥했다. 이어서 22일에는 광주형무소에서 900명 죄수가 탈옥을 시도, 총격전으로 15명의 사상자가 발생하는 사고도 있었다. 중대한 정보였다. 은밀히 정보를 점검하고 확인했다. 이윽고 정보가 종합되었다.

간수들의 프락치 조직이 있다. 우두머리는 부천형무소 소장이다. 서대문형무소는 박 모 간수장과 간부급 10명 등 70여 명이 좌익 프락치다. 이들은 홍남표의 지령을 받아 파옥을 계획하고 있다. 간수들이 형무소 무기고를 접수하고 형무소장 등을 살해한 뒤, 좌익 좌수와 함께 탈출해 남로당 야산대에 합류한다는 계획이라고 했다.

수도청 사찰과장 崔雲夏(최운하)가 나섰다. 서대문형무소와 부천형무소에 동시 출동, 공산당 프락치 간수들을 모두 체포했다.

다음은 좌익 죄수 처리다. 신영균은 운동이 필요한 자가 아니라 손봐야 할 좌익 죄수를 고르는 작업을 했다. 공산당 핵심 당원과 좌익 극렬 죄수를 골라 지명하면, 그 죄수는 김두한 부대가 들어있는 감방으로 옮겨진다. 이송은 바로 제삿날이다. 반죽음을 당하는 고문에 견딜 장사는 없다. 홍남표의 지령을 받던 柳淸一(유청일)과 朴忠根(박충근)은 아마도 진짜 제삿날이 된 것으로 보인다.

구치과장 鄭相根(정상근), 작업과장 韓天洙(한천수), 간수장 홍, 은, 박 모 등이 민청대원들과 좌익 척결에 합동했던 간수들이다. 몇 명의 좌익 죄수를 처리했는지는 남겨진 자료가 없다. 김두한 부대들이 군사재판을 받기 위해 미군형무소로 이감될 때, 金炳玩(김병완) 형무소장이 형무소 문밖까지 배웅하며 "형무소를 평정하고 폭동으로 잃을 뻔했던 목숨을 건져준 은혜를 영원히 잊지 못할 것"이라는 뜻의 고별사를 하며 눈물을 흘리더라고 했다.

"나는 살인이 아니라 전쟁을 했다!"

김두한 등 15명 피고인은 이태원의 미군형무소로 인계되었다. 뒤늦게 감찰부 차장 박기영이 추가되어 피의자는 16명이 되었다. 군사재판은 모두 미군 장교들이 맡았다. 재판장 T. W 프레이저 육군 대령, 4인의 배심원 역시 모두 육군 대령, 검찰관 육군 소령, 그리고 변호인은 육군 대위가 맡았다.

죄목은 미 통합사령부 포고령 제2호 위반. 그런데 정진용 살해만이 아니라, 철도 파업 진압 후 노조 극렬분자로 찍힌 8명을 죽여 시멘트로 덮었던 사건도 올렸다.

우선 정진용 사건에서 김두한은 현장에 없었다는 피고인들의 한결같은 주장을 뒤엎었다. 검찰은 김두한이 직접 폭행하지는 않았더라도 현장에서 모든 것을 지휘하고 통제했다는 증거를 제시했다. 김두한도 굳이 부인하지 않았다. 심문에서 용산역 하수구 근처에 시신을 시멘트로 덮어 유기했던 사건도 심문했다. 미군 검찰이 전평 간부 8명의 시신 사진을 보여주면서 김두한에게 물었다.

"이것을 기억하느냐?"

"기억한다."

"모두 당신 혼자 한 것은 아니겠지?"

"혼자 한 것이다."

"그럴 리 있나. 살인, 방화, 납치, 공갈을 혼자서 하다니? 동석한 공동 피고인들도 같이 했겠지?"

"아니다. 그들을 생매장한 부하들에겐 책임이 없다."

그러자 다른 피고인들이 일제히 "우리가 다 했다"고 나섰다. 김두한이 재판장에게 할 말이 있다고 나섰다.

"미국 초대 대통령 워싱턴도 의용군 사령관이었지 않소. 나도 의용군 사령관이요. 살인, 방화, 모두 사실입니다. 그러나 이것은 전투입니다. 철도원들은 무장했습니다. 무장을 하고 무력으로 철도를 마비시켜 식량을 포함한 물자수송마저 끊겼습니다. 어떻게 해야 합니까?"

말을 끊고 잠시 생각에 잠기는 표정을 짓던 김두한이 이야기를 이어 나갔다.

"워싱턴이 살인자가 아니듯이, 나도 살인자가 아니라 의용군을 이끌고 공산당과 전쟁한 의용군 사령관입니다. 나를 살인 집단의 보스로 몰아대는 미국 법정을 나는 인정할 수 없소. 나는 재판을 거부합니다."

김두한은 "나는 독립전쟁을 했다"는 말 이후 심문에 일체 답변하지 않았다. 선고 공판을 며칠 앞둔 날, 신영균과 김두한이 이런 대화를 나누었다.

"중형을 선고받을 것이 분명해 보인다. 고개를 숙이거나 하는 민망스런 모습은 보이지 말자."

"나도 그 생각을 하고 있다."

계절은 겨울에 접어들고 있었다. 선고 공판, 재판장 프레이저 대령이 선고를 내렸다.

"김두한, 김영태, 신영균, 홍만길, 조희창, 박기영, 양동수, 임일택, 김두윤, 이영근, 이창성, 송장환, 김여주, 김관철은 교수형에 처함. 문화태, 송기현은 무기징역에 처함."

중형은 예상했지만 피고인 단 둘을 제외하고 사형을 선고한 데 대해 다들 놀랐다. 재판정엔 숨소리조차 들리지 않았다. 피고인들 역시 미동도 않고 앉아 있었다.

군사재판인데도 2심이 있었다. 2심 판결에서 형량이 약간 누그러졌다.

김두한 교수형. 김영태와 신영균, 홍만길, 조희창은 종신형. 박기영 등 9명은 징역 30년. 그리고 1심에서 무기였던 문화태와 송기현에게는 징역 20년이 선고되었다. 형이 확정된 16명 기결수는 미 보병 7사단의 이른바 몽키하우스에 수감되어 있다가, 1948년 3월 26일에 한국의 형무소로 지정 이송되었다.

서울 마포교도소: 신영균, 송장환, 송기현.

대구교도소: 김영태, 양동수, 임일택, 김관철.

광주교도소: 홍만길, 박기영, 이영근, 고경주.

부산교도소: 조희창, 김두윤, 이창성, 문화태.

김두한은 맥아더사령부의 최종 심사에서 무기징역으로 감형되어 다른 기결수보다 좀 늦게 대전교도소로 지정 이송되었다. 그리고 이들은 모두 그해 8월 대한민국 정부가 수립된 뒤 이승만 대통령의 특별사면으로 풀려났다.

미군정, 민청에 해산령 내리다

김두한 별동대 20여 명이 미군의 조사를 받고 있던 1947년 4월 하순, 조병옥 경무부장이 유진산에게 말했다.

"김두한 사건은 우리 경찰에 이관될 거야. 그렇지만 민청은 민정장관의 해산령이 내리게 될 것이니 그리 알고 대비를 해요."

민청 회장 유진산은 곧장 민정장관 안재홍을 찾아갔다.

"민세! 선생은 아직도 공산당 앞잡이 역할을 하십니까?"

"그 무슨 당치않은 언사야. 나는 민정장관이오. 불편부당하게 정무를 수행해야 할 민정장관에게 좌익 앞잡이라니 그런 무례를….'"

"불편부당하게 정무를 집행한다는 분이 무장봉기를 선동한 민전이나 전평에는 일언반구도 없이, 그들의 무력 폭동을 진압한 민청만 해산을 명령해요? 저들이 노조 파업을 빙자하여 얼마나 많은 경찰과 양민을 학살했는지 잊었단 말입니까? 선생 말대로 불편부당하게 정무를 집행한다면, 무장 폭동을 사주한 민전과 전평을 먼저 해산한 연후에 이를 진압한 민청을 해산해야지요. 이 땅에서 가장 확고한 반공단체를 해산시킨단 말이오?"

"모르는 소리! 민청은 살인을 한 증거가 있지만, 민전이나 전평이 살인을 했다는 증거는 없지 않아?"

"민세! 저들의 살인 증거가 없다는 것은, 희생당한 우익 인사들이 그 일을 확대시켜봐야 실익이 없기 때문에 소모적인 시시비비를 안 한 것 역시 민세도 알지 않습니까? 그들이 노리는 것은 혼란이오. 혼란에 진저리나서 미군정이 손들기를 바라는 것이 공산당 전술이지 않습니까?"

민세가 여러 정황을 설명하면서 당국의 조치에 승복하라고 타이르듯 말했다. 유진산은 더 말해봐야 의미 없다는 듯 "저 갑니다"는 한마디를 던지곤 일어나 백의사로 갔다. 유진산은 염동진과 둘이서 대책을 숙의한 결과 해산령을 수용하기로 했다.

"우선은 김두한 문제가 당장 급해요. 그러니 해산령을 수용합시다. 그까짓 청년단체야 간판만 바꿔달면 되지 않겠소?"라는 염동진의 의견에 따른 결정이었다. 유진산 회장이 대한민청 간부회의를 소집했다.

해산령에 대한 대책회의라는 것을 알고 모두들 긴장했다. 해산령을 무시하고 싸워 나가자는 얘기일 것으로 생각했다. 그런데 예상과 정반대였다.

"기왕 해산령을 받게 될 것이니 우리가 먼저 자진 해산한다."

의외의 결단에 놀랐다. 장내가 술렁거리고 몇 사람이 발언하겠다고 손을 들자 "끝까지 들은 뒤 의견들을 말해요"라고 제지한 뒤 이야기를 이어나갔다.

"사건이 사건이니만치 일단 당국의 조치에 순응하기로 했다. 그러나 반공 투쟁은 멈출 수 없다. 따라서 자진 해산은 발전적 해산이다. 해산 즉시 다른 이름으로 재탄생하자."

장내가 박수소리로 가득 찼다. 1947년 4월 25일, 유진산은 대한민청에 "새로운 추진력을 부여하고자 발전적 해체를 결의하였다"는 요지의 성명서를 발표했다.

군정 당국은 김두한의 별동대를 두고 있던 대한민청에 5월 8일자로 해산령을 발동했다. 잇달아 청년적위대의 모체인 조선청년총동맹에도 해산령을 내렸다. 두 단체는 모두 해산령은 받아들였다. 그러나 바로 새로운 이름으로 되살아났다.

대한민청은 1947년 5월 3일, 소공동 연무관에서 청년조선총연맹(약칭 靑總)이라는 이름으로 재탄생했다. 이승만과 김구, 김규식을 명예총재로 추대한 것도 유진산이 회장 그대로인 민청의 부활이었다. 다만 김두한의 구속으로 감찰부가 감찰대로 개편되고 별동대가 사라졌다.

　공산당의 전위 조직이던 조선청년총동맹 역시 민주주의 애국청년총동맹(약칭 民愛靑)이라는 이름으로 부활했다. 이곳 역시 정진용과 김천호의 죽음으로 청년전위대가 사라졌다.

16장

하지, 암살 배후로
김구를 의심하다

반탁과 친일 놓고 김구와 송진우가 언쟁

　김두한의 별동대에 대한 재판을 미군 법정에 넘긴 것은 한국인 법정의 판결을 사실상 백지화한 조치다. 한국인 법정도 미군정의 법정이다. 이 법정 판결을 묵살하는 것은 미군정이 스스로 군정기관 하나를 불신임한 모순이다. 그런데도 하지 사령관은 특별명령으로 이런 조치를 취했다. 왜 그랬을까?

　그 배경의 하나는 1947년 연속해 일어난 여운형과 장덕수 암살의 충격이었다. 미군 당국은 이 암살의 배후를 김구로 의심했다. 이 기회에 김구의 테러단을 단죄해야 한다는 판단을 내린 것이라고 했다.

　또 다른 하나는 미·소공위다. 1946년 결렬되어 중단된 미·소공위를 1947년 7월에 재개하기로 합의, 그 준비를 하고 있었다. 그런데 이 회의에서 중요한 역할을 할 두 사람이 제거되었다. 여운형은 좌우 합작을 추진하는 좌파 대표였다. 소련의 항의가 만만찮을 것임은 불을 보듯 뻔했다.

　장덕수는 미·소공위를 거부하는 우파를 설득해 회의장으로 데려나올 우파의 대표이자, 미군정에 유익한 조언을 해주는 하지의 브레인이라고 할 인물이기도 했다. 장덕수는 국제정세를 읽는 식견에서, 조선의 정세를 보는 안목에서, 하지의 고문이나 다름없었다. 하지는 남조

이승만과 김구는 미·소공위에 참가하지 않은 채 한민족 대표자회의를 구성하기로 합의하고 1947년 7월 10일 덕수궁에서 악수를 나누었다. 그러나 두 사람은 한 달도 지나지 않아 완전 결별했다.

선의 인물 중 이승만을 대체할 수도 있을 유일한 한국인이 장덕수라고 말한 적도 있다고 한다. 그런 장덕수를 잃었다. 하지는 조병옥 경무부장에게 장덕수 암살의 배후가 김구라고 거의 단정하듯 말했다.

하지가 지적했듯 해방 정국, 남한에서 일어난 3인의 암살 배후에 김구 계열이 드러난다. 맨 첫 번째 희생자는 한국민주당 책임비서 송진우였다. 송진우는 1945년 12월 30일 새벽, 자택에서 저격당했다. 주범은 韓賢宇(한현우)였다.

한현우는 범행 3개월 후인 4월 8일에 체포되었다. 수사본부 洪蘭洙(홍난수) 경위가 임정의 제2본부인 한미호텔(나중의 대원호텔)을 무상 출입하는 한현우를 추적한 끝에 범인임을 확인했다. 그리고 그의 신당동 자택에서 공범인 김의현, 김인성, 유근배, 이창희 등을 모두 검거했다.

경의의숙의 박민석과 백남석, 신동운 등도 모의엔 가담했지만 행동엔 나서지 않아 구금을 면했다. 한현우는 배후를 말하지 않았다. 다만 뒤늦게 권총을 제공한 것이 全栢(전백)으로 밝혀져 체포되었다. 훗날 알려진 사건의 배경은 이랬다.

한현우는 평북 중강진 출신, 해방되던 때 28세의 청년이었다. 와세다대학 정치학부 재학 시절 민족주의에 심취해 국수주의 서클에도 참여했다. 그는 졸업 후 교토(京都)에서 조선독립연맹을 결성해 활동하다 체포되어 징역 1년을 살았다. 출옥한 뒤인 1945년 2월에 고향으로 돌아왔다가 처가가 있는 춘천에 계몽의숙(啓蒙義塾)이라는 학원을 열었다.

해방이 되자 그는 서울 회현동의 일본인 집을 사들여 계몽의숙을 옮겼다. 계몽의숙은 민족의식 고양을 내건 청년들의 모임이었다. 10여 명의 청년들이 계몽의숙에 모여 활동하고 있었다. 이들은 독립운동의 선배인 金榮哲(김영철), 그리고 전백과 연결되어 김구의 청년조직이 되었다.

김영철은 대한제국 군인이었던 인물이다. 나라가 망하자 만주로 가 광복군총영(光復軍總營)을 조직하고 결사대의 책임을 맡았다. 1920년, 그는 미국 의원단이 내한한다는 소식을 듣고 국제 여론 환기를 겨냥한 폭탄대를 이끌고 국내에 잠입했다. 그런 뒤 조선 내의 일본제국 기관에 폭탄 테러를 가하다 체포되어 10년 형을 선고받았다. 꼬박 10년을 감옥에서 보낸 그는 출옥 후 다시 중국으로 가 임시정부에 합류했다. 김구의 가장 절친한 동지의 한 사람이었다.

전백의 본명은 全炳龜(전병구)로, 경남 양산 출신이다. 중국 광동대학을 나온 그는 중국 남의사에 스카우트되어 활동하다 일본군에 체포되었다. 그는 모진 고문에 굴복해 일본군 스파이로 상당 기간 활동했다고 한다. 해방이 되자 그는 벌어 모은 재산으로 영화기업이라는 회사를 차렸다. 그러나 친일활동에 대한 죄책감이었던지 1945년 11월, 남의사 시절 선배로 모셨던 독립지사 김영철을 찾아왔다.

"선생님, 속죄하는 마음으로 조국을 위해 일하고자 합니다. 독립된 후 영광은 바라지 않습니다. 속죄하는 마음으로 건국을 위해 신명을 바치겠습니다. 무슨 일을 해야 할 것인지 이끌어 주십시오."

"공산당이 인공을 선포해 임정과 맞서고 있어. 이들 세력이 만만치 않아. 자네는 청년들을 모으게!"

김영철은 전백에게 청년들을 모아 지도하라고 일렀다. 전백이 포섭한 인물이 경의의숙 한현우다. 전백은 경의의숙을 김영철에게 보고했다.

"10여 명의 청년들 모두 조국을 위해 목숨을 바칠 결의가 되어있습니다. 특히 한현우 군은 후배들을 통솔하는 능력도 뛰어난 청년입니다."

이래서 김영철과 정백은 경의의숙의 지도자가 되고, 후견인이 되었다. 한현우는 배후를 말하지 않았다. 그러나 뒷날 바로 이들 지도자와 후견인이 송진우 암살의 배후로 확인되었다. 그 사연….

신탁통치가 정치의 중심 쟁점이던 12월, 김영철이 계몽의숙 청년들과 만나 담론하면서 이런 이야기를 했다.

"해방이 되었다지만 강대국에 의해 분단되고, 미·소 두 나라 군대가 한국을 통치하고 있다. 일제시대와 무엇이 다른가? … 그런데 송진우 등 일부 인사들이 훈정기(訓政期)가 필요하다며 신탁통치를 받아들이자고 한다. 김구 선생의 반탁운동에 방해꾼이다."

김영철이 이런 말을 하던 때, 송진우와 김구는 반탁투쟁 방법을 놓고 의견이 갈려 고성이 오가는 다툼이 있었다는 소문이 돌았다. 신탁통치를 반대하는 민심을 업고 임시정부가 미군정을 접수하는 정권 인수 투쟁으로 질주하던 무렵이었다. 2월 28일에도 밤 늦게까지 임정 지도부가 모여 투쟁 열기를 고조시키고 있었다. 그 시간에 송진우가 김준연, 장택상과 함께 죽첨장에 왔다. 그는 격앙되어 있는 사람들에게 말했다.

"내가 지금 하지를 만나고 오는 길인데, 신탁통치라는 것은 여러분이 흥분해서 생각하는 만큼 우려할 만한 것이 아닙니다. 반탁을 하되 미군정을 적으로 돌려서는 안 됩니다."

그렇게 말문을 열었다. 모두들 다음 이야기를 기다리는데 김구가 말을 가로채고 따지듯이 물었다.

"신탁을 찬성하자는 말이오?"

"아니, 찬탁이 아니라 방법을 신중하게 하자는 것이오. 반탁운동으로 국민을 지나치게 흥분시키고 미군정과 맞서게 되면 뒷수습이 곤란할 것이니 좀 더 냉정하게 생각하자는 것이지요."

"무슨 소리, 반탁투쟁 뒤에 오는 문제는 우리 임정이 맡으면 되지."

그런 다음 김구는 임정이 미군정에서 행정권을 접수하는 투쟁을 펴나갈 것을 강조했다. 이에 대해 송진우는 그게 말처럼 되는 일이 아니라고 해 논쟁이 이어졌다.

"미국은 여론의 나라요. 국민운동으로 의사 표시를 하면 신탁통치 계획을 철회할 수도 있을 것이지만, 군정을 부인하고 임정으로 독립을 선포하면 혼란만 커지고 결국 공산당만 어부지리(漁父之利)를 하게 될 거요."

송진우는 잇달아 "너무 국민을 자극하여 우방과 충돌하는 일이 없도록 신중을 기하는 게 현명할 것"이라는 말을 남기고 자리를 나갔다. 이게 고성이 오갔다는 날의 논쟁의 요지다. 당시 이승만도 반탁 투쟁이 반미운동이 되어서는 안 된다고 했다. 결국 며칠 뒤 김구 역시 합법 투쟁으로 물러선 반탁 투쟁 방법론 충돌이었다.

송진우와 김구 사이에선 친일논쟁도 있었다(장덕수 암살에서 상세히 다룸). 아무튼 안재홍이 법정 증언에서 "송진우가 좌익의 건준에 대항하기 위해 임정 추대를 주장하다가, 임정 요인들이 개인 자격으로 환국하자 임정을 무시하는 태도를 취했다"고 말했다. 이처럼 김구 주변이 송진우를 김구의 적(敵)으로 보고 있었다. 김영철이 돌아간 뒤 청년들만의 토론이 있었다.

"우리 민족이 통일을 하지 못하니까 우방국들도 우리를 얕보고 탁치니 뭐니 하는 소리가 나오는 것 아니겠습니까? 대동단결 통일된 자세를 보여야 합니다. 박헌영 같은 공산당은 말할 것도 없고, 민족 지도자들과 단합하지 못하는 여운형이도 제거해야 됩니다. 이런 중구난방(衆口難防)으로는 안 됩니다."(한현우)

"그야 마찬가지. 송진우와 같이 우익에 있는 사람들까지 미군정의 훈정론(訓政論)을 주장하고 있으니 그게 신탁통치와 다를 것이 무엇인가? 제 주장만 옳다고 고집을 부리니 단결이 되겠소. 통일에 방해가 되는 자는 모두 민족의 이름으로 처단해야 한다고."(전백)

재판 과정에서 범인들 중의 누구도 김영철에 대해 언급하지 않았다.

그러나 전백은 뒤늦게 권총을 제공한 것이 알려져 체포되고, 저격팀의 1심이 끝난 일주일 뒤인 8월 19일에 살인방조 혐의로 기소되어 재판이 열렸다.

　재판장: "권총은 언제 주었나?"

　전: "작년 10월 상순이다."

　재판장: "한현우로부터 요인 암살 계획을 상의 받으면서 왜 말리지 않았나?"

　전: "결심이 굳어 만류해도 소용이 없다고 판단했다."

　재판장: "송진우 살해 사건 전 한에게 10여 만 원을 주었다는데 무엇에 쓰라고 준 것인가?"

　전: "청소년 수련을 위한 계몽의숙 운영비에 보태라고 준 것이다."

　전백이 체포되어 재판에 회부된 뒤 한현우는 옥중에서 지인에게 보낸 편지에서 이렇게 말했다.

　"전백과 소생의 관계는 미묘합니다. 李龍風(이용풍)이 전백을 내게 소개할 때 민족주의자로 알고 악수한 것입니다. 그런데 전이 좌익이라고 하니 무척 당혹스럽기만 합니다. 소생은 여운형과 박헌영 암살을 주장했는데, 전백이 송진우를 주장해 세 명 다 처단 대상으로 한 것입니다. 소생의 심의(心意)와 정치 의도를 이해하기 바랍니다."

　한현우는 좌파인 박헌영과 여운형을 제거해야 할 대상으로 생각했는데 전백이 송진우를 제거 1번으로 했다는 고백이다. 한현우는 우파 사상을 신념으로 한 국가주의자였다. 그가 체포된 뒤 변호사를 비롯해 친지 동료들이 우파 지도자를 테러 대상으로 한 데 대해 의문을 제기했다. 그 과정에서 한현우는 전백이 공산당 프락치라는 말을 들었고, 그래서 이런 서신을 보내게 된 것이라고 했다. 전백의 배후는 김영철, 제거 동기는 '김구에 맞선 김구의 적'이라는 이유 단 하나라는 것이 한현우가 밝힌 고백이었다.

"사형 집행을 내 소원인 건국 뒤로 미뤄 달라!"

여운형은 1947년 7월 19일 오후 1시 서울 혜화동 로터리에서 저격당해 현장에서 사망했다. 범인은 한지근이었다. 한지근은 평양 용문중학 출신, 혼자 월남한 청년으로 본명은 이필원이다. 그는 해방되자 조만식을 따르는 우파 청년단체에 참여해 활동했다.

1946년 봄, 서울에서 지내다 평양으로 돌아온 고향 선배 백남석을 만났다. 백남석은 송진우 암살에 가담한 혐의로 수배되자 평양으로 도망쳐왔다고 했다. 그는 백남석으로부터 서울 정세와 송진우를 저격한 한현우, 그리고 계몽의숙에 대한 얘기를 들었다.

"형님, 평양에는 김일성이나 최용건이를 해치울 만한 배포를 가진 동지도 없습니다. 여기에선 아무 일도 할 수 없습니다. 서울로 가 좋은 동지들을 만나 건국운동에 참여하고 싶습니다."

이래서 백남석은 그가 속해있던 서울의 계몽의숙 신동운에게 소개장을 써 주었다. 한지근이 월남해 계몽의숙으로 신동운을 찾아간 것이 1946년 10월이었다. 그는 계몽의숙 멤버가 되면서 송진우 암살범으로 감옥살이를 하고 있던 한현우의 뜻을 이어받았다. 그리고 한현우의 빈자리를 메운다면서 이필원이란 본명 아닌 韓知根(한지근)으로 이름을 바꿨다. 여운형 암살도 계몽의숙 지도자인 김영철의 지령이었다. 그 사연은 이랬다.

1947년 4월, 백의사의 염동진이 김영철을 찾았다.

"선생님, 여운형을 아무래도 제거해야겠습니다."

"진작 그랬어야지."

"그런데 우리 백의사 단원은 배제하고 외부에서 구해 일을 시켰으면 합니다만…"

"무슨 뜻인지 알겠소. 내게 맡겨주시게나. 염 사령(司令)이 내 뜻에 동의한 것만으로 충분하네."

1946년 10월에 여운형과 박헌영이 인민당과 공산당 등 좌파 3당을 합동하는 남로당 창당을 추진할 때, 김영철이 염동진에게 여운형을 제거하자고 했다.

"인민공화국을 만들어 임정을 방해하더니 이제는 좌파 통일전선을 정당에까지 확대하려는 게야. 코민테른의 일국 일당주의 노선을 따르는 것으로 봐야지. 여운형이도 소련의 지령을 받고 있는 게 틀림없어."

그러나 염동진이 반대했다. 3당 합당이 성사되기 어렵다는 것, 설혹 이루어진다 해도 박헌영의 노선보다는 여운형의 노선이 보다 온건하고 평화적이라는 것 등 반대 이유를 설명했다.

"아직은 여운형이가 덜 위험한 인물입니다. 좀 더 두고 봅시다."

그랬던 염동진이 이제 여운형을 제거하자고 나선 것이다. 어떤 변화가 염을 돌려세웠을까?

1946년 12월 하순, 여운형은 인민당과 신민당 등의 3당 합당이 당내 의견 불일치로 지지부진하자 인민당을 탈당하고 정계 은퇴를 성명했다. 여운형이 정치중단을 선언하자 김일성이 여운형을 초청했다. 여운형은 그해 12월 28일, 38선을 넘어 북으로 가 김일성과 회담했다. 그가 서울로 돌아온 것은 이듬해 1월 8일이었다. 열흘 이상 북에 머물렀던 것이다.

그는 한동안 은둔했다. 그랬는데 1947년 봄, 해체된 인민당을 재건하는 근로인민당 창당과 함께 미·소공동위원회에 대비하는 좌우 합작 운동을 재개했다. 염동진은 여운형이 평양에 가 김일성과 만나고 소련 군정 고위층과도 만났다는 사실을 백의사 요원들의 정보로 알고 있었다. 면담 내용까지 소상히는 알지 못했지만 여운형이 재개되는 미·소 공위에서 소련의 노선에 따를 것이라는 점은 분명했다. 그의 좌우 합작엔 임정의 김규식 계열이 동참하고 있었다. 염동진이 여운형 제거를 제의한 이유는, 임정의 김규식을 끌어들인 여운형의 좌우 합작 운동이 위험하다는 판단을 내렸기 때문이었다.

염동진과 만난 다음날, 김영철은 계몽의숙 신동운을 불러 여운형을 제거하라는 지령을 내렸다. 신동운은 즉시 계몽의숙 멤버들과 회의를 갖고 이렇게 물었다.

"우리 계몽의숙을 돌봐주는 어른이 여운형 제거를 명령하셨다. 누가 한현우 동지의 숭고한 뜻을 받들어 이 일을 수행하겠는가?"

다들 서로 맡겠다고 나서는 가운데 한지근이 말했다.

"나는 한 선생님의 뜻을 받들 결심으로 이름까지 바꿨습니다. 보람 있는 일을 하고자 38선을 넘어온 지도 반년이 지나가는데, 여러분의 신세만 졌지 뭣 하나 보답한 일이 없습니다. 이 일은 제게 맡겨주시면 합니다."

신동운은 한지근에게 일을 맡기기로 결정하고 함께 김영철을 찾아 갔다.

"총을 쏴본 적이 있는가?"

"직접 쏴본 경험은 없습니다만, 중학교에서 군사훈련을 받으면서 총기를 다뤘기 때문에 권총도 사격할 수 있을 것 같습니다."

김영철은 다음날부터 한지근을 집에 데리고 지내면서 사격술을 가르쳤다. 여운형의 사진도 주어 얼굴을 익히도록 했다. 신동운은 한지근에게 신일준을 연결시켰다.

신일준, 당시 34세. 국민회의 훈련부장이었다. 국민회의는 반탁운동을 위해 김구가 결성한 정당연합체다. 신일준은 태평양전쟁 말기 일본군 특무부 정보원으로 중국대륙을 누빈 인물이었다. 해방이 되자 특무부 시절 함께 활동했던 전백을 통해 계몽의숙 멤버가 되었고, 김구와도 연결되어 국민회의 훈련부장 자리를 맡게 된 인물이다. 신일준은 한지근을 여운형의 동선(動線)을 따라 데리고 다니며 장소를 익히게 하고, 암살자의 수칙과 요령 등을 가르쳤다. 그리고 암살을 결행했다.

한지근은 염동진의 지시에 따라 자수한다. 그 사연은 이렇다.

여운형에 이어 장덕수까지 저격당해 숨지자 미군 당국이 칼을 뺐다. 미군 당국은 '김구 휘하엔 암살단이 있다, 이들 암살단을 단죄하지 않고는 안 된다'는 판단을 내렸다. 하지 사령관이 조병옥 경무부장, 장택상 경찰총감을 불렀다. 잇달아 정당 지도자들도 만났다. 한민당 지도부는 하지와 면담한 뒤 암살단의 배후를 알아내기 위한 조사단까지 구성했다. 한민당 조사단 책임자는 당 중앙위원이면서 청년조선총동맹 회장이기도 한 유진산이었다.

장택상 수도청 경찰총감도 나섰다. 그는 백의사 염동진을 찾았다. 장 총감은 하지 사령관이 여운형과 장덕수 암살의 배후가 김구 주석이라고 확신하고 있다는 것, 그래서 암살범을 잡아 그 진위를 확인하라는 압력이 만만치 않다는 것 등 미군정 분위기를 설명한 뒤 이렇게 말했다.

"장덕수 암살범은 체포했다. 그러나 여운형 암살범은 오리무중이다. 암살의 배후가 김구 주석인지 아닌지는 잘 모르지만, 범인이 염 선생의 보호를 받고 있다고 나는 확신한다. 김두한의 사형을 막으려면 우리 경찰이 범인을 잡아 하지의 분노를 완화시켜야 한다. 그러니 염 선생! 김두한의 사형을 면하게 하려면 범인을 자수시키시오."

둘 사이에 많은 얘기가 오갔다. 그리고 염동진은 한지근을 자수시키기로 결정했다.

"여운형 암살은 김구 선생과는 무관한 나의 독단입니다. 범인을 자수시키지요. 단, 조건이 있소. 사건을 한지근 단독범으로 하고, 그의 나이와 이름도 본인의 진술대로 처리해줄 것을 약속할 수 있습니까?"

장 청장이 염동진의 조건을 받아들였고, 한지근은 피신처에서 나와 경찰에 잡혀갔다. 한지근은 확신범이었다. 그는 배후가 없다고 진술했다. 한지근이 소년답지 않게 완강하다는 수사관들의 보고를 받은 장택상 총감이 직접 총감실로 그를 불러 이런저런 얘기를 나누다가 마지막으로 이렇게 회유했다.

"사실대로 말하면 너에게 유리하게 해주겠다."

"총감 각하! 그게 무슨 말씀입니까? 국가를 위해 일하는 사람이 유리 운운하겠습니까?"

재판에서도 그의 태도는 변함이 없었다. 그는 최후진술에서 이렇게 말했다.

"죽음을 각오한 몸이라 어떤 처벌도 달게 받겠습니다. 그러나 이 나라를 위해 옳은 일을 했다는 제 신념에는 변함이 없습니다. 안중근, 윤봉길을 낳은 조선인데 시대가 필요로 한다면 제가 죽고 난 다음에도 정의의 총을 들 젊은이가 나타날 것입니다. … 사형도 감수하겠지만 건국이 이루어지는 것을 보고 죽는 것이 마지막 소원이니, 사형시키더라도 독립정부가 선 뒤로 집행을 미루어 주셨으면 대단히 고맙겠습니다."

한지근은 몸집이 작고, 그래서 더욱 동안(童顔)의 미소년 인상이었다. 그런 소년의 어디에 저런 담대함이 있을까 사람들이 놀랐다. 그가 최후진술을 시작하자 법정은 사람들의 숨소리뿐, 물을 끼얹은 듯 숙연해졌다. 재판장 박원삼은 사형이 아니라 무기징역을 선고했다. 본명 이필원도 끝내 감춰주었다. 당국은 그의 본명을 알았지만 굳이 바로잡지 않았다. 나이도 그대로 인정했다. 형량이 낮아지기를 기대한 염동진의 배려를 당국도 그대로 받아들인 것이다.

그는 개성소년원에 수용되었다. 그러나 인간만사 새옹지마(塞翁之馬)라고 했던가? 그는 소년원에 수용되어 있어 정부 수립 후 단행한 사면 대상 바깥에 있었고, 6·25전쟁이 터지면서 정부가 손쓸 새도 없이 개성을 북한군이 점령했다. 북한군은 한지근을 끌어내어 총살했다.

그의 총살엔 여운형의 장녀 여연구의 입김이 있었다고 했다. 여운형은 1946년 연말에 정계 은퇴를 선언한 뒤 평양으로 가 김일성을 만났다. 이때 그에게 가해지는 암살 위협을 전하면서 "내가 잘못되면 내 아이들을 부탁한다"고 당부했다. 여운형 암살 후 여운형의 딸들은 월북했다. 큰딸 여연구는 김일성 치하에서 요직을 맡아 승승장구했다. 그녀가 한지근을 총살하도록 지시했다는 게 소문의 배경이었다.

김구·장덕수의 밀월이 짧게 끝난 사연

장덕수의 암살은 1947년 12월 제기동 자택에서 일어났다. 저녁식사 중 정복 차림의 경찰관이 상부 지시를 받고 왔다고 해 의심 없이 마루로 나갔다가 저격당했다. 범인이 경찰 정복을 입고 있었다는 보고에 장택상 경찰총감이 수도청 경찰에 비상 소집령을 발동했다. 가짜 경찰이면 소득이 없겠지만 현직 경찰관이라면 비상소집에 나올 수 없을 가능성이 많다는 판단을 한 것이다.

이 판단은 적중했다. 비상소집에도 나오지 않은 순사들에 대한 조사에서 장덕수의 집이 있던 제기동에서 가까운 종로경찰서 외근 감독 박광옥 경사가 연락조차 되지 않는다는 것을 확인했다. 경찰은 박광옥의 거처를 급습해 체포했다. 함께 있던 배희범 등 공범들도 연행했다.

박광옥의 집에선 행동에 나선 박광옥과 배희범이 혈서로 「장덕수 암살」이라고 쓴 종이를 가슴에 붙이고 찍은 사진 한 장도 발견했다. 범인들은 대한학생총연맹에 소속되어 있었다. 이들의 신상 명세는 이랬다.

▲박광옥: 22세, 종로경찰서 경사, 대한학생총연맹 전무

▲배희범: 20세, 연희전문 상과 3년, 동(同) 연맹 전무

▲최중하: 19세, 연희전문 문과 2년, 동 연맹 전무

▲조엽: 21세, 경성제대 2년, 동 연맹 위원장

▲박정덕: 22세, 연희전문 3년, 동 연맹 선전부장

▲김철: 성균관대 3년, 동 연맹 총무부장

이들은 거사 직전 태극기를 배경으로 양손에 수류탄을 들고, 가슴에는 '나는 조국 대한의 완전 독립을 위하여 혁명 단원으로서 내 생명을 바치기로 서약함. 민국 29년 8월 26일 대한혁명단 ○○○(이름)'이란 혈서(血書)를 붙인 사진도 찍었다. 윤봉길, 이봉창의 거사 직전 사진들을 모방한 것이다.

경찰은 장덕수 암살사건과 관련하여 한독당 중앙위원이며 김구의 측근인 金錫璜(김석황)을 수배했다. 또 배후와 관련해 임시정부 국무위원인 엄항섭과 조소앙을 13일 소환해 조사에 들어갔다는 성명서를 발표했다. 그리고 사건 발생 14일 만인 12월 16일 새벽, 수도청 崔蘭洙(최난수) 경위가 광주의 민병만 자택에 은신해있던 김석황을 체포했다. 김은 1919년 평양의용단으로 평남도청을 폭파한 뒤 상해로 망명, 임정의 테러 공작원으로 활동한 김구의 심복이다. 신문들은 송진우 암살사건 때부터 배후로 의심받던 임정 요인들에 대한 조사가 시작되었다고 보도했다.

암살사건의 행동대인 대한학생총연맹이나 그 배후인 김석황과 신일준 등의 비상국민회의는 이승만이 대미 교섭을 위해 도미(渡美)한 뒤, 김구가 미군정 종식을 투쟁목표로 제시해 조직한 단체였다. 대한학생

총연맹은 1947년 6월, 운현궁에서 발족했다. 임정 주석 김구를 총재, 임시정부 국무위원인 조소앙과 엄항섭을 명예위원장으로 한 청년단이다. 임시정부 법통을 살리고 임시정부를 보호하며, 이북의 적색 마적(馬賊)을 분쇄하고 남한 단독정부 음모도 분쇄한다는 것을 내건 단체였다. 비상국민회의 역시 이승만이 도미한 뒤 임시정부가 행정권을 넘겨받아 통일 독립정부를 세우는 주역임을 자임하는 단체였다.

1948년 1월 15일, 장택상 경찰청장은 한독당 중앙위원이면서 비상국민회의 동원부장 겸 대한보국 의용단장이던 김석황이 이 사건의 배후라고 발표했다. 세 단체는 모두 미군정을 종식시키고, 임시정부가 정부를 인수해 건국을 주도할 것을 추진하는 김구의 전위대들이었다. 김석황은 장덕수 암살 후 잠적했다. 그 기간 그는 백범에게 이 같은 내용의 서신을 보냈다.

"미군을 배경으로 하고 임시정부의 법통을 무시하는 도배들이 무죄한 사람을 다수 체포하여 죄를 구성하려 하니 이런 통탄할 일이 어디 있습니까? 소생이 지금 숨어 다님은 죄가 있어서가 아니라 임정을 타도하고 선생을 모함하려는 화를 피하고자 함입니다. … 선생께서 대권을 잡으실 때까지 소생은 유리걸식(遊離乞食)하기로 했습니다.

복원(伏願), 선생님은 기어코 대권을 잡으십시오. 선생님이 천명을 받으셨으니 소생은 잡힐 리 만무합니다. 이승만 박사와 한민당도 음모를 하오니 선생님은 특별히 조심하십시오. 대권이 이 박사에게 가면 애국자의 살상이 많이 날 것입니다. 추호도 사양마시고 선생님께서 대권을 잡기 바랍니다."

김석황은 장덕수와 유진산 등의 주장으로 한민당과 청년단체들이

제2차 미·소공위에 참가하기로 결정하자 "백범 선생이 장덕수 등을 처치하기를 바란다"는 이야기를 하고 다니던 사람이다. 유진산은 배후 규명을 위한 조사에서 趙尚恒(조상항), 辛一俊(신일준), 張禎秀(장정수) 등 비상국민회의 사람들이 "김구 주석이 장덕수 암살을 바란다"는 김석황의 말을 확인하려고 백범을 찾아갔었다는 사실도 확인했다. 이들은 백범이 이승만과 같은 노선을 따르는 장덕수, 명제세, 배은희 등을 비난하는 것을 듣고 김석황의 말을 사실로 오인했을 가능성이 있다고 보고서는 기술했다.

저격범인 박광옥 등 대한학생총연맹 회원 5명이 백범을 찾아가 면담한 사실도 유진산의 조사단이 확인했다. 이들은 '나는 조국 대한의 완전 독립을 위하여 혁명단원으로서 내 생명을 바치기로 서약한다'는 혈서를 가슴에 달고 찍은 사진을 들고 김구 주석을 찾아가, 나라를 위해 목숨을 걸기로 했다는 의지를 밝혔다. 백범은 이들에게 "그 정신은 좋지만 성사가 어렵다. 학생은 공부하는 것이 첫째다. 그러나 나라를 위해서는 궐기해야 한다"는 요지의 말을 한 것으로 알려졌다.

한민당이 설산(雪山, 장덕수의 아호) 암살 배후를 캐는 조사단까지 구성한 것은, 설산의 당내 비중 외에 김구의 관련설 때문이었다. 한민당 조사단은 백범과 설산의 관계가 멀어진 사연에도 주목했다.

설산은 20세기 가장 뛰어난 한국인의 한 명이다. 황해도 재령 출신인 그는 국민학교 과정이라고 할 연의학숙(演義學塾)을 나온 후, 강의록으로 공부해 와세다대학에 유학한 수재였다. 그가 호남의 부호 김성수를 만난 것은 와세다대학 본과 2학년 때였다. 와세다대학 전문에서 시작해 본과로 진학한 유학생활은 학비를 스스로 버는 고학이었다. 장덕수는 이 무렵 대학 생활의 최소 학비로 수업료 4원 50전, 교통비 2원 내외, 하숙비 12원, 책값과 기타 활동비 등 최소 한 달 25원은 있어야 한다고 기록하고 있었다.

장덕수는 빌딩 창문닦이, 음식점 접시닦이, 우유 배달, 미국 선교사 집 정원 손질 등 닥치는 대로 일을 했다. 와세다대학 2년 선배이기도 한 김성수는 다른 유학생으로부터 장덕수가 고학한다는 것을 알고 학비를 도왔다.

장덕수는 대학을 마친 뒤 상해로 가 임시정부에 참여해 활동했다. 그 후 1919년에 일본을 거쳐 국내로 들어오다 일본경찰에 체포되었다. 사법 당국은 그를 남해의 하의도로 유배, 그 섬에 주거를 제한하는 형벌을 가했다.

그랬는데 마침 그해 일본이 상해에서 항일운동을 하던 여운형을 회유할 목적으로 도쿄로 초청했다. 여운형은 일본어를 몰랐다. 그는 일본의 초청을 받아들이면서 상해에서 함께 독립운동을 하던 장덕수를 통역으로 데려갈 수 있게 해달라고 요청했다. 일본 당국은 이 조건을 수락했다. 그래서 장덕수는 하의도에서 풀려나 여운형과 함께 일본으로 갔다.

설산은 동아일보가 창간되자 일본에서 귀국해 논설주간을 맡았다. 그는 동아일보 주간 일을 하면서 청년운동에도 참여해 모스크바를 다녀오는 등 폭넓게 활동했다. 그러다 1923년에 미국 유학을 떠나 오리건대학 신문학과와 컬럼비아대학 경제학과를 마치고, 영국으로 건너가 런던대학에서 노동문제를 연구했다. 1925년 2월에는 북미 한인 유학생총회 뉴욕지부에서 활동했으며, 1928년엔 뉴욕에서 삼일신보

(三一申報)를 창간하기도 했다. 1934년에는 임시정부 재무행서(財務行署) 뉴욕지부 책임자로 활동했다. 1936년에 컬럼비아대학에서 경제학 박사학위를 받고 그해 12월 귀국했다.

귀국 후 동아일보 주필과 보성전문학교 교수로 일했다. 이 기간 그는 동아일보와 보성전문학교가 살아남기 위해 감당해야 하는 일들, 이른바 총독부 교섭을 도맡았다. 좌파들이 그를 친일파로 몰아대는 사연이 될 총독부 협력이었다.

해방이 되고 민족진영이 한민당을 만들자 외무부장을 맡았다. 한민당 외무부는 해외유학부로도 불렸다. 나중에 제2공화국 대통령이 되는 윤보선을 비롯하여 윤치영, 이활, 구자옥, 박용하, 최순주, 윤홍섭, 이상은 등 멤버들이 모두 구미 유학파여서 붙여진 별명이다.

한민당 외무부의 주된 일은 미군정 접촉이었다. 설산은 미군정 당국자들이 한국에 대해 거의 백지라고 할 만큼 한국을 모르는 데다, 미국의 한국 정책도 방향이 잡혀있지 않다는 것을 알았다. 이후 설산은 그런 미군에게 한국의 문화와 정서를 알리고 중요 정책을 조언하는 하지의 고문 역할을 수행했다.

그는 이승만과 가까웠다. 이승만도 유능한 장덕수를 필요로 해 수시로 그를 불렀다. 설산은 이승만이 돈도 없고 조선호텔 숙식비까지 미군정이 부담하고 있다는 사실을 알자 집 마련에 나섰다. 그는 돈암동 갑부인 장진섭을 찾아갔다.

"민족의 영웅이신 분이 여관방 신세여서야 되겠소? 더욱이 이 박사께서는 건국을 위해 많은 사람들과 만나야 하고, 때로는 조용히 구상도 하시고 밀담을 나누실 일이 잦을 것인데, 도떼기시장 같은 호텔에서는 아무래도 불편하지 않겠소?"

장진섭은 두말없이 승낙하고 이웃에 집을 마련해주었다. 이 집이 이승만의 돈암장(敦岩莊)이다.

설산은 김구와도 가까웠다. 백범이 황해도 재령에서 보강학교를 개설했을 때, 일곱 살이던 장덕수는 형 덕준을 따라 이 학원에 다녔다. 김구가 환국 직후 장덕수를 반기고 그의 조언에 귀기울였던 것도, 두 사람의 각별했던 옛 인연이 작용하고 있었다. 그러나 김구와 장덕수의 밀월은 오래가지 못했다. 첫 사단(事端)은 김구 주변 사람들의 질시(嫉視)였다. 한국인의 질투는 유별났다. 뛰어난 주변을 용납하지 못했다. 설산은 김구의 뛰어난 주변 사람이었다.

우선 설산은 해방 정국의 중심에 있었다. 미군정에 대한 영향력, 이승만의 신임, 그 위에 한민당의 실력자였다. 정세를 내다보는 눈에서 그의 식견을 당할 수 없었다. 이론에서도 밀리고, 대화에서도 대적(對敵)이 안 되는 설산이었다. 설산이 김구 가까이에 다가설수록 임정 출신 김구 측근들은 경쟁자가 되지 못했다. 김구의 주변 사람들로서는 경쟁 방법이 '찍어내기'뿐이라고 생각했다. 이래서 장덕수에 대한 모략이 벌어지기 시작했다.

프로 '잽(Jap)'과 프로 '잡(job)'

첫 포문은 친일파, 그 꼬투리가 된 것이 국일관 만찬이었다. 임정의 환국이 완료된 직후인 1945년 12월 중순, 송진우와 장덕수 등이 김구, 김규식, 신익희, 조소앙, 조완구, 엄항섭 등 임정 요인을 종로

국일관으로 초청해 만찬을 함께 하며 담소했다. 이런 저런 얘기 도중 느닷없이 조소앙이 "김구 주석이 일제시대 조선에 남아있던 지식인들은 모두 감옥에 가야 할 사람들이라고 했다"는 얘기를 하면서 이런 말을 덧붙였다.

"앞으로 세워질 나라에서는 친일한 자들을 제거해야 한다. 친일을 하지 않고서 어떻게 돈을 벌었으며, 생명을 유지할 수 있었겠느냐?"

그러자 장덕수가 웃으면서 농담처럼 받았다.

"그러면 나도 숙청되어야겠구먼."

이 말을 들은 신익희가 짐짓 농담처럼 "어디 설산뿐인가? 더 많지"라고 했다. 장덕수는 해공이 일제의 고등문관 시험에 패스해 검사나 군수 등 관직에 종사했던 관료 출신들을 새 정부 두뇌로 활용하기 위해 선별하고 있다는 사실을 알고 있었다. 그러자 송진우가 정색이 되어 말했다.

"해공! 국내에 발붙일 곳이 없는 임시정부를 누가 오도록 해서 환대해주었는데 무슨 소리야? 모두들 해외에서 헛고생을 했군. 우리가 임시정부를 떠받드는 것이 3·1운동 후의 법통을 잇고 싶은 마음에서였지 당신들을 존중해서 그러는 줄 알아? 당신네들이 중국에서 궁할 때 무엇들을 해먹고 살았는지 우리가 모르고 있는 줄 알아?"

"…"

"국외에 있던 당신들은 배는 고팠겠지만 마음들은 편안했을 거야. 그러나 국내는 달랐어. 우리는 일제와 싸우면서 살아남기 위해 협조도 한 것이야. 투쟁에서도 우리가 해외보다 더 많이 했어. 국내 투쟁의 내용은 다음에 천천히 말할 기회가 있겠지. 지금은 힘을 합쳐 건국 투쟁 하는 것이 우리가 해야 할 일이야."

누군가가 서둘러 화제를 돌려 친일 얘기는 더 없었다. 송진우와 장덕수, 신익희 셋은 일본 유학 시절부터 가까운 친구 사이, 그런데도 이런 가시 돋친 말들이 오갔다.

그 친일 논쟁이 재연된 것은 1946년 10월이었다. 좌익의 '10월 폭동'이 거의 진압되어 가던 10월 말, 조선호텔에서 한미회담이 열렸다. 하지 사령관과 러치 군정장관 등 미군정 수뇌부, 그리고 한국 측에선 좌우 합작 추진 주역이던 좌파의 여운형과 우파의 김규식을 비롯해 미·소공위에 나갈 남한의 정당 대표들이 참석했다. 주제는 10월 폭동 수습과 친일 경찰 숙청문제였다.

"친일 경찰을 등용하여 민심을 이반함으로써 자연발생적으로 일어난 것이 10월 폭동이다. 폭동 가담자가 아니라 친일 경찰을 등용해 10월 폭동을 유발한 조병옥을 처단하라!"

당시 시중에 나붙기 시작한 이런 내용의 삐라가 회의 주제였다. 김규식이 일제하 경찰을 계속 경찰에 근무하도록 하는 것이 문제라는 시중의 민심을 전했다. 중간파에선 더 노골적이었다. 민심 수습을 위해 친일 경찰을 등용한 책임을 물어 조병옥 경무부장은 파면하고, 친일 경찰도 대거 숙청해야 한다고 주장했다. 그러자 조병옥이 자신의 인사정책에 대해 설명하기 시작했다.

"일제하 한국에서 친일은 두 가지로 구분할 수 있다고 봅니다. 하나는 프로 잽(Jap: 친일)이고, 다른 하나는 가족과 살기 위한 프로 잡(job: 전문 직업인)입니다. 조금 전에 창씨개명(創氏改名) 문제로 저와 제 가족을 핍박한 최 순사를 경찰에 그대로 있게 한 데 대해 말씀했습니다만, 창씨개명은 그 정책을 입안해 건의한 7인이 있습니다. 이들은 우리 고유의 성씨를 없애려 한 반민족 행위자이지요.

그렇지만 창씨개명 정책을 집행한 행정관리나 경찰은 상부의 지시를 집행한 직업인이었을 뿐입니다. 그들에게까지 창씨개명의 책임을 묻고 친일파로 몰아낸다면, 친일파 아닌 사람이 몇이나 있겠습니까? 일제 36년을 살면서 모두 일제의 정책에 순응하며 살았을 뿐, 자신의 영달을 노리고 반민족 행위를 한 친일파는 극소수였다고 나는 생각합니다.

여기 계신 분들은 항일파요, 민족 지도자를 자처하는 분들 아닙니까? 그렇지만 친일의 기록이 없다고 자부할 수 있습니까? 여운형, 안재홍 두 분은 일정 말기에 어떤 처신을 하였습니까? 두 분은 영국령 싱가포르가 일본에 함락되고 필리핀의 마닐라까지 점령하자 미영 연합군이 패전하고 일본이 승리한다고 오산한 나머지, 당시의 조선 총독 고이소(小磯)에게 불려가 소위 대동아전쟁에 협력하고 황국신민(皇國臣民)이 되겠다고 서약한 사실이 있었다는 것을 기억하고 있습니까? 만약 기억이 안 난다고 하신다면, 여기 그것을 입증하는 매일신보에 실린 담화와 논문과 사진들이 있습니다.

김규식 박사님은 내가 1년 동안 배재학당에서 배워 사제지간이라 할 수 있습니다. 그런데 선생님이 해방 후 환국하셔서 정치하는 것을 보면, 좌도 아니고 우도 아닌 중간 노선을 걷는다고 하여 한국의 나아갈 방향을 애매하게 만들어 혼란만 조장하고 있습니다. 지금 선생님을 가장 가까이서 돕고 있는 한 사람은 일제시대 무엇을 했습니까? 일제 때 상해에서 일본 해군의 스파이로 8년간이나 활동한 책임을 어떻게 하려는 것입니까?"

묵묵히 듣고 있던 여운형이 이 대목에서 병원에 가봐야겠다면서 자리에서 일어나서 나갔다. 하지만 조병옥은 계속 이야기를 이어갔다.

"경무부의 인사방침은 자신의 영달을 위해 민족운동을 방해하거나 민중운동을 탄압하고 살해한 자 외에는, 직업으로서의 일반경찰로 간주하여 경찰로 계속 일하게 한 것입니다. 경찰은 전문직이고 지금 그 전문성이 필요합니다."

조병옥이 말을 마치자 김규식이 일어섰다.

"경무부장 조병옥 씨는 미국에 유학하고 박사학위도 딴 훌륭한 학자입니다. 지식이 풍부하고 덕망도 있는 분이므로 주마가편(走馬加鞭) 격으로 행정에 있어 더욱 잘해달라는 부탁을 할 뿐입니다. 더 이야기할 것이 없습니다."

친일 경찰을 등용한다는 이유로 조병옥의 파면을 요구하던 중간파들도 더 말을 하지 못했다. 하지가 일어나 조병옥에게 손을 내밀었다. 공격을 막아낸 데 대한 축하의 의미였다.

"김구의 애국심은 의심할 바 없지만…"

백범과 설산 사이의 또다른 불화의 가닥은 이른바 4당 합당 문제였다. 1946년 봄, 김구는 한국민주당과 국민당, 신한민족당이 자신의 한국독립당과 통합하기를 희망했다. 네 정당의 통합교섭은 거의 김구의 뜻을 수용해야 했다. 당의 이름은 한독당을 그대로 계승하고, 김구를 당수(黨首)인 중앙집행위원장으로 추대했다. 당 지도부가 될

14개 부서 가운데 총무·재정·선전 조직 등 중심 부서는 한독당 측이 맡고, 나머지 10개 부서를 한민당 등 세 정당이 나누어 맡는다는 것이다. 4개 정당의 합당이 아니라 세 정당이 한독당에 흡수되는 통합이었다. 국민당 등은 조직이 미미해 별 문제가 없었지만, 조직이나 인물에서 한독당을 압도하던 한민당으로선 받아들이기 어려운 통합안이었다.

한민당 수석총무 김성수는 그렇게 해서라도 범민족적인 정당을 탄생시키자고 했으나, 지도부 대부분이 수긍하지 않았다. 4월 9일 개최된 한민당 중앙집행위원회는 이 합당안을 부결해버렸다. 집행위원들은 이건 합당이 아니라 당을 가져다 바치는 헌당(獻黨)이라며 고개를 저었다. 집행위원들은 김구의 유아독존을 성토했다.

"설산이 교섭위원으로 나섰으면서 인촌의 지나친 양보를 제지하지 못했다니 참 모를 일이야"라며 설산을 원망하기도 했다. 반면 한독당 쪽 김구 주변들은 "인촌은 백의종군이라도 하실 분인데 설산이 뒤로 돌아가서 부결 공작을 꾸민 게 틀림없다. 합당을 깬 것은 설산이다"고 찍어댔다.

한민당이 합당을 주저하고 있는 사이 다른 두 정당은 한독당에 합류했다. 그런 어느 날 합당문제를 김구와 논의하기 위해 인촌과 설산, 그리고 백남훈이 죽첨장을 찾았다. 이들이 김구를 만나고 있는데 한독당에 합류한 신민당계의 사람들이 들어서면서 폭언을 했다.

"백범 선생! 한민당과 합당하는 것, 선생님 독단으로 못하십니다. 한민당 사람들은 일본놈들에게 아부하고 미국놈이 들어오니까 또 미국놈들에게 아부하고…"

그러자 설산이 벌떡 일어섰다.

"이것 봐. 말을 삼가시오. 무슨 욕이든지 외국놈들을 갖다 붙이면 다 정당한 소리가 되는 줄 알아?"

김구가 서둘러 말리고 나섰다. 설산이 "고얀 놈들 같으니라고, 백범 선생이 아니라면 너희 놈들을 그냥두지 않을 것이지만…"이라면서 인촌과 백남훈을 호위하듯 이끌고 죽첨장을 나왔다. 설산이 말했다.

"백범의 애국심은 의심할 바 없지만 한독당과의 합당은 단념합시다. 지금 한독당은 백범의 재래파와 국민당과 신한민족당 계열 간 의견 충돌로 당론도 통일시키지 못하고 있습니다. 더욱이 국민당과 신한민족당 계열 사람들은 우리 한민당이 들어가면 자기들이 설 자리를 잃을까 해서 앞질러 훼방을 하고 있으니 우리가 합당에 응하면 분란이 더 커질 것입니다."

인촌은 설산의 말에 고개를 끄덕였고, 합당 교섭은 막을 내렸다. 김구는 합당을 깬 것이 설산이라고 단정, 설산과 멀어졌다.

설산과 백범의 결정적 대립은 미·소공위와 남한 단독정부였다. 설산은 임시정부 정통성을 내세워 미·소공위 보이콧을 고수하는 김구와 달리 민족 진영의 미·소공위 참가를 주도했다. 그는 남한 단독정부 문제에서도 이승만 노선을 지지했다. 설산은 1947년 9월, 김성수와 함께 웨드마이어 특사에게 단독정부 수립이 불가피함을 강조했다. 김구는 그런 설산을 단정 노선이라고 성토하곤 했다.

하지 등 미군 장성들은 김구를 의심했다. 장덕수 암살사건 담당 검사 밀튼 로만 중위는 백범이 배후 조종자라는 내용의 투서가 우편으로 배달되었다는 사실도 공개했다. 또 김구가 장덕수 제거를 바랐다는 김석황의 증언을 확인하느라 측근들이 백범을 찾아갔을 때, 그가 "장덕수, 명제세, 배은희 등은 이승만 밑에서 일하면서 미·소공위 참가를 하겠다니 죽일 놈들이다"는 말을 했다는 김석황과 조상항, 신일준의 진술이 일치했다고 밝히기도 했다.

미 군사법정은 끝내 김구를 법정에 세웠다. 1948년 3월 12일, 김구가 장덕수 암살사건을 심리하는 미군 법정에 섰다. 김석황을 비롯한 범인들과 김구 사이의 대화 등 사실 심리가 길게 진행되었다. 그런 뒤 검사와 김구 사이에 이런 문답이 오갔다.

"내가 장시간에 걸쳐 심문하는 것은 혹 선생의 본심을 오해하여 아랫사람들이 이런 일을 저지르지 않았나 싶어 그런 것인데, 선생께서는 어떻게 생각하십니까?"

"이러한 것은 모두 모략에서 나온 것 같소이다. 동족에 대해 죽일 놈이니 뭐니 중상(中傷)할 만큼 박덕한 나라면 나를 따를 사람이 있겠소?"

"누구의 모략이란 말입니까?"

"그걸 이루 다 말하자면 단체나 개인에 관한 것이 나오겠지만, 이 자리에서 말하지 않겠소이다."

"그러면 김석황 등 피고인들도 선생에 대해 거짓말을 한 셈이군요."

"그렇소. 나는 상해 시절에도 직접 지시를 했지 간접으로 테러를 지시하지는 않았소. 아마도 거짓말을 안 할 수 없는 환경 아래서 그렇게 한 것 같소."

검사는 김구의 의외의 말에 놀란 표정을 지었다.

수도 경찰청장 장택상은 김구를 장덕수 암살 사건의 배후로 지목하고 그를 법정에 세웠다. 김구는 법정에서 암살 사건과의 관련성을 전면 부인하였다. 1948. 3. 15

　김구는 3월 15일, 두 번째로 소환되어 법정에 섰다. 문답이 오간 뒤 김구가 이렇게 말했다.

　"내가 할 말은 이미 다 했소. 나는 국제 예의를 존중하여 증인으로 나와 앉은 바인데, 마치 나를 죄인처럼 취급하는 셈이니 매우 불만이오. 내가 지도자는 못되더라도 일개 선비요. 나라를 사랑하는 나에게 법정에서 이렇듯 죄인 취급을 하니 나로서 이 이상 말할 것이 없소. 이 사건에 대해서는 시종 아무것도 모른다고 했으니 나를 죄인이라 보면 기소하여 체포장을 띄워 잡아놓고 심문하시오.

　왜놈을 죽이라는 말만은 아마 나로서 그친 적이 없을 게요. 이 일을 할 때는 실행자와 나와 단 둘이서 직접 명령을 주고받지, 간접적으로 또한 다른 사람을 시키는 일은 없었소. 왜놈 대장 몇 명쯤 살해했소. … 장덕수가 죽은 데 대해서 분하게 생각하는 나한테 죄를 뒤집어

씌우려 하니, 이것 참 기막힐 일 아니오? 증인으로서 더 할 말이 없으니 난 가겠소."

그러고도 김구는 한 차례 더 소환당했지만 직접 살해를 지시한 증거를 찾지 못해 기소되지 않았다. 그러나 이 사건으로 김구의 한독당과 한민당 사이의 담장은 더 높아지고 말았다.

17장

임시정부 사람들의
일화

갑부 백낙승과 김두한

김두한이 백의사에 불려갔다가 별동대 본부로 돌아가던 길에서 엄항섭을 만났다. 아버지 김좌진의 동지였다는 임시정부 선전부장이다. 김두한이 인사를 했다.

"어디 가는 길인가?"

"속상한 일이 있어 대포나 한잔 할까 하고 가는 중입니다."

"그래 잘 됐군, 나를 따라오게."

엄항섭이 허름한 대포집으로 그를 데려갔다.

"여기 막걸리 한 되하고 빈대떡 한 접시 주게."

1920년대 만주벌을 누볐다는 아버지의 동지라지만 만난 것은 단 한 번이어서 둘만의 술자리가 내키지 않았다. 하지만 어른을 거역할 수는 없었다. 그런데 주문하는 게 마셔야 취하지도 않는 막걸리에다 안주는 고작 빈대떡 하나였다.

"주모, 여기 시킨 거 취소하고 소주 한 됫박에 불고기 좀 내와요."

엄항섭이 난처한 얼굴로 말했다.

"이 사람아, 내가 지금 주머니 사정이 넉넉지 못해."

"걱정 마십시오. 제가 선생님을 대접하려고 합니다."

환국한 임정 요인들은 여관에 분산해 있었다. 엄항섭은 경일여관에

묵었다. 경일여관 주인은 일찍 남편을 잃고 여관업으로 아이들을 길러내며 독립운동도 도운 여장부였다. 그녀는 거처가 없어 동가식서가숙(東家食西家宿)해야 할 형편의 임정 요인 10여 명에게 여관을 공짜로 제공했다. 공짜 여관살이로 지내는 엄항섭이니 주머니가 넉넉할 리 없었다. 소주와 고기로 거나해지자 엄항섭이 물었다.

"자네 요즘 무슨 일을 하고 있나?"

"유진산 선생과 함께 청년단체를 하고 있습니다."

"그래, 훌륭한 일을 하고 있구먼. 좋지 않은 소문이 돌아서 걱정했는데…."

그러면서 뒷말을 흐렸다. 김두한이 공산당 전투부대인 조선청년전위대를 하고 있다는 소문을 듣고 있던 모양이다. 김두한은 그런 일이 있었다는 변명 같은 건 안 하는 성격이었다. 그가 화제를 돌려 엄 선생의 근황을 묻고, 경일여관에서 공짜 밥을 먹고 있다는 걸 알았다.

"선생님, 제가 임정 요인들 활동비를 마련해 드리겠습니다."

"그게 무슨 소린가? 경일여관에만도 식구가 20명이야. 활동비라니 자네가 무슨 수로? 괜한 소리 말고 자네들 일이나 충실히 하게. 그게 애국하는 길이야."

김두한이 일어서면서 호주머니 돈을 몽땅 내놓으며 말했다.

"저가 지금 가진 돈은 이게 전붑니다. 술값 치르고 남는 거 선생님 용돈으로 쓰십시오."

그러더니 절을 꾸벅하고 총총히 먼저 나갔다. 별동대로 온 김두한이 간부 다섯 명을 불렀다.

"오늘밤 우리는 제2의 독립운동에 나선다. 다른 대원한테는 비밀이다. 출동준비를 하라."

상하이 조희창이 금고에서 권총과 칼, 그리고 비상(砒霜)을 꺼냈다. 비상은 사냥개 처리를 위한 준비물이었다.

1946년 7월 6일 밤, 김두한의 별동대 여섯이 간 곳은 태창방직 백낙승 사장의 동대문 저택이었다. 높고 거대한 담벼락이다. 김영태와 신영균이 낚싯줄을 던졌다. 비상을 넣은 쇠고기가 이 집 사냥개들을 겨냥한 미끼였다. 낚싯줄에 무게가 실리면 즉시 들어 올려야 한다. 그래야 사냥개가 제대로 짖지 못하고 가녀린 비명처럼 낑낑거리며 버둥거리다 숨이 끊어진다는 걸 알고 있는 베테랑들이었다.

세 마리의 개 처리가 끝나자 상하이가 동료의 등을 타고 가볍게 담장을 넘었다. 뒷문이 열리고 다섯이 안으로 들어갔다. 행랑채에 불이 켜져 있었다. 경비원들이 화투놀이를 하고 있었다. 소리 없이 문고리를 연 뒤 권총을 든 세 명이 먼저 들어갔다. 경비원들이 눈을 휘둥그레 뜨고 쳐다보았다.

"보긴 뭘 봐. 손들어!"

그리곤 준비해간 전화선으로 경비원 셋의 손발을 묶고 입에 재갈을 물린 다음 뒤통수를 가격해 쓰러뜨렸다. 둘이 이들을 감시하고 넷은 안채로 들어갔다. 백 사장은 문에 발을 드리우고 잠들어 있었다. 거칠게 흔들어서야 잠에서 깨어났다.

"웬 놈들이야!"

소리를 질렀는데 고함이 되지 않고 모기소리만한 소리가 되어 간신히 나왔다.

"우리는 강도가 아니요. 우리 일에 협조만 하면 목숨은 보장할 테니 일어나 옷이나 입고 얘기합시다."

백 사장은 김두한이 비쳐주는 손전등 불빛으로 옷을 챙겨 입고 불을 켰다.

"강도가 아니라면 이 밤중에 이게 무슨 짓인가?"

"우리는 임시정부 활동 자금을 얻어가려고 여기 왔소."

"임시정부가 쓸 자금이라면 낮에 정당하게 회사로 찾아와서 요구할 일이지 야밤에 담을 넘어온단 말인가?"

"낮에 회사로 찾아갔더라면 돈을 내놓았겠소?"라고 반문하며 "내 놓겠소, 못 내놓겠소?"라고 다그쳤다.

"얼마나 내놓으면 되겠소?"

"더도 말고 덜도 말고 여운형이한테 준 것만치만 내놓으쇼."

"뭘 잘못 알고 있는 모양인데, 나는 여운형이한테 돈 준 일 없소."

"이 영감이 좋게 얘기하니까 우릴 바지저고리로 아나?"

그러곤 잠깐 뜸을 들였다가 말했다.

"나는 김두한이다. 화신의 박흥식이 얘기는 들어 알고 있겠지?"

김두한이 그러면서 등에 멘 일본도를 쓱 뽑았다. 김두한이 치안대 감찰대장이던 1945년 9월에 화신백화점 사장실로 가서 일본도로 박흥식의 책상을 쳐 동강내면서 "돈을 내지 않으면 당신도 이 꼴로 만들어주겠다"고 공갈쳤던 일은 장안의 부호면 모르는 이가 없는 사건 중의 사건이었다. 백낙승이 백기를 들었다.

"아이구, 이거 내가 미처 알아보지 못했소. 당신이 요구하는 자금을 내놓겠으니 제발 칼은 거두시오."

백낙승은 건준 출범 후 자진해 여운형에게 정치자금을 바쳤다. 김두한은 그 사실을 알고 있었고, 그래서 박헌영을 위해 돈을 거둘 때도 백낙승은 뺐다.

"당신이 여운형이한테 돈을 바친 것이 건국사업에 얼마나 큰 장애가 되고 있는지 알기나 해? 여운형이는 당신 같은 자들이 바친 돈으로 소위 인민공화국이라는 것을 만들어 임시정부가 환국했음에도 무시하고 이 나라를 저들이 대표한다고 설치고 있어. 순순히 돈을 내놓았으면 여운형이한테 돈을 바친 죄는 묻지 않으려 했는데, 당신이 나를 우습게 알고 여운형이한테 돈 준 게 없다고 시치미를 떼?"

백낙승이 손을 들었다.

"200만 원을 내놓겠소. 여운형이한테는 그런 큰돈은 주지 않았소. 임정이니까 내 재산을 다 바치겠소."

김두한의 거친 협박이 얼마나 무지막지했는지를 짐작케 하는 백낙승의 항복이었다.

"좋아, 200만 원 내놔."

"어이구, 집에 그런 돈을 두고 있는 사람이 어디 있소? 내일 사무실로 오십시오."

현금 200만 원이 집에 있을 리 없다는 건 거짓말이 아니다. 김두한으로서도 더는 어찌할 수 없었다. 결국 백낙승이 차용증을 썼다. 다음날 사무실로 갔다. 백낙승이 200만 원을 일시불로는 불가능하다고 했다.

"내 회사를 팔아야 그런 현금을 줄 수 있소. 무슨 수로 일시불로 200만 원을 내놓겠소?"

그 시절 200만 원은 2000년대라면 2000억이 넘는 돈이었다. 일시불이 어렵다는 것도 거짓이 아니었다. 그래서 줄다리기 끝에 결국 200만 원짜리 차용증을 10개로 나눠 썼다. 한 달에 20만 원씩 10개월로 나눠 내놓기로 타협했다.

백낙승이 그 중 한 장을 회수하고 금고에 준비해둔 20만 원을 내놓았다. 그런 흥정이 다 끝나 차용증 9매와 현금 20만 원을 건네주어 일이 마무리된 뒤 백낙승이 김두한 혼자 좀 남으라고 했다. 다들 나가자 백낙승이 말했다.

"나는 자네 선친 김좌진 장군을 잘 알고 있다네. 김좌진 장군이 일찍 돌아가셔서 깊은 교분은 맺지 못했지만, 그분이 국내로 잠입해 독립운동 자금을 모금할 때 나도 직접 만나 자금을 바친 일도 있었지. 우리 기업가 중 독립운동에 헌금하지 않은 사람은 거의 없네. 경찰 눈이 두려워 돈을 전하고 강도 신고를 한 이도 있어. 기업을 하자면 돈을 안 바칠 수 없어. 살아남고 기업을 키우자면 총독부에 협조해야지. 비행기 헌납도 했지만 그건 반 강제였고, 독립운동에 바친 헌금은 자진해서 낸 것이야. 우리 기업인도 조선 사람 아닌가? 우리도 독립을 원했어. 여운형에게 돈을 바친 것도 건국을 위한 헌금이었네. 여운형이를 독립운동하는 애국자로 알았지. 그가 공산당이라는 것을 우리가 어디 알았나?"

김두한은 충격을 받았다. 오동진 선생도 비행기를 헌납했지만 독립운동 자금은 더 많이 냈다는 데 생각이 미치면서 세상이 그리 단순하지 않다는 느낌을 받았다.

부자는 친일파가 아니라 어쩌면 자신보다 더 민족에 기여한 사람일지 모른다는 기분도 들었다. 김두한이 9장의 차용증서를 백낙승에게 돌려주었다.

"제가 아는 것이 없었습니다. 오늘 주신 돈은 가져가겠습니다."

그러곤 작별의 절을 꾸뻑하고 나왔다. 그 이후 김두한은 기업인에게 돈을 강요하지 않았다.

외국 대표단도 김구에 선거참여를 권고했다

1947년 5월, 임정의 광복군 총사령이던 이청천이 청년단체 통합을 내걸고 대동청년단 창단에 나섰다. 우파 청년단체들이 그의 통합운동에 휩쓸렸다. 우파 단체들이 이 때늦은 통합에 흔들린 데는 사연이 있었다.

그는 해방 후 귀국길을 찾지 못해 방황했다. 그런 이청천을 미국 활동을 끝내고 귀국하던 이승만이 비행기에 같이 태워 귀국길을 열어주었다. 그런데 이때 눈길을 끈 것은 이청천을 가운데 두고 이승만과 김구가 양 옆에 선 사진이었다. 몇몇 신문이 이청천의 환국에 초점을 맞춰 찍어서 지면에 실었다. 이 사진으로 이청천은 단번에 이승만과 김구 다음 서열쯤 되는 지도자로 인식되었다. 그는 청년단체들의 단일화라는 '대동(大同)'을 내걸면서 미군정, 이승만, 김구와 논의하여 다들 찬성했다고 선전했다.

이래서 우파 청년단체들이 이 통합운동에 대표단을 파견했다. 1947년 5월엔 이들 대표들이 회합해 "청년단체들의 연합이 아니라 발전적 해산을 통해 하나로 통합해야 한다"는 이청천 구상을 받아들였

남한만의 단독 정부 수립을 제의하기 위해 미국을 방문했던 이승만이 중국 난징에서 장제스와 회담 후 이청천을 대동하고 귀국했다. 왼쪽부터 김규식, 김구, 이청천, 이승만, 프란체스카. 1947. 4. 21

다. 그러나 창단을 위한 논의 과정에서 이청천의 지도력 부족이 드러
났다. 우선 그는 좌우 청년단체 모두를 받겠다고 했다. '생존적 충동
에 의한 민족적 단결'이 그 논리였다. 첨예한 좌우 대결이라는 당시의
정치 현실과는 자못 거리가 있었다. 청년단체들 안에서 회의론이 나
오기 시작했다.

　그의 청년단체 통합에 맨 먼저 의문을 제기한 것은 조선청년총동맹
의 유진산이었다. 그가 이청천을 찾아가 대동청년단의 방향과 구상을
물었다. 그런데 담론다운 담론도 없이 부딪치고 말았다. 충돌은 노선이
었다. 유진산이 말했다.

　"장군께서 중국에 계실 때 남경방송국을 통해 말씀하신 것 중 그
진의를 헤아리기 어려운 대목이 있습니다."

　"모르는 대목이라고? 그래 무엇을 모르는지 말해 봐."

"우리가 독립정부를 세우는 데 있어 극좌와 극우를 모두 배제해야 한다고 말씀하신 대목입니다. 그 참뜻을 설명해주시면 고맙겠습니다."

이 말에 이청천이 발끈했다.

"뭐라고! 이런 후레자식 같은 자를 봤나. 네가 그래 가지고도 청년 단체 단장이냐? 극좌와 극우도 모른다면 청년단 단장 자격이 없는 것이고, 알면서 묻는다면 나를 시험하자는 것이지?"

이청천은 60세, 유진산은 41세였다. 나이가 18년 차이니 말을 낮춘 것은 탓할 일이 아닐지라도, 후레자식이란 호통은 대단한 무례였다. 그러나 진산은 흥분하지 않았다.

"장군님 고정하십시오. 제 말씀을 오해하신 것 같습니다."

"오해는 무슨 놈의 오해야? 정말로 모르겠다면 내가 말해주지. 극 좌는 국제 공산주의자들이고, 극우는 군국주의 파쇼분자를 일컫는 거다."

"지금 남한에서는 극좌와 극우에 대한 규정이 좀 다릅니다. 극좌는 말할 것도 없이 소련을 종주국으로 떠받드는 박헌영 일파, 남로당을 가리킵니다. 그런데 좌익에선 우리 민족진영을 몽땅 극우라고 몰아붙이고 있습니다."

"그래서 어쨌다는 거야?"

"지금 남한에선 좌익의 선전에 의해 민족진영을 극우로 규정하는 말이 통념화되어 있습니다. 군국주의 파쇼는 제2차 세계대전 패전으로 정치세력으로선 사라졌습니다. 지금 남한에 군국주의나 파쇼주의 세력이나 정치단체는 없습니다. 사라져 경계할 의미가 없는 극우라는 말을 굳이 쓰게 되면, 그 말은 좌익이 쓰는 극우로 받아들여집니다.

장군까지 극우를 배제해야 한다고 말한다면 그런 극우는 어디에 있고, 우리들 청년단체는 어디에 해당하는 것입니까? 이승만 박사나 김구 주석도 모두 극우이신데, 그분들도 제척해야 옳은 것입니까?"

이청천은 곤혹스런 얼굴이 되어 한동안 말을 잃고 있었다. 그러다 한참 지나 빙그레 미소 지으며 이야기했다.

"내 말 뜻이 그렇게 풀이된다면 표현을 바꿔야겠군. 유 동지 미안하게 되었소."

이래서 둘은 충돌을 봉합하고 좋은 얼굴로 담론을 끝냈다.

유진산은 며칠 뒤 이승만을 찾아가 우파 청년단을 대동청년단에 통합하는 문제에 대해 의문되는 이런저런 사정을 얘기했다. 이 박사의 대답은 아주 간단했다.

"이청천은 애국자고 훌륭한 군인이지. 그렇지만 청년단을 하나로 통합해 이끌어갈 지도력은 의문이야. 시기적으로도 늦었고…."

대동단 합류에 의문을 갖기 시작한 것은 유진산의 청총만이 아니었다. 이승만의 전위대로 불리던 국청, 서북청 등 유력 단체의 지도부에서도 합동에 제동을 걸고 나섰다. 그러나 대동청년단은 이미 결성 준비위원회가 구성된 단계여서 방향 선회가 쉽지 않았다.

유진산은 통합이라는 내부의 대세를 가까스로 돌려 합동 결의를 백지화했다. 국민회 청년부도 대동청년단 창단대회가 열리던 당일, 이 대회에 참가하기 위해 모인 중앙과 지방의 5000명 단원들을 천도교 강당에 따로 모아 설득했다. 유화청 단장이 "우리들 국청은 국민회의 일부이므로 다른 청년단체와 다르다. 우리는 국민회와 함께 가야 한다"고 설득해 합동에서 가까스로 발을 뺐다.

서북청년회 역시 일부가 대동단으로 떨어져 나가는 진통을 겪었다. 친(親) 김구파로 불리던 선우기성 등 일부가 합류하고, 문봉제를 중심으로 하는 대부분이 남아 서청을 유지한 것이다.

두 광복군 사령(司令), 불화를 드러내다

대동청년단은 불참으로 돌아선 중앙과 달리 지방은 지부를 조직하겠다는 주문이 쇄도했다. 이래서 지방당부 결성대회에 이청천은 빠짐없이 참가했는데, 그의 명성 탓에 그를 보기 위해 사람들이 몰려들어 어느 곳이나 인파가 넘쳤다. 이청천은 득의만면이었다. 그래서였을까, 이청천이 대전지부 결성대회를 끝내고 유성온천에 투숙했다.

마침 국민회 일로 대전에 왔던 신익희가 이 여관에 먼저 와 있었다. 이청천과는 허물없는 동지고 친구였다. 국민회 조직부장 진헌식을 동반하고 있던 해공은 지청천이 왔다는 말을 듣고 진헌식과 함께 이청천이 있는 방을 방문했다. 그랬는데 이청천이 해공은 돌아보지도 않고 진헌식을 향해 "네 이놈, 여긴 왜 왔지?"라고 소리쳤다.

진헌식도 국청에 참여하려다 발길을 돌린 인물이다. 진헌식은 국민회 조직에 전념하기 위해 청년운동은 않기로 작정했다고 해명했다. 그러나 그의 해명은 들은 체도 안했다.

"네놈이 청년단을 망치더니 국민회까지 망치려고 돌아다니느냐?"

그러면서 이런 놈은 죽여야 한다면서 부하들에게 권총을 가져오라고 고래고래 소리를 질렀다. 해공이 "왜 이러나, 조용히 얘기하게!"라고 만류했지만 막무가내, 계속 소리를 지르자 화가 난 해공은 자기 방으로 가버렸다.

이청천은 진헌식에게 주먹질까지 했다. 진헌식이 국민회도 그만두고 원래 하던 학교로 돌아가겠다고 하자 "이놈이 또 신성한 교육기관까지 망치려 하는구나!"면서 길길이 뛰었다. 그는 부하들에게 필묵(筆墨)을 가져오게 해서 진헌식에게 국민회 조직부장 사표를 강요했다. 진헌식은 도리 없이 사표를 썼다. 국민회 조직부장 진헌식이 국민회와 아무 상관도 없는 대동청년단 단장에게 국민회 조직부장 사표를 제출하는 난센스를 치르고서야 이청천은 닦달을 끝냈다.

진헌식, 충남 연기 출생. 양정고등보통학교를 거쳐 1929년 일본 주오대학(中央大學) 법학부를 졸업하였다. 1929년 보성전문학교 강사, 1933년부터는 양정고등보통학교 강사를 지내는 등 교육계에 종사하다 광복 후 신익희의 행정연구반에 스카우트되고, 이승만의 독청 중앙본부에서 활동했다. 1948년 제헌의회 선거엔 대한독립촉성국민회 소속으로 연기에서 입후보해 당선했다. 1951년 충청남도지사, 1952년 충남대학학장, 내무부장관에 기용된 인물이었다.

진헌식이 대동청년단 준비위원회에 참가하던 무렵 그는 특정 청년단의 책임자도 아니었고, 개인 자격으로 참여하려다 혼자 마음을 바꾸었다. 그러니 이청천의 분노는 엉뚱하다. 그래서 사람들은 신익희에 대한 질투이자, 화풀이라고들 수군댔다.

부여군당 결성대회에 참석하던 때의 일이다. 부여에 들어섰는데도 다른 곳과 달리 환영 인파가 없었다. 마중나온 사람이란 대동청년단 부여지부 준비위원 몇 사람뿐이었다. 환영 인파는 없는데 왼편 언덕에서 고함소리가 들렸다. 쳐다보니 민족청년단 복장을 한 50여 명 청년

이청천.

들이 어깨동무를 하고 '어잇차!'를 연발하며 빙빙 돌고 있는 것이 아닌가. 이청천은 이범석의 족청이 데모로 자신을 맞이한다고 여겨 화가 치밀었다.

이청천은 대동청년단 준비위원회 대표에게 당장 달려가 민족청년단 책임자를 불러오라고 호통쳤다. 대동청년단에선 대표 한 사람이 가지 않고 모두 함께 언덕으로 올라가 이청천의 호출을 전했다. 민족청년단에선 사태가 심상치 않다고 느꼈다. 그렇다고 싸울 형편도 아니어서 서둘러 경찰서장에게 연락하여 "오해가 있는 것 같다. 당신이 나와 충돌을 막아주어야겠다"고 부탁했다.

서장이 헐레벌떡 달려왔다. 서장이 족청의 일상적인 수련일 뿐 대동청년단이나 장군과는 아무런 관계가 없다는 설명을 하고 이렇게 덧붙였다.

"무슨 오해를 했는지 모르지만 장군께서 호출한 것은 자칫 두 청년단의 싸움을 붙이는 일이 됩니다. 그러시면 안 되는 것 아닙니까?"

경찰서장의 해명이 있고 얼마 지나 족청 부여지부 위원장과 부위원장이 이청천에게로 왔다. 그들에게 "내가 자네들을 오해했었다"고 말한 뒤 격려하는 게 장군다운 처신이었다. 그런데 이청천은 그렇게 하지 않았다. 그는 둘을 앞에 세우고 훈시하듯 "민족청년단을 하는 너희들이 대한의 청년이냐!"고 버럭 소리를 질렀다.

그러더니 "민족청년단은 외국 원조를 받아 하는 청년단이다. 대동청년단은 우리 자신의 힘으로 해나가는 단체이므로 썩어빠진 청년이면 모르되, 올바른 정신을 가진 청년이라면 민족청년단 같은 것을 하면 안 된다"는 요지의 이야기를 늘어놓았다.

위원장은 고개를 숙이고 "예, 예"하며 이청천의 말을 다소곳이 받아들였다. 그러나 부위원장이라는 청년이 고개를 빳빳이 들고 이청천을 뚫어지게 쳐다보며 이야기가 끝나기를 기다렸다가 이렇게 항변했다.

"국내에 있던 우리들 청년들은 해방을 맞아 청년 지도자로 광복군의 이청천, 이범석 두 분을 생각해왔습니다. 먼저 귀국한 이범석 장군이 민족청년단을 조직하면서 민족청년단에 참여하는 것이 자주 독립국가 건설에 이바지하는 길이라고 말씀하셨습니다. 그래서 참가했습니다. 우리가 받는 수련 내용도 국가 건설에 필요한 지식이라고 생각합니다. 그런데 지금 이청천 장군께서 그 길은 안 되고 대동청년단만이 올바른 길이라고 하시니, 어느 길을 가야 할지 방황해야 할 우리 청년들만 불쌍한 생각이 듭니다. 우리 청년들에게 무슨 죄가 있습니까?"

이청천은 이 항변에 대답할 말을 찾지 못했다.

임시정부는 소문과 너무 달랐다. 우선 10만 광복군이라는 소문이 있었는데 10만은커녕 1000명도 아니고 500명쯤이라고 했다. 하지만 그나마 형체를 보지 못했다는 어느 논평이 임정의 모습을 표상했다. 국제적 승인도 없었고, 귀국마저 개인 자격이라는 서약서를 써내고 들어왔다.

국토는 쪼개지고 남한 좌파는 조선인민공화국을 세웠다. 북에서도 인민위원회가 구성되었다. 그런 상황에서 귀국한 임정이었다. 임정이하나로 단합해도 임정의 권능을 행사하기가 쉽지 않은 정세였다. 그런

이시영.

데 임정은 준비가 없는 것을 넘어 뿔뿔이 흩어졌다. 광복군의 수뇌인 이청천과 이범석 두 사람의 질시와 반목이 임정 요인의 모습이었다.

건국 전장(戰場)에 임정은 없었다. 김구는 행정권 접수에만 집착했고, 이범석과 이청천 둘 다 청년운동을 한다면서도 건국전쟁에선 제3자의 자리에서 대기(待期)했다. 한마디로 해방 3년의 건국전쟁에서 임정이 한 일은 없었다.

대한민국에서도 신익희가 기억에 남을 일을 한 유일한 사람이었다. 이승만이 이시영과 이범석, 이청천 등 3명을 정부에 기용했지만 일한 것에 대한 기록은 없다. 이범석은 초대 총리에 국방장관을 겸했다. 그렇지만 국방에서 가장 시급한 무기 확보와, 대한민국에 충성할 군(軍) 양성에서 그가 힘을 기울였다는 기록이나 실적이 없다. 이승만은 주미(駐美)대사 장면이 무기원조 교섭에 실적이 없자 조병옥을 특사로 보내면서 한탄했다.

"북이 전면전을 일으키면 우리 군은 사흘 버틸 탄약밖에 없다."

그런데 이범석 국방은 이런 형편이나 알고 있었는지조차 모르겠다는 소리를 들었다. 그게 임정 요인들의 능력의 한계였다고 해야 할까?

18장

이승만과 김구

총선거에 찬성했다가 반대로 돌아선 김구

임정의 김구와 김규식은 유엔이 결의한 한국의 독립을 위한 총선거를 '남한 단독선거'라는 이유로 반대했다. 1920년 상해에서 열린 민족대표자대회에서 공산당 계열이 임시정부 해산을 결의하고 새로운 임시정부를 세울 때, 김규식은 이르크츠크파 공산당에 입당해 새 임시정부 수반이 되었다. 그는 시베리아 블라디보스토크로 갔다가 레닌의 거부로 추방당하자 상해로 다시 돌아와 임정에 복귀한 전력이 있었다. 그러니 총선거 거부는 '김규식다운 길'이었다.

그렇지만 김구는 단정(單政)을 지지하다 돌아섰기 때문에 해석들이 분분했다. 당시에는 김일성이 한 시절 공산당원이기도 했던 김규식을 회유하느라 남파한 성시백이 김구에게도 접근했다는 것과 관련짓기도 했다. 그러나 시간이 지나면서 "정부를 세워봐야 공산군에 무너진다"고 판단한 김구의 발언이 소수의 사람들에게 알려졌다. 그 과정을 살펴본다.

1947년 12월 3일, 김구는 담화를 통해 단독 선거를 지지했다.

"…불행히 소련의 방해로 인하여 북한의 선거만은 실시하지 못할지라도, 추후 하시(何時)에든지 그 방해가 제거되는 대로 북한이 참가할 수 있게 하는 것을 조건으로 하고, 의연히 총선거의 방식으로서 정부를 수립하여야 한다. 남한의 단독정부와 같이 보일 것이나, 좀 더 명백히 규정한다면 그것도 법리상으로나 국제관계상으로 보아 통일정부일 것이요, 단독정부는 아닐 것이다. 이승만 박사가 주장하는 정부는 상술한 제일의 경우에 치중할 뿐이지 결국 내가 주장하는 정부와 같은 것인데, 타인(他人)이 그것을 오해하고 단독정부라 하는 것은 유감이다."

그랬었는데 1948년 1월 24일에 소련군정이 유엔한국위원단의 북한 입국을 거부한다고 통보하고, 유엔은 선거가 가능한 지역에서 선거를 실시키로 결정했다. 그 얼마 뒤 김구는 "유엔총회가 일개 소련의 태도를 시정치 못하고 남한 단독선거를 실시키로 한 것은 민주주의 파산을 선포한 것이다. 나는 한국을 분할하는 남한 단선도, 북한 인민공화국도 반대한다"고 성명했다. 그리고 그해 2월 16일, 김규식과 함께 '남북 요인회담'을 제안하는 서한을 북조선인민위원회 위원장 김일성과 부위원장 김두봉에게 보냈다.

김일성은 이 제안을 묵살했다. 그러다 스티코프의 지시를 받은 김일성이 3월 하순 "남북 정당 사회단체 대회를 4월에 평양에서 개최한다"고 발표했다. 그리고 평양방송을 통해 김구의 한독당, 김규식의 국민당을 이 대회에 초청했다.

이승만은 남북 정당 사회단체 대회는 한반도 공산화의 책략일 뿐이라면서 소련의 책략에 말려들지 말 것을 김구에게 권고했다. 우파 정당과 청년단체, 그리고 사회단체들도 평양대회는 북한이 짜놓은 각본대로 진행될 대회에 들러리 서는 것이라는 의견을 냈다. 그러나 김구는 이런 우려를 일축하고 북행을 결정했다.

 김구가 평양으로 출발하던 날, 국민회청년단과 서북청년단, 청년조선총연맹, 전국학생연맹 등 우파 청년회 대표단이 경교장을 막아섰다. 평양에 가려거든 우리를 자동차로 깔아뭉개고 가라고 했다. 김구는 이들을 돌파하지 못해 고심하다 경교장 주인 가족이 본채를 잠시 빌려주고 옮겨가 있는 한옥 별채의 문으로 빠져나가 북행길에 올랐다.

 김구는 임진강을 배로 건넜다. 그러나 출발이 늦었기 때문에 김일성이 보낸 승용차는 김구가 오지 않는 것으로 판단해 돌아가 버렸다. 김구 일행은 북한 보안부대의 심문을 거쳐 다음날 김일성이 보낸 승용차 편으로 평양에 도착하여 대동문 맞은편 상수리의 어느 별장으로 안내되었다. 얼마 지나 김두봉이 왔다. 김구는 김두봉의 안내로 김일성의 집무실인 인민위원회 본부로 갔다. 김일성이 문 밖에 나와 맞이했다.

 김두봉이 '인민위원장 김일성 장군'이라고 소개했다. 김일성은 악수하면서 "항일운동의 대선배를 뵙게 되어 반갑습니다"고 인사했다. 김구 역시 "김 장군도 만주에서 항일운동을 했다는 것을 듣고 있습니다"고 답례했다.

 1948년 4월 19일, 김구가 평양에 도착했을 때 남북 정당 사회단체 대회가 모란봉극장에서 진행되고 있었다. 김구가 참석키로 한 21일 회의는 남한 대표 151명을 포함한 696명이 참가하는 대회였다. 김규식은 병을 핑계로 회의에 나가지 않아 김구 혼자 회의장에 나갔다. 김두봉과 나란히 앞줄에 자리를 배정해주었다. 뒷자리엔 인민군 장성들이 앉아 있었다. 최용건은 소련 군복을 입고 있었다.

 회의장은 김일성의 혁명 업적을 찬양하는 연설만 이어졌다. 김일성도 연설에서 김구의 참가에 대해 단 한 마디도 하지 않았다. 남북 협상에 대한 언급도 없었다. 김구는 남쪽의 단독선거와 단독정부를 반대한다는 연설을 했지만, 박수나 호응이 미미해 곧바로 퇴장하고 말았다.

대회는 마지막 날인 4월 30일 회의에서 남북의 56개 정당 사회단체가 서명한 「남북조선 정당 사회단체 공동성명서」를 발표했다. 외국 군대가 철수한 뒤 전(全)조선 정치회의를 열어 민주정부를 수립할 절차를 밟아야 한다는 것과, 남한의 5월 10일 선거에 의해 수립될 정부는 인정하지 않을 것이라는 내용이었다.

북한 당국은 메이데이인 5월 1일, 평양역전에서 열린 인민군 사열식에 김구와 김규식도 관람하게 했다. 김구는 김일성, 김두봉과 함께 시청 청사 베란다로 나가 행진을 지켜봤다.

당시 소련제 무기로 무장한 북한군은 남조선의 국방경비대를 압도하는 무력을 선보였다. 잇달아 노동자 행진이 이어졌다. 노동자들은 김일성에게 경의를 표했다. "스탈린 대원수 만세! 김일성 장군 만세!"를 연호하는 노동자들에게 김일성이 손을 흔들어 답했다. 그런데 이들 노동자 대열에서는 '이승만, 김구 타도'라는 구호도 외쳤다.

레베데프 장군의 비망록에는 평양에서 열린 남북 정당 대표자대회가 소련군 극동사령부 정치위원이자 북한 문제에 전권을 담당했던 스티코프 대장의 지시로 열렸다고 기록되어 있다. 스티코프는 이 대회를 지시하면서 ▲남한의 총선 분쇄 ▲유엔 한국임시위원회의 추방 ▲소련군과 미군 철수 ▲임시정부 수립을 위한 남북 총선거는 외국군 철수 후 실시 등 한반도의 소비에트화를 위한 네 가지 지침을 관철토록 김일성에게 지시한 것으로 기록되어 있다.

남북 협상을 위해 평양에 갔다가 '을밀대'에 들른 김구와 김규식 일행(오른쪽에서 두 번째가 김구, 세 번째가 김규식이다). 1948. 4.

　비망록에는 북조선 인민위원장 김일성과 북조선 노동당 위원장 김두봉이 한국독립당 당수 김구와 민족자주연맹 대표 김규식과 만난 이른바 '4김(金) 회담'에서 김일성이 김구와 김규식에게 헌법은 채택하지만 당분간 내각은 구성하지 않으며, 김구와 김규식 두 선생에게 직위를 부여하고 통일정부를 세울 계획임을 설명하는 등 두 정치 지도자를 회유한 것으로 기록되어 있다.

대회가 끝나고 메이데이 행사도 끝난 후인 5월 3일, 김구는 김일성과 회담했다. 이 회담에서 김구가 "만일 미군정이 나를 강하게 압박하면 북한에서 나에게 피난처를 제공할 수 있을 것이라고 기대해도 좋은가?"라고 묻자, 김일성이 "긍정적으로 대답했다"고 기록돼 있다(이 비망록은 소련 체제 붕괴 후 입수되어 대구 매일신문이 1995년 1월 보도했다).

비망록 중 김구의 평양 도착 전후 기록 일부를 옮겨본다.

[◁4월 8일: 김일성, 김두봉 등이 회의(7일 저녁). 우리는 헌법은 채택하지만 내각은 구성하지 않을 것이다. 헌법을 채택한 후 김구와 김규식에게 직위를 주어 범민족정부를 구성할 계획이다.

◁4월 14일: 스티코프 지시. 남조선 정당대표들의 신문에 공개 또는 비공개 여부는 대상자와 상의, 신중히 결정하고 나의 재가를 받을 것.

◁4월 21일: 김일성과 김구의 회담. "만일 당신이 회의에 참가하지 않는다면 여기에 온 목적이 무엇인가?"(김일성) "나는 정치범 석방, 38선 철폐 등의 문제를 해결하려고 왔다."(김구)

◁4월 22일: 회의에 참석한 대의원 그룹이 흥남화학공장을 방문하고 싶어 한다. 남한의 미국인들은 이 공장이 망해 공장이 가동되지 않고 있다는 소문을 퍼뜨리고 있다고 한다. 그 사정을 알 수 있도록 김두봉이 김구, 김규식 등을 데리고 공장을 방문하려 한다. 그들 방문을 허락해야 하는가?

김구는 5분 동안 연설을 통해 "우리는 단결해야 한다. 어떤 내용과 목적으로 어떻게 단결할 것인지를 결정해야 한다. 당신 나라는 대체로 좋은데 경찰이 무례하다. 청년들도 마찬가지다. 지령을 잘못 받은 것 같다"고 말했다.

◁4월 23일: 김일성의 보고에 의하면 김구와 김규식 두 영감은 38 선에서 경찰이 불손하게 대한 것에 대해 격분했다. 그들은 많은 사람들 앞에서 김구에게 "반동분자를 옹호한다"며 욕설을 퍼부었고, 김규식의 가방을 샅샅이 뒤졌다 한다.

◁4월 24일: 스티코프와 통화. "남한 대표들이 보고 싶어 하는 것, 모두 보여줘라. 원한다면 군대도 보여줘라."

◁4월 25일: 만찬에서. "나는 항상 조선 문제는 조선사람 스스로 해결해야 한다고 주장해왔다. 이번 회의에 실망했다. 이 만찬회에 참석하는 것이 양심에 거리낀다."(김규식)

"여기에 올 때 내가 가장 나이 먹은 영감이라 생각했는데 와보니 82 세 노인도 있더라."(김구, 그는 더 이상 말하지 않았다)

스티코프에게 평양을 공화국 임시수도로 한다는 헌법 조항을 그대로 둘 것인가 문의했더니 그 조항을 아예 없애버리라고 지시하다.

◁4월 29일: 김구와 김규식은 그들이 인민회의에 참석할 경우 북조선 단독정부 수립에 참여했다는 비난이 두려워 불참을 결정한 것으로 보인다(註: 북한은 4월 28일 북조선인민회의 특별회의를 열어 북조선 민주주의 헌법을 통과시켰다).

◁5월 3일: 김구와 김일성이 1시간 30분 동안 회담. 회담 분위기는 좋았다. ①한독당 당원 석방문제에 대해― "감옥에 있는 우리 당원들을 석방시켜라."(김구) "한독당 당원이어서 체포한 것이 아니라 그들은

테러분자들이다."(김일성) "테러분자들이라면 석방시키지 말라."(김구)
②조만식에 대해- "조만식은 식사 등이 형편없어 많은 고생을 하고 있
다고 한다. 조만식이 나와 함께 남한으로 갈 수 있는 선물을 달라. 나
는 늙은이다. 나를 아껴야 한다. 남한의 공산당원들에게 원칙적인 문
제를 해결해야지 지엽적인 문제에 매달려서는 안 된다고 미리 전해라.
원칙적인 문제라면 그들과 대화할 수 있다."(김구) ③남한 송전(送電)
문제에 대해- "당신들이 단전하려 한다는 기사를 읽었다. 전기료가
북한보다 비싸다. 우리는 지금까지 전기료를 제때에 지불하고 있다고
생각한다. 미국 사람들은 돈을 어디에 쓰고 있는지 모르겠다. 당신들
에게 전기료를 지불하지 않고 있다고 자주 방송을 해라. 그러면 우리
도 주장할 근거가 생긴다."(김구) ④자신의 장래 활동에 대해- "만일
미국인들이 나를 탄압한다면 북한에서 나에게 정치적 피난처를 제공
할 수 있는가?"(김구) 김일성이 긍정적으로 대답.

◁5월 4일: 김구의 기자회견. 남한에는 해결해야 할 문제가 산적
해 있다. 북한에는 건설기반이 조성되고 있으나 남한은 그렇지 못하
다. ①건국에 대해- 민족 자주 독립에 기초한 진정한 민주국가를 세
워 국민의 이익을 옹호해야 한다. 기자 질문, "남한에 미국인들이 깊
이 간섭하는가?" 답, "내정에서는 깊이 간섭하고 있으며 이 때문에
국민들이 불만을 자아내고 있다." 질문, "서울방송에 의하면 남조선
에서는 총선을 위한 자유 분위기가 조성되어 있다고 하는데?" 답,
"그렇지 않다." ②출발 직전 김구가 주영하에게 반말로 "내가 무엇을
원하고 있다고 생각하는가? 나는 어떤 권력도 지위도 싫다고 했다"
고 말했다.

◁5월 8일: 스티코프 지시. "UP통신에 김구가 자신의 당원들에게 총선을 방해하지 말라고 지시했다는 보도가 있다. 확인해 보고하라."

◁5월 11일: 스티코프에게. "김구가 자신의 당원들에게 선거를 방해하지 말라는 지시를 했다는 보도는 사실과 다르다."]

레베데프 비망록에서 나타나 있듯이 김구와 김규식은 통일을 위한 모색도 노력도 하지 않았다. 하긴 대회 자체가 그런 모색을 할 수 있는 모임이 애초부터 아니었다. 둘이 평양에 체류할 무렵 북은 헌법을 확정, 인민공화국 수립을 확인했다. 하지만 여기에 대해서도 언급하지 않았다. 김구는 김일성과의 회담에서도 통일정부는 언급조차 안했다. 하긴 그런 문제를 논의할 여지가 없다는 사실을 가기 이전에 이미 알고 있었던 게 아닐까?

김구는 혁명가이지 정치가가 아니다?

북한에서는 어느 것 하나 조선인이 스스로 결정하는 일은 없었다. 스탈린의 지시에 따라 북한 정권 수립을 평양에서 지휘한 니콜라이 레베데프 소장은 메모에서 "스티코프의 승인이나 참여 없이 북조선에서 이뤄진 조치란 하나도 없었다"고 기록했다.

8·15 직후 북한 주둔 소련군 사령관의 통역을 하다, 38선을 넘어 그를 찾아온 아내를 따라 남하해 미·소공위 때 하지의 통역을 맡기도 했던 고정훈은 이렇게 말했다.

"미·소공위 통역을 맡았기 때문에 가까이서 양측 태도를 관찰할 수

1948년 5월 10일 실시된 총선거, 서울 종로 을구 투표소에 맨 먼저 나와 투표하는 이승만.

우리나라 역사상 첫 주권 행사였던 총선거 투표소에는 아이를 업은 여인을 비롯, 서민들이 줄을 이었다.

있었다. 두말 할 나위 없이 미·소공동위원회란 처음부터 되지도 않는 일을 되는 것처럼 꾸민 미·소 양 대국의 연극이었다. 소련은 평양에서부터 베를린에 이르는 광대한 점령지역을 스탈린주의라고 하는 획일주의 궤도를 선회하는 위성국으로 만들기 위해 전력을 기울이고 있었고, 이러한 세계화 정책을 수행함에 있어서 한 치도 양보하지 않을 속셈이었다.

점령지역에 대한 스탈린의 식민정책은 크렘린에 의해서 일사불란하게 통제되고 있었다. 내가 북한 소련군 정치사령부에 근무하면서 직접 겪은 일이지만, 크렘린 당국은 이승만과 김구를 매도하는 구호에 이르기까지 그야말로 하나에서 열까지 철두철미하게 지시하고 감독하고 있었다. 북한 공산당과 그 산하 단체들이 길거리에 내다붙이는 구호는 한 자도 **빼놓지** 않고 크렘린이 직접 지시한 것들이었다.

심지어 이승만과 김구의 어느 분 이름을 먼저 써야 하는가, 민족반역자와 매국노, 미 제국주의 주구(走狗) 등의 순서를 어떻게 하느냐에 이르기까지 치밀하게 통제하고 있었다. 실제로 경험해보지 않고는 도저히 이해할 수 없는 그런 것이었다. 스탈린주의를 바늘도 들어갈 틈이 없는 하나의 거대한 암석과 같은 것이라고 말했지만, 그래도 그렇게 지독한 줄은 몰랐다."

그런데도 서울에 돌아온 김구는 아무것도 한 일이 없는 평양 방문을 성공적이었다고 둘러댔다. 그러면서 북한은 단독정부를 세우지 않을 것이며 전기와 저수지 물도 끊지 않을 것을 약속했다면서, 민족끼리는 무슨 문제든 협조할 수 있다는 것을 체험으로 증명했다고 말했다. 그랬지만 5월 10일, 남한의 총선거가 성공적으로 끝나자 북한은

유엔 한국위원단은 1948년 1월 12일 오후 5시 덕수궁에서 첫 회의를 열었다. '통일 독립국가 건설의 서곡'이란 제목의 신문기사. 1948. 1. 13.

그날로 전기와 물을 모두 끊었다.

인도 대표 메논을 비롯한 유엔한국위원단의 대표들이 김구와 김규식에게 5월 10일의 선거에 참여할 것을 권고했다. 그러나 김구는 이 권고를 받아들이지 않았다.

제헌국회가 구성된 뒤인 1948년 7월 11일, 유엔한국위원회의 중국 대표인 리우유완(劉馭萬) 공사가 김구를 방문하여 1시간 넘게 대화했다. 리우 공사는 김구에게 중국 외무장관 등 한국 임시정부를 도왔던 중국 정부 각료들이 김구와 김규식이 곧 수립될 남한 정권을 수호하는 데 협조할 것을 진심으로 원한다는 말을 전하면서, 그도 그러기를 권고한다. 이 대화에서 핵심이 되는 대화록을 옮겨본다.

["만약 선생께서 공산주의를 신봉하고 가담하실 생각이라면, 그렇

다고 말씀하십시오. 그러면 우리는 정치적 적수(敵手)로서 서로 헤어지고 다시는 만나지 않으면 됩니다."(리우)

"나도 알고 있는 일입니다. 북한 공산주의자들은 나를 자신들의 협력자로 간주합니다."(김구)]

그리고 바로 이어지는 대화에서 김구가 대한민국에 참여하지 않는 진짜 이유를 헤아릴 수 있는 말이 나온다.

["귀하는 중국이 한국을 승인하는 첫 번째 나라가 될 것이라 생각합니까?"(김구)

"나는 자신 있게 말할 입장이 되지 못합니다. 그러나 중국, 미국, 영국이 최대한 빠른 시일 내에 그렇게 할 것이라는 점을 믿어 의심치 않습니다."(리우)

"미국이 지금 입장을 물릴 수 없다고 생각합니까?"(김구)

"불가능합니다. 왜냐하면 미국인들이 한국의 독립을 확고하게 지지하니까요."(리우)

"내가 평양에서 열린 남북지도자 회의에 참석한 한 가지 동기는 북한에서 실제로 일어나고 있는 일들을 알아보려는 것이었습니다. 공산주의자들이 앞으로 북한군의 확장을 3년간 중단한다고 하더라도 그 사이 남한에서 무슨 노력을 하더라도 공산군의 현재 수준에 맞서는 군대를 건설하기란 불가능합니다. 러시아 사람들은 비난을 받지 않고 아주 손쉽게 북한군을 남진하는 데 써먹을 것이고, 단시간에 여기서 정부가 수립될 것이며, 인민공화국이 선포될 것입니다."(김구)]

1948년 5월 31일 오후 중앙청 의사당에서 열린 국회 개원식 광경. 당선 의원 198명(정원 200명)이 참석했다.

김구는 리우 공사에게 남한 정부가 서더라도 얼마 못가 소련의 지원을 받는 절대적으로 우세한 북의 공산군에 무너질 것이라는 견해를 이야기하고 있다. 미군이 철수하고 나면 대한민국은 무너질 것이라는 얘기다. 리우 공사는 김구와 면담한 이 내용을 영문으로 작성해 당시 국회의장이던 이승만에게 전달했다. 그리고 이후 김구와 단절했다.

이승만이 대통령에 선출된 뒤 국민회 출신 국회의원들이 김구를 부통령으로 선출하도록 건의하자 이 대통령은 즉석에서 "안 돼!"라면서 "그는 떠난 사람이다"고 단정했다. 리우 공사가 보내준 김구와의 대화록을 본 이승만 역시 리우와 마찬가지로 김구와 단절한 것을 말해준다.

서청에서 투쟁을 이끌고 6·25전쟁 때는 자진해 11명의 특공대를 이끌고 서울에 잠입하는 등 나라와 자신의 신념에 온 몸을 던졌던 孫瑱(손진), 그는 2010년 무렵에 쓴 건국과 서청에 관한 저서에서 김구의 북행을 막기 위해 일반 시민들까지도 경교장 앞에 연좌해 눈물로 호소했다는 것을 상기시키며 이렇게 말했다.

"당시 서청은 '김구는 혁명가이지 정치가는 아니다'라는 평가를 하고 있었다. 그래서 서청은 김일성에게 이용만 당한 남북협상의 상처를 들먹이지 않았다. 그런데 65년이 지난 지금, 남북협상의 여진(餘塵)이 남아 있는 것이 문제다. 일부 세력이 평양에 갔다 온 사람들만 애국자라고 주장하고 있기 때문이다. 그러나 역사는 사필귀정(事必歸正)의 궤도를 달려왔다. 국제사회는 제2차 세계대전 후 가장 훌륭한 지도자로 한국의 이승만, 독일의 아데나워, 일본의 요시다(吉田)를 꼽고 있기 때문이다."

"다 죽을 각오가 되어 있나?"

이승만은 임시정부 초대 주석, 김구는 해방되던 무렵의 주석이다. 해방되던 때 일반 시민들은 김구보다 이승만을 더 많이 따르고 존중했다. '미국의 소리(VOA)' 방송을 통한 이승만의 항일 메시지를 단파방송으로 들었던 유지들이 귓엣말로 전하는 이승만의 전쟁이 '소문의 바람'을 타고 전국에 전해진 결과로 풀이된다. 그래도 해방 정국의 정당과 단체들의 다수는 개인 이승만보다 김구의 임정 주석이라는 자리에 비중을 두었다.

환국한 이승만은 집이 없어 한동안 떠돌았다. 처음 조선호텔을 숙소로 했다. 그 숙식비도 미군이 부담하고 있었다. 그래서 장덕수가 張震燮(장진섭)에게 얘기해 집을 얻어주었다. 그게 돈암장이다. 그런데

미군정사령관 하지 중장(왼쪽)은 대한민국 임정을 완고하게 부인하고 좌우합작 정부를 고집하여, 이를 반대하는 이승만과 잦은 마찰을 빚었다. 1946. 11.

하지가 이승만의 반소(反蘇) 등 노선에 제동을 걸기 위해 이승만을 사실상 연금하고, 외부인의 돈암장 출입도 봉쇄했다. 이때 장진섭이 집을 비워달라고 해 이승만은 미군의 배려로 마포장으로 이사했다.

그런데 이 마포장은 일본식 집, 낡은 데다 온돌도 없어 마포의 강바람이 집안을 얼어붙게 하는 바람에 고생이 여간 아니었다. 이래서 보다 못한 유지들이 돈을 모아 집을 사서 이승만에게 헌납했다. 그게 이화장(梨花莊)이다.

김구가 들어간 죽첨장은 평양 출신 광산 갑부 최창학이 빌려준 집이다. 총독부 건물 말고는 한국인의 규모 큰 집이 드물던 시절, 죽첨장은 국내 제1의 저택이었다. 임정 특파사무국이 이 저택을 임정 사무실로 빌려달라고 했다. 임정이 행정을 인수할 때까지 3개월, 길어도 6개월이면 된다고 그들은 말했다. 그래서 주인은 한옥인 별채만을 쓰고 양옥인 본채를 빌려주었다. 그런데 김구는 이 집을 접수해버렸다. 죽첨장이라는 이름을 경교장으로 바꾸면서도 집주인의 양해조차 구하지 않았다.

최창학은 해방이 되자 정치헌금 요구가 있을 것을 알고 1000만 원이라는 그때로선 엄청난 거금을 친구한테 맡겼다. "정치헌금을 요구받으면 나는 그 사람이나 단체의 비중을 잘 모른다. 그러니 당신이 헌금해야 할 곳에 헌금해 내게 찾아오는 일이 없게 해달라"고 부탁했다. 임정에 헌금도 했다.

최창학은 임정이 사실상 해체된 상태가 되었을 때도 집을 비워달라는 말을 못해 안달했다고 한다. 그러다 김구 별세 후 가족들에게 집은 임시정부 사무실로 잠시 빌려주었던 것이라며 비워달라고 해 회수해 갔다.

집을 돌려주지 않고 계속 눌러 있은 것은 많은 식구 때문이었을지도 모르겠다. 식구란 경호원이다. 김구가 귀국해 죽첨장에 들었을 때 무장한 광복청년회 120명이 경호를 담당했다. 조병옥 경무부장은 이들에게 특경(特警) 자격을 주어 무장을 할 수 있게 했고, 이들은 국가원수에 해당하는 경호를 하느라 가리지 않고 모든 방문객을 검색해 말썽을 빚기도 했다.

이승만은 경호원이 없었다. 조선호텔에 들었을 당시 그의 경호는 미군 사령관 숙소를 담당한 미군 헌병부대가 맡기도 했다.

1946년 9월 12일, 돈암장을 출발한 이승만의 승용차가 창덕궁 앞길에서 저격을 당했다. 범인은 현장에서 검거되었다. 평남 강진군 출신 김광명(24세)과 김영수로, 북한에서 이승만 암살 밀명을 띠고 남하한 것으로 밝혀졌다.

이 사건이 도리어 이승만에게는 천우신조(天佑神助)의 사건이 된다. 그로부터 두 달 지난 11월 심야, 돈암장이 무장부대의 습격을 받았다. 20명의 독청 소속 경호원이 필사적으로 막으며 본부에 알렸다. 경찰과 본부 응원부대 출동으로 암살단은 도주했지만, 경호대원 玄承得(현승득)이 총탄에 맞아 숨졌다. 천우신조란 경복궁 피격사건 후 독립 청년단이 돈암장 경호에 나서 20명은 언제나 돈암장을 지키도록 조치했고, 이들의 경호 덕에 무장 암살단으로부터 보호받을 수 있었기에 하는 말이다.

자금에서도 이승만은 김구에 미치지 못했다. 해방이 되자 중국 총통 장제스(蔣介石)는 임정을 대표하는 김구에게 건국 자금에 보태라면서 중국돈 1억 위안과 미화 20만 달러를 주었다. 임시정부가 환국하자 한민당은 후원회가 모금한 900만 원도 전달했다. 자금에선 스칼라피노가 저서에서 '황금줄이 달린 돈방석에 앉아서 자금을 물 쓰듯 했다는 조선공산당' 다음쯤 될 돈을 김구가 지니고 있었다. 그에 비하면 이승만은 '빈손'이었다.

이승만과 김구는 노선에서도 거리를 보였다. 김구는 임시정부가 미군으로부터 행정권을 넘겨받아, 독립정부를 세우는 일을 주관하는 진짜 임시정부 권능 행사를 집요하게 추구했다. 이승만은 스스로 임정의 멤버라면서도 임정의 행정권 인수는 비현실적이라고 했다. 신탁통치 반대운동에서 이 차이가 크게 벌어졌다.

김구는 신탁통치를 반대하는 비상국민총동원대회를 발전시켜 국민총동원위원회를 조직했다. 이승만의 독립촉성중앙협의회를 떠나 별도의 조직을 만든 것으로, 우익 진영이 둘로 갈리는 사태였다. 원로들이 이래선 공산당의 찬탁 노선에 맞설 힘을 약화시키는 것이라며 통합에 나섰다. 이래서 탄생한 것이 독촉과 국민총동원위원회를 하나로 하는 독립촉성국민회다.

1946년 2월 8일, 독촉국민회가 탄생했다. 좌파의 정당 연합체인 '민주주의민족전선'에 대응하는 우파의 '민전'이라고 할 조직체였다. 우파 원로들이 이승만과 김구의 합동을 주선한 단체였다. 그래서 총재 이승만, 부총재 김구로 출범했으나 둘 모두 자리를 사양했다. 이 때문에 한동안 오세창, 함태영, 방일영 등 회장단이 국민회를 대표했다. 둘이 총재를 승낙한 것은 그해 5월 12일의 독립 전취(戰取) 국민대회에서였다. 이 자리에 나온 이승만이 연설을 시작했다.

"내가 두 차례 남한 각지를 두루 돌아다니면서 동포들이 왜정 40년 간에 고생살이 하던 설움을 위로하고 해방된 기쁜 말이라도 같이 하게 되었다"로 시작된 연설의 말미에서 이승만이 이렇게 말했다.

"여러분이 독립을 속히 해보겠다고 신탁을 반대하고 이 국민회를 만들어서 나를 총재로 취임해 달라 하니, 나는 이름만 갖는 총재는 수락치 않겠소(회의장 곳곳에서 '그렇지 않습니다. 총재 명령에 절대 복종하겠습니다'라는 함성들). 여러분이 내 지휘를 받아서 '죽자' 하면 다 같이 한자리에 들어가서 같이 죽을 각오가 있나?(장내가 열광적 박수와 함께 '예, 예' 라고 소리침)

그런 각오가 있는 사람은 어디 손들어 보라(장내 전원이 손을 듦). 한 손을 드는 것을 보니 한 반절쯤 각오가 드는 모양이야(이 유머에 만장(滿場)이 웃음바다가 되면서 모두들 두 손을 번쩍 들었다). 옳지!

전심전력으로 독립운동에 나서겠단 말인가(이승만의 만족스런 얼굴에 장내가 박수로 가득차고, 대표들 중엔 감격해 눈물을 쏟는 극적 장면). 내가 이번에 민족총사령부를 하나 만들어보려고 하는데 여러분은 내 지휘를 받겠나?(장내가 박수와 환호로 호응)"

뒤를 이어 단상에 선 김구는 "…그 독립을 하려면 먼저 우리 민족이 뭉쳐야 합니다. 독립이란 그저 헐값으로 되는 것이 아니요. 먼저 우리 민족이 뭉쳐야 합니다. 어떻게 뭉치느냐 하면, 이 박사를 중심하여 뭉치자(장내 박수와 함성). 이 박사와 김 박사(김규식을 가리킴), 나 세 사람은 단결하여 있소. 삼각산이 무너지면 무너졌지 우리 3인의 단결은 무너지지 안 할 것이니 여러분은 안심하고서…"

이렇게 분열을 넘어섰지만 오래 가지 못했다. 김구는 1947년 3·1절을 '기미독립선언 국민대회'로 해 임시정부를 정식 정부로 추대하는 결의문을 채택하게 했다. 그는 이 정부의 주석은 이승만으로 하고, 자신은 부주석을 맡을 것이라고 약속했다. 미국에서 외교활동을 폈던 이승만은 김구에게 "임시정부 법통을 내세워 미국정부와 대립하는 것은 현명하지도, 실현 가능하지도 않다"며 미국과 충돌하지 말 것을 권고하는 전문(電文)을 보내기까지 했다.

청년들이 말하는 이승만과 김구의 차이

이승만은 미·소관계의 변화를 내다보면서 반공 독립노선을 밀고 갔다. 청년단체들이 모두 이승만의 전위대였다. 사실 청년단체들이 처음 출범할 무렵에는 임정 지지를 표방한 임정의 청년단체가 대부분이었다. 그러나 시간이 흐르면서 이들 단체들이 이승만을 따르고 이승만을 지키는 청년단체로 바뀌었다.

우익 진영 청년단체 중 서청과 민청, 독립청년단 등은 좌파와 전쟁하는 기동타격대였다. 우익의 민전이라고 할 국민회와 그 청년대(약칭 國靑)는 건국전쟁 중심부였다. 국민회는 전국 도·시·군에서 더 나아가 읍·면·동에 이르기까지 지부들이 생겨났다. 바늘 가는 데 실 가듯 청년부 역시 국민회를 따라 조직을 넓혀갔다. 이래서 국청은 청년단체 중 가장 광범한 조직망을 갖춘 거대한 청년단이었다.

우익 진영의 대중 집회는 주로 독촉국민회가 기획하고 주관했다. 국민회 청년대는 홍보, 동원, 안내, 경비, 경호를 담당했다. 집회가 진행될 때 애국가 봉창, 거리 행진 또는 시위 행진이 벌어지면 행렬의 맨 선두에서 취주악을 울려주는 16인조 악대도 갖추고 있었다. 그런데 집회의 중심은 언제나 이승만이었다. 그래서 국민회청년부는 이승만 노선을 홍보하고 이승만을 지키는 건국의 전위(前衛)로 불렸다.

청년단체 지도부의 멤버들은 이승만과 김구 두 분이 너무 달랐다고 했다. 문봉제는 월남 직후인 1946년 3·5대회를 하기 위해 나섰던 때의 얘기를 했다.

"김구 선생은 우리가 큰절을 하자 '청년들이 잘 해보라'는 한마디뿐이었다. 이 박사는 조만식 선생의 안부도 묻고 북한 사정을 물으며, 1시간 가까이 우리 이야기를 들어주셨다. 그러면서 '외세를 몰아내지 않고 독립할 수 없다, 우리 힘을 다 한 힘으로 해 Build Up하자'고 하셨다. 나올 때는 대회 경비에 보태라면서 1000원을 주셨다."

서청 손진이 쓴 저서에는 이런 내용이 나온다.

"나는 건국 과정에서 김구 주석을 세 번, 이승만 박사를 두 번 만나 뵌 적이 있다. 김구 주석 앞에서는 무조건 엎드려 큰절을 했지만, 이승만 박사와는 선 채로 악수했다. 이승만은 동네 할아버지를 만나는 기분이었다."

청년단체 지도부 사람들은 수시로 돈암장을 찾았다. 서청 지도부도 일이 있건 없건 한 달에 한 번은 돈암장으로 갔었다고 기록하고 있다.

"너무 고달파서 외로워서 돈암장에 갔다. 어깨를 다독거려주는 이 박사의 격려가 그리웠고, 그것이 우리에게는 힘이 되어 주었기 때문이다. 이 박사는 우리 얘기를 들어주고, 나올 때면 밥을 사먹으라면서 봉투를 주셨다. 이 박사는 우리가 하루 세 끼니는커녕 두 끼니도 챙기지 못하는 때가 있다는 것을 헤아려주셨다."

이승만은 1946년 12월 4일, 한국문제에 대한 미·소 합의가 환상이라는 사실을 미국과 유엔 회원국들에 이해시키는 활동을 하기 위해 미국 방문길에 올랐다. 떠날 때는 5~6주일이라고 했으나, 근 5개월 만인 이듬해 4월 21일에 귀국했다. 4월 27일, 서울운동장에서 열린 환영대회에서 이승만은 총선거를 예고했다.

"나는 하지 중장과도 의논하고 미국으로 건너가 조선의 갈 길을 이해시키는 데 나섰다. 미국의 조선에 대한 정책도 대전환을 하게 되었다. … 이제 곧 남조선에 수립될 정부는 결코 단독정부가 아니라 통일정부라는 것을 명심하여야 한다. 이제 우리는 임시정부 세우는 것을 중지하고 새로운 독립정부를 세우는 데 함께 힘써야 하겠다."

그는 곧 열릴 2차 미·소공위에 대해서도 "그들이 하는 것은 그들에게 맡겨두고, 우리는 총선거를 향해 가자"고 했다. 1947년 5월 21일,

2차 미·소공동위원회가 열렸다. 그렇지만 1차 때와 다르지 않은 논쟁의 반복이 되자 미국은 한국문제를 유엔에 이관했다. 1947년 9월 17일에 미 국무장관 마샬은 "유엔이 신탁통치를 거치지 않고 한국을 독립시키는 수단을 강구하기를 바란다"고 성명했다. 유엔도 유엔한국위원단이 감독하는 총선거를 통해 한국을 독립하게 한다는 결의안을 통과시켰다. 이승만의 구상이 이승만의 예상대로 미국의 정책이 되고, 유엔 결의로 무르익은 것이다.

해방 정국 3년의 독립전쟁은 남한에서만 있었다. 북한의 해방 정국 3년은 고정훈의 말 그대로 "소련 위성국으로 만들기 위한 소련의 구도가 실행되었다." 모든 일들이 소련의 지시에 따라 움직였다. 북녘에서 조선인의 구상이나 주장은 없었다.

남녘은 무법, 무질서 속에서 전쟁만 했다. 그런 속에서도 세계정세의 흐름을 내다보면서 구상을 일관되게 밀고 간 것은 이승만이었다. 그리고 총선거를 따냈다.

19장

선거로 가는 길

이승만, 선거 정국에서 청년단체 진두지휘

유엔에 의한 한국 총선거 실현에서 주역은 이승만과 청년단

체였다. 총선거의 가능성 등을 알아보기 위해 내한하는 유엔한국위원

단을 소련이 거부하고, 김구와 김규식이 남북 요인회담을 제안하면서

대한민국 건국의 정초(定礎)인 대한민국 헌법과 정부조직법 서명을 마치고 헌법 공포사를 읽는 국
회의장 이승만. 1948. 7. 17

단선 반대를 말로만이 아니라 행동으로 나서자 우익 진영에 혼선이 생겼다. 청년단체 등의 대표들이 이화장으로 갔다. 이승만의 대답은 간결했다.

그는 "남북협상의 순수한 뜻은 좋으나 공산당에 이용당할 뿐, 아무것도 얻지도 이루지도 못할 것이다"고 설명한 뒤 "두 팔이 결박당해 있는데 유엔에서 우선 한쪽 팔을 풀어주겠다고 결의한 거야. 양팔을 다 풀어주지 않으면 한쪽 팔이라도 풀어야 해. 한쪽 팔의 자유라도 우리가 차지해야 나머지 팔도 풀 수 있는 것 아닌가? 그런즉 남한 총선거라도 해서 합법정부를 세운 다음, 우리의 힘을 축적하고 세계 공론에 호소해서 북한을 수복하는 것이 현실적인 노선이야"라고 했다.

유엔한위가 오던 때 이승만은 청년단체 대표들을 불러 당부했다.

"인도 대표 메논 등 중립국 대표들은 총선거에 대해 회의적이어서 이들에게 한국인의 독립에 대한 열망을 보여줄 필요가 있다."

이래서 대표단 환영대회를 청년단체들이 주관했다. 1948년 1월 14일, 서울운동장에서 열린 유엔한국위원단 환영대회는 해방 후 최대의 군중집회가 되었다. 메논은 유엔총회 연설에서 이 집회를 얘기했다.

"우리는 서울운동장에서 성대한 환영을 받았습니다. 나는 인도에서 대중 집회의 경험도 있고 간디나 네루는 수많은 군중의 환영을 받았지만, 눈 내리는 겨울 서울운동장에서 우리를 환영한 그런 집회를 나는 보지 못했습니다. 그것은 진실로 인해(人海)였으며, 20만이라고 했습니다."

메논은 "한국인의 독립에 대한 열망을 이 집회에서 확인했다"고 덧붙였다.

2월 6일, 이승만의 국민회본부에서 열린 청년단체 대표자회의에는 172개 단체가 참가해 행동 통일을 약속했다. 총선거 촉진 국민대회의 전국적 개최, 총선거 요청 연판장 운동, 그리고 그 연판장을 유엔한국위원단에 전달하는 것 등도 모두 청년단체가 담당했다. 단독 총선 반대는 이런 대세에 밀려 소수 유지들의 의사표시에 그쳤다. 문제는 소련과 공산당 및 좌파의 반대투쟁이었다.

조선노동당과 소련군, 총선 저지전쟁을 선언

좌파의 연합체인 민주주의민족전선은 북조선이 거부한 남한 단독선거를 반대하면서, 조선인민이 스스로 총선거를 통해 정부를 세워야 한다고 주장했다. 또한 남조선도 북한과 동일하게 정부를 인민위원회에 넘길 것을 요구하는 문서를 미군정에 제출했다. 남로당, 민애청, 전평, 농민동맹 등 단체들은 '소·미 양군 즉시 철수' '유엔한국위원단의 남한 추방' 투쟁을 선언했다.

전평은 노동자에 대한 식량배급과 물가와 연동하는 임금인상을, 농민조합연맹은 미곡의 공출반대, 북조선과 같은 토지개혁이라는 1946년 9월 파업 때의 이슈를 다시 들고 나왔다. 북조선의 이런저런 단체들도 선언과 성명, 메시지로 이 대열에 함께 섰다.

겉으로 나타난 것은 성명이고, 삐라고, 벽보였다. 하지만 내부적으로는 전쟁을 채비하고 있었다. 그 생생한 증거가 북쪽의 전쟁 자금 지원이었다. 북조선은 화폐개혁으로 회수한 조선은행권, 당연히 폐기해야 할 이 지폐를, 아직 그대로 이 지폐를 사용하고 있는 남조선으로 내려 보냈다. 남로당에 보낸 전쟁자금이었다. 그들은 수단 방법을 가리지 않는 전면전, 그들 표현으로 10·1항쟁보다 더 강도 높은 전쟁을 준비했다.

"정치적 야망 아닌 순결한 정신, 그리고 공산당의 전면전을 방어하는 데 힘을 집중하기 위해 청년단체 이름으로 입후보하지 않는다."

국민회에 모였던 청년단체 대표들의 양해사항이었다. 그런데 이청천, 이범석의 두 단체가 대동, 민족이란 그들 단체 이름으로 후보를 냈다.

문봉제(서북청), 서상천(독청), 유진산(청총)이 '구국청년연맹'을 결성하고 공산당의 방해를 저지하는 데 힘을 집중할 것을 다짐하면서, 청년단체는 선거기간 모두 향보단(鄕保團)에 참여할 것을 권고했다. 향보단은 총선 방해를 분쇄하는 일을 위해 경찰이 지휘 관리할 단체였다. 구국연맹 3단체를 비롯해 대부분의 청년단체 회원들은 거주지 향보단에 가입했다. 대동·민족 두 단체도 일부지만 향보단에 참여했다. 총선 전선에서 향보단의 역할은 컸다.

5·10선거 파괴를 위해 전국이 동시에 행동에 돌입하는 작전이 봉화로 시작하는 이른바 '2·7구국투쟁'이다. 서울에선 남산과 북악산, 관악산에서 봉화를 올리는 것이 신호였다. 경찰서와 금융조합, 기타 관공서에 대한 파괴 방화, 우익진영 인사 제거, 파업, 동맹휴학 등 무한 전쟁이었다.

1946년 9~10월 투쟁과 다른 점은 전국에서 같은 시간 전쟁에 돌입하는 전면전이라는 사실이었다. 그러나 1948년 2월 8일 새벽에 시작한 이 전쟁은 경찰과 향보단의 막강한 전력을 뚫지 못했다. 그래도 곳곳에서 사건은 일어났다. 선거사무소 36개소, 경찰관서 20개소, 기타 선거관련 시설 5개소, 관공서 12개소, 우익 정당 사회단체 가옥 300개소가 방화로 소실되고 총기 100여 정을 탈취 당했다.

2월 7일에서 10일 사이에 경관 6명이 살해당하고, 24명이 납치된 것으로 전해졌다. 정부 관리와 보수 우파 지도자 5명이 살해되고 13명이 부상 혹은 납치되었다. 열차 39대가 파손되었다. 좌파 공격진에서도 28명이 죽고 20명이 부상당했으며, 1489명이 체포되었다(스칼라피노·이정식 공저『한국공산주의 운동사』에서).

당국은 8월 9일부터 검거에 착수했다. 검거작전에서 무기도 압수했다. 남로당 간부인 정창갑 등이 지인의 집에 숨겨두었던 권총 6정, 장총 5정, 수류탄 64개, 실탄 3만 1600발 및 일본도 7개, 총검 22개도 있었다.

공무원 세포도 검거되었다. 전북경찰국은 도청 간부 2명, 군수, 농회장과 직원 40여 명, 재판소 서기 20여 명, 검사국 서기, 초등학교 교사, 저금관리국 직원, 도립의원 직원 등 관리만 250명 이상을 체포했다. 경북에서도 도청의 상공국장, 과장 및 군수 등 60여 명과 대구 시청의 계장 등 27명을 검거했다. 공격을 지도하던 아지트도 적발해 공격을 미리 차단했다.

▲서울에서 4월에 대 폭동을 기획하는 남로당의 삼각산 비밀회의를 탐지한 청총의 金永萬(김영만) 용산 지부장이 300명 회원을 동원, 경찰과 함께 현장을 급습하여 야산대 200명을 체포했다.

▲경남 구포에선 산속 동굴에 다이너마이트를 준비한 30여 명을 체포했다.

▲북한은 5·10총선을 방해하기 위해 설악산과 오대산 루트를 통해 수많은 무장대를 남파했다. 서청은 남파된 공비들이 오대산 부근 삼정평(三井坪)에 아지트를 구축하고 있다는 제보로 1948년 3월 5일에 인순창과 임광우 팀이 좌우에서 협공, 북에서 온 3명의 무장대도 생포해 해군첩보대에 인계했다. 주문진 북방 황병산에서도 밀파되던 무장대를 적발, 총격전을 벌여 사살하고 1명은 생포해 당국에 넘겼다. 추격전으로 북한 지역 깊이까지 침투해 유격전에 대비하는 전진기지까지 구축했다.

▲수도권의 경우 의정부 쪽에서 서울로 들어오는 길목은 낮은 산들이 이어져 공산당의 야산대가 잠복하기 좋은 지역이었다. 그래서 국청은 이 지역에 특별단부를 설치하고 있었다. 그 특별단부가 큰 사건을 예방한다.

다음은 특별단부를 맡고 있던 이문보의 증언.

"미아리고개를 가운데로 한 숭인지역은 수도권의 모스크바라고 할 정도로 남로당 아지트가 많았다. 우리 국청 특별단부가 1년 넘게 공들여 소탕했던 지역이다. 그런데 4월 초순 북한산에 올라갔던 나무꾼이 빨갱이한테 붙잡혔다가 간신히 도망쳐왔다고 신고했다. 우리는 성북서 외근주임 金宗元(김종원)에게 연락해 합동수색에 나섰다. 국청 대원 9명, 경찰관 7명이 한밤중 산을 수색했지만 아지트를 찾을 수 없었다.

성미 급한 김 주임은 국청이 허위 정보에 놀아난 것이라고 불평하며 내려가자고 했다. 그런 걸 좀 더 수색하자고 붙잡아 수색을 계속하다 인기척이 느껴지는 굴을 발견하여 집중 사격을 했더니 안에서 항복을 했다. 셋이 손을 들고 나왔는데, 지휘자는 총선 테러를 위해 남파한 북한 인민군 중좌였다. 이 사건은 당시 신문에도 크게 보도되어 김 주임은 표창장도 받고 특진했다."

훗날 반공전선의 공으로 '백두산 호랑이'로 불린 김종원 치안국장이 바로 이 김 주임이다. 이 예방전에서 보듯 나무꾼도 청년단에 제보하는 등 일반 시민도 도운 것은 청년단이 이룩한 변화다. 이런 변화는 전쟁이 아니라 선무(宣撫) 활동이 거둔 성과였다. 우익 진영 청년단체 중의 기동타격대로 불린 구국연맹의 세 단체도 전쟁이 아니라 선무를 더 중요시했고, 거기에 더 많은 시간과 노력을 쏟았다고 했다.

우파 청년단체, 테러 막아내고 승리를 쟁취

서북청년회와 함께 무수한 전쟁을 치른 민청도 전사형(戰士型)보다 서생(書生)들이 주류를 이루고 있었다. 민청을 거쳐 청년조선총연맹까지 서울 중구를 책임 맡았던 金鍵(김건)은 "해방정국의 청년운동이라고 하면 싸우는 일을 연상하는데 실제로는 그렇지 않았다. 물론 극한대결장에서야 목숨을 건 싸움을 한 것은 사실이지만 일상적 운동은 사상적으로 방황하는 청년들에게 민족의식을 심어주어 우익진영으로 오게 하는 일, 멋모르고 좌경한 노조원이나 민애청 회원들을 설득해 전향시키는 일에 역점을 두었다"고 했다. 건국 후 해군 초대 정훈감을 지내고 건국대학 학장도 지낸 그는 초기 100% 좌경화했던 중구 출판 인쇄 거리의 여러 회사 기능공들을 2년 걸려 거의 돌려놓은 것이 전투가 아니라 선무작전이었다고 했다.

"부두노조는 생명도 오락가락하는 험한 곳이다. 그 부두노조 중의

이승만은 중앙청 광장에서 열린 초대 정·부통령 취임식에서 "나 이승만은 국헌을 준수하며, 국민의 복리를 증진하며, 국가를 보위하며, 대통령의 직무를 성실히 수행할 것"을 선서했다. 1948. 7. 24

노조인 부산부두를 국제하역 사장이던 황윤성이 청총 경남지부장을 맡아 좌파에서 우파 노조로 돌려놓았다. 노조도 좌파 시절에 비해 유순해졌다. 이래서 1947년 여름부터 미군 항만사령부에서는 청총이 발행하는 증명서를 가진 노동자만 출입할 수 있게 했다. 황윤성은 후일 그때를 이렇게 말했다.

처음엔 서청과 청총의 힘이 필요했다. 그렇지만 항만의 질서를 바꾸는 것은 노동자를 달라지게 해야 한다. 그것은 선무활동이다. 하역이라는 험한 일을 하는 나도 청총에서, 서청의 젊은이들한테서 선무가 중요하다는 것을 배웠다. 그 시절 청년운동 멤버들은 전문대 이상 학력을 가진 당시로선 한국의 지식인 그룹이었다. 주먹을 휘두른 완력패가 아니라 '진정한 전사(戰士)'들이었다."

지역마다 전쟁에 나서는 시점이 달라 힘이 분산되었던 1946년의 10·1폭동과 달리, 좌파의 총선 저지전쟁은 전국 동시라는 힘의 집중, 그리고 투표일까지라는 장기전의 거대한 폭력이었다. 그러나 10·1폭동 때와 같은 민중의 호응은 없었다. 이래서 2월 7일 봉화를 올린 공산당의 '2·7구국투쟁'은 8479명이 검거되는 희생을 치르고 숨이 꺾였다. 그리고 남로당이 지하당이 되고, 야산대가 되고, 게릴라 전사로 변하는 전환점이 되고 말았다. 한국의 선거 감시 임무를 맡았던 유엔위원단은 유엔에 낸 보고서에서 이렇게 썼다.

[청년단체들은 대부분 우파단체였고, 선거과정에서 실질적인 간섭을 삼가고 있는 것으로 보였다. 그들은 투표소 또는 투표자 보호는 물론, 입후보자 보호에까지 당국을 지원했다. 이들 많은 청년단체 회원들은 선거를 위한 사회질서 유지에 경찰을 지원할 목적으로 창설된 향보단에 가입하였다. 향보단에서는 완력 사용이 금지되었고, 경찰의 감독 하에 있었다. 이리하여 이들 청년단체는 유엔위원단 당국자의 경고도 있었던 관계로 불법적인 선거 간섭을 삼갔다. 폭력행사는 좌파단체의 독점 현상이었다.]

청년단체들은 모두 전장에선 목숨을 건 전사였다. 하지만 보다 많은 시간과 열정을 선무에 쏟았다. 청년단체들의 목숨을 건 전쟁, 그리고 서청의 이북 실정 보고와 같은 진정을 담았던 선무활동이 주효하지 못했더라면, 4·3폭동은 제주 4·3폭동이 아니라 '남한 4·3폭동'이 되어 1948년의 대한민국 건국은 좌절되었을 것이다.

글을 맺으면서

대한민국 50년 역사 기록의 굴절에 대한 충격도 이 글을 쓰게 된 동기의 하나다. 국회도서관에서 '해방 정국'이란 주제로 검색했더니, 앞부분에 청년운동을 주제로 한 학위논문이 있었다. 그런데 읽어보니 내용이 오류투성이였다. 「대한민주청년동맹의 조직과 활동」이라는 제목의 학위논문인데, 유진산과 김두한이 중심역을 담당했다는 것 말고는 그들의 활동에 대한 기록이 모두 사실과 달랐다. 어떻게 이런 글이 심사를 통과했는지도 놀라운데, 국회와 중앙도서관의 역사 부문 자료의 상위에 올라있는 것은 놀라움을 넘어 두려움이었다.

대한민국 역사와 그 주역을 깎아내리기만 하면 '논문 심사' '도서관 심사'에서 OK인가? 1990년대 초기 소련과 동유럽 공산권의 붕괴와 함께 한국 현대사의 많은 사실들이 제대로 알려졌다. 그런데 2018년에 작성된 논문이 1950~1960년대 종속이론 등의 틀에 갇힌 그대로다. 지금 도서관은 대한민국을 깎아내린 글들이 점령하고 있다. 어쩌다 나라가 이 지경까지 타락했을까? 이건 공포였다.

내가 건국전쟁에 관심을 갖게 된 것은 1970년대의 어느 날이었다. 당시 야당이던 사람들에게 반정부 아닌 정치칼럼은 술안주였다. 그날도 어느 글이 안주가 되었는데, 한 사람이 '애국자의 글'이라고 했다. 신선한 충격이었다. 그가 서북청년 출신이라는 얘기를 들었다. 그리고 얼마 후 그로부터 해방 정국 청년들의 전쟁 이야기를 들었다. 나를 두 번째 놀라게 한 사람이었다.

백관옥, 평양 출신. 백의사의 중심에 있었던 사람이다. 그로부터 그가 겪었던 건국전쟁 이야기를 들었다. 그리고 지금 빛바랜 메모에서 기억을 되살리며 이 글을 쓰게 만들었다.

이 얘기를 하는 이유는 내가 직접 취재한 건 '백관옥의 회고'뿐이라는 사실을 말하기 위해서다. 건국 70년의 상황이 부족한 취재에도 펜을 들게 만들었다. 해방 정국 청년운동과 관련된 도서, 논문 등을 읽었다. 그리고 이들 글에서 당시의 신문에서도 확인할 수 있었던 기록들을 여기 옮겼다.

이영신의 『현대사 발굴』, 이경남의 『분단시대의 청년운동』 등의 글을 많이 인용했다. 그런데 도서관의 자료들을 복사하면서 제대로 정리하지 않아 어느 책의 것인지를 가리지 못해, '어느 책 어느 논문에서'라고 기록치 못했다. 양해를 구한다.

이 글은 청년단체들 가운데 기동타격대의 중심이던 서청과 민청의 전쟁 기록이다. 두 단체의 기록도 일부일 뿐이다. 국민회 청년단 등 이들과 어깨를 나란히 했던 더 많은 단체들과 청년들의 기록이 빠져 있다. 청년운동의 종합된 정리가 아쉽다는 생각을 한다.

해방 정국의 재현(再現)인가
광화문 광장의 "공산당이 좋아요"

해방 정국(政局) 3년의 전쟁 이야기

이 책은 언론계에서 평생을 보낸 저자가 쓴 200자 원고지 1700장에 달하는 방대한 '해방 정국(政局) 3년'의 처절했던 전쟁 이야기다. 그 전쟁의 중심에 섰던 청년단체 가운데 기동타격대의 핵(核)으로, 좌파 무장 세력과 맞서 대한민국 건국의 밑거름 역할을 한 서청(西靑)과 민청(民靑)에 관한 생생한 기록이 이 책의 줄거리다.

서청은 1946년 11월30일 정식으로 발족된 서북청년회의 약칭(略稱)이다. 여기서 서북이란 평안남북도를 일컫는 관서(關西)와 황해도 해서(海西)의 서(西), 함경남북도를 일컫는 관북(關北)의 북(北)에서 따온 명칭이다.

이들 지역에서 살다가 소련과 그 허수아비 김일성(金日成)의 탄압을 피해 남으로 내려온 서청 청년들은 누구보다 먼저 좌익의 정체를 몸으로 겪은 이들이었다.

민청은 1946년 4월9일 종로 YMCA강당에서 결성된 대한민주청년동맹의 약칭이다. 민청은 유진산(柳珍山)이 회장을 맡았고, 이승만(李承晩)과 김구(金九), 김규식(金奎植)이 명예회장이었다. 이 책에서 큰 활약상을 보여주는 '장군의 아들' 김두한(金斗漢)은 민청 감찰부장 겸 별동대장이었다.

자유민주주의 전사(戰士)와 계급혁명 전위(前衛)의 싸움

이들 서청과 민청의 우파 청년들이 자유민주주의를 지향하는 전사(戰士)였던 데 비해, 좌파 청년들은 프롤레타리아 혁명을 내걸고 싸운 계급혁명의 전위(前衛)였다. 그들은 옳든 그르든 신념을 위해 건국전쟁에 몸을 불살랐다.

그것은 한편으로 조국의 미래를 놓고 펼친 미국과 소련의 대결, 좌우로 극명하게 갈린 두 세력의 충돌이었다. 제 나름대로의 애국심과 신념, 그리고 염원이 청년들의 목숨을 지푸라기처럼 버리게 만들었다.

특히 남쪽 사회 곳곳에 스며들어 공산화를 노리는 좌익들의 준동(蠢動)에 대항한 우파 청년들은 '이름조차 없는 나라'에 대한 애국심에 목숨을 걸었다. 그들은 배고픔과 외로움, 그리고 죽창에 찔리는 고통을 참고 또 참는 놀라운 인내도 보여주었다. 저자는 이렇게 적고 있다.

"그들은 증오만치 사랑도 알았고, 동지애도 있었고, 어떤 상황에서도 비겁함을 보이지 않았다. 나는 이 글을 쓰면서 상대적으로 작은 내 모습도 확인해야 했고, 그들의 역사에 눈물도 흘렸다."

1945년 8월15일의 해방으로부터 1948년 8월15일의 대한민국 건국에 이르기까지, 꼬박 3년 세월이 흘렀다. 그동안 좌파 청년들은 볼셰비키의 행동대로, 혹은 빨치산으로 죽었다. 박헌영(朴憲永)을 위시한 그 지도부는 미(美) 제국주의의 간첩이었다는 죄목으로 김일성의 칼날에 고문(拷問)당하며 삶을 마감했다.

오늘의 현실에 겹쳐지는 좌익의 망령(亡靈)

우파의 수많은 젊음들도 자유의 전사로, 혹은 북녘땅 게릴라로 볼셰비키의 칼날에 목숨을 잃기도 했다. 하지만 더 많은 청년들은 자유 한국의 '건국 세대'로 역사에 남았다. 그리고 다시 70년 세월이 흐른 지금, 종북(從北) 좌파 정권의 출현과 더불어 광화문 한복판에서 "공산당이 좋아요"를 외치는 미치광이의 소리가 들려오는 한국은, 세계 어느 나라에서도 볼 수 없는 기이한 괴물(怪物)의 모습을 드러내고 있다. 그것은 어쩌면 이 책에서 리얼하게 묘사된 '해방 정국'의 재현(再現)일지 모른다는 두려움이 엄습(掩襲)한다. 〈曺良旭〉

참고 문헌

- 大韓民國建國靑年運動史 – 大韓民國建國會刊
- (秘錄) 조선민주주의인민공화국 –중앙일보
- 남로당 연구 –金南植
- 南勞黨연구자료집 – 누리미디어 刊
- 서북청년회가 겪은 건국과 6·25 – 孫璡
- 남기고 싶은 이야기들 서북청년회 文鳳濟, 중앙일보
- 사건으로 읽는 대한민국–현대사의 그때 오늘 – 박태준
- 삐라로 지샌 해방 정국 – 新東亞
- 삐라로 듣는 해방 직후의 목소리 – 김형식 정선태 編著
- 새벽을 달린 동지들 – 石貞吉
- 分斷時代의 청년운동 – 李敬南
- (大韓民國) 建國靑年運動史 – 建國靑年運動協議會 [編]
- 朝鮮共産黨과 코민테른 – 고준석 지음
- 청년운동의 어제와 내일 – 鮮于基聖 金判錫 共著
- 韓國靑年運動史 – 鮮于基聖
- 해방 20년 – 역사편찬위원회
- 韓國 分斷史 資料集 – 申福龍
- 韓國現代史 – 新丘文化 刊
- 해방정국의 청년운동사 – 金幸仙
- 大韓民國 建國과 守護 그 중심이 된 越南勢力 – 李敬南
- 秘密結社 白衣社 – 李榮信
- 朝鮮共産黨·南勞黨의 政治路線의 變化過程에 대한 연구 – 梁聖哲
- 南朝鮮勞動黨의 組織活動과 大衆運動 – 김득중
- 피로 물들인 建國前夜 – 金斗漢
- 편견에 도전하는 한국현대사 – 남정욱 지음
- 대한민국 근현대사 시리즈 – 박윤식
- 해방일기 – 김기협 지음
- 해방 직후 청년의 초기 국가건설 활동 – 강혜경
- 올바른 해방 전후사의 인식 – 이선교
- 현대사를 베고 쓰러진 거인들 – 박태균
- 대한민국 건국과정 – 이주영
- 폭풍의 10월 – 정영진
- 붉은 大虐殺 – 宋孝淳 著
- 한국 발굴자료로 쓴 현대사 – 중앙일보
- 秘錄 평양의 소련군정 –김국후
- 국사편찬위원회 백관옥, 선우길영, 최익호, 조재국 등의 80년대 증언록 등

건국전쟁

이 전쟁에서 이겼기에 오늘의 대한민국이 있다
해방공간 3년의 피 흘린 정치

저　자 | 李英石
펴낸이 | 趙甲濟
펴낸곳 | 조갑제닷컴
초판 1쇄 | 2018년 12월 10일
초판 2쇄 | 2019년 1월 31일
초판 3쇄 | 2019년 7월 12일
초판 4쇄 | 2022년 3월 23일
초판 5쇄 | 2023년 7월 7일

주소 | 서울 종로구 내수동 75 용비어천가 1423호
전화 | 02-722-9411~3
팩스 | 02-722-9414
이메일 | webmaster@chogabje.com
홈페이지 | chogabje.com

등록번호 | 2005년 12월 2일(제300-2005-202호)

ISBN 979-11-85701-62-2 03910

값 20,000원